元宇宙经济学

黄乐平 邹传伟 著

中信出版集团 | 北京

图书在版编目（CIP）数据

元宇宙经济学 / 黄乐平，邹传伟著 . -- 北京 : 中信出版社，2022.12

ISBN 978-7-5217-4814-7

Ⅰ . ①元… Ⅱ . ①黄… ②邹… Ⅲ . ①信息经济 Ⅳ . ① F49

中国版本图书馆 CIP 数据核字（2022）第 185926 号

元宇宙经济学
著者：　黄乐平　邹传伟
出版发行：中信出版集团股份有限公司
（北京市朝阳区惠新东街甲 4 号富盛大厦 2 座　邮编　100029）
承印者：　北京诚信伟业印刷有限公司

开本：787mm×1092mm 1/16　　印张：30.5　　字数：390 千字
版次：2022 年 12 月第 1 版　　印次：2022 年 12 月第 1 次印刷
书号：ISBN 978-7-5217-4814-7
定价：79.00 元

目　录

推荐序 / 肖风　*005*

自　序　*013*

理论篇

第一章　如何理解元宇宙

第一节　元宇宙概念解析：一千个元宇宙，一千个哈姆雷特　008

第二节　从经济学视角看元宇宙　044

第二章　当前互联网商业模式及其弊端

第一节　互联网商业模式分析　058

第二节　用户画像和流量经济　081

第三节　数据要素和隐私保护　100

技术篇

第三章　元宇宙的信息基础设施

第一节　人机交互系统：元宇宙的入口　126
第二节　人工智能和算力网络　157
第三节　低代码平台　172
第四节　可信数字底座　184

第四章　元宇宙的互操作系统

第一节　分布式身份　200
第二节　数字分身　211

第五章　元宇宙的内容生产系统

第一节　游戏引擎　232
第二节　内容生产系统：从 PGC、UGC 到 AIGC　244

第六章　元宇宙的价值结算系统

第一节　数字货币　265
第二节　稳定币　294
第三节　央行数字货币　305
第四节　数字人民币　319
第五节　非同质化代币　331

商业篇

第七章　元宇宙的主要应用

第一节　元宇宙如何成为下一代生产力工具　351

第二节　元宇宙在游戏、社交和电商中的应用　388

第八章　元宇宙的经济系统

第一节　分布式商业　424

第二节　分布式自治组织　437

监管篇

第九章　元宇宙的监管

第一节　元宇宙的伦理问题　448

第二节　元宇宙的隐私保护问题　455

推荐序

元宇宙的十大经济规则

肖风　中国万向控股有限公司副董事长、万向区块链董事长兼总经理

元宇宙是什么？按照我的理解，元宇宙是一个由分布式网络技术、分布式账本和分布式社会 / 商业构成的三层架构。首先，元宇宙是数字空间，是由一系列数字技术融合创新而来的数字空间。其次，元宇宙也是一个虚拟世界。最后，在这个虚拟世界里，我们将构建出一个与现实宇宙相对应、相平行的宇宙。元宇宙的经济规则一定不同于互联网的经济规则，就好像互联网的经济规则不同于制造业的经济规则一样。我认为，元宇宙有十大经济规则。

一、经济制度

从产权制度和资本收益分配制度看，我们可以粗略地将现有的经济模式分为三种。

工业经济模式或制造业经济模式为“主街模式”，华尔街是金融资本，“主街”是工业和产业资本。“主街模式”在产权上是集中的，资本收益是独享的。这个阶段出现了很多大资本家，比如福特、卡内基和洛克菲勒等。

到了信息经济模式即“硅谷模式”，产权是分散的。“硅谷模式”

很重要的一点是资本范围扩大，不再局限于金钱的多少，知识也变成了资本的一部分。任何有能力的人都可以写商业计划书，通过吸引风险投资来实现知识的变现。“硅谷模式”让股份变得非常社会化，知识作为一种资本可以代替资金来换取股份。创始人保留一部分股权，经过 A、B 和 C 等轮次融资对股权的分散，还有很多股权会以员工期权的方式分配给员工。所以，“硅谷模式”下不会有大资本家，大部分是职业经理人，也有“创始人 + 职业经理人”的结合，资本收益相应地从独享变为分享。

在元宇宙经济模式中，股权制度不一定存在，或者即使存在，价值也可能被大幅度削减。所有的贡献者、参与者等以利益相关者的身份，通过智能合约实现大规模协作，共享元宇宙所实现的价值，因此资本收益是共享的。其中，还有一个重要概念发生了变化，即从“创始人”变为“发起人”。在“硅谷模式”下，我们可以介绍自己是某公司的“创始人”，表示自己是以“Owner”（所有者）的身份拥有这家公司的。但在元宇宙经济模式下，无论是网络还是自组织都不再属于某个人，“发起人”只是对组织有足够大的影响力而已。这就是利益相关者资本主义的概念，追求的是共同利益最大化，或者组织利益最大化。

二、经济组织

中心化的公司组织将逐渐走向元宇宙的分布式自治组织（DAO）。

按照新制度经济学来看，公司组织的本质是，驱动力把外部市场功能内置到商业机构，以降低交易成本。交易成本包括搜索成本、匹配成本、物流成本和支付成本等。在作坊经济时代，作坊完全依靠外部市场来交换，交易成本非常高。公司组织在降低交易成本上是一大进步，但在架构上不断走向分布式。公司组织在兴起时，主要采取自上而下的决策机制，属于U形结构。随着多元化发展，事业部出现了。接着由于经济全球化的趋势，地区总部出现了。事业部和地区总部慢慢分走集团总部的权力，出现了M形结构。

元宇宙中的DAO，本质上继承了公司组织从集中式的U形结构走向分布式的M形结构的趋势。DAO通过对智能合约可编程性的应用，可以内置货币和支付系统，以及资产交易和清结算系统。

总之，基础经济制度的不同将导致经济组织出现巨大的不同。股东资本主义以公司制建立商业组织，然后把权益份额化，变成股份；而在利益相关者资本主义下，不再有公司这种组织，而是变成DAO，并以代币化（Tokenization）来给利益相关者分配组织的权益或者利益。

三、金融制度

元宇宙的资本市场和我们现在熟悉的资本市场不同，将来可能存在两套资本市场体系。

第一，以工业经济和互联网经济的股权制度和资本收益分配机制为基础的股东资本主义，以及由此构建的股票市场。股票市场让资本变现，激励大家拼命去创立新公司，创造新商业模式。更多公司带来更激烈的竞争，以及更新、更好的服务，使消费者从中受益。

第二，在元宇宙经济的利益相关者资本主义下，基于智能合约的可编程货币和可编程资产将发挥重要作用，以实现利益相关者“持份”和共享资本收益。在市场中交易的代币（Token），代表的不再是所有权，而是使用权。这意味着通过代币化，原来的所有权市场将演变成使用权市场。因此，通过利益相关者资本主义，再配合新的商业组织DAO和新的代币市场，我们有可能建立一个崭新的金融市场体系，暂且称之为去中心化金融（DeFi）。

四、价值创造规律

在制造业经济中，价值创造规律即使公司股权价值最大化。这就是所谓的股东资本主义。

互联网时代已经不仅追求公司股权价值最大化，而且追求网络价值最大化。凯文·凯利举过“传真机效应”的例子。你花200美元买了一台传真机，这是成本。但是加入传真机网络后，你和其他人之间可以相互发传真，你享有的网络价值远远高于购买传真机的成本。不仅如此，别人买传真机后，你因为有更多发传真的选择，也收获了增值。“传真机效应”非常好地解释了网络价值的概念。

元宇宙是一个空间概念，包含数字空间、虚拟世界和平行宇宙等层次。元宇宙在追求网络价值最大化的基础上，更进一步地追求整个空间价值最大化。特别是，虚拟空间不受很多物理规则的限制，可以有更大的发展空间，支持更大的价值创造。

五、价值分配规律

制造业具有固定成本高、边际成本递增的特点。汽车行业是制造业中的典型。一款新车的设计研发成本可能高达10亿美元甚至20亿美元。其中除了研发，还要经过工业化、制造样车、修改设计和再制造样车等漫长过程，而且每多造一辆车，必定会多一份成本。所以，制造业经济的定价模式基本是成本加成，不可能有免费模式。

到了互联网时代，免费模式占据了主流，形象说法是“羊毛出在猪身上，由狗来买单”。免费，是因为互联网经济的特点是高固定成本，但边际成本递减甚至趋近于零。一个软件一旦开发完成，无论是一个人用还是一千万个人用，成本没有显著差别。如此一来，就可以用“免费”方式使加入网络的门槛变得非常低，进而快速聚集起流量，因此互联网经济也是流量经济。一些互联网服务看上去免费，但免费的东西实际上可能比“物以稀为贵”的制造业产品还贵。制造业企业最高是几千亿美元市值，互联网公司可以有几万亿美元的市值。

元宇宙是否属于上述模式？我认为不属于。任何人都可以作为利益相关者参与元宇宙经济，并按照一套公平、公正和公开的分配机制来享用大家共同创造出来的价值，真正实现产销者合为一体。我借用目前元宇宙商业中很热的一个词“X to Earn”（一切能在Web3.0时代获得收益的行为），改造为“Player to Earn”（参与者获取收益），指利益相关者赚取回报，共同分配元宇宙产生的价值。

六、关于“Player to Earn”中的“Player”

Player指元宇宙经济中的利益相关者，包括开发者、创造者、贡献者、消费者和投资者等。所有参与者都是元宇宙的Player（参与者），不再有股东这种独立的分享者存在。那么他们“Play”（参与）什么？就是作为参与者，只要做出了贡献，无论是来自智慧、能力还是声誉上的贡献，都可以获得一个NFT（非同质化通证）作为凭证。NFT作为区块链上发行的凭证，用来证明Player的贡献。

七、关于“Player to Earn”中的“Earn”

Player在为元宇宙做出贡献并得到NFT凭证之后，将通过Token经济模型，赚取标准化的、份额化的Token。可以说，元宇宙的基本商业模型应该是“Play NFT”，然后才是“Earn Token”。区块链作为分布式账本，就是为“Player to Earn”记账用的。我们现在已经看见一些“Player to Earn”的应用场景了，但只是“小荷才露尖尖角”，将来还会有更大发展。

八、分布式决策机制

元宇宙经济的决策机制是去中心化 / 分布式机制。很多人对去中心化存在巨大误解，认为去中心化就是抗审查、拒绝合规或拒绝监管。其实去中心化真正的含义并非如此。

效率与公平是经济学中一个永恒话题。从经济学角度看，中心化与去中心化各自代表着商业决策“效率与公平”的两端：在需要强调效率时，应该采用中心化的决策机制，自上而下高效统一；如果要追求公平，应该征求更多人的意见，让更多人参与表决，达成共识之后再付诸实践。

元宇宙经济的去中心化，只是通过数字化技术引入一个更偏向于公平的商业决策机制。在效率与公平之间，元宇宙的商业场景需要找到适合自己的平衡点——越是偏基础设施的东西越要强调公平，越是到上层的应用则越要强调效率。

我相信，如果能打消外界对去中心化的误解，那么大家对区块链和元宇宙的接受程度会提高很多。

九、元宇宙商业的价值捕获

元宇宙与互联网在产品和服务上是不同的。当初在讨论区块链的时候，一直有人问：区块链的杀手级应用是什么？确实，与互联网应用相比，区块链好像没有什么“杀手级”应用。要理解这个问题，需要分析协议层和应用层在价值捕获上的分工。

互联网是一个协议栈。比如，TCP/IP（传输控制协议 / 网际协议）模型基于多重协议，依据 IP 来分配网址，依据 TCP 让网址之间能够交流。互联网是“瘦协议，胖应用”。“胖”和“瘦”的区别在于是否具备捕获价值的能力。“胖应用”指互联网应用层价值非常大，比如我们可以看到市值万亿美元级的大型互联网平台。但是，TCP/IP、HTTP（超文本传输协议）和 SMTP（简单邮件传输协议）等都是开源、开放和无需许可的，都没有内置 Token，也都没有办法捕获价值。因此，互联网是在“瘦协议”的基础上做出很多“胖应用”。互联网经济对协议层开发者不友好，这些开发者没有一个人赚到钱，但互联网在应用层却是“大厂”层出不穷。

区块链与互联网一样，也是一个协议栈。比如，比特币可以视为区块链的货币协议，以太坊则可以视为区块链的结算协议。但区块链的协议栈内置了货币系统和价值系统，变成了“胖协议，瘦应用”。协议层本身就能捕获价值，这是区块链和互联网最大的不同。

元宇宙的基础设施协议也内置了货币系统和价值系统，在协议层也能进行价值创造。而元宇宙在应用层将结合很多数字化技术，是一个空间概念，价值创造空间不亚于互联网。所以，元宇宙经济可能的情况是“胖协议，胖应用”。

十、元宇宙颠覆制造业

前面提过，制造业的特点是固定成本高，并且边际成本递增，但在元宇宙里面就不一样了。

此处以宝马用英伟达的 Omniverse 数字化平台造车为例说明。在没有互联网的时代，设计、制造一款汽车需要消耗大量人力、物力和时间，并且问题发现、设计升级和迭代等都必须借助实物来进行，因此打造一款新车的固定成本极其高昂。宝马在Omniverse数字化平台上造车，从设计、仿真测试到开模、工业化和生产线布局，统统都在数字化平台上完成。如此一来，设计和制造一款新车的研发成本、测试成本、产品化成本和规模化成本等都将大幅下降。

制造业历来都是采用瀑布式开发，一款产品必须先做到完美，然后才能投入市场销售。可是这种完美只是厂家自认为的完美，不是客户追求的完美。大部分产品制造出来后未必能满足客户的需求，但是巨大的研发和制造成本已经发生。厂家必须卖出大量产品（比如100万台以上），才能收回研发成本。如果换成用数字化平台进行研发设计，就可以在软件里进行快速迭代，极大地压缩固定成本，最后也许只需卖出10万台就可以收回成本。这样有两个好处：一是厂家可以更快盈利，二是消费者需求能够得到更好的满足。

这种快速迭代不仅是指硬件，软件也是如此。比如，智能联网汽车。我们常说，汽车从买来第二天就开始贬值。但如果一辆汽车能智能联网，随着越来越多的车加入这个网络，相互共享的信息增加，那么也可以形成“传真机效应”。如此一来，制造业也能实现规模成本递减和规模报酬递增，这对制造业的价值分配规则将是一场巨大的颠覆。

以上是我理解的元宇宙的十大经济规则。预测未来是一件吃力不讨好的事情，我说的不一定对，但仍然想强调：元宇宙的经济规则一定与互联网不一样，就像互联网的经济规则与制造业不一样。

自 序

中国经济在过去40年取得了举世瞩目的发展成果。其中，改革开放是主要驱动力。2001年中国加入世贸组织之后，凭借劳动力密集、资源密集的优势，顺利成为苹果手机等科技产品的“世界工厂”；而到了2010年，中国跃升为世界第二大经济体，并且凭借自身庞大的工程师群体，在接下来的10年里成功地把握住了移动互联网和4G（第四代移动通信技术）带来的创新机遇，引领了全球互联网、智能手机、通信设备以及电动汽车等新兴技术的变革。中国经济过去40年的发展不仅实现了产业的跃迁与升级，培育了众多有竞争力的科技产业，同时也走出了自己的特色之路，形成了政府主导的产业发展模式。

近几年，我们看到随着以人工智能、区块链、云计算、大数据、5G（第五代移动通信技术）为代表的信息技术的快速发展，数据成为继劳动、土地、资本之后一种全新的生产要素，这也意味着我们将走进一个全新的数字经济时代，技术的创新将成为我国未来经济增长的核心推动力。国家对此制定了非常详尽的规划——《“十四五”数字经济发展规划》，力争通过“产业数字化”和“数字产业化”来实现2025年数字经济核心产业增加值占GDP（国内生产总值）比重达到 10% 的目标。对此，北京、上海、杭州、深圳、海南等地方政府也纷纷出台自己的政策来响应中央的号召，支持数字经济的发展。不少地方政府都选择了元宇宙这一集人工智能、云计算、5G 和 AR/VR（增强现实 / 虚拟现实）等信息技术于一体的应用场景作为发展数字经济的主要抓手，先后出台了元宇宙相关产业的扶持政策，设立元宇宙基金，打造元宇宙产业园区。如何走出中国特色的元宇宙产业路线，成为政府、学术界、产业界、投资界共同关心的问题。

《元宇宙经济学》一书是华泰证券和万向区块链两个研究团队通力合作的产物。我们写这本书的初心是，为元宇宙"祛魅"，努力探讨元宇宙的底层架构与核心应用，摸清中国式元宇宙产业的发展脉络，为政府和企业的元宇宙建设建言献策。这体现为我们在研究中秉持的三个原则。第一，对元宇宙相关技术的分析务求准确可信，对技术进步的展望要遵循技术发展的客观规律。第二，对元宇宙相关应用和商业模式的分析和展望要遵循经济规律。应用和商业模式只有服务实体经济，并且商业上可持续，才值得研究。第三，要清楚在我国的法律和监管框架下，元宇宙能做什么，不能做什么。元宇宙要服务于我国经济社会高质量发展目标，不能突破我国法律法规确定的红线。

《元宇宙经济学》一书建立了元宇宙的整体分析框架，并从信息基础设施、互操作系统、内容生产系统、价值结算系统、主要应用、经济系统和监管等方面阐述我们对元宇宙的理解。我们对元宇宙的研究植根于华泰证券和万向区块链在元宇宙领域的一线实践、多年科技行业分析研究经验和业内领先的跨行业研究能力，是脚踏实地、认真思考的产物。我们对元宇宙发展的过去、现在和未来进行了融会贯通的思考，为读者描绘了一幅广阔而翔实的元宇宙产业图景。我们希望此类创新性的思维碰撞能够帮助读者——不管是元宇宙的政策制定者和监管者，还是开发者和用户，抑或是研究者——看到一个不一样的元宇宙。元宇宙不是乌托邦，也不是无政府主义的洪水猛兽，而是在理性认识的基础上能为经济社会创造巨大效益的新生力量。

《元宇宙经济学》一书凝聚了大量的研究工作，离不开团队的努力。我们感谢华泰证券和万向区块链的领导们对这项研究工作的支持，感谢同事们的贡献。参与这本书各章研究和写作的同事们包括（按姓氏拼音排序）：

第一章：胡宇舟、王星云、朱珺（华泰证券）；

第二章：曹一新、王普玉（万向区块链）；

第三章：陈旭东、陈钰、高名垚、黄礼悦（华泰证券），王普玉（万向区块链），王心怡、王兴、闫慧辰、姚逊宇、余熠（华泰证券）；

第四章：曹一新、王普玉（万向区块链）；

第五章：王星云、朱珺（华泰证券）；

第六章：曹一新（万向区块链）；

第七章：陈钰、吴晓宇、谢春生、闫慧辰、余熠、朱珺（华泰证券）；

第八章：崔晨（万向区块链）；

第九章：胡宇舟（华泰证券），王普玉（万向区块链）。

最后需要说明的是，这本书反映了我们在相关问题研究中的观点，并不代表我们所在机构的官方立场。因研究能力和时间所限，书中难免有疏漏和错误。我们敬请读者批评、指正和建议，并将在后续研究中不断完善。

黄乐平　邹传伟

2022 年 11 月

理论篇

第一章

如何理解元宇宙

随着元宇宙的提出，社会对于元宇宙概念的关注度空前提升。对于元宇宙这个概念，不同身份的人士因出发点不同，观点各有千秋：一是科技巨头将元宇宙视为“互联网的下一站”，根据自身的资源禀赋，布局内容（Meta，即此前的脸书）、芯片（英伟达）、AR/VR（增强现实 / 虚拟现实，苹果）和区块链等相关业务，并通过收购等方式补齐自己的短板（如微软收购暴雪）；二是政府一方面担心元宇宙的去中心化治理机制冲击现有治理体系，另一方面期待元宇宙成为继智能驾驶等之后的新型数字经济引擎，释放政策利好来推动政企合作（主要是中、日、韩）；三是科幻小说家则更深入地探讨了元宇宙与人类生存和文明演进的关系，部分人担心元宇宙或将成为人类的“精神鸦片”，阻碍甚至覆灭人类文明。

虽然不同群体对元宇宙的理解不相同，但是根据元宇宙的概念起源、产业发展和各方观点等，我们提出如下关于元宇宙的定义：元宇宙是以信息基础设施、互操作系统、内容生产系统、价值结算系统作为底层架构的数字生活空间，内层核心是通过应用和身份联结现实居民，并由社会激励和治理规则维系人际关系和系统运转，反映了人类社会的数字化大迁徙。元宇宙存在底层架构和内层核心之分。

元宇宙为什么会出现？元宇宙的出现并不是一蹴而就的，而是经历了很长一段时间的演变才发展而来的。在我们看来，元宇宙的出现主要有三个原因：第一，生活中的不完美客观存在，数字世界能为此提供补偿，虚构是人类文明的底层冲动；第二，在科技进步和经济水平提升的背景下，稀缺性由生理需要转化为高级需要，而元宇宙的出现可以帮助人们实现精神上的满足；第三，元宇宙虚拟空间能够实现经济增值。

展望未来，元宇宙该如何发展？技术的演进和人的需求升级相辅相成、交替前行是支撑元宇宙发展的底层逻辑。需求方面，Z 世代（互联网世代）与日俱增的数字消费需求需要有新的产品形态承接，并要有更优质的线上体验；供给方面，面对元宇宙带来的全新机遇，互联网、半导体、区块链和智能硬件等领域的科技巨头争相投入重要资源积极布局，各国政府也纷纷表态，但东西方政府的侧重点有所不同。其中，西方国家主要通过以英伟达和 Meta 为代表的科技巨头快速入局，在软硬件和内容生态等元宇宙产业链环节加码投资；而东亚三国则是通过出台扶持政策推动政企合作，为元宇宙生态体系建设提供坚实后盾。我们认为，这些努力或将促进元宇宙经过最初的多平台阶段，逐步实现平台融合，最终走向虚实共生的终极模式。

过去十年 4G（第四代移动通信技术）和智能手机的普及，深刻改变了人们社交、游戏和购物、使用短视频服务等的方式（见图 1–1）。根据 QuestMobile（北京贵士信息科技有限公司）的调查，国人平均每天使用手机时长已经从 2014 年 12 月的 1.7 小时上升到 2022 年 1 月的 6.9 小时。社交方面，微信 /QQ 代替电话与短信，成为国人线上社交的常用方式；购物方面，根据商务部统计数据，实物商品网上零售额占社会消费品零售总额的比重已从 2015 年的 11.3% 增长到 2021 年的 24.5%；游戏方面，手游市场规模在 2016 年第一次超过 PC（个人电脑）端游戏，2020 年手游为端游的 3.75

倍。随着运营商提速降费甚至推出数据无限量套餐，短视频服务使用量明显提升，短视频正日益成为主要的媒体和广告营销平台。移动支付市场规模不断扩大，主要城市基本可以实现无现金外出。新冠肺炎疫情期间为了保持安全的社交距离，大量企业在未做好充分准备的情况下被迫进行远程办公实践，催化企业数字化转型加速落地。同时，远程医疗和远程教育等应用场景持续加速渗透，人们的生活习惯得以改变，对数字化服务的接受程度也不断提高。但我们认为这些都只是元宇宙的初级场景。未来十年，元宇宙有望在各类应用场景广泛拓展。

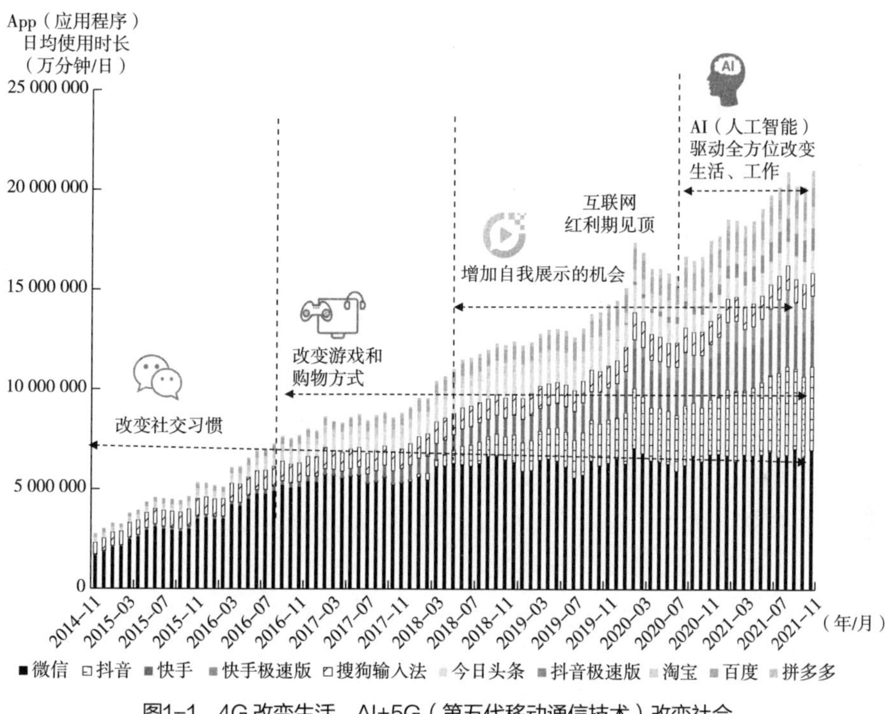

图1-1　4G 改变生活，AI+5G（第五代移动通信技术）改变社会，国人上网总时长持续攀升

资料来源：QuestMobile，华泰研究。

随着 Meta、微软等大厂持续布局元宇宙中的游戏、社交、办公、健身、教育、数字孪生等应用，我们认为未来人们在数字世界中花费的时间将逐渐增加。到 2030 年，人类可能像每天使用智能手机一样，通过 VR/AR/ 脑机接口等智能硬件生活在虚拟社会中，这会为社交、娱乐和传媒等行业提供许多颠覆式发展的机会。

第一节　元宇宙概念解析：一千个元宇宙，一千个哈姆雷特

一、元宇宙概念的起源和发展

（一）元宇宙概念的起源

“Metaverse”（元宇宙）一词由前缀“meta”（意为超越）和后缀“verse”（由 universe，即“宇宙”繁衍而来）组成，由科幻小说家尼尔・斯蒂芬森在 1992 年出版的科幻小说《雪崩》中首次提出。这部小说描述了一个脱胎于现实世界，又与现实世界相互平行、相互影响，并且始终在线的数字世界。在这个由计算机模拟的三维数字空间中，所有现实世界的人都拥有一个 Avatar（数字分身），通过公共链接，人们可以凭借化身的形象进入其中工作、娱乐和生活。

在小说《雪崩》引发关注后，这一与现实世界相互平行的虚拟网络世界概念迅速在科幻艺术界走红，并在随后的科幻作品中进一步得以丰满。1999 年，电影《黑客帝国》描绘了一个“缸中之脑”式的数字世界，沉睡中的人类能够通过脑电波进入一个名为 Matrix（矩阵）的深度沉浸式的系统；而 2018 年上映的电影《头号玩家》则构建了一个更加具象化的数字世界“绿洲”，人们只需戴上 VR 设备，

即可自由穿梭于现实世界和“绿洲”之间，并随时随地切换身份，在由虚拟空间和时间节点构建出的元宇宙中体验不同的人生（见图 1–2）。

图1–2　元宇宙概念的起源：超越虚拟与现实的科幻畅想

资料来源：小说《雪崩》，电影《黑客帝国》，电影《头号玩家》，华泰研究。

（二）元宇宙的发展历程

从发展历程（见图 1–3）看，元宇宙已经历探索期（2002—2011 年）、资本入局期（2012—2016 年）和退潮潜伏期（2017—2019 年）等阶段，目前处于建设早期（2020 年至今）。

在元宇宙的探索期（2002—2011 年），游戏《第二人生》正式发布，作为早期最大的具有丰富 UGC（用户生成内容）、数字地产和活跃经济生态的现象级 3D 数字世界，这标志着元宇宙概念开始以游戏为载体进入探索期，《罗布乐思》《我的世界》等被认为是元宇宙雏形的游戏均在此阶段上线。

随着资本市场对元宇宙的关注度提高（2012—2016 年），腾讯、脸书等互联网巨头开始以投资、收购等方式布局元宇宙。同时，在相关政策的支持下，VR/AR 等元宇宙关键交互硬件迎来了第一波创业与投资热潮。

但受限于当时的软硬件技术和生态环境，产业落地进展不及预期，相关投融资规模迅速收缩，行业进入退潮潜伏期（2017—2019 年）。

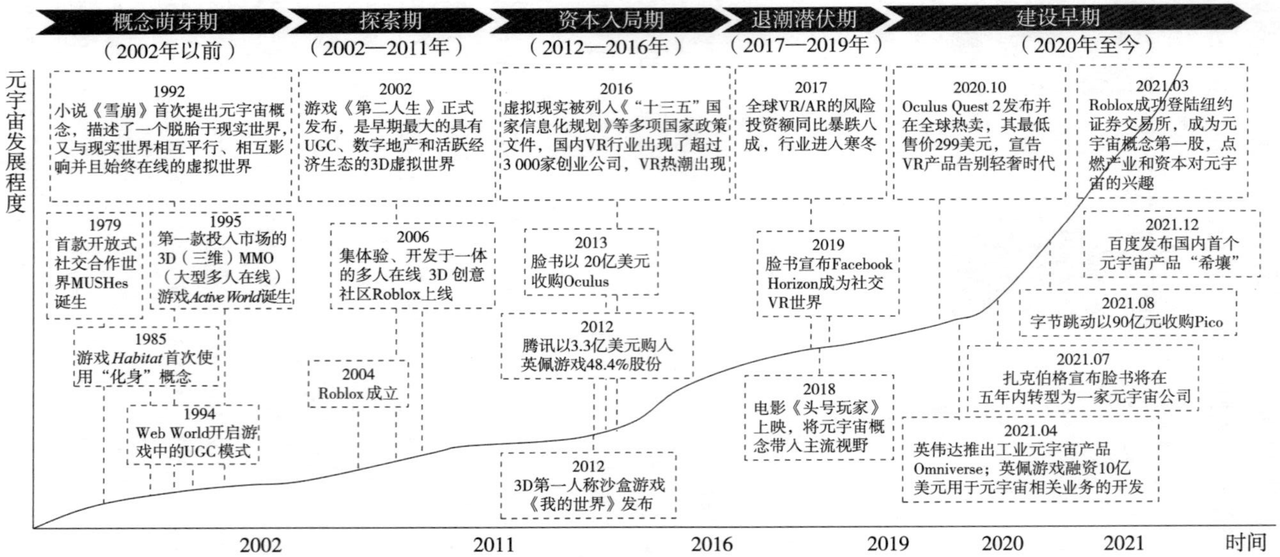

概念萌芽期（2002年以前）

探索期（2002—2011年）

资本入局期（2012—2016年）

退潮潜伏期（2017—2019年）

建设早期（2020年至今）

元宇宙发展程度

1992
小说《雪崩》首次提出元宇宙概念，描述了一个脱胎于现实世界，又与现实世界相互平行、相互影响并且始终在线的虚拟世界

1979
首款开放式社交合作世界MUSHes诞生

1995
第一款投入市场的3D（三维）MMO（大型多人在线）游戏*Active World*诞生

1985
游戏*Habitat*首次使用“化身”概念

1994
Web World开启游戏中的UGC模式

2002
游戏《第二人生》正式发布，是早期最大的具有UGC、数字地产和活跃经济生态的3D虚拟世界

2006
集体验、开发于一体的多人在线 3D 创意社区Roblox上线

2004
Roblox成立

2016
虚拟现实被列入《“十三五”国家信息化规划》等多项国家政策文件，国内VR行业出现了超过3 000家创业公司，VR热潮出现

2013
脸书以 20亿美元收购Oculus

2012
腾讯以3.3亿美元购入英佩游戏48.4%股份

2012
3D第一人称沙盒游戏《我的世界》发布

2017
全球VR/AR的风险投资额同比暴跌八成，行业进入寒冬

2019
脸书宣布Facebook Horizon成为社交VR世界

2018
电影《头号玩家》上映，将元宇宙概念带入主流视野

2020.10
Oculus Quest 2发布并在全球热卖，其最低售价299美元，宣告VR产品告别轻奢时代

2021.03
Roblox成功登陆纽约证券交易所，成为元宇宙概念第一股，点燃产业和资本对元宇宙的兴趣

2021.12
百度发布国内首个元宇宙产品“希壤”

2021.08
字节跳动以90亿元收购Pico

2021.07
扎克伯格宣布脸书将在五年内转型为一家元宇宙公司

2021.04
英伟达推出工业元宇宙产品Omniverse；英佩游戏融资10亿美元用于元宇宙相关业务的开发

2002　2011　2016　2019　2020　2021　时间

图1-3　元宇宙发展历程

资料来源：清华大学新媒体研究中心沈阳团队《2020—2021年元宇宙发展研究报告》（2021年11月），焦娟、易欢欢、毛永丰著《元宇宙大投资》（中译出版社，2022年1月），华泰研究。

2020年至今，以Meta公司发布的VR设备Oculus Quest 2的全球热卖和元宇宙第一股Roblox成功登陆纽约证券交易所为关键催化剂，科技圈和资本圈对元宇宙相关概念的热情空前高涨，国外的英伟达、英佩游戏（Epic Games）、微软，国内的字节跳动、百度等互联网巨头纷纷入场布局，元宇宙正式进入建设早期。

元宇宙的发展逻辑是什么？任何产业的良性发展都离不开供需两侧的支撑，需求端是否真实、强烈且持续存在，供给端提供的解决方案是否可靠和生态是否足够繁荣，决定了行业是否可升级，新的生产生活和娱乐方式是否有持续突破的可能。从当前周期来看，技术的演进和人的需求升级交替前行，两者相辅相成，互为因果，是支撑元宇宙发展的底层逻辑。

在需求端，Z世代与日俱增的数字消费需求需要有新的产品形态承接，并提供更优质的线上体验。当前，娱乐和社交方式迎来新的突破点，陌生人“圈层化”的社交和娱乐方式成为风潮，大型开放世界和多人在线游戏社区受众广泛。同时，在代际更迭下，盲盒、剧本杀、Livehouse（小型现场演出场所）等新型商业模式的兴起，体现出Z世代重视精神娱乐的消费特征；叠加疫情催化，线上办公、线上教育、线上娱乐的习惯得到快速养成，这为元宇宙的发展打开了“社交+游戏+沉浸式内容”的突破口。

在供给端，以人工智能、云计算、5G和AR/VR为代表的信息技术在经历前期的发展和沉淀后已日益成熟，为推动元宇宙建设做足了底层基础设施准备。其中特别值得一提的是，Oculus Quest 2获得了消费者认可，自发布以来总销量已经超过1 000万台，为元宇宙发展创造了可能性。另外，以Meta、谷歌、英伟达为代表的西方科技巨头快速入局，在软硬件和内容生态等元宇宙产业链各环节加码投资，纷纷推出雏形化产品承载消费者对元宇宙的初级需求；同时，东亚三国接连出台多项元宇宙产业扶持政策，通过推动政企合作为元宇宙生态体系建设提供坚实后盾和稳步支持（见图 1-4）。

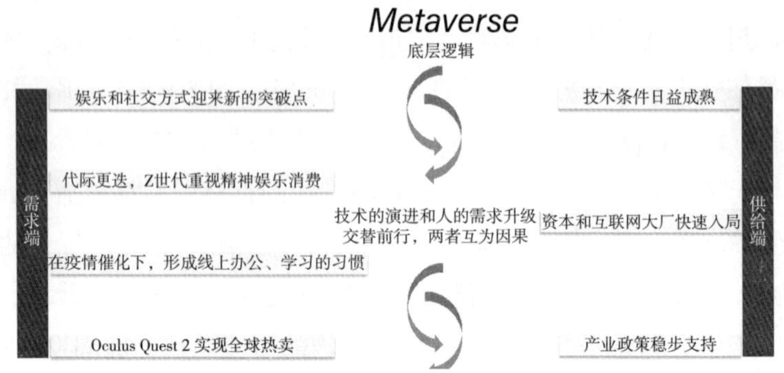

图1-4　元宇宙的发展逻辑

资料来源：华泰研究。

（三）元宇宙的发展动因：补偿性创造 + 稀缺性转移 + 经济增值

1. 现实的不完美客观存在，补偿效应造梦虚拟空间

生活中的不完美客观存在，数字世界能为其提供补偿，虚构是人类文明的底层冲动。我们认为人的天性追求美好和完美，而在现实世界中，由于受制于客观因素，这种需求难以得到满足；同时每个人只能存活一次，并不能验证哪一种人生是最优选择，绝对完美的概念从本质上来说是个伪命题。基于客观条件的限制与现实世界的唯一性，人的生活在本质上是不完美的，缺失与遗憾客观存在。

根据奥地利精神病学家阿德勒的《自卑与超越》一书，每个人面对生活的问题都不断要求更圆满的答案，可是没有人能完全控制环境、控制问题的发生以及控制自身。生活中所有不完美的感觉，包括身体的、精神的或是社会的障碍，不管是真实的还是想象的障碍都会使人产生自卑感，促使个人进行补偿。我们认为，数字世界为补偿提供了出口。清华大学《2020—2021 年元宇宙发展研究报告》同样指出，现实世界是“是其所是”，而虚构世界可以“是其所不是”，从而挖掘生存的多种可能性，虚构是人类文明的底层冲动。我们认为，从远古到现代，从远古壁画到雕塑、戏剧、哲学、宗教，以及以诗歌小说、影视广播为代表的近现代文娱产业，基于补偿效应产生的艺术作品沉浸感与参与感在持续提升（见图 1–5）。

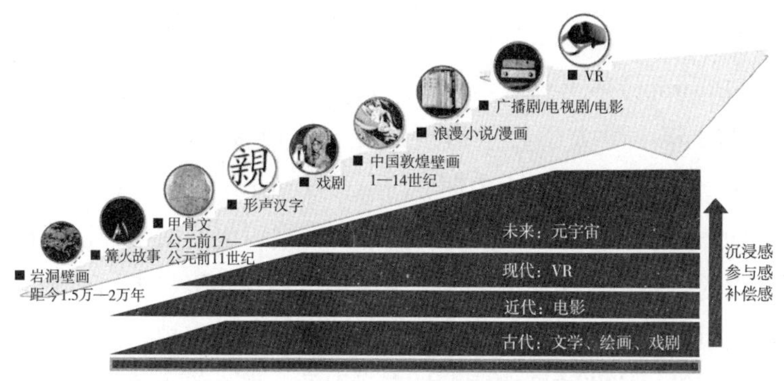

图1–5　壁画、汉字、戏剧等体现永恒的创世冲动

资料来源：腾讯与复旦大学，《2021—2022 元宇宙报告》；清华大学，《2020—2021 年元宇宙发展研究报告》；华泰研究。

古代的类元宇宙场景：根据腾讯联合复旦大学出品的《2021—2022 元宇宙报告》，2 万年前的西班牙和法国石窟中的壁画、敦煌石窟中的壁画，上面的各种野兽和人物形态栩栩如生、色彩艳丽，生动地反映了人类的回忆与想象；中国的首部实景园林昆剧《牡丹亭》以园林实景为舞台，通过多种声光舞美极具沉浸式地呈现了明代大文豪汤显祖的巨作，将观众从远距离投送到最真实的牡丹之梦中。

近现代的类元宇宙场景：诗歌小说中频繁运用象征化手法，郭宝亮在《新时期小说文体形态研究》中认为，小说运用形象化的对应物引出相应的思想与感情，通过象征将小说中的数字世界投射进现实世界，能够让读者自身的内心情感得到共鸣，使读者在沉浸于小说故事情节的同时获得心理补偿；近年来悬疑侦破题材的电视剧如爱奇艺迷雾剧场越发热门，《隐秘的角落》等作品的火爆和话题量的迅速飙升反映了观众对于该类题材的肯定，悬疑影视作品将观众带入主角的人生，通过编剧、导演的预先设定，让观众拥有在现实中难以实现的人生体验。

基于人类的补偿性创造，模拟生成的虚实融合世界，从长期来看终将会实现。这种世界模拟生成的理论也能在尼克·博斯特罗姆（Nick Bostrom）与埃隆·马斯克（Elon Musk）的观点中得到印证。

2003 年牛津大学哲学教授尼克·博斯特罗姆在其论文《你生活在计算机模拟环境中吗？》（Are You Living In a Computer Simulation?）中表示，我们生活的宇宙时空可能是由某种计算机模拟生成的。如果我们认可后人类文明可以利用超级强大的计算机对他们的祖先或像他们的祖先一样的人进行详细的模拟，并且由于模拟足够精细，这些被模拟的人是有意识的，那么绝大多数像我们这样的人将不属于原始种族，而是属于由原始种族的先进后代模拟出来的人。如果是这样的话，我们就会理性地认为我们很可能是在模拟的大脑中，而不是在原始的生物大脑中。

特斯拉的 CEO（首席执行官）埃隆·马斯克在 2016 年举办的 Code Conference（代码大会）上表示：尽管我们认为自己是实体世界里有血有肉的参与者，但我们同样可以说是生活在更先进的电子游戏里的计算机生成实体。40 年前的乒乓球游戏是两个矩形和一个点的二维画面，而今天人类有了逼真的 3D 模拟，并很快会有成熟的 AR/VR 技术。因此，在进化的巨大时间维度上，未来我们生活在现实生活中的概率仅为数十亿分之一。

2. 科技与经济水平不断发展，精神文化需求持续提升

生产力和经济水平随着人类文明演化进程的三个阶段不断发

展：农业文明时期，人类生产力水平较低，稀缺性主要集中于物质资产；工业文明时期，人类开始逐渐解决物质生活的温饱问题，电气化等科技进步让我们的生活水平进一步提升，物质生活更加舒适与精致；信息文明时期，伴随着 AI 等技术的发展，生产效率进一步提升，经济水平快速提高。据世界银行数据，2020 年全球名义 GDP（国内生产总值）为 84.7 万亿美元，较 1960 年提升 6 018%，1960—2020 年 CAGR（复合年均增长率）为 7.1%。工业革命在百年内创造的财富已远超工业革命前的总和，而信息时代下人们经济和生活水平的发展更是跃迁式的（见图 1–6）。

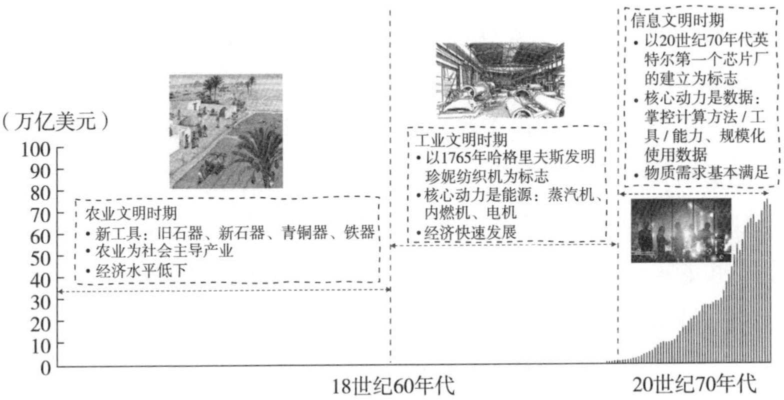

图1–6　全球名义GDP在信息文明时期快速增长

资料来源：世界银行，华泰研究。

在科技进步和经济水平提升的背景下，稀缺性由生理需要转化为高级需要。马斯洛在其论文《人类动机论》中提出了需求层次理论。该理论将人类的价值体系分为生理需要和高级需要两类，其中生理需要是沿生物谱系上升方向逐渐变弱的本能或冲动，高级需要是随生物进化而逐渐显现的潜能。我们认为，伴随着经济发展与技术进步，人类社会的演化将进入低级需要降低、高级需要上升的阶段，稀缺性的概念将由物质文化转为精神文化。

个体通过在元宇宙中实践，满足精神和心理需求，最终实现人的发展和社会发展在虚拟和现实两个层次上的和谐。在现实生活中，人类的情感满足、自我实现等需求按马斯洛三角形由下而上受到越来越多的局限，而元宇宙为人类实现高级需求提供了空间与基础。在现实世界满足底层生理需求和安全需求的基础上，元宇宙能够满足人类的高级需求。一是情感和归属和谐：元宇宙中人们一起社交、工作、娱乐，身临其境的归属感能补偿现实中的社交缺失，虚拟情感能补偿现实中的情感缺失。二是内外认同和谐：元宇宙中人们可以自定义性别、容貌、肤色、国籍，消除缺陷和不平等，真正实现自我尊重和被他人尊重。三是求知和审美和谐：元宇宙在互联网的基础上进一步便利了人们求知的需求，拓展了人类的思想实践，人们的求知趋向于线上线下“两栖化”，同时，元宇宙中的时空架构、形象建设取决于人的想象力，时空美学和完美虚拟形象是对人们审美需求的极致满足。四是自我解放：元宇宙能统一现实世界和数字世界，统一客观知识世界和精神世界，进而形成虚实结合的新型世界，使人类的需求和思想得到充分的解放（见图 1–7）。

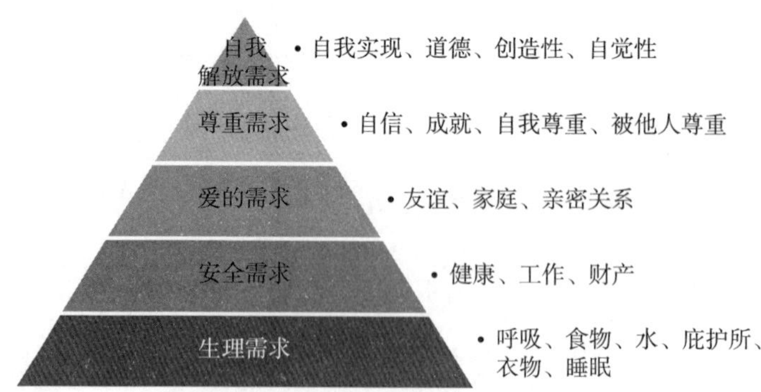

图1–7　元宇宙实现虚拟和现实的和谐

资料来源：A Theory of Human Motivation，华泰研究。

3. 资源具备稀缺性，数字世界实现经济增值

美国经济学家曼昆在《微观经济学》中将稀缺性定义为经济学的十大原理之一，认为相对于人类无限增长的需求而言，在一定的时间范围和空间范围内资源总是有限的。我们认为，在资源相对稀缺的限制下，为了完成生存和繁衍，人类需要不断开拓新资源，物理空间与虚拟空间是两个并行的维度。

物理空间由有限的地球资源探索转向星际文明，难度较高。过去，物理空间开拓主要表现为对地球资源的探索，以 15—17 世纪迪亚士、麦哲伦和哥伦布等人领导的地理大发现为代表。但随着人口的增加，地球的土地和资源所能承载的人口量有限，因此人类开始转向星际文明，寻找适宜人类居住的另一个星球。如 2016 年以来，马斯克一直倡导一系列更大的、长期的火星定居目标，并坚信任何成功的移居无论是对个人、公司还是对政府都有巨大的生存利益；刘慈欣的科幻作品《三体》展现了宇宙中各文明对生存资源的激烈竞争，印证了人类开拓资源的愿景。然而，物理空间的资源开拓需要极快的技术迭代，成本极高，风险极大。

元宇宙虚拟空间能够实现经济增值。元宇宙中的经济资源可以被转移到现实生活中，满足人类生存的多样化需求。我们认为，元宇宙的经济增值性有两条主线。第一，虚拟原生：主要围绕虚拟人与虚拟资产展开，在数字系统内部自循环，实现虚拟经济收益。第二，数字孪生 / 虚实融生：参与实体产业或服务，能够实现现实的经济收益，其中虚实融生的互动性更强（见图 1–8）。

伴随着元宇宙的发展，虚拟人在商业娱乐、社交情感和内容媒介领域实现了经济增值。第一，商业娱乐领域：虚拟人可控性强，能够避免娱乐偶像私生活的负面影响，同时虚拟人能够创造大量的消费与互动场景，通过广告、在线购物等模式变现。如阿里巴巴的 AYAYI、创壹视频的柳夜熙打造“不塌房”的年轻化偶像，在

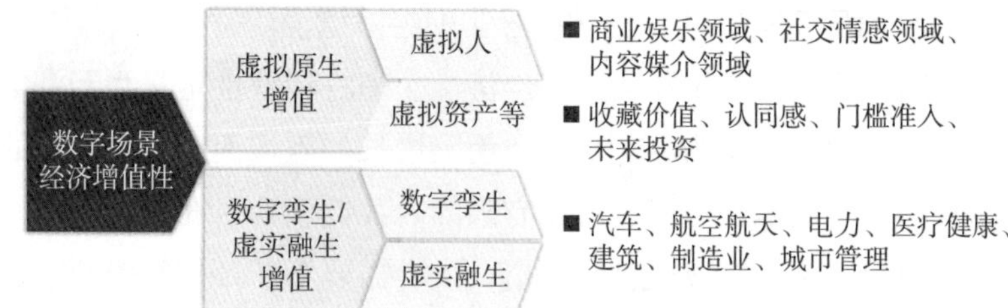

图1-8　元宇宙经济增值性的两条主线

资料来源：清华大学《元宇宙发展研究报告 2.0 版》，华泰研究。

变现环节具有较强的主观能动性。第二，社交情感领域：用户可以通过打造虚拟分身进入具有临场感的虚拟场景中，参与社交，表达情感，弥补现实中情感的缺失。第三，内容媒介领域：虚拟人重塑传播价值，为参与者提供知识传播的新场景。例如，虚拟人能以较低的成本较高效地实现知识讲座、创作者辅导等功能，具有较强的可塑性和较高的工具性价值（见图 1-9）。

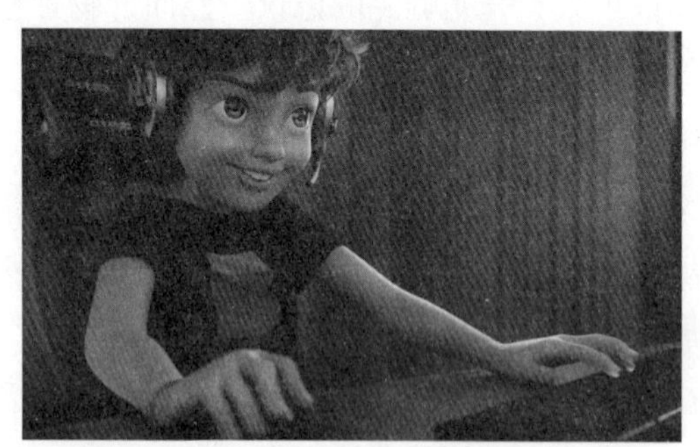

图1-9　虚拟人Casas Bahia

资料来源：Virtual Humans，华泰研究。

区块链技术赋能数字资产，其价值表现在收藏、认同感、门槛准入、未来投资等方面。第一，收藏价值：数字资产的底层技术是区块链，当一件作品上链后便映射成独一无二的数字资产，产权构成稀缺性的基础，具有收藏价值，比如数字艺术家 Beeple 创作的数字作品《每一天：前 5 000 天》（*Everydays: The First 5 000 Days*）的拍卖价高达 6 934.6 万美元。这幅作品不仅利用抽象、幻想、怪诞和荒谬的图片创造出一个美学整体，还将美国近年的政治动荡、对财富的渴望和怨恨等体现在作品中，使其充满收藏价值（见图 1–10）。第二，认同感：在数字资产的背后实际上是达成共识的"亚文化"圈层，拥有数字资产则拥有身份与认同感，如基于蚂蚁链的中国国家博物馆的数字藏品就符合中国文化圈层。第三，门槛准入：用户需要购买相应的数字资产才能参与到区块链游戏中，构成活动的准入门槛，例如，支持区块链游戏的区块链网络 Ronin，玩家要购买侧链 Ronin 中的数字资产才能进入游戏资产体系。第四，未来投资：伴随着元宇宙的发展，元宇宙逐渐完善，购买数字资产实际上是对未来数字世界权益的投资，如 Decentraland、The Sandbox 等虚拟地产投资方兴未艾。

图1–10　数字资产《每一天：前5 000天》拍卖出圈

资料来源：佳士得。

数字孪生/虚实融生持续赋能实体经济。实体经济是强国之本，我们认为元宇宙的发展会与实体经济深度融合，赋能实体经济全面升级。参考《数字孪生应用白皮书》(2020版)，数字孪生技术在汽车、航空航天、电力、医疗健康、建筑等领域实现了广泛的应用。例如，在电力行业助力电厂三维可视化管理、电网模型构建；在制造业推进产品设计的仿真验证、AR检修和远程监测；在文化领域促进物质文化遗产的数字化建设。总体来说，在实体经济的各个领域，数字孪生的核心赋能点包括：融合实体和数字经济，加快产业升级；集成各个环节的数据信息，释放数据价值；数字孪生大脑统筹决策，实现资源最优配置。

(四)未来展望：从数字孪生到虚实融生

我们认为，元宇宙的搭建起源于数字孪生，实现对现实世界的动态复刻；随后伴随着技术发展，元宇宙将逐渐超越真实场景，拓展时空体验，达到虚拟原生阶段；最终虚拟场景和现实场景将相互交融，物理世界与精神世界和谐统一，进入虚实融生阶段。

1. 数字孪生：现实镜像，沉浸推演

数字孪生是对现实世界的动态复刻。数字孪生以数据和模型的集成融合为基础与核心，在数字空间完成对现实世界的实时映射，同时基于数据整合与分析掌握本体的全周期使用流程，进而推演下一步变化的趋势。该技术最早于1969年应用于航天领域，伴随着技术的进步，在工业、城市管理等领域实现较广泛的应用。我们认为，数字孪生将成为元宇宙发展的第一步，实现对现实世界的镜像动态复刻。

数字孪生在智能制造与智慧城市领域有较广泛的应用。在智能制造方面，根据《数字孪生应用白皮书》(2021版)，数字孪生中

的数据集成、多模型构建、高实时交互等技术能够帮助企业实现生产流程可视化和业务数字化，打造上下游企业间高度协同的生产制造链条。在智慧城市方面，数字孪生中的多源数据融合技术、多尺度建模技术、三维可视化技术可以构建城市副本，助力城市时空信息管理和高效指挥，其中海淀（中关村科学城）IOCC（城市大脑智能运营指挥中心）项目建设构建了“1+1+2+N”城市大脑架构，即一张感知网、一个智能云平台、两个中心（大数据中心、AI 计算中心）、N 个创新应用场景，依托数字孪生技术全要素还原城市。

数字孪生同样持续赋能游戏等 C 端应用。数字孪生将现实世界实时地映射至游戏场景中，实现对地球的虚拟复刻。如微软在游戏《微软模拟飞行 2020》中打造了一个实时复刻真实地球的数字世界，玩家在游戏中不仅能看到超 2 万座城市、14 亿座建筑、2 万亿棵树，甚至能体验到实时气候并观察道路拥堵状况。

数字孪生不仅能够实现现实世界的数字化，同时也能实现人的数字化，长期或实现人类数字永生。我们认为，在元宇宙中每个人将会拥有通用性、独立性、隐私性的数字身份，以及个性化的虚拟化身。目前数字孪生对于人的数字化更多体现在外形与肢体动作上，如微软于 2022 年上半年推出的 Mesh for Teams 预览版本在为用户提供个性化的虚拟化身的同时，会提取用户的音频信息，并将其映射为用户表情，同时用户身体的其他部位（比如手部）也会跟随对话运动，增强用户临场感。

从长期来看，将人类的意识输入计算机在理论上是可行的，伴随着 AI 等技术的进步，我们认为，复刻的虚拟化身在肉体逝去后仍能够长存，或实现人类数字永生。《华盛顿邮报》报道，78 岁的美国作家安德鲁·卡普兰（Andrew Kaplan）于 2019 年参与了 Nectome 公司（未上市）的 HereAfter 计划，该计划的目标是利用 AI 技术与数字处理设备将人转变为虚拟化身，使人在逝去后仍然能够在云端继续存在。公司将创建一个音频数据库，安德鲁的家人能够在他逝去后与其虚拟化身 AndyBot（安迪机器人）进行流畅对话，而 Nectome 公司也将持续以计算机模拟的形式进行复活人脑的工程（见图 1-11）。

图1-11　安德鲁·卡普兰或成为首个数字人类

资料来源：CTech，华泰研究。

2. 虚拟原生：拓展时空，解放想象

从数字孪生到虚拟原生，元宇宙的演绎逐渐超越真实场景，拓展时空体验。我们认为，数字孪生本质上是对现实世界的复刻，而虚拟原生能够打破现实束缚，实现时间维度和空间维度的拓展。

第一，虚拟原生改变现实时间流转，增强时间延展性。我们认为，虚拟原生能拥有与现实世界不同的时间系统。元宇宙中的时间系统可以分为两种。一是有时序流转的时间：元宇宙中部分时间流逝与现实世界呈固定比例，不受玩家存在的影响，通常数字世界的时间更快，从而玩家可以在数字世界中实现时间拓展，如在游戏《塞尔达传说：旷野之息》中，一昼夜的时间等于现实世界的 24 分钟，并且日夜循环系统完善，到了晚上生物的行为模式和场景渲染均出现变化。二是跳跃甚至逆转的时间：元宇宙的时间以数字的形式保存，部分行为不受时间规律的支配，满足人类现实生活中渴望无聊时间快速度过、失败经历可以重来等想法，具有非线性、重启性等特征。

第二，虚拟原生能够解放人类的想象力，创造现实世界中没有的体验。现实的世界受客观规律的限制，数字孪生作为现实世界的复刻具有一定的局限性，而虚拟原生能够解放人类的想象力，构建多维的超越认知的元宇宙。如 Meta 旗下的 Horizon Worlds 致力于开发一个拥有一流工具的虚拟现实空间，让创造者一起构建和探索世界。目前 Horizon Worlds 已为用户提供多样化的内容体验：其中 *Arena Clash* 是一款基于团队协作的 3Vs.3（三对三）激光枪战游戏，并推出新机制和模板，供开发者在制作自己的游戏时使用，开发者现在可以修改 3Vs.3 游戏工作脚本，为社区创造自己的游戏；*Pixel Plummet* 是一款带有蒸汽波主题的复古街机式多人平台大逃杀游戏；*Wand & Broom* 允许用户像哈利·波特一样坐在魔法扫帚上，带着魔杖在城镇上空飞翔，探索城市或者和朋友一起闲逛；*Mark's Riverboat* 让用户可以与朋友一起乘坐三层内河船，在河上享受轻松的旅程。虚拟原生平台能为用户提供一个由用户自己持续构建的虚拟体验世界，解放想象力（见图 1–12）。

图1–12 *Wand & Broom*场景

资料来源：Meta 官网，华泰研究。

3. 虚实融生：归真超实，虚实联动

从微观角度看，从虚拟原生到虚实融生可以用鲍德里亚的三

个“拟像阶”的演变来理解。法国哲学家、后现代理论家让·鲍德里亚（Jean Baudrillard）在他的著作《拟像物与拟像》（*Simulacres et simulation*）中提出了三个“拟像阶”的概念：第一拟像阶与前现代时期联系在一起，其中图像是对真实的明显伪造，仅为一种幻觉；第二拟像阶与19世纪的工业革命联系在一起，由于大规模生产和复制品的快速增长，图像是对现实的完美模仿，扭曲和掩盖现实；第三拟像阶与后现代时期联系在一起，拟像成了“超真实”，现实和现实的再现之间不再有任何区别，拟像成为鲍德里亚所说的“一种没有原型和真实性的真实”。在元宇宙中我们进行“拟像”，寻找一个模型以塑造“真实”，虚拟幻象同化于现实本体，二者相互融合。

从宏观角度看，虚实融生体现在元宇宙和现实社会的相互交融和转化中。根据腾讯与复旦大学《2021—2022元宇宙报告》，元宇宙和现实世界互相转化：现实世界依托数字化技术高密度收集、学习和重建数据，并转化为元宇宙；元宇宙依托AR/VR/MR（混合现实）等模拟化技术渗透现实世界。我们认为，现实世界与数字世界是相互补充和融合的关系，元宇宙并非仅存在于虚拟空间，元宇宙中的游戏、社交、生产、经济等元素能延伸到现实世界，元宇宙的技术也能进一步提升生产效率。虚实融生使人类的现实世界与精神世界和谐统一，传统与现代、虚拟与现实、公域与私域多场景重合（见图1-13）。

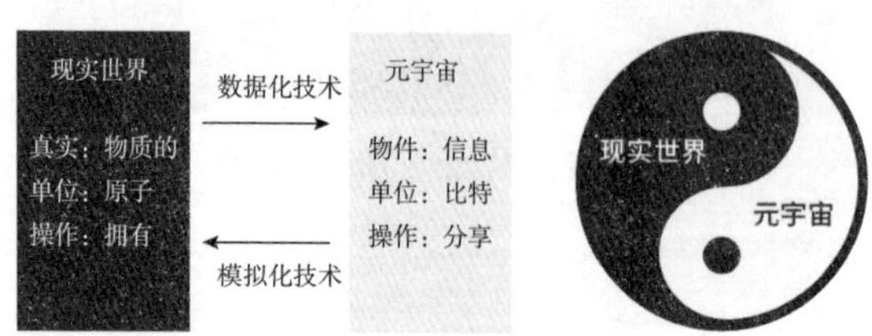

图1-13　虚实融生实现现实世界与元宇宙之间的相互转化

资料来源：腾讯与复旦大学《2021—2022元宇宙报告》，华泰研究。

二、围绕元宇宙概念的争论

无论是小说《雪崩》还是电影《黑客帝国》《头号玩家》，抑或是其他相关的科幻作品，作者都通过自身的想象力在数字世界的基础设定上延展出了不同的元宇宙世界。实际上，即便跳脱出科幻的范围，人们对于元宇宙的理解和看法也仍处于“盲人摸象”的探索阶段，不同身份的人因其出发点和视角不同，观点也各有千秋。或许正如北京大学教授陈宝权所言：“元宇宙就像社会，处于一个不断演变的状态之中，你可以说现在已经进入了元宇宙的原始社会发展阶段，但无法说某样东西就能代表元宇宙。”

一些科技界领袖认为，元宇宙跨越了许多公司甚至整个科技行业的愿景。元宇宙作为下一代信息通信技术的集大成者，其最终的实现需要人机交互、区块链、物联网、网络及运算、人工智能以及电子游戏六大技术的交织发展和功能整合作为底层支撑，为有关科技公司带来关于未来发展的广阔的想象空间，而 Roblox 的上市和股价高涨更是为整个行业注入一针兴奋剂。为此，针对元宇宙及其发展，科技界领袖普遍持积极乐观的态度，认为元宇宙是“一个将所有人相互关联起来的 3D 数字世界”（Roblox 的 CEO 大卫·巴斯祖奇）、“一种前所未有的大规模参与式媒介”（Epic Games 的 CEO 蒂姆·斯维尼），“跨越许多公司甚至整个科技行业的愿景”（Meta 的 CEO 马克·扎克伯格）。

一些投资界领袖认为，元宇宙是价值数万亿美元的投资机会。在众多科技界领袖积极拥抱元宇宙的同时，元宇宙也在大量专业投资者的心中站上高地，被视为重要的投资机遇。风险投资家马修·鲍尔（Matthew Ball）在其元宇宙系列文章的首篇《元宇宙框架》（2021 年 6 月 19 日）中写道：“元宇宙将彻底改变几乎所有行业和功能，全新的行业、市场和资源将被创造出来，新类型的技能、职业和认证也将被创造出来，这些变化的综合价值将达到数万亿美元。”而 Ark Invest 的 CEO 凯瑟琳·伍德（Catherine Wood）在接受美国 CNBC（消费者新闻与商业频道）采访（2021 年 12 月 1 日）时也同样表示：“元宇宙将是一个价值数万亿美元的机会，将影响经济的方方面面，并渗透到每个领域。”

专家学者一般认为，元宇宙是对多种新兴技术的统摄性想象。相较于科技界和投资界领袖们对元宇宙的热情，专家学者对元宇宙的态度则较为中立，大多从客观角度出发解读元宇宙的科技架构、系统构成和特征属性，并重点探讨“元宇宙与现实世界的关系”“元宇宙实现的技术路径”“元宇宙的演进过程和发展阶段”等元宇宙相关问题。总的来看，尽管多数专家学者认同元宇宙的发展是必然趋势，但认为它“并非移动互联网技术的单向发展，而是多种技术的组合”（陈宝权，2021），是“利用科技手段进行连接与创造的”（陈刚，2021）、“整合多种新技术而产生的新型虚实相融的互联网应用和社会形态”（沈阳，2021）。此外，也有部分专家学者探讨了元宇宙中可能出现的风险和社会问题。

政府机构倾向于认为，元宇宙是一个需要理性看待的真正的挑战。当前，元宇宙的产业发展仍存在较大变数，其社会规则、管理制度及法律约束等治理体系尚未形成，可能出现的资本操纵、经济风险、伦理风险、隐私风险等问题给政府监管带来了较大压力。然而，一旦元宇宙成为未来数字生态的主流模式，可能会产生新的国际分工体系，缺乏相应筹码和竞争力的国家将处于不利局面，并可能在这一新体系中被边缘化。因此，相较于追求产业发展带来的潜在商业利益，如何平衡“产业发展”与“安全”更是政府关注的重点。在多国政府机构的发声中，理性、警惕等关键词频繁出现，其中，中央纪委国家监委在《深度关注 | 元宇宙如何改写人类社会生活》一文中提出要“理性看待元宇宙带来的新一轮技术革命和对社

会的影响，不低估 5~10 年的机会，也不高估 1~2 年的演进变化”；俄罗斯总统普京则直言“元宇宙是一个真正的挑战”，这些都反映了各国政府对元宇宙秉持相对谨慎和保守的态度。

一些科幻小说家探讨：元宇宙是科幻叙事的未来还是人类文明的覆灭。冷静思考人类科技发展的当下和未来，并探讨人类与技术的相互影响是科幻文学的要义之一，也是科幻作者解读元宇宙的首要视点。从元宇宙与人类生存和文明演进的关系角度出发，有大量的科幻作者展望了元宇宙与人类社会的未来景象。虽有人认为虚拟与现实可以并行不悖，甚至科幻小说本身就可以被认为是一种元宇宙的低配版，但其中也不乏悲观的声音：“从科幻人来讲，1992 年《雪崩》中的创意，带给他们万千遐想”，是“从 0 到 1 的创新”（吴岩，2022），但一旦这种科幻创意走向现实，“人类文明会溺于欢愉，陷于停滞，无法进步，更无法升级”（萧星寒，2022），同时，“在计算机算法统治了这个世界之后，可能会带来许多意想不到的灾难”（左文萍，2022）。总的来说，对元宇宙的理解可谓“一千个元宇宙，一千个哈姆雷特”。科技界领袖对元宇宙的理解更多从应用和产品形态的角度出发，结合各自公司产品线及布局业务描摹其理想的元宇宙模型，因其从事的业务不同，对元宇宙的关注点也各有侧重（见图 1–14）。即使同样做游戏，传统游戏公司和游戏平台的重心也不尽相同，前者更关注可定制角色与场景的开放世界，后者则更关注 UGC、Play-to-earn（边玩边赚）的游玩模式及公平的创作者经济系统。

综上所述，与科技界和投资界领袖们对元宇宙的乐观态度和布局热情不同，专家学者以及政府官员对元宇宙的态度则更多偏向中立和保守，在元宇宙的产业机遇之外，重点关注其技术实现路径、演进方式和可能产生的风险与治理问题等。而科幻小说家则更深入地探讨了元宇宙与人类生存和文明演进的关系，部分人认为元宇宙的发展或将覆灭人类文明。

图1–14　不同公司对元宇宙的关注点各有侧重

资料来源：华泰研究。

但对元宇宙的各种解读中也存在着诸多共通之处。在数字世界和现实世界的关系上，多种观点都不约而同地指出元宇宙不等于数字世界，而是数字世界与现实世界的交互、融合与映射；在体验方式上，元宇宙居民可以随时随地进入元宇宙，并通过虚拟形象体验元宇宙应用，获得实时沉浸的参与感是不同人物对元宇宙提出的共同要求；在组成架构上，元宇宙作为对现实世界的镜像映射，需要通过信息基础设施，构建与现实世界相当的内容生产系统和价值结算系统已基本成为共识。

三、我们对元宇宙的理解："底层架构 + 内层核心"

综合前文对元宇宙的概念起源、产业发展和各方观点等的讨论，我们提出如下关于元宇宙的定义：元宇宙是以信息基础设施、互操作系统、内容生产系统、价值结算系统作为底层架构的数字生活空间，其内层核心是通过应用和身份联结现实居民，并由社会激励和治理规则维系人际关系和系统运转，反映了人类社会的数字化大迁徙。元宇宙存在底层架构和内层核心之分。

元宇宙的底层架构（见图 1-15）如下。第一，信息基础设施，包括计算、存储、网络带宽等，以及 AR、VR 和脑机接口等，人机交互体验将接近真人水平。低代码平台和以区块链为代表的可信数字底座也是元宇宙信息基础设施的重要组成部分。第二，互操作系统，互操作系统的目标是让元宇宙的参与者在现实世界和数字世界之间自由切换，价值在两个世界之间自由流转，比如 DID（分布式身份）、数字分身和可编程价值等。第三，内容生产系统，包括图形引擎、游戏引擎、虚幻引擎、UGC，以及 AIGC（人工智能生产内容）等。第四，价值结算系统，包括产权交易规则，在元宇宙中，数字世界和现实世界将在价值层面融为一体。

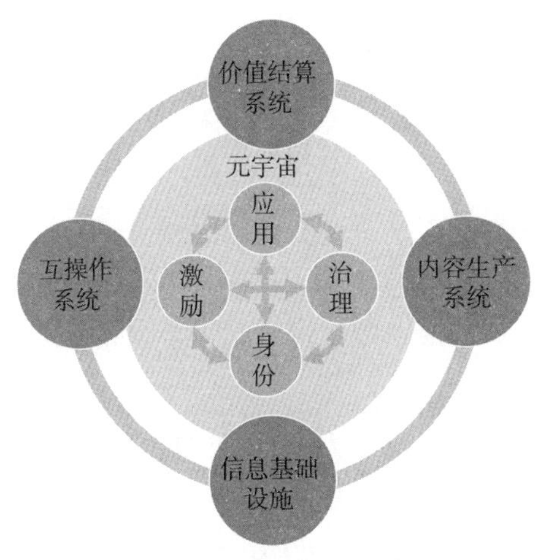

图1-15　元宇宙的底层架构和内层核心

资料来源：万向区块链。

元宇宙的内层核心如下。第一，身份。元宇宙的每位居民需要有自己明确的 ID（身份识别码），身份背后是元宇宙的各类参与者，包括内容创作者、用户和技术开发者等，而身份网络中蕴含的社会关系在元宇宙中具有重要地位。第二，应用，即元宇宙的入口和体验场景。在元宇宙发展前期，应用将主要包括游戏、社交、电商和艺术品，以及办公、城市和工业等。第三，激励。元宇宙必须提供一套完备的激励规则，以最大限度地激发人们在元宇宙中生产、劳动、工作和学习的积极性。第四，治理。现实社会中存在的一系列治理问题在元宇宙中也同样会出现。因此，元宇宙也需要依靠法律体系等强制性力量以及伦理道德、社会价值观等自制自律机制来约束居民和组织的行为。社区自组织力量将在元宇宙的发展中发挥重要作用。

四、科技巨头的元宇宙实践

自 2021 年以来，社会各界力量对元宇宙概念的关注度空前提升。

一方面，全球主要科技巨头将元宇宙视为全新增长点和下一个具有战略意义的竞争领域，争相投入重要资源布局相关产业，积极卡位元宇宙赛道。另一方面，多国政府也纷纷下场参与，积极释放产业政策利好，以政企合作的方式加速推进本国元宇宙市场建设，以期在元宇宙开发过程中可能带来的新型国际分工体系里占据优势地位。

从当前周期来看，主要科技巨头的切入口和战略重心有所不同，围绕元宇宙产业链各环节形成了相对各异的布局版图。英伟达以计算芯片为抓手，推出元宇宙内容协作开发平台 Omniverse，开始布局软件业务；脸书从全球社交龙头全面转型元宇宙公司，在硬件、内容和底层技术上都已形成扎实的资源储备和亮眼的产品发布；元宇宙第一股 Roblox 围绕旗下大型多人在线游戏平台打造简化版元宇宙雏形；腾讯从社交侧切入，以海量社交流量为核心构筑全真互联网；字节跳动入股国内领先 VR 设备商 Pico，并依托原本内容运营优势，“硬件 + 内容”齐上阵。

专题1-1 英伟达：创建元宇宙数字化虚拟空间的技术平台底座

英伟达于1993年成立于美国，由现任CEO黄仁勋、克里斯·马拉乔夫斯基（Chris Malachowsky）和柯蒂斯·普里姆（Curtis Priem）共同创立，作为GPU（图形处理器）的发明者，英伟达是当前全球最大的GPU设计公司，也是人工智能计算领域的引领者。

虽然GPU最初是作为CPU（中央处理器）的辅助计算部件，用于加速图形图像计算开发的，但如今GPU已不再局限于3D图形处理，在浮点运算、并行计算等方面，GPU可以提供数十倍乃至上百倍于CPU的性能，除高性能计算外，数据中心、云计算、大数据分析、AI等核心科技行业也都离不开顶级图像处理技术的强力支持。可以说，GPU是元宇宙必不可少的算力载体，无论是运行实时高速图形渲染和3D图形加速引擎等"传统功能"，还是利用其AI算力来推动虚拟世界与现实世界的融合，都需要高性能GPU作为支撑。

英伟达于2019年正式推出Omniverse，其最初是一个基于GPU和皮克斯USD（通用场景描述）的实时图形和仿真模拟平台，主要由多用户数据共享模块Nucleus、扩展和软件附加模块Connect、工具和微服务连接模块Kit、视觉传达模块RTX Render、仿真模块Simulation五大核心部件组成。Omniverse本质上是一个为设计师、工程师等创造共享虚拟空间，以进行实时协作的云技术平台。通过Omniverse的应用，可以实现用户和应用程序之间的实时协作。由于Omniverse平台可以在单个交互式平台上实时整合用户和主流行业3D设计工具，开发者无需准备数据便可对作品进行即时更新、迭代和修改。Omniverse还提供了可扩展的、真实的实时光线追踪和路径追踪，从而在作品中实现精美、准确且逼真的视觉效果。同时，由于模型是可扩展的，开发者只需在 Omniverse 平台上建模一次，即可在不同设备上进行渲染。因此，英伟达也将 Omniverse 称为“元宇宙数字化虚拟空间的技术平台底座”（见图 1–16）。

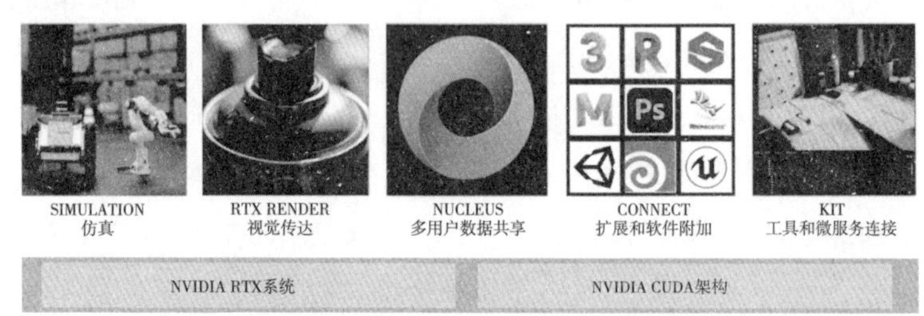

图1–16　英伟达Omniverse核心架构及应用效果

资料来源：英伟达官网，华泰研究。

专题1–2　Meta（脸书）：从全球社交巨头全面转型元宇宙公司

脸书于 2004 年成立于美国，由扎克伯格和爱德华多·萨维林（Eduardo Saverin）共同创立，旗下产品主要包括脸书、Instagram（照片墙）、WhatsApp（瓦次普）、Messenger（飞书信）等，根据公司披露的数据，2021 年 12 月公司全球员工达 7.2 万人，每天约有 28 亿人至少使用公司一款产品。脸书是全球主要的人工智能企业之一。

2021 年 10 月 28 日，公司宣布改名为“Meta”，并将旗下 VR/AR 研发平台 Facebook Reality Labs 列为单独报告部门，计划在未来向该部门投入至少 100 亿美元资源用于虚拟现实技术和元宇宙有关项目的开发。VR/AR 设备被广泛认为是下一代人机交互平台的主流形式，其中，VR 设备通过模拟一个完全封闭的虚拟环境，为用户带来与数字世界的实时、沉浸式交互体验；AR 设备则通过模拟虚拟对象并将之“叠加”到现实世界中，为用户带来真实世界和数字世界相融合的交互感受。元宇宙要想构建一个超越现实宇宙的虚拟共享空间，并让人们都在其中以数字化身进行社交和生活，就必须依靠 VR/AR 等沉浸式交互设备，为用户提供一种足够真实但又超越现实世界的感官体验。

根据公司战略，Meta 将在五年后从社交公司转型成为元宇宙公司，其目前所构建的用户、创作者社群，以及商业模式、VR 平台在未来将融合在一起，组合成一个更大规模的元宇宙。Meta 向元宇宙的转型主要体现在交互硬件和内容场景两个方面。

在交互硬件方面，Meta 对于 AR/VR 一直有长远的目标。作为全球 VR 的“潮流引领者”，Meta 一直在积极完善 VR 硬件生态。自 2014 年收购 Oculus 以来，公司陆续推出了 Oculus Rift DK2、Oculus Rift CV1、Oculus Go、Oculus Quest、Oculus Rift S、Oculus Quest 2 等 VR 产品，其中 Oculus Quest 2 在内容生态上较历史产品有极大丰富，产品价格也更为亲民，在发布后迅速成为 VR 市场上最受欢迎的明星产品。在 AR 方面，公司也有积极布局，2021 年 10 月，Meta 公布代号为 Cambria 的高端 VR 头显项目，该产品具备 RGB（三原色）透视功能，向影像 MR 方向更进一步，或可以与苹果公司 MR 产品同台竞技。同时，公司还公布了“Project Nazare”AR 眼镜计划，并表示为实现目标外形与 AR 功能，需将全息显示器、投影仪、电池、收音机、定制硅芯片、相机、扬声器、传感器等集成到大约 5 毫米厚的眼镜中，目前具体项目的落地仍需时日，但公司在相关技术上已有布局。

同时，在脑机接口、触觉等其他交互形式，以及配套的交互产品上，Meta 也有积极跟进动作。2021 年 3 月，Meta 分享了一款能读取手腕神经信号的 EMG（肌电图）手环，该手环可视为脑机接口设备的一种。2021 年 11 月，Meta 发布了一款微流体触觉手套，该手套可出现压力、纹理和振动等复杂细微的触碰感觉，为用户在接触虚拟物体时提供真实的触感。此外，Meta 还计划于 2022 年推出与 Oculus Quest 2 配套的健身包，包括全新的防汗手柄与针对运动优化的面垫，可提升用户操作控制能力，使运动健身更加舒适（见图 1–17）。

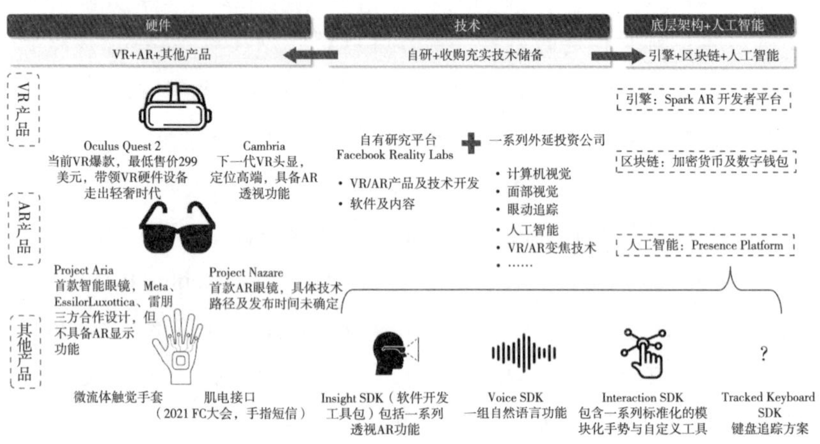

图1–17　Meta对AR生态的完善

资料来源：华泰研究。

作为全球最大的社交公司，Meta 也积极布局元宇宙社交。据 Meta 财报，FY4Q21 脸书应用 DAU（日活跃用户数）达 19.29 亿；全矩阵产品（包含 Instagram、WhatsApp 等其他应用）DAU 达 28.2 亿，为元宇宙社交用户的导入打下了坚实的基础。以此为基础，Meta 也在加大原生 App 的开发力度，2017 年便在 Rift 平台推出社交平台 Spaces，2020 年推出 Rooms、Oculus TV、Venues 三款社交应用，随后相继上线 Horizon Workrooms、Horizon Worlds、Horizon Home 等多款软件，同时发布多项激励计划，推动生态体系成熟（见图 1–18）。

图1-18 Meta旗下Horizon社交平台

资料来源：Meta 官网。

在内容场景方面，公司则通过在游戏、健身、教育等场景上进行持续的内容迭代来加速应用生态的繁荣。在游戏方面，Meta 宣布将与《亚利桑那的阳光》开发商 Vertigo Games 合作开发包括《深银》在内的 5 款 VR 游戏，VR 独占中世纪奇幻沙盒游戏《剑与魔法：游牧民族》于 2021 年 10 月上线，同时继《生化危机 4》后，由 Rockstar Games 打造的 3A（游戏术语，指开发成本高、开发周期长、消耗资源多的游戏）大作《侠盗猎车手：圣安地列斯》也将登陆 Oculus Quest 2 平台。在健身方面，有多款 VR 健身应用宣布产品更新，如 VR 健身应用 Supernatural 推出拳击功能，VR 健身游戏 FitXR 推出新的健身工作室，由 Rezzil 开发的足球训练应用 Play 22 将推出有专人指导的重量训练课程。在教育方面，医学生可通过 Oculus Quest 2 运行 Osso VR 应用，亲自上手进行手术练习直至熟练掌握。同时，Meta 宣布将拨款 1.5 亿美元培训下一代教学内容创作者，助力沉浸式内容创作；并将建立专业的课程和认证流程，来帮助更多的创作者使用 Spark AR。

专题1-3 Roblox：全球最大的UGC游戏社区，简化版本的元宇宙雏形

Roblox 公司于 2004 年在美国成立，2006 年推出 Roblox 在线游

戏创作与体验平台，用户可以使用移动终端、PC 端、游戏主机以及 VR 设备登录 Roblox 平台，创作或体验种类丰富的 3D 应用，并与其他玩家展开互动。Roblox 现已成长为全世界最大的游戏 UGC 社区，根据官网披露，目前已经有超过 800 万活跃开发人员在平台上创作了超 4 000 万款游戏，平均每日有超过 4 300 万来自全球不同国家和地区的用户在 Roblox 上进行游戏和互动，平均每人使用时长超过 2.5 小时。2021 年 3 月，Roblox 正式在纽约证券交易所上市，成为元宇宙概念第一股。

Roblox 平台的生态闭环由三大核心构件形成，包括赋能编辑器和客户端的 Roblox Cloud（云服务器）、面向开发者和创作者的 Roblox Studio（编辑器）以及面向玩家的 Roblox Client（客户端）。开发者和创作者通过使用 Roblox Studio 提供的模块封装的游戏引擎，可以轻松高效地创作各种丰富多元的 3D 游戏和虚拟形象物品，并在 Roblox Client 上发布，供游戏玩家游玩和体验。而整个游戏创作和体验系统，都离不开 Roblox Cloud 提供的后端云计算和云服务支持（见图 1–19）。

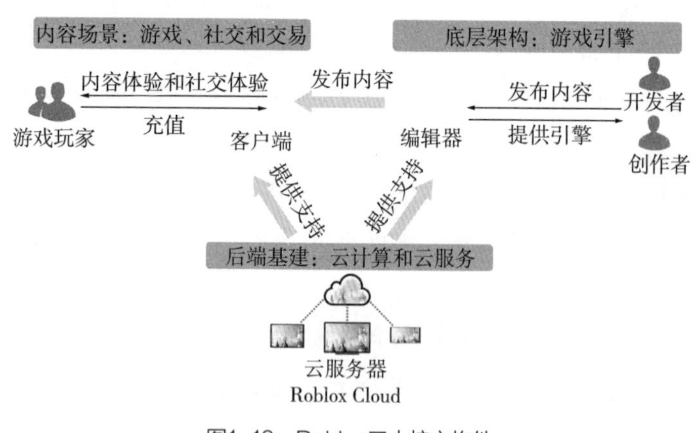

图1–19 Roblox三大核心构件

资料来源：Roblox 官网，华泰研究。

Roblox 可以视为简化版本的元宇宙雏形，包括作为内容场景的游戏、社交和交易部分，作为底层架构的游戏引擎，以及作为后端基建的云计算和云服务三大核心构件。平台中的所有游戏、虚拟形象物品和游玩场景均由用户通过平台提供的工具进行开发和创作，游玩者可充值平台内的虚拟货币 Robux 购买游戏和道具，消费的 Robux 则按一定比例分成给开发者和创作者，并可兑换为现实世界货币，以进一步激励其持续创作和产出内容。此外，用户在平台内将拥有一个虚拟角色形象，该虚拟身份在不同游戏中统一，可基于此进行社交并建立在数字世界内的社交关系网络。总的来说，Roblox 具备虚拟身份、丰富的 UGC、完善的经济体系、社交关系（特征）等元宇宙核心要素，并具有自由、开放的特征（见图 1–20）。

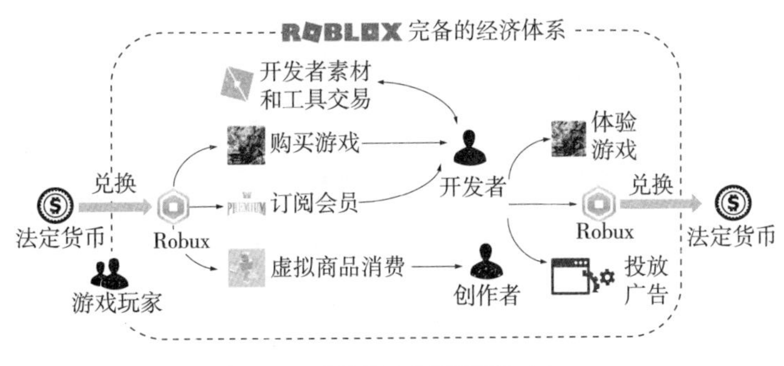

图1–20　作为元宇宙雏形的Roblox

资料来源：Roblox 官网，华泰研究。

专题1–4　腾讯：掌握社交和游戏两个元宇宙最初体验入口

腾讯于 1998 年成立于中国深圳，由马化腾、张志东等人共同创立，自成立以来，公司先后发行了 QQ、微信等即时通信与社交产品，《王者荣耀》《绝地求生：刺激战场》等风靡全球的电子游戏，以及腾讯视频、QQ 音乐等多款优质数字内容应用，为全球用户带来了丰富的互动娱乐体验。同时，公司还提供云计算、广告、金融科技等一系列企业服务，致力于支持合作伙伴实现数字化转型和业务发展。截至2021年9月，公司旗下多款产品和服务在中国市场的MAU（月活跃用户数）及收入排名均位列第一（见图1–21）。

图1–21　腾讯多款产品和服务市场表现亮眼

注：所有排名仅限于中国市场，公有云排名基于Laas和PaaS收入，数据截至2021年9月30日。

资料来源：腾讯官网，华泰研究。

2020年12月，创始人马化腾在公司内部年度特刊《三观》卷首语中提出“全真互联网”概念，认为其将是移动互联网的下一个升级方向。“全真互联网”概念在本质上和元宇宙异曲同工，均剑指数字世界和现实世界的交汇融合，并由此为用户带来更真实多元的体验。从腾讯当前的业务布局来看，其与元宇宙有关的业务主要集中于内容场景方面，包括社交、游戏和在线数字内容等。

腾讯以社交为核心外延其他产品，“社交＋内容＋娱乐”优势地位稳固。连接是腾讯元宇宙布局的关键词，作为腾讯核心的用户流量护城河，微信和QQ均已形成成熟的社交网络互通生态，其旗下丰富的产品矩阵能够实时连接海量用户和各类企业，提供多种内容形态及生活服务，可以认为已经初步具备元宇宙雏形。同时，以社交为核心，依托社交产品的外溢优势，腾讯不断向外延伸内容产品布局，在视频、影视、文学、音乐等泛文娱领域均有深厚的产品储备，已经形成相对完整的“社交 + 内容 + 娱乐”产业版图。

腾讯作为全球最大的游戏公司，押注元宇宙游戏领域各个赛道。

第一，在游戏产品上，腾讯本身具有强劲的游戏研发和发行实力，《王者荣耀》《和平精英》等头部产品的长周期运营表现亮眼，为公司在大DAU的社交 + 竞技品类发展提供了深厚的经验积淀。同时，腾讯与Roblox合资成立罗布乐思并推出罗布乐思游戏平台，将借助自身强大的社交网络，在UGC游戏模式上占据先发优势。此外，腾讯还入股了Frontier Development、威魔纪元等VR游戏公司，掌握了丰富的VR游戏储备。

第二，在游戏内容运营上，腾讯已围绕游戏打造了包括直播、电竞在内的生态闭环，公司是虎牙直播和斗鱼的最大股东，旗下腾讯电竞是中国用户规模最大、赛事体系最完备的电竞平台之一。

第三，在游戏制作上，腾讯拥有能够支持高品质内容的游戏引擎，除自研游戏引擎QuicksilverX外，还通过控股英佩游戏掌握其旗下虚幻引擎开发平台。

第四，在云游戏上，腾讯已打造了包括START、腾讯即玩、腾讯云游戏在内的多个云游戏平台，能够为用户提供全链路云游戏平台与生态。

专题1–5　字节跳动：入股Pico，“内容+硬件”齐上阵

字节跳动由张一鸣于2012年在中国北京创立。2021年11月，公

司宣布进行组织架构调整，成立抖音、大力教育、飞书、火山引擎、朝夕光年和TikTok（抖音国际版）六大业务板块，分别负责国内内容与电商、广告等垂直服务业务，在线教育业务，企业协作业务，企业服务业务，游戏业务，海外内容与电商、广告等垂直服务业务的发展。从目前来看，字节跳动在元宇宙的布局主要体现在内容侧和硬件及技术侧。

在内容侧，字节跳动的丰富产品矩阵构筑了全球化流量优势，为创建元宇宙提供了可能。字节跳动已建立起包括今日头条、抖音、西瓜视频、TikTok、飞书等核心产品在内的庞大产品矩阵，涵盖C端（客户端）的新闻资讯、中短视频、社交、电商、游戏、生活服务及B端（商家端）的企业协作、智能投放等多个领域。根据字节跳动官网数据，其旗下全系列产品已覆盖全球超过150个国家和地区，MAU高达数十亿，流量全球化优势突出。

在硬件及技术侧，字节跳动2021年8月以15亿美元（约90亿人民币）入股国内领先的VR硬件厂商Pico。Pico旗下拥有G系列和Neo系列VR一体机，产品矩阵完善，并已囊括349项已授权专利和650+已受理专利，范围涵盖图像、声学、光学、硬件与结构设计、操作系统底层优化、空间定位与动作追踪等VR核心技术领域。IDC（互联网数据中心）数据显示，2021年二季度，Pico市场份额占有率位居国内第一，全球第二。此外，字节跳动还通过内生孵化和外延投资积极探索元宇宙发展底层技术储备，在自然语言处理、机器学习等领域进行持续的技术积累和创新。

字节跳动原生的互联网基因和社交优势与元宇宙十分契合，其庞大的内容运营体系也与元宇宙的内容生产较为类似。在收购Pico后，字节跳动已打通设备、内容、平台的生态闭环，内容运营和社交优势与硬件和技术优势相辅相成，软硬件相互促进发展（见图1–22）。

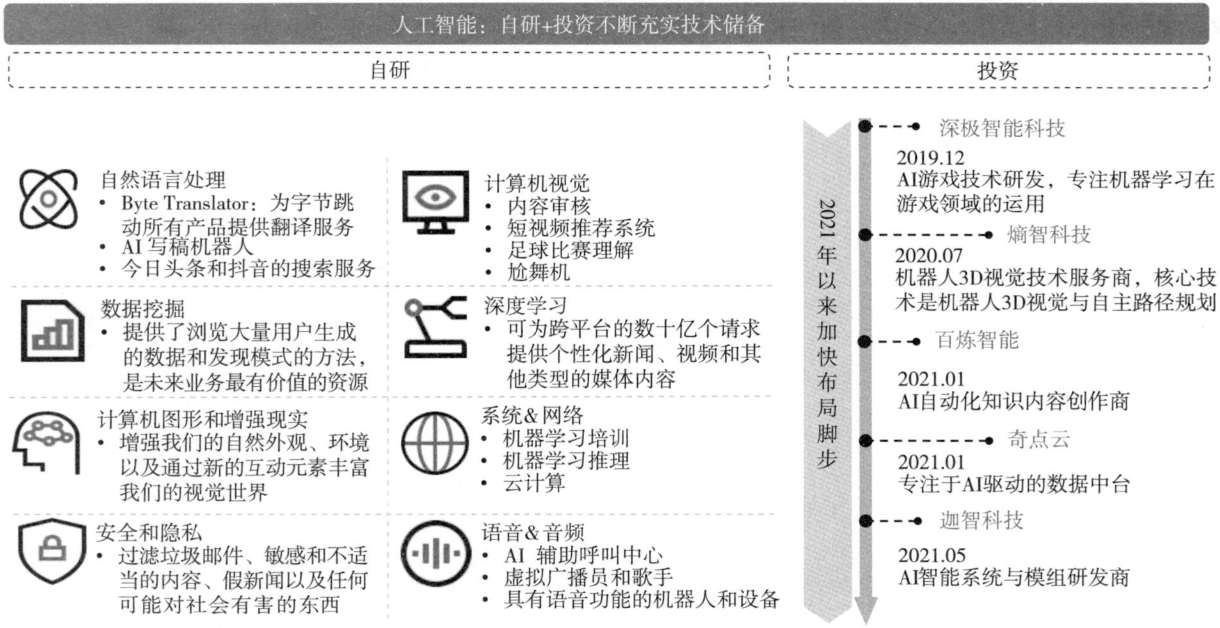

人工智能：自研+投资不断充实技术储备

自研

自然语言处理
- Byte Translator：为字节跳动所有产品提供翻译服务
- AI 写稿机器人
- 今日头条和抖音的搜索服务

计算机视觉
- 内容审核
- 短视频推荐系统
- 足球比赛理解
- 尬舞机

数据挖掘
- 提供了浏览大量用户生成的数据和发现模式的方法，是未来业务最有价值的资源

深度学习
- 可为跨平台的数十亿个请求提供个性化新闻、视频和其他类型的媒体内容

计算机图形和增强现实
- 增强我们的自然外观、环境以及通过新的互动元素丰富我们的视觉世界

系统&网络
- 机器学习培训
- 机器学习推理
- 云计算

安全和隐私
- 过滤垃圾邮件、敏感和不适当的内容、假新闻以及任何可能对社会有害的东西

语音&音频
- AI 辅助呼叫中心
- 虚拟广播员和歌手
- 具有语音功能的机器人和设备

投资

2021年以来加快布局脚步

深极智能科技
2019.12
AI游戏技术研发，专注机器学习在游戏领域的运用

熵智科技
2020.07
机器人3D视觉技术服务商，核心技术是机器人3D视觉与自主路径规划

百炼智能
2021.01
AI自动化知识内容创作商

奇点云
2021.01
专注于AI驱动的数据中台

迦智科技
2021.05
AI智能系统与模组研发商

图1-22　字节跳动在元宇宙底层技术方面的探索

资料来源：字节跳动官网，华泰研究。

五、政府机构：东亚三国积极布局，西方国家保持谨慎

由于元宇宙的产业发展仍存在较大变数，同时针对各种可能出现的风险和治理问题尚未形成有效的解决方案。当前，在元宇宙产业发展带来的潜在商业利益和其可能对本国政治及社会领域形成的安全风险之间，不同国家政府的倾向性有所不同，并由此形成了相对各异的产业政策。总体来看，中、日、韩三国政府态度相对积极，抢先推进元宇宙布局；美欧及俄罗斯政府态度则相对谨慎，重点关注元宇宙数据安全、隐私保护及巨头垄断问题。

我国理性看待元宇宙产业革命，不低估 5~10 年的机会，也不高估 1~2 年的演进变化。我国对于科技新事物历来较为包容，目前，我国虽尚未有国家层级的元宇宙政策出台，但已有多地地方政府加码扶持元宇宙建设，在政府工作报告及产业战略规划中提及元宇宙概念。据不完全统计，目前湖北武汉、安徽合肥、四川成都以及上海徐汇区等均已将元宇宙写入新一年度地方政府工作报告；上海、浙江以及江苏无锡等省市在相关产业链的规划中明确了元宇宙的发展方向，北京也将推动建设元宇宙的新型创新联合体，探索建设元宇宙产业聚集区。不过，也有大量官媒发声，呼吁理性看待元宇宙产业机会，警惕元宇宙泡沫和炒作风险。由此来看，在把握元宇宙战略先机的同时规避潜在的风险隐患，平衡好“发展”和“安全”的关系将成为我国政府布局元宇宙的主旋律。

日本积极扶持元宇宙相关产业，建立新型国家优势。2021 年 7 月，日本经济产业省发布《关于虚拟空间行业未来可能性与课题的调查报告》，报告归纳总结了日本“虚拟空间”（元宇宙）行业亟待解决的问题，并对日本政府应如何构建和制定元宇宙法律体系、行业标准、指导方针等提出建议。这体现了日本正在加速打造元宇宙生态体系，以期在全球元宇宙行业中占据主导地位。同时，日本加

密资产兑现平台 FXCOIN 以及 CoinBest 等企业发起成立了元宇宙的业界团体“一般社团法人日本元宇宙协会”。

韩国政府积极探索元宇宙产业发展，以期在本国元宇宙产业中发挥主导作用。韩国政府对元宇宙反应迅速，不仅率先联合本国机构和企业成立“元宇宙联盟”，通过政企合作的方式构建元宇宙生态体系，同时陆续出台多项扶持元宇宙产业发展的战略规划和产业政策，还带头实践元宇宙平台建设，计划斥资 39 亿韩元（约 2 100 万元人民币）打造“元宇宙首尔”高性能平台以向市民提供公共服务。政府的积极探索为韩国元宇宙相关产业的发展带来诸多利好，有望带领韩国在未来元宇宙全球分工体系中占据强势地位。

俄罗斯总统普京认为，元宇宙对参与的各方都可能是真正的挑战，预示着可能的谨慎态度。虽然现阶段俄罗斯政府并未有针对元宇宙建设的官方表态，但普京在出席 2021 年“人工智能之旅”国际会议时表示，元宇宙不仅涉及确保个人在网络空间的安全，还涉及在元宇宙的虚拟替身的安全，这对元宇宙产业链各方及经济、法律等规则制定者都将是一个真正的挑战。普京的发言或许意味着俄罗斯政府也将对元宇宙持有相对谨慎的态度。

美国仍处于观望状态，重点关注元宇宙数据安全和隐私保护。其中，美国两党参议院提出《政府对人工智能数据的所有权和监督法案》，这一新规体现了美国国会对基于数据与身份识别的数字化渗透持谨慎态度。同时，美国政府尚未提出明确的元宇宙建设纲要性文件和官方表态，其对元宇宙中潜在的数据安全隐患和隐私泄露风险的担忧与警惕暂时占据上风。不过，Meta 等科技巨头正积极规划更“负责任”的元宇宙建设方式，并试图协调各方为元宇宙创建统一标准和协议，以加强政府对元宇宙的建设信心，从而为自身塑造有利的产业环境。但在短期内，美国政府与业界之间的博弈难见分晓。

欧盟对元宇宙可能持高度谨慎的态度，或将通过加强立法来监管规范元宇宙产业发展。自2020年12月以来，欧盟接连出台《数字服务法案》《数字市场法案》《人工智能法案》等针对大型互联网平台和新型数字科技的监管规则，在反垄断、用户隐私及数据安全保护、用户选择权保护等问题上采取积极行动。这些立法预示着在元宇宙产业发展上，欧盟可能采取类似的高度谨慎态度，并通过强化监管和治理维护欧盟市场内部的竞争与活力。

第二节　从经济学视角看元宇宙

尽管目前专家学者对元宇宙的形态和演进路径仍有很多不同意见，但一个普遍共识是，经济系统是元宇宙的核心要素之一。那么，如何从经济学角度理解元宇宙？本节将从四个层次讨论这一问题：一是稀缺性与可交易的价值；二是数字世界与现实世界的融合；三是可编程价值；四是分布式架构与自发秩序。

一、稀缺性与可交易的价值

在元宇宙中，价值是如何实现的？价值既来自现实世界，更来自数字世界。价值无处不在，但我们首先关注可交易的价值，也就是能参与经济活动的价值。可交易的价值的前提是稀缺性。稀缺性的含义是，不是所有想要的人都能获得，因此需要一套资源配置机制。举个例子，阳光普照大地，价值巨大，但不可交易，只能通过太阳能电池将其转为电能后成为可交易的价值。

在我们熟悉的现实世界，稀缺性是怎么产生的？第一，自然要素禀赋有限、能量和物质守恒定律约束等造成的稀缺性。比如，在工业生产中，给定资本、劳动力等要素投入以及生产可能性边界等。产出总是有限的，很难无成本地复制现实世界的产品。第二，政治制度和法律规制造成的稀缺性。一个典型例子是货币。货币供给一方面要匹配经济增长，另一方面不能过快增长，以免推高通货膨胀。历史上，货币曾通过直接使用贵金属，或挂钩贵金属来保障稀缺性；在信用货币时代，则是通过中央银行制度来保障的。另一个典型例子是碳排放权。碳排放权作为一种温室气体排放的权利凭证，是人类社会为实现减排目标，根据经济学理论创设出的一种新资产类型，在金融发展上有划时代意义（见图 1–23）。

在多数情况下，现实世界的产品有清晰产权，交易体现为所有权变更。卖家在出售产品后，一般不再保留追索权。

与现实世界相比，数字世界的经济规律有一定的特殊性。首先需要澄清的是，数字世界不等于虚拟世界。与现实世界一样，数字世界也凝聚着人类的思考和劳动，也满足着真实的人类需求。从娱乐的需求、社会交往的需求，到学习的需求、工作的需求，这些需求都是真实存在的，与人类在现实世界的需求并无二致。

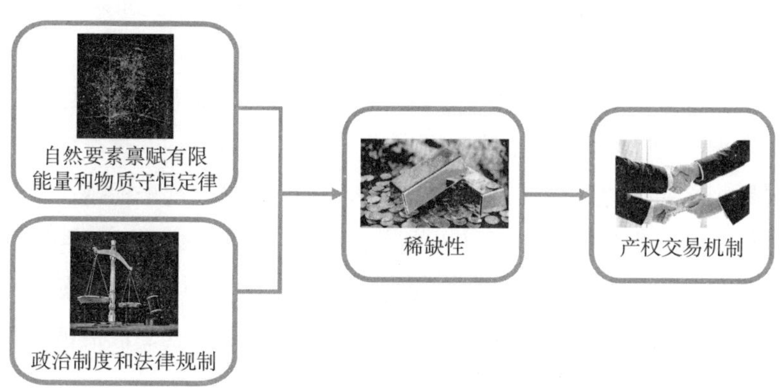

图1–23　现实世界的稀缺性

美国印第安纳大学教授爱德华·卡斯特罗诺瓦（Edward Castronova）是对游戏中经济活动进行严肃分析的专家。他的核心结论是，游戏中的经济活动与现实经济活动遵循相同规律。我们只要看一下 Roblox 以及腾讯围绕 Q 币（腾讯推出的虚拟货币）的经济活动，就会明白他所言不虚。[①] 卡斯特罗诺瓦教授在他 2001 年的成名作中提出，如果将 MMO 游戏《无尽的任务》（*Ever Quest*）中的 Norrath 视为一个国家，其人均 GDP 将介于俄罗斯和保加利亚之间。对这方面问题感兴趣的读者，我们推荐卡斯特罗诺瓦教授与威利·莱顿维塔于 2014 年出版的《虚拟经济学》（*Virtual Economies: Design and Analysis*）。

人类为什么需要数字世界，而且需要的程度越来越高？我们认为主要有两方面原因。第一，人作为生命体，需要不断摄入负熵才能维持生命秩序，而负熵主要有两种形态，一是以食物为代表的能量，二是数字世界的信息。第二，人类突破现实世界的需要。不管在时间上还是在空间上，人都是有限的存在。数字世界给予人类超越现实世界规则的体验，摆脱了物理意义的时空观，让现实生活中的时间与地点对人类活动的限制大大削弱。

人生中有很多选择是不可逆的。我们经常思考，如果在过去某个时点做了另一种选择，那么今天的局面是否会不一样。罗伯特·弗罗斯特在一首著名的诗中写道："一片树林里分出两条路，而我选了人迹更少的一条，从此决定了我一生的道路。"这首诗的标题是《未选择的路》（The Road Not Taken）。显然，这个标题在内涵上与《第二人生》（*Second Life*）、元宇宙有相通之处。但人生没法做受控实验。对于这类问题，我们只能从数字世界中寻找答案。

与现实世界不同，数字世界的产品不太受到自然要素禀赋或生

① 本书"互联网商业模式分析"将详细介绍 Roblox 和腾讯的游戏经济设计。

产函数的限制，不属于能量和物质守恒定律所讨论的对象。理论上，数字世界的边界由人类的想象力决定，有无限可能，会永远拓展。现实世界的产品一般都有磨损和折旧，但数字世界的产品几乎不会灭失。现实世界的产品很难被复制，但数字世界的产品很容易被复制。①

在这种情况下，如何具有稀缺性？目前主要有三种方法。第一，信息防扩散技术，以信息隐藏技术（“数字水印”）和 DRM（数字版权管理）等为代表。第二，以 MPC（安全多方计算）、同态加密等为代表的隐私计算技术，让数据“可用不可见”。第三，区块链技术，体现为同质化和非同质化 Token（代币，以下分别简称为 FT 和 NFT）。区块链的不可篡改、不能“双花”和交易可审计等特征，让 FT 和 NFT 等数字符号具备了稀缺性。②

经济学对产品分类主要看两个维度。第一，非竞争性：当一个人消费某种产品时，不会减少其他人对该产品的消费。数字世界的很多产品可以被重复使用，不会因此降低数量或质量，并且可以被不同的人在同一时间使用，因此具有非竞争性。第二，非排他性：当某人在付费消费某种产品时，不能排除其他没有付费的人消费该产品，或者排除的成本很高。让信息产品具有稀缺性的技术和制度，本质上就是让之前的公共产品、公共资源和俱乐部产品变为在现实世界中常见的私人产品。

二、数字世界与现实世界的融合

2021 年 7 月，万向控股有限公司副董事长肖风博士在关于元

---

① 本书“互联网商业模式分析”和“数据要素和隐私保护”将讨论数字世界的产品的这些特征在商业上的影响。

② 本书将详细讨论“数字货币”和“非同质化代币”。

宇宙的一个演讲中将人类社会的数字化迁徙分为三个层次：数字孪生、数字原生和虚实相生。[①] 沿着他的思路，我们可以看出数字世界与现实世界正在从 6 个层次趋向高度融合（见图 1–24）。

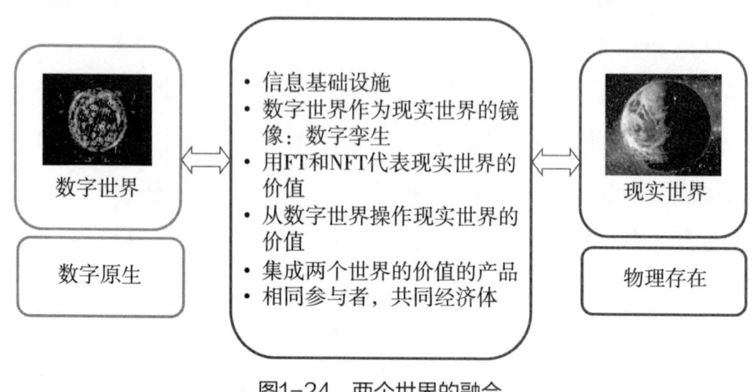

图1–24　两个世界的融合

第一，信息基础设施。数字世界在现实世界提供的一系列信息基础设施上运行，比如计算、存储、网络带宽等。这些信息基础设施都有一定的物理形态。

第二，数字世界作为现实世界的镜像，记录现实世界的人、事物和发生的事情等。这方面最受关注的进展就是数字孪生。

第三，用 FT 和 NFT 代表现实世界的价值，也就是在数字世界具有稀缺性的 FT 和 NFT 与现实世界具有稀缺性的产品之间建立起映射关系。央行数字货币、稳定币、区块链应用于证券市场，以及最近很受关注的 NFT 应用于文娱产业，都属于这个层次。

第四，从数字世界操作现实世界的价值。比如，对一辆车通过 NFT 技术进行分时租赁。

第五，集成数字世界和现实世界的价值的产品。各种人机交互

① 参见 http://vr.sina.com.cn/2021-08-02/doc-ikqcfncc0437152.shtml。

技术，比如 AR/VR 眼镜，都属于这个层次。它们提供了从现实世界到数字世界的接口。

第六，相同参与者，共同经济体。人类社会的数字化大迁徙，本质上就是大量的人类活动、时间和注意力等从现实世界迁移到数字世界，两个世界的互联互通程度不断加深，在价值流通上逐渐融为一体，成为共同经济体。我们可以设想人类投入数字世界的时间和注意力超过现实世界的那一天。

正因为这 6 个层次的高度融合，我们不能再将数字世界视为虚拟的。在这些融合中，身份层面的融合具有特殊意义，因为身份背后是元宇宙的各类参与者，比如内容创作者、用户和技术开发者等，而身份网络中蕴含的社会关系，在元宇宙中具有重要地位。以脸书为代表的社交网络向元宇宙转型，正是基于这一点。

数字世界的身份与现实世界的身份之间存在丰富多样的映射关系。映射是数学中的一个基础概念，也是理解元宇宙中很多问题的关键。具体到两个世界之间的身份映射上，主要存在 3 种情形（见图 1–25）。

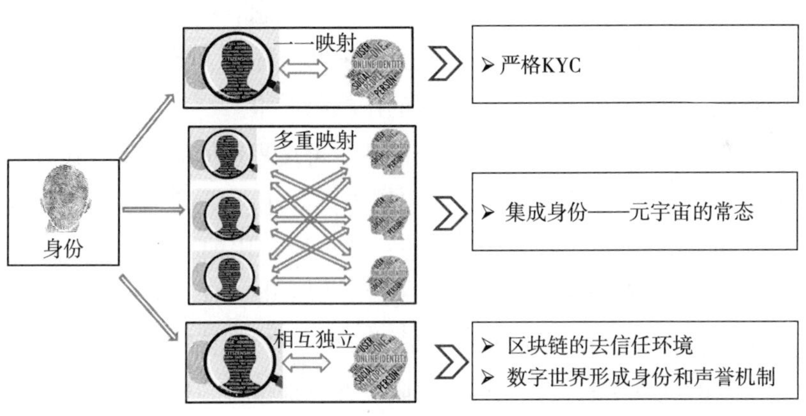

图1–25　身份映射

第一，一一映射。这体现为央行数字货币和稳定币等合规金融应用中的严格 KYC（了解你的用户）要求，目的是让数字世界的身份严格挂钩现实世界的身份。但如果央行数字货币和稳定币支持可控匿名性（这将是通行做法），就不属于一一映射。

第二，相互独立。比如，在区块链的去信任环境中，地址与用户在现实世界中的身份是完全脱钩的。但随着数字世界活动的发展，为降低交易成本，数字世界会形成自己的身份和声誉机制，比如地址画像。

第三，多重映射。多重映射造就的集成身份，这将是元宇宙的常态。每个人除了在现实世界中有一系列身份标识（比如身份证件、生物特征和社会关系等），在数字世界还将有自己的数字分身，并且这两类身份之间将相互影响。比如，很多人在微信上使用 NFT 头像，这就是将数字世界的属性带到现实世界。

三、可编程价值

可编程价值将是元宇宙中的一个重要概念。可编程价值是经济和技术发展的产物，其驱动力是人类随时、随地、随心——特别是以智能化方式——处置自己拥有的产权的需求。

在不同的经济条件和技术条件下，可编程价值的实现方式有很大差异，但价值载体主要分成以下 5 类。第一，货币。第二，资产。第三，身份。为什么身份是一种价值？比如，一些名人通过“刷脸”就能获得很高的广告收入或大额融资，这就体现了身份的价值。再比如，在区块链中身份对应着私钥，而私钥对应着资产，与价值的联系更直接。第四，权限。在其他条件一样的情况下，能获得别人没有的信息，见别人见不到的人，做别人没法做的事情，就是价值。第五，社会关系。马克思曾深刻地指出：“人的本质是一切社会关系的总和。”我们在社会和经济活动中积累下的口碑、风评、声誉等社会资本，就蕴含在社会关系中，有巨大的价值。一些人因为违背公序良俗而“社会性死亡”后，能从事的经济活动、能获得的经济价值，就会受到很大限制。

以上对 5 类价值载体的讨论，既针对现实世界，也针对数字世界。对数字世界的货币和资产已有很多讨论，未来数字世界的身份、权限和社会关系将越来越受关注。

在以银行、证券和保险等为代表的传统价值结算系统中，价值载体并不是天然具有可编程性的，需要通过 API（应用程序接口）来引入编程逻辑。这个过程离不开中心化机构的审核、认证和执行。

在元宇宙价值结算系统中，价值载体和编程逻辑将可以融为一体。[①] 在这种情况下，“代码即价值”，可以用代码来刻画丰富多样的价值特征和交易机制。在元宇宙价值结算系统中，可编程性将可以通过去中心化、非许可化和智能化的方式进行，以更好地支持人类随时、随地、随心地处置自己拥有的产权，赋予个人在自己的权利范围内不受他人限制的自主权，并且能进行复杂的价值操作。

不仅如此，可编程性也将带来互操作性、可交互性、可组合性。如果将可编程性价值抽象为一个函数，互操作性、可交互性、可组合性则相当于对函数进行传参、迭代、联立计算等操作，这有助于从一些小而简单的功能模块出发构建一套大而复杂的元宇宙价值结算系统。

可编程性对个人的赋能，需要低代码化的配合。将来，代码的使用门槛将降低到人人都可用的程度，就像现在人人都可以操作智能手机一样。通过代码来处置自己拥有的产权，将成为个人权利的

① 本书第六章将以数字货币和 NFT 的可编程性详细说明这一点。

重要组成部分。

在传统价值结算系统中，产权往往是清晰的，交易往往对应着所有权的转移。在元宇宙价值结算系统的支撑下，将出现哪些新的产权交易机制？我们认为，将出现很多深刻变化，一些变化现在已可见端倪。

第一，数字世界产权交易本身就有多样性、多维度。比如，从PGC（专业生产内容）到UGC和AIGC。再比如，一些游戏采取"边玩边赚"方式，把用户的使用和反馈作为系统升级、完善的基础进行奖励。数字世界产权交易的多样性、多维度在数据要素市场体现得最为充分。个人数据的这些特殊性会影响数据要素市场的形式。比如，北京、深圳和上海都在发展数据交易场所，欧盟和英国很重视数据信托，而开放银行是全球银行业的大趋势，中国香港和新加坡都推出了相关试点。

第二，现实世界产权在融入数字世界后具有新特征。交易不一定是买断卖断式的，可以只出让部分产权。比如，在艺术品市场，通过NFT，智能合约自动分配交易收益，让版权方拥有长期被动收入。这种交易方式没有现实世界与数字世界的融合是无法实现的。

第三，可编程性带来细颗粒度权限控制，这对应着一系列相互补充且可以组合的协议。

第四，产权交易机制多样化，与之对应的金融活动形态也将是多样化的。

四、分布式架构与自发秩序

前文"元宇宙概念解析"中提出了元宇宙存在底层架构和内层核心之分。底层架构包括信息基础设施、互操作系统、内容生产系统和价值结算系统。内层核心包括身份、应用、激励和治理。那么，元宇宙中的经济活动将有哪些新特点？我们认为主要体现在以下三个方面。

第一，个人自主权利的崛起，可编程性赋能。创作者经济和影响力经济正在重组创作者 / 关键意见领袖、分发平台和用户之间的互动方式和利益分配，总的趋势是分发平台地位下降。比如，用户在苹果应用商店里消费所产生的利润，30% 归苹果公司。这构成苹果公司的主要利润来源之一，相当于 App 开发者向苹果公司缴纳 30% 的税。谷歌近期准备把 Play Store（应用程序商店）的分成比例降到 15%，但这对 App 开发者来说也不低。如果创作者能降低对分发平台的依赖，更直接地联系用户，将能获得更多利益份额。

第二，市场和社区的自组织力量将超越中心化企业组织。内生的、社区式的投融资模式的生命力和效力将超过互联网平台的“烧钱”模式，这将在一定程度上印证哈耶克的自发秩序理论。

第三，元宇宙中即使存在一些中心化节点，经济活动在总体上也将遵循分布式商业原则。分布式商业的核心特点是，没有股东概念，所有参与者都是利益相关者（中国香港称之为“持份者”）。分布式商业将是共创共建、逐渐发展成形的。需要注意的是，利益相关者资本主义是一个重要的全球趋势。现在各国和地区对 ESG（环境、社会和治理）的强调，本质上就是突出利益相关者在经济活动中的地位。

本书后文“元宇宙的经济系统”将详细讨论元宇宙经济活动的这些新特点。

第二章

当前互联网商业模式及其弊端

在 Web2.0 阶段为什么会有公司提供免费信息产品给用户？在提供免费信息产品的背后，互联网公司是依靠什么来盈利的？这些盈利模式有什么弊端？该如何解决这些弊端？当前的解决方法能否有效应对这些弊端？本章将从三部分讨论这些问题。

第一，互联网商业模式分析。由于 Web2.0 阶段的信息产品在不受版权约束的情况下，被用户复制的边际成本几乎为零，因此互联网公司惯于将信息产品作为引流工具，在获取大量用户数据后通过广告、数据共享等渠道进行变现。如何改变这一现状？能否让拥有多种形态的信息产品（统称为比特）直接具有价值？换句话说，如何赋予比特以稀缺性？本章将从理论、应用案例及发展趋势三个维度，重点分析数据要素市场、加密经济和游戏经济三个领域，总结出让比特具有价值的方法，并对下一步互联网发展进行展望。

第二，用户画像和流量经济。我们将从两方面介绍当前互联网的变现模式。一是回答以下问题：互联网平台采集了用户的哪些隐私数据，以何种方式采集数据，以及采集后如何处理这些数据？二是介绍互联网公司采集用户数据后的变现方法，从早期雅虎门户网站的“流量 – 广告变现”到 Web2.0 阶段精准用户画像的“电商 –

流量变现”，从流量变现发展史帮助读者识别当下各种解决互联网模式弊端的方法是否有效。

第三，数据要素和隐私保护。我们从数据要素的经济特征出发，研究数据要素流动面临的障碍，梳理当前有哪些方法可以在保护隐私的情况下解决这些障碍，并判断这些方法的有效性。最后，从数据要素配置机制的角度解构了数据要素的经济系统。

第一节　互联网商业模式分析

互联网自 20 世纪末兴起以来，对人类社会的影响是全方位的。Web1.0 时代的标志应用是门户网站，相当于在线图书馆，用户在多数时候只能读取信息，信息的传播是单向的。Web2.0 时代的标志应用是博客和社交媒体，信息的传播变成双向和互动的，用户创造了大量的线上内容。我们今天仍处于 Web2.0 时代，但当前互联网商业模式的一些弊端已很明显，互联网商业模式的下一步演变已可预判，而这与元宇宙的发展有紧密联系。本章对互联网商业模式的分析是围绕比特与价值这一核心关系展开的。

一、免费的信息产品和不免费的隐私数据

（一）信息产品的重要性和免费提供

根据大卫·克里斯蒂安等人所著的《大历史：虚无与万物之间》的观点，对能量与信息的获取，对权力、财富和知识的追求，是人类发展的根本动力。他还指出，相对其他高等物种，人类最大的优势在于集体学习的能力，上一代人积累的知识、技能和经验等

可以通过语言和文字的方式传递给下一代，使下一代人能在上一代人打下的基础上继续创新发展。人类很多活动的核心都是信息的获取、存储、分析和传播。在这些方面技术的不断进步，是人类文明发展的重要推动力。一是信息的获取：从人的感官，到以望远镜、显微镜和度量衡等为代表的各种测量工具，再到现在无处不在的各种传感设备。二是信息的存储：从结绳记事，到中东泥板书和中国竹简，到纸和印刷术发明后书的普及和图书馆的兴起，再到磁盘、硬盘和云存储等数字化存储方式。三是信息的分析：从简单技术，到包括统计学在内的各种量化分析方法，再到 AI，方法不断升级；与此同时，计算能力也在不断提升，从算盘到 PC，再到云端、终端和由各种专业芯片支撑的算法。四是信息的传播：从中国古代的烽火台和驿站，到电报、电话、电视和手机，再到 5G 网络。在这个过程中，人机交互能力也在不断提升，从用纸带做输入输出，到不断升级、用户友好程度不断提升的各种 OS（操作系统）和 UI（用户界面）。

信息的获取、存储、分析和传播都需要成本，但在 Web1.0 和 Web2.0 时代，用户已习惯免费获取和使用信息，并习惯了免费通信和开展社会交往。在现实世界，消费者需要为获取报纸、期刊、书籍和各类电子书等支付费用，而在互联网上，除了少数收费墙以外，大部分新闻资讯是免费可得的。在现实世界中，寄送邮件、发短信、打电话和在报纸上发声明是要付费的，但互联网电子邮件、IMS（即时通信系统）和社交媒体都是免费的。本来需要消耗成本的信息服务，却免费对外提供，这是 Web1.0 和 Web2.0 时代的核心特征。

这些信息服务为什么能够免费提供？现实世界中的实物产品，不管是一根针，还是一本书，即使在一些特定情况下免费对外提供（比如在促销活动中），也是有限度的，每免费送一次就会少一批。Web2.0时代这些免费对外提供的信息服务可以概括为信息产品，信息产品的一个核心特征是容易被复制，在没有版权约束的情况下，复制的边际成本几乎是零，所以能不受限制地复制并对外提供。当然，也有一些Web2.0信息产品通过技术手段引入收费墙，只有付费用户才能消费。但如果免费的信息产品能够吸引大量用户，获得大量用户信息，并且用户信息能产生巨大的商业价值，那么免费模式就会成为主流，这也正是我们在Web2.0时代所看到的情形。目前，除了一些专业报纸杂志（比如《纽约时报》和《财新周刊》）、数据库（比如JSTOR）和专门的社交媒体（比如领英和婚恋平台）等，我们日常生活中消费的Web2.0信息产品基本都是免费的。而那些收费的信息产品主要有两种类型：第一类是产品的市场受众并非普通用户，第二类是用户数据的货币化价值不高。

（二）用户数据的收集和货币化

用户在Web2.0信息服务中留下痕迹的渠道非常多，包括：用户使用的硬件特征；基于操作系统的用户标识码，比如iOS（苹果移动设备操作系统）的IDFA（广告标识符）；客户端记录网站浏览记录的Cookie（缓存文件）；互联网账户记录下用户的行为信息。另外，用户在Web2.0信息服务的很多场合需要提供身份标识方面的信息，比如身份证号、手机号、银行卡号和相片等。基于这些信息，就可以对用户进行画像，推断用户的爱好、职业、收入、消费能力和信用资质等重要信息。用户画像实际上就是根据有限信息将用户进行分类，做到“人以群分”。

Web2.0信息服务机构对用户数据和用户画像的货币化途径主要包括以下方面。第一，广告。在用户画像的基础上，广告商可以通过Web2.0信息服务机构向用户精准地投放广告，并以此提高商品销售量。Web2.0信息服务机构能够从中获得广告费收入，如脸书、谷歌、亚马逊和字节跳动等公司广告费收入占其总收入的很大一部分，这属于通过广告来货币化用户数据的模式。[①] 广告有多种形式，包括网站的广告页面和商品搜索后的排序页面等，也可以嵌入游戏和电商平台。第二，金融。如果用户数据的质量足够高，能准确评估用户的风险偏好、还款意愿和能力等，就可以开展金融产品销售和线上消费贷款等业务（前提是有相关金融资质），或者将用户推荐给有相关资质的金融机构，并收取服务费。从实践看，这两类用户数据的货币化方式都可以产生很大的商业价值，但弊端也非常明显。第一，对用户数据的收集和使用，经常是在用户不知情或没有授权的情况下进行的，随着用户隐私保护意识的觉醒，以及越来越多的国家将隐私视为一项需要保护的基本人权，用户数据货币化面临的障碍也将越来越多。第二，Web2.0 信息服务机构垄断自己收集的用户数据，一方面造成了数据孤岛问题，使数据要素不能有效流动；另一方面放大了自己相对用户的优势地位，不利于消费者保护。[②]

（三）平台模式

一些 Web2.0 信息服务机构为了吸引更多用户并收集更多用户数据，采取了平台模式。一类平台模式的核心是双边市场，即由商品或服务的提供者和需求者两个群体构成，并且这两个群体之间有着相互加强的作用：在其他条件相同的情况下，提供者越多，需求者越能以较低成本获得更多、更好的商品或服务；同样，在其他条件相同的情况下，需求者越多，提供者越能以更高价格、更多数量出售商品和服务。双边市场的典型代表有电商（商家 + 消费者）、共享出行（司机 + 乘客），以及房屋短租（房东 + 租客）。另一类平台模式依托于社交关系，致力于将社交网络搬到线上，比如脸书和微信

① 本章“用户画像和流量经济”将详细讨论用户画像及其在广告领域的应用。

② 本章“数据要素和隐私保护”将详细讨论这两个弊端。

等。总体而言，平台模式在规模拓展上都存在棘轮效应，在突破一定的关键规模后会加速发展。为吸引用户加入，一些 Web2.0 平台会大量使用以新闻资讯为代表的免费内容，或鼓励用户自己创造内容。但平台模式容易出现垄断格局，影响市场公平竞争，因此，全球范围内对平台模式的监管将会变得越来越严格。比如，我国从 2020 年开始实施平台经济反垄断，2021 年 2 月国务院反垄断委员会发布了《关于平台经济领域的反垄断指南》。另外，对新闻资讯的免费使用，也越来越遭到媒体机构的抵制。2021 年，在新闻集团的推动下，澳大利亚立法要求脸书和谷歌向当地出版商支付新闻内容使用费。

总体而言，Web2.0 的商业模式可以概括为：通过免费提供信息产品吸引用户，在收集用户数据后通过广告和金融等方式将其货币化，并搭建平台模式。这个商品模式在用户隐私保护、平台反垄断和新闻资讯有偿使用等方面面临的挑战越来越大。那么，有没有可能改变这一模式，让信息产品像实物产品一样有偿使用，从而降低对用户数据货币化的依赖？下面我们将围绕该问题详细讨论。

二、如何让比特直接具有价值

因为涉及的信息形态较为多样，此处统一用“比特”来代表。从目前实践看，有三种方式可以让比特直接具有价值：一是数据要素市场，二是加密经济，三是游戏经济。

（一）数据要素市场[①]

2020 年 4 月，中共中央、国务院《关于构建更加完善的要素市场化配置体制机制的意见》提出加快培育数据要素市场。北京、

① 因为本章“数据要素和隐私保护”将详细分析数据要素市场的要素配置机制，所以仅择其要者予以说明。

深圳和上海都在探索发展数据要素交易场所，确权后的数据要素会作为经济资源被拿到市场上交易，以更透明、更符合市场规律的方式对数据要素进行市场定价。在数据要素市场中，会有多方参与市场构建，包括个人、企业、政府，以及专业从事数据交易的数据银行、数据信托等，其中，我们认为数据信托更值得关注。

在数据信托下，收集并持有数据的机构（委托人），允许一个独立机构（受托人）来决定如何为一个事先确定的目标（包含受益人的利益）使用和分享数据。数据信托中的受托人一方面有权决定如何使用和分享数据，以释放数据中蕴含的价值，另一方面要确保它的决定符合数据信托的设立目标以及受益人的利益。数据信托主要有三方面好处。第一，数据信托的受托人作为一个独立机构，在谁能使用数据以及如何使用数据等方面，能平衡不同委托人之间相互冲突的观点和经济激励的差异。第二，数据信托帮助多个委托人更好地开放、共享和使用数据。第三，数据信托有助于降低数据保管和分享等方面的成本以及对专业技能的要求。

近期有不少人提倡让个人掌握自己数据的主导权，并通过对外出售而获益。这不是一个新想法，在 dot-com（互联网）泡沫中就有公司试验过，比如美国的 AllAdvantage 公司。该公司获得了日本软银集团的支持，最高估值达 7 亿美元，但在 2001 年破产。根据联合国贸易和发展会议的研究，个人数据市场面临以下障碍。第一，单独来看个人数据的价值不高，个人数据的价值需要被集中后才能得以体现。第二，个人数据市场的管理成本非常高。第三，个人数据的所有权难以确定。第四，个人数据市场的本质是将个人隐私从一项人权变为一个可以出售的商品，可能造成伦理上的问题。隐私涉及个人与他人、私有与公开的边界，是个人尊严、自主和自由的重要方面。隐私不排斥共享个人信息，而要有效控制共享过程，在保护和共享个人数据之间做好平衡。对个人数据，控制权和隐私保护的重要性超过所有权。

（二）加密经济

前文提到，信息产品在没有版权约束的情况下被复制的边际成本几乎为零，在这种情况下如何让比特具有价值？这里我们必须提到区块链，区块链的不可篡改、不能“双花”和交易可审计等特征，让 FT 和 NFT 等数字符号具备了类似实物产品的稀缺性。FT 和 NFT 就可以纳入加密经济，让数学符号直接具备经济价值，但这两类 Token 在加密经济中的作用是完全不同的。[①]

FT 大致分为两类。第一，Token 由算法决定如何发行，背后没有资产储备或信用背书作为支撑，并人为赋予用途，比如用作区块奖励和手续费。比特币和以太币是此类 Token 的代表。每种此类 Token 都对应着一个 DAO（分布式自治组织）。Token 代表着参与 DAO 的权益，但不构成 DAO 的负债。DAO 中的经济活动使用 Token 作为结算工具。DAO 更接近市场而非企业。衡量 DAO 发展的重要指标包括参与者的类型和数量、网络效应，以及促成的经济活动规模。在其他条件一样的情况下，DAO 支撑的经济活动规模越大，或 Token 的流动速度越低，Token 的价值就越高。第二，Token 基于资产储备或信用背书发行，比如央行数字货币、稳定币和 Token 化的证券。此类 Token 的价值来自资产储备或信用背书。加密资产主要针对的是第一类同质化加密资产。

NFT[②] 与 FT 的关键区别在于，NFT 不能作为结算工具来清偿经济活动中形成的债权债务关系。因此，尽管 NFT 对应的用户群体也可以采取 DAO 的组织和管理形式，而且 NFT 也会在不同用户之间转让，但 NFT 在 DAO 中“不能当钱花”。NFT 也可以分成

---

① 第六章中的“数字货币”将详细介绍区块链和 Token 之间的关系。

② 第六章中的“NFT”将详细介绍 NFT 的技术和商业实践。

两类。第一类是区块链原生的，比如 Loot。这类 NFT 的价值来自稀缺性、娱乐性和社区认同。第二类 NFT 代表区块链外的数字资产和实物资产，构成数字资产和实物资产的（不完美）所有权证书，比如艺术品、音乐、游戏中的虚拟资产和交易卡牌等。第二类 NFT 的价值基础是底层数字资产和实物资产的价值，但也因为 NFT 的特性而具有额外价值。

专题2–1　与公链有关的加密经济

公链经济体有两层。第一层在公链内，参与者主要是 Token 交易发起者、验证节点和网络节点等。经济活动主要是 Token 交易发起者发起交易，验证节点打包交易、生产区块并运行共识算法，以及网络节点同步并存储分布式账本。TPS（每秒事务处理量）指标最为直接地体现了公链内经济活动的效率。第二层包括基于公链的 DApp（去中心化应用程序）和 Layer 2 解决方案等，可以统称为公链支持的经济活动。第二层的参与者更加多元化。不管哪一层，参与者都按照禀赋、偏好和个人选择形成了劳动分工，并根据市场交易来互通有无。

在公链经济体中，最重要的基础设施是分布式账本（可以称为分布式信任基础设施）。一旦分布式账本的安全和效率没有保障，分布式经济体就会陷入低效甚至混乱的状态。验证节点作为分布式经济体的核心参与者，维护分布式账本，并承担一定的成本和风险。比如，PoW（工作量证明）验证节点需要投资于挖矿硬件设施并支付电费。在很多 PoS（权益证明）公链中，验证节点需要锁定一定数量的 Token。这意味着暂时放弃 Token 的流动性，有流动性成本。验证节点的这些成本都受现实世界因素的影响，比如矿机价格、电价和 Token 价格等。

公链经济体的核心经济学问题是：如何激励验证节点维护分布式账本，并补偿它们承担的成本和风险？验证节点激励问题本质上就是如何为基础设施付费。

常规做法是“谁使用谁付费”。比如，交易手续费，相当于交易发起者用手续费来竞拍公链内有限的系统资源。“谁使用谁付费”能否持续有效地激励验证节点，是一个没有明确答案的问题。第一，这类收入取决于公链内交易活跃程度，这对验证节点而言是不稳定且难以准确预测的。第二，这类收入在数量上是否足以覆盖验证节点承担的成本和风险？这一点已困扰比特币社区相当长时间。第三，公平性问题。很多长期持有 Token 的人很少发起公链内交易，很少向验证节点付手续费，但他们持有 Token 的价值仍然依赖于验证节点提供的分布式账本的安全性。他们是否在“搭便车”？

出块奖励有助于缓解“谁使用谁付费”面临的这三个问题，特别是在公链发展前期。出块奖励与“谁使用谁付费”存在一个关键不同。“谁使用谁付费”是指已发行的 Token 在交易发起者和验证节点之间的再分配，而出块奖励是验证节点获得的新发行的 Token。

在 Token 增发瞬间，可以假设公链经济体的基本面没有显著变化，那么新发行的 Token 就会稀释原有 Token 的价值。可以将 Token 增发对原有 Token 价值的稀释称为通胀税。一方面，通胀税的高低与 Token 增发速度有关，并由原有 Token 持有者按它们持有 Token 的数量来分担；另一方面，通胀税通过转移支付，以出块奖励的方式由验证节点享有。

与“谁使用谁付费”相比，通胀税对验证节点来说是更稳定的收入来源。长期持有 Token 的人通过分担通胀税也向验证节点付费，从而缓解“搭便车”问题。如果将验证节点群体视为新的 Token 持有者，那么 Token 增发本质上是将财富从原有 Token 持有者转移给新的 Token 持有者。假设当前 Token 发行量为 n，增发量

为 Δn，那么相当于现有 Token 持有者从自己的权益中分出 Δn/（n+Δn）给验证节点。

可以把公链经济体比作一个国家。这个国家的居民主要包括 Token 交易发起者、验证节点和网络节点以及 DApp 和 Layer 2 解决方案等的使用者。国家需要向其居民提供公共产品——分布式账本。因为没有中心化的政府，所以公共管理职能需要以去中心化的方式来进行。从财政收支的角度看，需要解决以下核心问题。

第一，验证节点被公链经济体“聘用”以生产公共产品——分布式账本。从财政支出的角度，需要补偿验证节点承担的成本和风险。如果财政补偿不够，验证节点的积极性和公共产品的提供就会受到很大影响。

第二，公链经济体的征税对象有两类。Token 交易发起者从“流量”的角度消费公共产品，而 Token 持有者从“存量”的角度消费公共产品。对这两类征税对象如何确定税基和税率，这相当于财政收入问题。

第三，财政支出和财政收入遵循的逻辑不同。如果有赤字或盈余，在去中心化环境下如何处理？这就涉及公链经济体中财政政策和货币政策的协调问题。

与公链有关的加密经济见图 2-1。

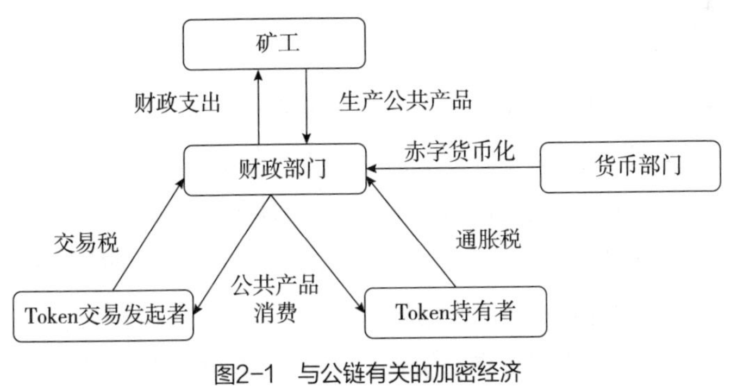

图2-1　与公链有关的加密经济

从这三个问题的解决方案看，公链经济体很巧妙地遵循了现代货币理论的逻辑。

第一，公链经济体采取财政部门和货币部门合一的方式，将财政赤字货币化。货币部门体现为公链内 Token 的初次发行和持续发行，这在很多场合被称为公链的货币政策。货币部门将新发行的 Token 直接交给财政部门。

第二，财政部门用 Token“聘请”验证节点来生产公共产品。根据现代货币理论，Token 代表了公链经济体的债务，通过财政支出而发行。

第三，财政部门收取两类税收。对 Token 交易发起者来说，“谁使用谁付费”相当于交易税，税基是 Token 交易金额，税费由公链内手续费率市场决定。对 Token 持有者收取通胀税，税基是 Token 持有量，税率等于 Token 增发速率，这也体现了财政政策和货币政策的统一。根据现代货币理论，税收让 Token 回流到财政部门，形成对 Token 的长期需求。因为财政赤字货币化，财政部门总能实现盈亏平衡。

第四，在公链经济体中，Token 承担价值尺度和债务清偿手段等功能。Token 在公链外用作交易媒介，是前述功能的延伸。现代货币理论的这一区分与加密资产在现实支付场景的表现是吻合的。

（三）游戏经济

游戏经济的用户规模和市场价值非常高。比如，腾讯和网易的主要收入均来自游戏。但由于游戏对青少年的不良影响以及可能造成的成瘾问题，我国对游戏行业的发展有所抑制，自 2021 年起加大了监管力度。经济模型是一款成功的游戏必不可少的组成部分，但我国学术界很少研究这个问题。

任何游戏经济都是围绕资源展开的。资源包括游戏中的服装、道具、装备和等级等，本质上都是具有一定稀缺性的虚拟产品。虚拟产品尽管是数字化的，但游戏开发公司通过中心化管理确保虚拟产品在游戏平台内不可被复制，从而具有一定的稀缺性。对每种资源，游戏经济都会规定四类经济活动：一是“水龙头”，指资源如何产生；二是“转换”，指一种资源如何转换为其他资源；三是“交易”，指不同资源之间的市场交易；四是“地漏”，指资源如何消耗。从创造者的角度看，资源可以分为两类：一是 PGC，二是 UGC。将来资源还可以是 AIGC。

目前，主流游戏采取 Free-to-play（免费玩）的模式，即用户可以免费玩游戏，但如果期望增强游戏的体验，那就需要获取更多的游戏资源，而获取资源的方式只有两种：第一，用户花时间来赚取资源，而用户时间是游戏经济中的另一类重要的稀缺资源，如何让用户在游戏中花费更多时间是游戏设计（包括经济模型设计）的一个关键目标；第二，用户花钱购买，也就是俗称的“氪金”，但购买的过程比较复杂。

主流游戏一般采取“双币”模型，形成“真钱－硬通货－软通货－虚拟产品”的多层架构。“真钱”指的是法定货币。“硬通货”的代表是腾讯的 Q 币。用户可以通过“真钱”购买“硬通货”，但“硬通货”不一定能兑换为“真钱”，Q 币就属于这种情况。在游戏经济中，“软通货”可以用“硬通货”来兑换，也可以按贡献大小奖励给用户。用户再用“软通货”购买游戏中的虚拟产品。

尽管有“双币”模型，但游戏开发公司的商业模式非常清晰，主要收入来自用户对游戏中虚拟产品的购买。由于游戏的用户基数大，用户在游戏中花费的时间非常多，“游戏＋广告”已成为一个重要趋势，其将会为游戏开发公司提供一个新的收入来源。通过苹果应用商店和安卓应用商店分发的游戏，用户在游戏中的消费有 30% 被苹果或安卓收取，但这个比例近期有下降趋势。此外，用户之间私下交易游戏中的虚拟产品也是一个巨大的市场。这种私下交易对游戏开发公司构成了收入漏损。

专题2–2　游戏经济的代表性案例

一、腾讯生态中围绕Q币的经济活动

（一）Q币系统诞生的背景

腾讯从最初的即时通信软件QQ发展出一系列互联网应用，建立起庞大的腾讯生态。除了即时通信服务，其业务范围扩展到群体社交、娱乐、自媒体、游戏等领域，成功推出了QQ群、QQ秀、QQ空间、QQ游戏等产品，在数字世界打造出了满足用户真实需求的虚拟商业。

2002年腾讯QQ的注册用户已经突破1亿关口，但其主营收入仍然来自与电信运营商捆绑提供的SP（业务提供商）移动增值服务，运营商是腾讯服务的主要入口和收费渠道。最初面向用户推出的5元20兆数据流量的包月服务，在用户向运营商支付月租费后就能够使用移动QQ业务。

当越来越多的用户开始使用运营商的信令通道和WAP（无线应用协议）通道在QQ上聊天和通信时，运营商感受到分流压力，随时有收紧SP渠道的可能，这给腾讯增值服务收入的稳定性带来了负面影响，此外，受运营商控制的收费渠道也给腾讯的业务发展带来了不确定性。另外，以QQ秀、QQ空间和QQ游戏为代表的互联网增值服务逐渐变成腾讯的主要收入来源，减少了腾讯对运营商SP业务的依赖。在上述背景下，腾讯亟须准备一种新的收费渠道来应对未知变化。但当时信用卡和其他在线支付工具还未兴起，邮局汇款对于以高频小额支付为主的年轻用户来说服务体验并不友好。为解决该问题，腾讯在2002年5月开发了一套Q币支付系统

来满足腾讯生态各项增值服务和虚拟商品的支付需求。

（二）Q 币的发行和二级市场

Q 币由腾讯发行并在腾讯内部各类服务和产品中流通，与人民币 1∶1 单向兑换，即用户可以用人民币购买 Q 币，但无法将 Q 币赎回成人民币。用户可通过多种渠道用人民币购买 Q 币，并充值到自己的 QQ 号账户内。Q 币的发行渠道主要有：第一，通过电信运营商的代收费业务发行，电信运营商收取一定比例的渠道费；第二，通过银行卡充值业务发行，银行收取一定比例的手续费；第三，通过网游销售渠道推出虚拟充值卡和实物充值卡，采用代理商制发行，代理商赚取折扣差价；第四，通过第三方支付渠道发行，第三方支付机构收取一定比例的手续费。

Q 币可以用来购买各种能够满足用户在数字世界消费需求的虚拟商品，例如 QQ 秀的装扮皮肤、QQ 宠物的虚拟食品、QQ 游戏中的个性标志或道具等。Q 币作为一种便捷的中心化在线支付系统支撑起了腾讯虚拟商业生态内丰富的经济活动。随着 Q 币系统流通规模的扩张以及便捷的在线支付功能的上线，从 2006 年起一些外部企业也开始将 Q 币作为支付手段，允许用户使用 Q 币购买它们的服务，甚至蔓延到涉及违法的业务中。它们获取的 Q 币收入在无法变现的情况下，被转卖给私人交易商。私人交易商则在电子商务网站或线下市场以比官方更低的折扣价将 Q 币转售给用户，从而形成 Q 币的二级市场。原本用于腾讯生态内部的支付媒介演变成一种在全国通行的虚拟货币，并具备了购买真实商品的能力，在某些场合甚至取代人民币的支付功能，引起了中国人民银行的担忧和警示。

（三）互联网平台的积分系统

2007 年，中国人民银行等 14 个部门联合发布《关于进一步加强网吧及网络游戏管理工作的通知》，列出对虚拟货币的若干管理规范，通过严格限制虚拟货币的发行量和消费者购买额度、适用范围、赎回规定，来打击虚拟货币倒卖行为、防范虚拟货币被用于洗钱等非法金融活动。随后，腾讯通过起诉电商运营方、限制 QQ 账户间的 Q 币转账额度等措施来限制 Q 币二级市场的流动性，通过关停游戏中的 Q 币奖励功能来避免恶意增发。这些举措使 Q 币逐渐成为一种在腾讯生态内部流通的、与人民币单向兑换的积分系统，这种积分系统适用于为以腾讯为代表的中心化互联网平台上发生的经济活动提供支付工具和激励机制。

二、Roblox 中的经济活动

（一）Roblox 的运营模式

Roblox 是一个面向开发者和创作者的多人在线 3D 创意社区，通过为人们提供各种编辑工具和素材来创作内容和体验，从而为用户提供社交、游戏等数字世界的场景和服务。2020 年底，Roblox 日活用户达到 3 200 万，订阅额及游戏内已确认收入分别达到 19 亿美元及 9 亿美元。2021 年 3 月 10 日，Roblox 作为元宇宙第一股在纽约证券交易所上市，市值高达 451 亿美元（2021 年 7 月 19 日），跻身全球游戏公司市值排行榜前三，一时间引发业界高度关注和讨论。

Roblox 主要有三条业务线（见图 2–2）：Roblox 工作室、Roblox 客户端和 Roblox 云。Roblox 工作室是面向开发者和创作者的创意工坊，为开发者提供免费的创作引擎及交流、教育平台，是吸引开发者参与 Roblox 生态的入口。Roblox 客户端是面向游戏用户的客户端入口，游戏用户在这里接触到开发者创建的各种被称为“体验”的游戏场景，并可利用数字分身在这里社交、消费和交易虚拟物品。Roblox 云是由 Roblox 公司提供资源运行的基础服务平台，负责技术基建（包括云计算、数据存储中心、网络带宽等）的开发、租赁和运维，以支撑 Roblox 工作室和 Roblox 客户端的正常运转，提高 Roblox 的可信度及安全性。

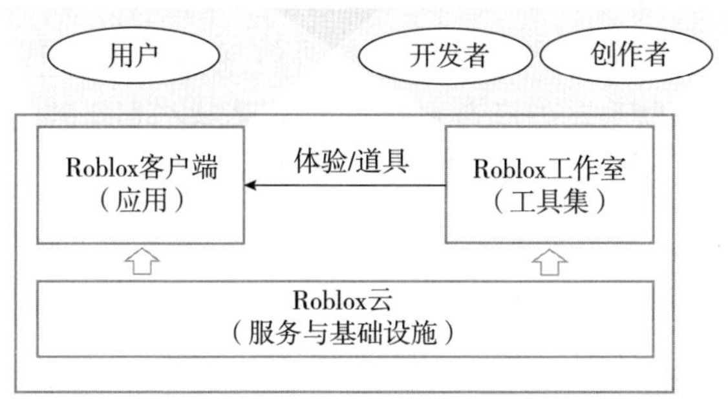

图2-2　Roblox业务架构

在上述抽象的业务架构之上，Roblox 的价值捕获聚集于内容及社交，并致力于依靠生态内的激励机制形成网络效应。第一，Roblox 提供便捷易上手的开发工具吸引开发者、创作者为 Roblox 生态提供包括虚拟场景和虚拟物品在内的创意内容。这些创意内容吸引用户参与体验，并利用用户形成的社交网络提高用户黏性及用户规模，降低获客成本。第二，用户的消费行为为开发者和创作者带来收入，激励其输出更多的内容，层出不穷的内容在任何时点总能持续性地吸引更多用户参与体验。

（二）Roblox 的经济模型

经济模型在促进网络效应形成过程中是不可或缺的一环。Roblox 的经济模型的核心是一个双边市场，一边是开发者和创作者，另一边是用户，两边基于生态内流通的 Robux 游戏币开展经济活动。开发者和创作者提供游戏体验和虚拟物品，用户用游戏币 Robux 购买特殊体验和虚拟物品。

在这个双边市场外围还有一些支持性经济活动，包括开发者用 Robux 向其他开发者购买开发工具，向创作者购买虚拟物品、购买内部广告，以及用户的付费订阅机制。

Roblox为双边市场提供基础设施，包括：基础服务平台Roblox云；针对开发者的免费的创作引擎及交流、教育平台；游戏币Robux，以及美元与Robux之间的双向兑换机制。游戏币Robux类似于Q币，但在与法定货币的兑换机制上比Q币灵活，一部分人员具备将Robux兑换成法定货币的资格，而在Q币系统中，用户只能用人民币买Q币，但无法将Q币兑换为人民币。

Robux的流通机制见图2-3。

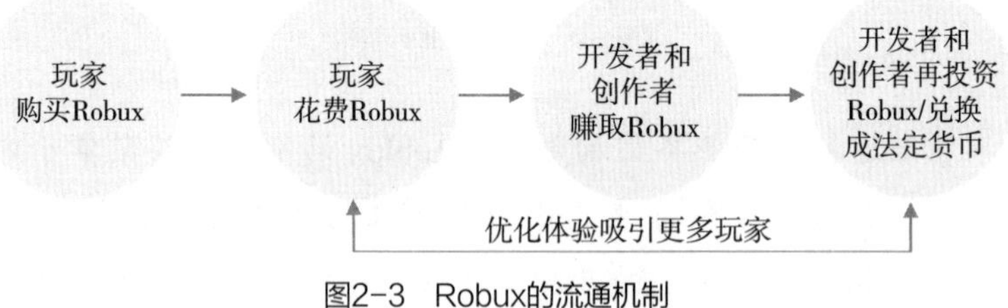

图2-3 Robux的流通机制

Roblox的盈利模式是从双边市场的经济活动中抽成，包括：用户用美元兑换Robux的手续费；用户购买特殊体验的费用中的30%；用户购买虚拟物品的费用中的70%；开发者之间交易工具及虚拟物品时30%的抽成；开发者和创作者用Robux兑换美元的手续费；用户为获取VIP（贵宾）服务所支付的会员费。这些活动本质上就是对双边市场的参与者征税。

在这种双边市场模式下，Roblox的中心化色彩有所降低，从市场服务和产品的提供者转变成经济活动的调度者。但Roblox生态依然采用一套中心化运营的游戏币系统来激励网络价值的增长和引导市场资源的配置。

三、对互联网商业模式下一步演变的展望

第一，互联网发展的核心目标是帮助人类更好地驾驭能量和信息。越来越多的能量转换和交易将通过互联网进行，信息在人类社会中的意义将越来越重要。未来将存在一个时点，人类社会中的大部分人投入数字世界的时间将超过现实世界，在数字世界中创造和交易的价值将超过现实世界。

第二，信息的获取、存储、分析和传播以及人机互动等方面的技术将不断进步。物联网和无处不在的传感设备，正在高速且高精度地将自然环境、人类社会和人类活动等相关内容进行数字化复刻，之前大量难以被量化和记录的信息将被物联网以数字方式记录下来。云存储和云计算将走向 C 端，个人使用云存储和云计算将如同使用水、电、煤气一样普及和便捷。AI 分析能力将普遍可得，但也会造成隐私保护和伦理方面的新问题。5G 网络、星链将带来高带宽、低时延的通信能力，通过互联网传播的信息量将继续高速增长。AR/VR 将成为关键的人机互动工具和重要的互联网入口。互联网将呈现三维化、浸入感强等特征。

第三，一些信息产品仍将免费提供给用户，但互联网平台会提高支付给内容生产者的报酬。媒体行业作为重要的内容生产者，将扭转过去 20 年的颓势。IP（知识产权）资源持有者、创作者等参与者在互联网平台的地位会相对提升。

第四，对用户数据的收集将会继续，并将使用新的技术手段。在用户隐私意识增强以及政府加强监管的背景下，隐私技术将得到越来越多的应用。政府推动的身份证电子化和市场机构推行的分布式身份将得到越来越多的应用。

第五，互联网平台对用户数据的使用，将通过数据要素市场予以规范。数据信托可能成为重构后的互联网商业模式的重要组成部

分。用户数据货币化的方式仍将以广告和金融为主，但广告和金融等的形态也将发生很大变化。比如，中国人民银行自2022年起实施《征信业务管理办法》，要求金融机构不得与未取得合法征信业务资质的市场机构开展商业合作并获取征信服务，互联网平台不能把个人信息直接提供给金融机构，实现个人信用信息的“断直连”。

第六，游戏的意义将被重新评估，将与社交、广告和教育等紧密结合。游戏经济将继续发展，游戏中的虚拟产品会与NFT结合，但游戏经济将不局限于虚拟产品。

第七，在监管加强的背景下，加密经济将继续发展。在国外，加密经济将成为Web3.0的一个重要组成部分，有忠实的用户，但不会延续目前“狂野西部”的局面。将区块链应用于央行数字货币、稳定币、Token化的证券以及用NFT代表实物资产和数字资产等，并发挥其作为可信数字底座的功能。比如，用户通过AR/VR在数字空间里购物消费，获得NFT后可以兑换为真实产品。目前NFT在产权上含糊不清的局面将得以纠正。

第八，针对互联网平台的反垄断监管将不断加强。一些大的互联网平台将被分拆。

专题2-3　Web3.0概念

Web3.0概念近期备受关注。这个概念反映了人们对互联网下一步发展的期待，与元宇宙概念之间也有很强的联系。尽管Web3.0概念仍在发展中，尚无被一致认可的概念内涵和外延，但仍有必要介绍一下。

一、Web3.0概念的流行

Web3.0用于描述对下一代万维网的憧憬。Web3.0于2021年第四季度开始在区块链领域流行，这导致人们习惯于将两个概念放在一起比较。虽然两者都对信息技术和人类下一代社交协作网络的发展路径提供了方向性指导，但它们的出发点和目标着力点有很大的区别。

Web3.0 概念颇具代表性的一次传播是在 2021 年 12 月 8 日，美国 OCC（货币监理署）前代理署长布莱恩·布鲁克斯（Brian Brooks）在美国众议院金融服务委员会举行的一次听证会[①]上对 Web3.0 进行了言简意赅的介绍。布鲁克斯称 Web3.0 相对于只读的 Web1.0 和可读写的 Web2.0，提供了一个可读写且可拥有的网络。布鲁克斯同时指出，在这个时间点美国监管方对待 Web3.0 态度的重要性不亚于站在 20 世纪 90 年代 Web1.0 诞生伊始看待新兴互联网，并建议监管方在考虑稳定币和加密资产的监管方针之外思考 Web3.0 这个更重大的话题。当布鲁克斯对 Web3.0 概念做完宣讲，出席听证会的议员有人当众喊出“必须保证 Web3.0 发生在美国”。一时间 Web3.0 概念在社交媒体获得大量传播。

二、Web3.0 概念的由来

基于公链的 Web3.0 概念与万维网之父蒂姆·伯纳斯 – 李（Tim Berners-Lee）于 1998 年提出的 Semantic Web（语义网）有所不同。后者描述的是在万维网上通过 W3C（万维网联盟）设置的一系列标准来实现数据的机器可读性，本质上是想把数据的语义编码至数据的一种现有万维网的扩展功能，从而帮助用户运用机器自动化去处理更多的信息。随着谷歌等搜索引擎和脸书等社交平台用强大的

---

① Digital Assets and the Future of Finance: Understanding the Challenges and Benefits of Financial Innovation in the United States. U.S. House Committee on Financial Services [C/OL]. (2021-12-08) [2022-02-08]. https://financialservices.house.gov/events/eventsingle.aspx?EventID=408705.

算法技术为用户提供更加精准的信息检索和推荐服务，行业认为语义网时代已经到来。但这些靠用户隐私数据变现的商业模式并不符合蒂姆·伯纳斯－李建立万维网的初衷。2006 年，蒂姆·伯纳斯－李将语义网描述为 Web3.0 的一个子模块，他本人也开始致力于打造注重用户隐私保护、对抗 Web2.0 中心化问题的产品，在这一点上与公链领域提出 Web3.0 的目的殊途同归，但又不完全相同。

基于公链的 Web3.0 概念在 2014 年由时任以太坊共同创始人加文·伍德（Gavin Wood）在个人博客中提出。SMTP（简单邮件传输协议）、FTP（文件传输协议）、HTTP（S）（超文本传输协议）、PHP（超文本预处理器）、HTML（超文本标记语言）、Javascript（一种编程语言）等协议和技术促进了如今丰富的云应用的出现，为用户提供了娱乐、消费、金融和社交等方方面面的产品和服务；同时人们也意识到了将信息委托给万维网上的中心化实体的风险。他认为这些协议和技术中的大部分将不得不根据我们对社会与技术之间相互作用的新理解进行重新设计，并对其目标做出了展望[①]：Web3.0 能够让想要公开的信息自由发布；想要达成一致意见的信息，用共识账本达成共识；私密信息得以保密，永远不会被揭露；通信在加密通道进行，终端以匿名身份形式存在，无法被追踪。

第三种视角将 Web3.0 描述为 Spatial Web（空间网）。正如德勤的一篇报告[②]总结的，随着信息技术的演化，数字内容和物理实体之间的界限将越来越模糊，基于 AR/VR、5G、地理定位、物联网设备和传感器、分布式账本技术和 AI/ML（机器学习）技术，数字信息将与现实世界整合，变成不可分割的空间网。这种视角更

---

① Gavin Wood. DApps: What Web3.0 Looks Like.［EB/OL］.（2014-04-17）［2022-02-09］. https://gavwood.com/dappsweb3.html.

② The Spatial Web and Web3.0. Deloitte Insights［R/OL］.（2020-07-21）［2022-02-16］. https://www2.deloitte.com/us/en/insights/topics/digital-transformation/web-3-0-technologies-in-business.html.

接近于元宇宙概念描述的形态。

这些概念描述都是对未来数字世界里社交网络形态的一种期望，短期内哪一种方向能更快落地我们犹未可知。后文着重分析公链领域 Web3.0 概念憧憬的特性、面临的挑战，以及目前应用架构的雏形，从而更好地理解其发展现状。

三、Web3.0 概念的憧憬

我们可以总结出公链领域 Web3.0 概念强调的特性有以下几点：更开放（例如，实现信息发布、传播、访问过程的抗审查）；去信任（例如，信息达成一致共识的过程无需信任）；更自治（例如，通过 DAO 进行关键决策，通过 Token 激励利益相关者合理行为）；更安全（例如，分布式存储保证数据可得性、基于密码学的信息安全和隐私保护技术）。

这个愿景的出发点涉及信息科技发展至今人们普遍关注的痛点，所以 Web3.0 概念吸引了 a16z 等区块链领域知名风投公司的大力投资和宣导。从商业模式的角度看，Web2.0 时代中心化巨头垄断互联网信息产业的格局带来两个问题：第一，为了提供更个性化的服务，公司需要收集用户数据并进行商业分析；第二，用户在应用中创作的内容归互联网公司所有，这些内容被用于吸引新用户，也可能出于各种原因被公司删除。在当前环境下，用户被当作互联网产品的一部分，不仅显示出用户丧失数据主权和隐私泄露的问题，也扼杀了小公司和个人创作者的创新产能。Web3.0 提倡的开放网络有望提供一个刺激个人创作、优化利益配置的全新商业模式，为信息产业的经济发展提供新的原动力。

虽然在 Web1.0 时代，万维网就是由开源协议塑造的开放网络，但这种早期协议存在的一个经典问题是：公共产品的维护和发展缺乏有效的激励机制和盈利模式，去中心化协作和治理也缺少相应的工具，导致开源软件和应用在与采用 Web2.0 中心化平台商业模式崛起的公司的竞争中迅速败下阵来。而区块链、FT、NFT、DAO 这些新涌现的技术为克服 Web1.0 曾经面临的挑战提供了可能性，从而被用来憧憬创建出一个比 Web1.0、Web2.0 更好的网络。

四、Web3.0 概念面临的挑战

从现有技术的发展情况看，通过在区块链平台上搭载一系列协议以及设计各种基于 Token 的经济模型，在实现上述愿景的道路上将依然面临严峻的挑战。Web3.0 概念在传播过程中遭到马斯克和杰克·多西（Jack Dorsey）的质疑和讽刺。Signal Foundation 联合创始人莫西·马琳斯巴克（Moxie Marlinspike）则在他的博客[①]中具体指出了目前 Web3.0 在客户端层面实现所谓的去中心化的无力，因此不得不回归到 Web2.0 惯用的模式：由中心化服务器向客户端提供 API 访问入口，从而引发抗审查、隐私保护、数据安全方面的一系列问题。

乐观的一面是，区块链和 FT、NFT 技术已经提供了原生内嵌于 Web3.0 的支付和金融基础设施，能够帮助参与方非常便捷地实现业务信息流和资金结算流的整合，而且这些功能特性往往是模块化、可组合的，大大降低了金融基础设施的使用门槛。但是 Web3.0 想要在更广范畴的信息传播网络中实现憧憬的特征，需要更多的工具和协议来重构信息和价值的流通管道，对现有通信和金融基础设施都提出了变革挑战。

Web3.0 强调信息的自由、开放和共享，但这也会带来另一个与生俱来的挑战，即对信息内容的治理。虽然分布式自治组织的形式在这方面被寄予厚望，但目前这种依赖智能合约处理简单逻辑规

---

① Moxie Marlinspike. My first impressions of web3.0 [EB/OL] . (2022–01–07) [2022–02–15] . https://moxie.org/2022/01/07/web3-first-impressions.html.

则的工具在复杂的人性面前似乎捉襟见肘。

而对于隐私保护问题，基于非对称密码学的假名身份系统并不能有效抵御隐私泄露问题。跟随大户交易的需求甚至催生了Nansen 等地址画像的数据分析应用。此外，Web3.0 用户的大部分信息都公开存储于区块链，只有一些细分领域（如隐私加密货币）在尝试用密码学进行保护。相对于获取更多用户流量而言，解决用户隐私泄露问题并不是 Web3.0 的优先目标，这一点也是蒂姆·伯纳斯–李用来强调其打造产品与公链 Web3.0 有所不同的方面。虽然两者都是针对中心化平台对信息拥有绝对话语权的问题，但一个是从信息发布的抗审查方面入手，另一个是从个人隐私保护方面入手。

第二节　用户画像和流量经济

Web3.0 提出的各种数据隐私保护方案是否有效？能否解决用户在 Web2.0 阶段遭遇的各种用户数据隐私问题？为帮助读者更加全面地理解用户面临的数据隐私问题，本节将从应用场景出发，深度剖析 Web2.0 阶段用户数据的隐私问题，对用户数据被互联网平台采集的方式、渠道以及具体内容等进行详细梳理，并总结平台是如何利用用户身份数据及行为数据对用户进行画像的。此外，互联网公司耗费大量成本和精力开发出各种技术工具并应用于用户数据的采集，采集到的数据将会被如何处理？如何用这些数据变现？了解这些问题将有助于我们更加客观地判断哪些 Web3.0 隐私保护方案是真正有意义的。

一、用户画像的应用场景

用户画像最早由交互设计之父阿兰·库珀（Alan Cooper）提出，围绕四个要素将用户信息做标签化管理，分别是人物、时间、地点和事件（见图 2–4），再根据标签有针对性地采集用户的社会属性、消费习惯、偏好特征等数据，并对这些特征数据进行分析、统计，以及挖掘潜在价值信息，从而抽象出用户的信息全貌。

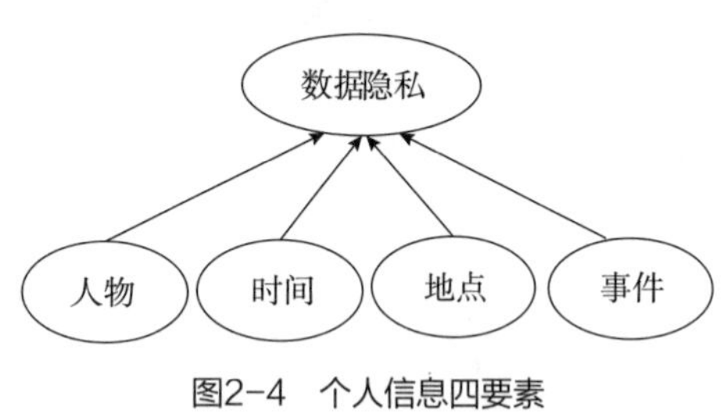

图2–4　个人信息四要素

用户画像是一把双刃剑，方便了用户的生活，但同时也侵犯了用户的隐私。例如，用户使用浏览器访问网站，被访问地址和内容会以 Cookie 形式保存在本地，当用户再次打开浏览器时，上次访问的网页会被重新加载，这减少了用户再次输入网址及搜索内容的时间。但是 Cookie 也会被各网站后台抓取，用来分析用户的浏览记录，包括访问地址、时间、内容等，随着数据标签类型的积累和数据量的增加，将个人信息的四要素相互关联，会形成一幅完整的用户画像。

（一）数据获取途径

用户画像的形成是一个复杂的过程，包括数据采集、数据处理、数据分类及数据存储等，图 2–5 展示了用户画像数据仓库的具体架构，我们将对其最底层的用户数据采集途径进行详细分析。

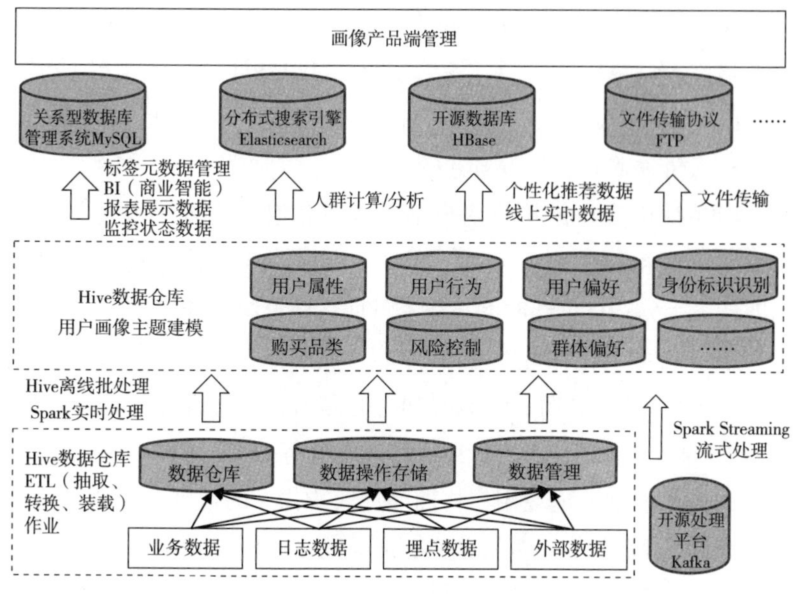

图2-5 用户画像数据仓库架构

从图2-5中可以看到，用户画像底层数据的主要获取途径包括两大部分：内部数据，分为业务数据、日志数据和埋点数据；外部数据，分为互联网公开数据、付费数据和网络采集数据等。

1. 内部数据

（1）业务数据

业务数据包括用户信息表、商品订单表、商品评论表、搜索日志表、用户收藏表、购物车信息表。

用户信息表包括用户编码、用户姓名、用户状态（未注册、已注册、已注销）、邮箱编码、用户生日、性别（自然性别、购物性别）、电话号码、是否有照片、创建时间、注册日期、归属省、归属市、详细地址等。

商品订单表包括订单来源标识［App、Web和H5（第五代超文本标记语言）等］、用户编码、用户姓名、订单号、商品编码、商品名称、订单生成时间、订单日期、订单备注、订单状态（待支付、已完成、已取消、已退款、支付失败等）、订单状态时间、订单金额、付款账户、付款方式等。

商品评论表存放用户对商品的评论信息，主要字段包括用户ID、用户姓名、评论内容、评论图片、评论状态（待审核、已审核、已屏蔽）、订单ID创建时间、创建日期、评论用户IP、更新时间等。

用户收藏表记录用户在平台上收藏商品的数据，字段主要包括用户ID、收藏日期、收藏时间、商品ID、商品名称、收藏状态（收藏、取消收藏）、修改日期、修改时间等。

购物车信息表记录用户将商品加入购物车的数据，主要字段包括用户ID、商品ID、商品名称、商品数量、创建日期、创建时间、图书状态、修改日期、修改时间等。

（2）日志数据

访问日志表是专门用来存储用户访问记录的日志文件，有助于平台对用户的浏览行为习惯进行分析。平台会将一些特殊代码或内容字段埋点至日志文件，一旦用户操作触发埋点要求，日志数据会被自动采集并上传至服务器供平台进行针对性的统计分析。主要字段包括设备登录名、用户ID、设备ID、访问时间、上报时间（终端记录用户点击按钮时间）、用户所在省份、用户所在城市、上一个页面URL（统一资源定位符）、当前页面URL、操作系统、登录日期、经度、纬度等。

搜索日志表存放用户在App端搜索相关的日志数据，主要字段包括设备登录名、用户ID、设备ID、搜索ID、搜索日期、搜索时间、用户搜索的关键词、标签内容、每个访问的随机数等。

（3）埋点数据

埋点日志表是存放用户访问App或网页，用鼠标或触屏点击页面时留下的打点记录。通过客户端做埋点，做用户页面统计及统计操作行为监控，主要字段同日志数据。

埋点是企业为了尽可能完整地收集可以体现用户使用场景和真实需求的行为数据，也是围绕着图 2–4 中的四要素进行的，但数据框架通常是 4W（Who/When/Where/What）+1H（How），分别对应着四要素中的 Who（人）、When（时间）、Where（地点）、What + How（事件）。

Who：用来分析谁完成了这个行为，使用唯一的用户 ID 将行为与用户关联起来，常用的数据包括用户 ID、手机号、身份证、设备或应用识别码。

Where：定位用户在什么地方完成该行为，常用的数据包括 IP（网际互联协议，手机）、GPS（全球定位系统，手机）、自主填写位置（大众点评、饿了么、美团外卖等）。

When：定位用户什么时间完成该行为，常用数据是时间戳和当地时间。

What：定位用户当前行为，为了能够更精细化管理，记录的信息越来越详细，具体指标包括内部系统数据中的业务数据，通过埋点的方式来获取。

How：获取用户发生行为时的周边环境、手段、设备等，尽可能在数字世界里还原用户所处环境，常用数据包括操作系统、设备型号、网络环境［Wi-Fi（无线网）、5G］、设备版本（用户使用设备的版本号）、浏览器、上级页面等。

当用户发生某个行为而触发埋点后，将 4W+1H 相关数据传输到后台进行分析，以每天、每小时或者一定数据量限值的固定方式上报。有些企业只会收集与自身业务有关的用户画像标签数据，而大多企业都存在过度收集用户信息的问题。例如，用户在图片管理软件上传了一张图片，软件会收集到设备信息、用户信息（图片如果是自拍，具体外貌也将被关联到身份数据中），而照片中建筑、门牌号、店铺名都有可能暴露用户的身份和位置。这些信息均有助于企业了解用户的财务状况、生活习惯等。

2. 外部数据

外部数据包括多项数据，主要用于弥补内部用户标签不足或数据量不足的问题，通过结合外部数据获取一个更加全面的用户画像。主要外部渠道包括：互联网公开数据、付费数据（来自数据提供商）、网络采集数据、通过人脉获取数据、通过百度指数和站长工具等检测数据。下面介绍几个主要渠道。

（1）互联网公开数据

公开数据主要是围绕全球、国家、地方及企业宏观层面的统计数据，不会对用户画像有直接作用，但能够提供参考。例如：中国国家统计局网站包括我国经济民生等多个方面的数据；CEIC（司尔亚司数据信息有限公司）网站拥有超过 128 个国家和地区的经济数据，能够精确查找 GDP、CPI（居民消费价格指数）、进口、出口、外资直接投资、零售、销售以及国际利率等深度数据；还包括 Wind（万得资讯）、搜数网、中国统计信息网、亚马逊公开数据集、FigShare、GitHub 等。

（2）付费数据

第一，大数据交易中心。自 2015 年起全国各地开始兴建大数据交易中心，截至 2019 年底，已有 30 家大型数据交易所（中心）。我国大数据的交易模式可大致划分为四种：政府牵头或背书的交易所（中心）；以行业机构为主的行业数据交易模式；大型互联网公司及 IT（信息技术）厂商主导的数据交易平台；垂直数据服务商主导的市场化数据交易模式。

第二，企业间数据共享。比如，在我国金融科技的发展中，一些银行类金融机构很难通过自有数据完成用户画像，通常会与互联网合作伙伴共享数据，形成所谓的“联合贷款”和“助贷”等模式。2022年起，中国人民银行通过《征信业务管理办法》对这一做法予以规范。

第三，网络攻击者通过各种漏洞布点SDK，获取所需数据，并在地下交易市场进行出售，形成了包括黑客、多级料商（数据中间商）及买家在内的一条完整的黑色产业链，通常分为四级：第一级是黑客或公司内部员工盗取用户个人数据；第二级是将盗取的用户信息售卖至料商；第三级是料商不断发展代理商，将数据进行倒卖；第四级是信息使用者，在获取数据后进行用户画像并有针对性地实施电话营销或电信诈骗。《证券时报》2021年3月24日报道[①]，个人普通信息如电话、微信、QQ号等，平均售卖成本为每条信息0.4元，单条销售价格为0.7~0.8元，每个月流水达到40万~50万元，金融、教育、医美等行业都有，市场需求量很大。

（二）数据采集技术

互联网时代，为了追踪、分析及说服消费者，广告商已经开发了多种便捷与成熟的营销跟踪技术，在线广告营销伴随着每一个上网浏览网页的用户。广告行业借助不同的技术，如Cookies、Flash Cookies（记录用户在访问Flash网页的时候保留的信息）、Web Beacons（网络信标）、浏览器指纹、代码埋点，对用户行为进行追踪。

1. Cookies

Cookies是记录用户浏览的网页地址、网页内容、网页停留时

---

① https://www.jwview.com/jingwei/html/03-24/389693.shtml.

间、网页上键入的用户名、密码等信息的小型浏览文件，通常保存在用户本地。它并非由本机生成，通常在用户浏览网页时，从所浏览的网站发送过来，是用来检测用户操作行为的小型数据包；它不仅可以对用户行为进行追踪，还可以为用户推荐曾经访问的网址，省去用户重新输入网址的麻烦，同时用户不必重新输入网站用户名和密码。此项技术引发的最大问题是在用户完全不知情的情况下，对用户行为进行跟踪、记录，这往往会引发第三方（如行为广告商）的介入。广告商在采集到 Cookies 数据后，会有针对性地通过行为营销的方式向用户投放其可能感兴趣的广告。目前主要的应对方法是使用浏览器无痕模式，或定期对浏览器 Cookies 进行清理，减少数据泄露。

2. Flash Cookies

在日常使用中，一些用户会频繁清除浏览器的历史记录，导致浏览器 Cookies 丢失，或者在浏览器选项中，手动将它设置为禁用模式而避免数据被采集。为此，互联网平台开发了新的数据采集技术——Flash Cookies，这项技术能够对用户删除的浏览器 Cookies 进行重写，这样原来保存的数据在删除后又重新呈现在分析者面前。而传统禁用或清除浏览器 Cookies 的方法，无法抗衡网站对用户网上浏览记录的重写、跟踪和记录。

3. Web Beacons

网络信标又称 Web bug（网络臭虫），是可以暗藏在任何网页元素或邮件内的 1 像素大小的透明 GIF（图形交换格式）或 PNG（便携式网络图形）图片，常用来采集目标用户的上网行为数据，并将这些数据写入 Cookies。不同于 Cookies 可以被浏览器用户接受或禁用，Web Beacons 以 GIF 或其他文件对象的形式出现，只能通过检测功能发现。这项技术设计的初衷有着积极意义，如跟踪侵犯版权的网站，但商业化普及后，利益驱动让这项技术成为平台获取用户行为数据的利器。

信标 API 则是 Web Beacons 的升级版本，它不需要使用隐形图像就可以达到相同目的，早期是为了方便 Web 开发人员能在用户离开页面时，将系统诊断数据发回 Web 服务器并进行产品迭代和维护。使用 Web 信标 API 能够在不干扰或影响网站导航的情况下完成追踪，终端用户对此是完全没有感知的。这项技术在 2014 年后相继引入 Mozilla Firefox 和 Google Chrome 网页浏览器，但 2021 年谷歌宣布为保护用户隐私，已经放弃使用追踪个人网站浏览记录。

4. 浏览器指纹

不同用户的浏览器都有自己的特征，网站可以检测用户的浏览器版本、操作系统类型、安装的浏览器插件、屏幕分辨率、所在时区、下载的字体及其他信息，这种通过浏览器对网站可见的配置和设置信息来追踪 Web 浏览器的方法称为"浏览器指纹"，它如同人手上的指纹一样，具有个体辨识度。如果要避免指纹追踪，用户需要禁用正常网站也在使用的 JavaScript 与 Adobe's Flash 技术，但如果禁用了这些功能，很多网站也将无法使用。对于这种技术，即使电脑高手也很难保护自己的隐私。早期的浏览器指纹是状态化的，网站需要在用户登录账户后才能识别其身份信息；随着技术发展，开发人员增加了浏览器的特征值，这一升级让用户变得更有区分度，即使用户在没有登录账户信息的情况下使用计算机，通过其浏览网页的内容、习惯，以及结合浏览器的属性值（分辨率、亮度等）就可以关联到具体用户的身份并对其进行画像。目前来看指纹跟踪很难被阻挡，只要用户使用浏览器上网，用户的网上行踪就如同被公开一样。

5. 代码埋点

为采集用户浏览网页或应用过程中的行为数据，平台方通常会在网站或软件上嵌入一些代码埋点（包括手动埋点、可视化埋点和全埋点），在用户数据被采集后通过埋点 SDK 自动上报，在用户不知情的情况下完成画像。早期的代码埋点市场乱象丛生，有一批数据服务商通过售卖不同类型的埋点工具盈利。2020 年，中国中央电视台“3·15”晚会曝光了上海氪信信息技术有限公司与北京招彩旺旺信息技术有限公司提供的 SDK 插件非法采集用户手机中的联系人、通话记录、短信、应用安装列表、位置等信息。

二、流量经济的变现模式

流量经济的概念最早出自区域经济学，2000 年后互联网快速发展，流量经济的概念也被拓展到互联网领域。至此，以农业经济和工业经济为主的存量经济，逐渐走向以信息流量为主的流量经济，改变了传统模式下要素的流动范围、速度及效率等。从市场发展角度，行业也一直在探索基于互联网“流量 - 变现”的创新模式。

从已有的研究中可以总结出，互联网流量的量化指标分为两个维度：一是用户基数，即互联网用户越多，产生的流量也越多；二是用户市场，即用户在线时间越长，产生的流量越多。从变现的维度看，流量价值主要体现为互联网用户的理论生命周期价值相对于获客成本的剩余。整个互联网的商业模式也是围绕着“流量 - 变现”方式的创新和重构，当下互联网流量变现的主流方式分为三种：广告变现、游戏变现、电商变现。

（一）流量 - 广告变现

1. 门户网站的流量变现

1994 年杨致远和大卫·费罗一起创立了雅虎，凭借手工打造的“分类目录”搜索数据库迅速占领空白市场，开创了互联网门户网站的时代。虽然搜索数据库为雅虎收获了大量的用户关注和访问量，但二人却因为流量无法变现而苦恼，在很长一段时间内依靠红杉资本的 1 000 万美元投资维持网站运营，这也是门户网站时代所有互联网公司的通病。这一局面直到世界通讯社巨头路透社与雅虎合作之后才得以改变。雅虎网站与路透社合作开发了互联网新闻资讯门户，将新闻资讯同步更新到互联网上，而这一举动也将一批与传统媒体绑定的广告商带到了数字世界，以此打开了流量变现的新局面。国内最早的互联网广告可以追溯到 1998 年世界杯，新浪首次依靠大规模的世界杯报道获得 18 万元广告收入。

在雅虎之后，如谷歌、百度这样的专业搜索引擎相继出现，搜索时代让广告流量变现上了一个台阶，它们的核心在于能够快速把用户搜索数据变成销售线索，直接产生收入。广告主投放不仅看流量大小，还开始逐渐对运营有一定要求，例如百度，它通过自然漏斗模型筛选用户并对用户分层，提高转化率。“流量 - 广告变现”的特点见表 2-1。

表 2-1 “流量-广告变现”的特点

时期	特点	与用户关联度
静态网页	广告展示，缺乏交互性，体验性差	无关联
移动互联网	PC 端向移动端迁徙，App 丰富，广告载体更加多元，程序化广告爆发	弱关联
全场景	精准化、高效率投放	弱关联到强关联

2.“流量 – 广告联盟”模式

雅虎在打开了“流量 – 广告变现”的大门后，成为同时期所有门户网站效仿的对象。在 1995 年之后的几年时间里，“流量 – 广告变现”模式没有出现更多的创新；直至 2003 年，谷歌创建了 AdSense 广告联盟，把众多分散在互联网上不知如何变现的流量当作广告资源整合了起来，再进行销售、运营和分成，流量本身也开始产生重要的附加值。自此，数字世界里才慢慢有了“流量 – 广告联盟”的意识。“流量 – 广告联盟”平台通过汇集海量流量，以丰富多元的广告形态、优质的广告素材和专业的变现解决方案，进一步提升了流量变现的效率。除了谷歌的 AdSense，国内如百度联盟、搜狗联盟、360 推广联盟、腾讯电商推广联盟等也非常迅速地发展了起来。

3. 广告精准投放

以社交互联网为代表的 Web2.0 时代，改变了 Web1.0 时代信息“从平台到用户”的单向传递方式，出现了“从平台到用户”和“从用户到平台”的双向信息传递。从 Web1.0 时代的新闻门户网站提供最新资讯给用户，到 Web2.0 时代用户也能够参与平台的内容供给，如用户的每条评论、上传的每张照片、撰写的每篇日志都属于用户为平台内容创作所贡献的一部分。Web2.0 的信息双向传递，让平台为用户提供了更丰富的信息服务，但在“从用户到平台”的信息传递过程中发送了大量的用户数据。在这个阶段，通过用户行为数据的追踪，再应用算法对用户画像，广告投放效率明显提升。

4.“流量 – 广告变现”商业形式

第一，CPC（按点击付费）：按照每次广告点击的价格计费，适合不缺流量且有精准用户画像的公司。百度和谷歌通常采用

CPC 收费，一般采用竞拍广告的模式，出价越高的广告在搜索列表中排名越靠前。

第二，CPA（按行为付费）：按照广告投放实际效果计费的方式。这里的行为不是固定的，通常可以指填问卷、填表单、咨询、电话、注册、下载、加入购物车、下单等用户实际行动，一般在投放广告时会与媒体或代理商事前约定，只有在用户触发广告约定好的行为时，才会收取广告费用。豆瓣网在图书推荐的“流量－广告变现”中通常采用这类计费模式。

第三，CPM（按千人展示付费）：指广告每展现给一千人所需花费的成本，所以又叫千人展现成本，这是当前广告变现的主流计费模式。如墨迹天气、腾讯广告。

第四，CPD（按天付费）：按固定天数收费的方式，通常适用于流量有限的垂直类行业，如医疗垂直社区。

5.“流量－广告变现”市场问题

“活跃用户数”与“人均使用时长”逐渐进入增长平缓期，移动互联网的流量红利接近尾声。根据 QuestMobile 的数据，国内月活用户数的上限约为 11.4 亿，月人均单日使用时长达到 6 小时基本见顶。常年存在的异常流量及数据造假已经成为数字营销行业的顽疾，伴随着流量变现和数据资产化的趋势，广告欺诈、虚假流量、营销数据造假、广告作弊“黑灰产”、用户数据滥用和隐私泄露等问题时常出现，造成社会资源浪费和财产损失，对数字营销行业的健康发展提出了挑战。

根据中国广告协会、中国信息通信研究院、中国互联网协会联合发布的《数字营销异常流量研究报告（2022 年）》，2021 年社交平台 KOL（关键意见领袖）的无效粉丝比例超过 50%，“水军”评论占比、“水军”转发占比都是较为突出的问题，严重影响了内容营销的质量和透明度。点击异常流量方面，在新冠肺炎疫情缓和后，作弊“灰产”出现了“报复性”活跃。报告显示，2021 年 iOS 和 Android（安卓）平台作弊刷量情况均无改善迹象。在 2021 年不同行业的异常点击占比中，游戏娱乐、出行服务和生活服务三类行业分别以 35.84%、30.76% 和 22.44% 的占比高居前三，占据整个市场近 90% 的异常数据。

（二）流量－游戏变现

2001 年的《传奇》，2003 年的《梦幻西游》……一个又一个的创新玩法引爆了国内的游戏市场，“流量－游戏变现”属于比较成功的变现模式，也是资本较青睐的互联网市场之一。通常游戏流量的引流方式包含三种：明星代言、IP 联动、广告引流。

游戏根据内容可以分为六类：重度竞技（如《王者荣耀》《荒野乱斗》等多人在线竞技类）、PRG（角色扮演游戏，如《梦幻西游》《完美世界》《时空猎人》等）、社交博彩（老虎机、棋牌、宾果及捕鱼等赌博类）、休闲（《QQ 农场》《开心消消乐》《数独》等）、中轻度策略（如《植物大战僵尸》《保卫萝卜》《王牌 NBA》等）、重度策略［细分为卡牌、纯 SLG（模拟游戏）、宫斗、策略战棋、即时战略游戏］。游戏行业产业链见图 2-6。

重度策略及重度竞技类游戏中会内设较多付费点，包括装备道具购买、点卡换取游戏时间、技能购买、皮肤购买等，甚至包括游戏内会员之间装备买卖的手续费。而对于休闲类游戏，一半以上收入仍依赖广告，包括激励视频广告（约 40%）、插屏广告（超 50%）以及横幅广告（不到 10%）。近几年，可试玩广告（交互式广告形式）和原生广告（广告内容植入游戏内）也逐渐渗入市场。游戏行业主要收费模式见表 2-2。

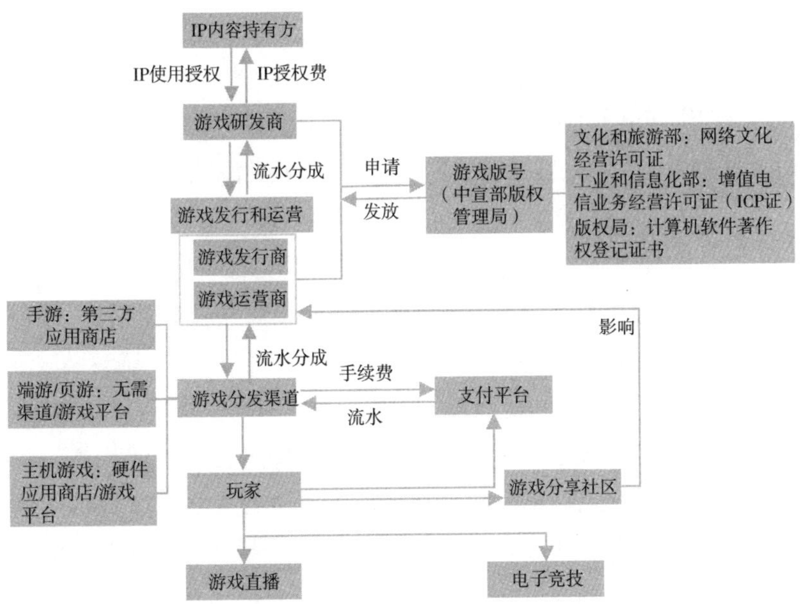

图2-6　游戏行业产业链

资料来源：华泰研究。

表2-2　游戏行业主要收费模式

付费方	收费模式	说明	收费方
游戏玩家	时长收费	按照游戏玩家的游戏时长收费。玩家采用预付费的方式，即购买点卡进行游戏；按照固定时间段进行收费，一般以月为单位，用户不限时在线游戏	游戏运营、研发商
	道具收费	即免费模式，国内最常用收费方式，门槛较低。游戏运营商对玩家免费开放游戏，在游戏时长上不再收费，依靠销售虚拟物品、增值服务达到盈利目的	
	交易收费	玩家在游戏平台中进行道具交易，运营商对每笔交易征收一定比例的手续费。在这种收费模式下，游戏运营商有效地参与日益流行的虚拟物品交易	
	买断收费	买断制游戏将产品定位于付费用户，多为单机游戏，通过一次性付费，购买完整服务和游戏内容，部分游戏后续会不断推出DLC（扩展包），玩家通过购买DLC获取游戏新地图、内容等	
广告投放商	游戏内置广告收费	游戏内置广告是以游戏为媒介进行的广告形式。通过设定条件，在游戏中适当的时间、位置出现广告。游戏内置广告主要形式包括：游戏路牌广告，以3D立体物件特制场景为主的游戏场景内置广告，游戏道具赞助，游戏内文字广播，游戏登录退出时的弹出广告，以及游戏官方网站广告和游戏形象授权等	

资料来源：华泰研究。

（三）流量－电商变现

一直以来电商都是互联网行业中与游戏同等重要的商业模式，因此互联网巨头们前赴后继地涉足。相比其他几类流量，电商流量与用户的日常生活具有更强的关联性，所以其变现能力更强，价值也更高。市场上主流电商平台分为五类：平台型电商（京东、苏宁、天猫等）、信息流电商（快手、抖音等）、垂直电商、工具型电商（客户信息聚集）和服务型电商，这五类被统称为传统类电商。随着私域流量的崛起，出现了一种新形式的电商流量，即内容电商/兴趣电商。

内容电商是通过自有平台或第三方社交平台，运用KOL、短视频、直播、热点话题、IP等多种传媒介质创造内容，以内容连接消费者与商品，实现用户流量的流通与转换，从而提升电商营销效果的新型电商模式。这种方式满足了当前消费者的泛娱乐化需求，实现了平台的拉新和促活。内容电商的发展最早源于微商，通过发布图文等内容聚集人气，以广告与商品销售方式实现流量变现。2011年蘑菇街成为国内首个内容电商平台，之后又出现了小红书、聚美优品等，而2017年后，短视频、Vlog（视频博客）等新媒体异军突起，社交内容进一步丰富。内容电商逐渐助力内容付费的崛起，也是近两年新型的互联网消费模式（见图2-7），

内容付费
强调创造内容本身的价值，可以将内容作为产品直接销售，如知识付费、问答、内容打赏、直播打赏等付费形式

内容电商
强调内容与商品的相互结合，利用内容实现用户引流并提升留存率，更加注重电商的运营，是传统电商转型的主要方式之一

社交电商
包括社交内容、社交分享、社交零售三种模式，强调社交属性，也是传统电商转型的重要方式

图2-7　新型互联网消费模式

资料来源：沙利文研究院。

具体为内容生产者通过平台以图文、音频、视频等形式，实现内容的分享与传播，用户为获取内容的阅读、收听、收看权限，进行付费行为的交互过程。

总的来说，流量经济的主要变现模式可以归纳为 PIK（实物支付）。各类互联网平台经常为用户提供免费资讯和社交服务，目标是扩大用户量，并获得用户的注意力和个人数据（比如用户喜好、消费特征和社会联系等）。在这个模式中，可以认为用户用自己的注意力和个人数据换取资讯和社交服务，因此被称为 PIK（见图 2-8）。互联网平台一方面通过广告收入变现用户流量，另一方面基于用户个人数据进行精准营销和开发信贷产品等。

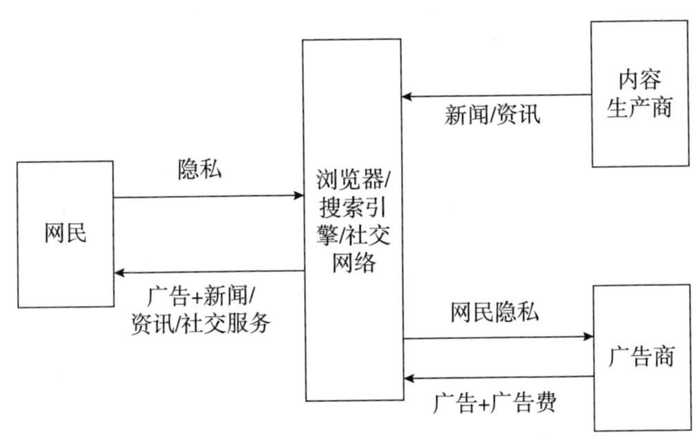

图2-8　互联网平台的PIK模式

PIK 模式主要有三个弊端。第一，互联网平台与用户地位不平等，容易在未经用户授权的情况下收集用户数据，或过度收集用户数据，或把从甲业务中收集到的个人数据用于乙业务，从而造成隐私侵犯和数据滥用问题。第二，互联网平台如果形成捕获性生态，就会锁定用户，并在事实上控制用户数据。用户很难将自己的数据开放或迁移给互联网平台的竞争对手。互联网平台通过数据垄断对竞争者构成不公平竞争。第三，难以保证用户在提供个人数据后获得合理报酬。比如，用户是否为价值不高的资讯公开了重要的个人信息。互联网平台与用户的地位不平等，以及 PIK 模式中不存在市场定价机制，使得用户权益很难被有效保护。

专题2–4　谷歌调整Cookie政策对广告行业的影响

2020 年 1 月，谷歌宣布将在未来两年内，逐步取消第三方广告公司通过 Cookie 获取用户数据的权限，以便更好地保护用户隐私。此前，Firefox 和 Safari 等浏览器也做出类似的决定。这将对在线广告行业中的所有参与者造成很大的影响。

第一，Chrome 浏览器占据的市场份额超过 60%。在过去很长的时间里，第三方 Cookie 是谷歌广告业务的重要工具。取消第三方广告公司通过 Cookie 获取用户数据的权限会对谷歌的收入造成一定的影响。这个决定是谷歌为保证用户隐私安全做出的让步。

第二，取消第三方广告公司通过 Cookie 获取用户数据的权限，会对需要收集用户信息的广告商产生很大影响。它们需要通过其他数据获取方式来刻画用户的行为，例如申请网站的 API 访问请求或采用动态爬虫。

第三，对于用户而言，这个举措是为了保护用户的数据和隐私。只要用户体验不受影响，用户肯定会支持新规。需要指出的是，取消第三方广告公司通过 Cookie 获取用户数据的权限后，用户需要防止广告行业采用其他技术来获得用户信息。

Cookie 政策调整后，广告行业积极应对，目前有三个方案值得关注。

一是 Google 的方案。

2019 年 8 月，谷歌宣布了一项 Privacy Sandbox（隐私沙盒）

计划，旨在开发一套开放标准，以从根本上增强网络的安全性，保护用户的隐私。通过不断地迭代和反馈，谷歌希望使用隐私沙盒替代第三方 Cookie，使用户在更加安全的环境中使用互联网。隐私沙盒会以批量的方式跟踪用户的信息，从而阻止广告商对用户进行个人画像。

同时，谷歌认为只通过阻止第三方 Cookie 并不能解决隐私保护的问题。广告商是在线广告业务的重要参与者。如果不考虑它们的利益，那么这些参与者可能会采用浏览器指纹识别等更危险的技术来获取用户信息。针对这个问题，谷歌一方面正在开发新的技术，通过推出新的防指纹措施来阻止此类欺骗性和侵入性技术；另一方面，谷歌也会为广告商提供新的机制。

二是 The Trade Desk（TTD）。

TTD 是一个广告程序化购买的需求方平台。TTD 接入众多媒体资源，以程序化购买的方式，进行跨平台的广告投放。通过大数据分析，TTD 可以对目标受众精准投放广告。TTD 推出 Unified ID（统一身份识别符），Unified ID 独立于个体媒体和个体设备，对数据信息经过统一的标准化处理，让广告商无法通过 Cookies、Flash Cookies 等数据抓取的方式获知用户的具体身份信息。

TTD 还提出了 Unified ID 2.0 的建议，旨在联合行业合作伙伴共建开放的标准与身份识别框架。Unified ID 2.0 是一个开源的行业共识共治的 ID 体系。用户只需要向授权平台提供一个邮箱地址，然后授权平台使用这个邮箱地址而不是第三方 Cookie 来创建加密的通用 ID。通过这个通用 ID，用户可以登录或授权通用平台上的所有应用。加密的通用 ID 不能被重新解析，这也是保护用户隐私的关键。

三是 Rearc 项目。

IAB（美国互动广告局）和 IAB 技术实验室启动 Rearc 项目。

通过在线广告行业的利益相关者的共同努力，在线广告行业将在不使用第三方 Cookie 的环境中运行，因此 Rearc 项目可以更好地保护用户隐私。

IAB 注重制定以隐私保护为中心的技术标准和准则。Rearc 会向用户提供独特的标识符，在用户自己掌控数据的前提下，收集和使用用户的标识符必须经过用户同意，并且需要遵守相关的法律法规。同时，通过与其他 ID 系统（例如前文提到的隐私沙盒）合作，Rearc 项目可以发挥更大的作用。

第三节　数据要素和隐私保护

这一节从数据要素的经济特征出发，研究数据要素流动面临的障碍，梳理当前有哪些方法可以在保护隐私的情况下缓解这些障碍，并判断这些方法的有效性。最后，从数据要素配置机制的角度，解构数据要素的经济系统。

一、数据要素的核心特征

对数据的理解离不开对信息和知识等相关概念的辨析。罗素·艾克夫等曾提出 DIKW 模型（见图 2–9），D 指 Data（数据），I 指 Information（信息），K 指 Knowledge（知识），W 指 Wisdom（智慧）。DIKW 模型在信息管理、信息系统和知识管理等领域有着广泛的使用，不同研究者从不同角度给出了不同的解释。本文暂不对 DIKW 模型做深入讨论，只梳理数据的技术特征中与经济学分析最相关的部分。

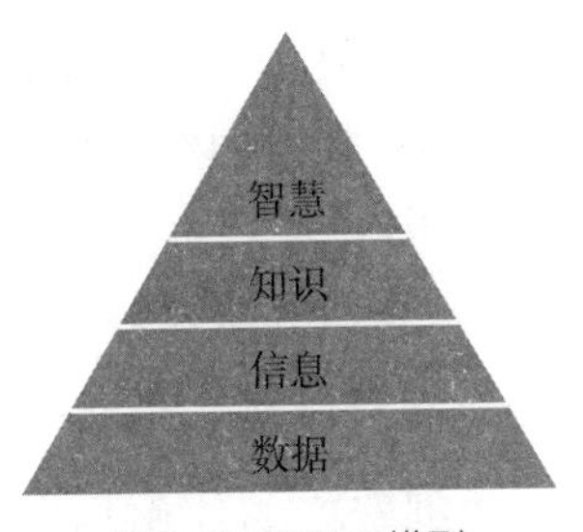

图2-9　DIKW模型

第一，智慧、知识、信息和数据之间存在从窄口径到宽口径的从属关系。从数据中可以提取信息，从信息中可以总结知识，从知识中可以升华智慧。这些提取、总结和升华都不是机械过程，需要不同方法论和额外输入（比如应用场景和相关学科的背景知识）。因此，信息、知识和智慧尽管也属于数据，但却是"更高阶"的数据。

第二，数据是观察的产物。观察对象包括物体、个人、机构、事件以及它们所处的环境等。观察是基于一系列视角、方法和工具进行的，并伴随着相应的符号表达系统，比如度量衡单位。数据就是用这些符号表达系统记录观察对象特征和行为的结果。数据可以采取文字、数字、图表、声音和视频等形式。在存在形态上，数据有数字化的，也有非数字化的（比如记录在纸上）。但随着信息和通信技术的发展，越来越多的数据被数字化，在底层都表示成了二进制。

第三，数据经过认知过程处理后得到信息，给出关于谁、什么、何处和何时等问题的答案。信息是有组织和结构的数据，与特定目标和情景有关，有价值和意义。比如根据信息论，信息能削减用熵度量的不确定性。

第四，与数据和信息相比，知识和智慧更难被准确定义。知识是对数据和信息的应用，给出关于如何做的答案。智慧则有鲜明的价值判断意味，在很多场合与对未来的预测和价值取向有关。

与数据的技术特征相比，数据的经济学特征要复杂得多。数据可以产生价值（见后文），因此具有资产属性。数据兼有商品和服务的特征。一方面，数据可存储、可转移，类似于商品，并且数据可积累，在物理上不会消减或腐化；另一方面，很多数据是无形的，类似于服务。但对数据资产的使用具有很多特殊性，可以从表 2-3 的视角分析。

表2-3　公共产品、准公共产品和私人产品的分类

	排他性的	非排他性的
竞争性的	私人产品	公共资源
非竞争性的	俱乐部产品	公共产品

通过技术和制度设计，让某些类型的数据具有排他性。比如，一些媒体信息终端采取付费形式，只有付费会员才能阅读更多的信息或其他指定内容。

根据表 2-3，很多数据属于公共产品，可以被任何人因为任何目的而自由使用、改造和分享。比如，政府发布的经济统计数据、天气预报数据等。一些数据是俱乐部产品，属于准公共产品，比如前面提到的收费媒体信息终端。由于大部分数据是非竞争性的，因此属于私人产品和公共资源的数据就会相对较少。

数据的所有权不管在法律上还是在实践中都是一个复杂问题，特别是对个人数据。数据容易在未经合理授权的情况下被收集、存储、复制、传播、汇集和加工，并且随着数据汇集和加工会有新数据的产生。这使得数据的所有权很难被清晰界定，也很难被有效保护。比如，在互联网经济中，用户的点击、浏览和购物记录会被互联网平台记录下来，这些数据对互联网平台的技术迭代、功能优化、变现都会有非常重要的参考价值。尽管相关数据描述了用户的

特征和行为，但不像用户个人身份信息那样由用户对外提供，因此很难判断是否由用户所有。互联网平台尽管记录和存储这些数据，但这些数据与用户的隐私和切身利益有关，也很难任由互联网平台在用户不知情的情况下使用和处置这些数据，所以互联网平台也不拥有完整产权。因此，在隐私保护中，需要精巧界定用户作为数据主体以及互联网平台作为数据控制者的权利，而密码学技术可以对他们之间的权利分配和经济利益关系产生显著影响。

很多文章把数据比喻成新经济的石油。这个比喻实际上不准确。石油是竞争性和排他性的，产权可以清晰界定，作为私人产品可以参与市场交易。然而，很多数据难以清晰界定所有权，作为公共产品或准公共产品难以有效参与市场交易。因此，把数据比喻成阳光更为合适。

二、隐私保护的方法和技术

把数据比喻成阳光有两层含义。第一层，所有人都有平等的机会去使用阳光及挖掘阳光的价值，例如每个人都可以利用阳光种植农作物；第二层，阳光对所有人可用，但不一定能被人拥有。无论是国家还是行业，对数据要素市场的治理也有着异曲同工之妙。首先是打破数据孤岛并让数据流通起来，让所有的企业和机构有数据可用。其次是使用隐私保护技术让数据可用而不可得，这些措施都能印证把数据比喻成阳光更为合适。

回看 Web2.0 市场，用户画像概念本身不存在问题，通过数据能让上游更好地服务下游用户，但是在具体操作中，明显违背了“数据阳光”的初衷。首先，互联网公司倾向于将用户画像的数据私有化，而非助力数据的互联互通；其次，互联网公司过去的策略是在无视用户数据隐私的情况下，做到对数据的可得且可用，具体如下。

（一）用户数据私有化的商业模式

基于个人行为数据的用户画像，有助于商家为用户提供个性化、定制化服务，成为商业模式迭代中不可或缺的一部分。但精准的用户画像离不开丰富的数据类型和数据量，而企业自有数据通常无法满足标签数据量要求，所以从外部获取数据在所难免。在数据交易中，由于交易市场机制的不完善，逐渐滋生出一些自发组织的“灰色市场”。如图 2–10 所示，平台或代理公司将用户个人数据以明码标价的形式销售给第三方机构，出现了由用户、平台/代理公司和第三方机构之间的交易闭环，第三方机构通过对用户信息的分析，给用户提供一些“个性化服务”，而这些频繁的“个性化服务”广告给用户的生活带来了一定的影响。由于数据缺乏管理，部分数据会流入一些不法分子手中，向用户进行虚假产品营销及诈骗。

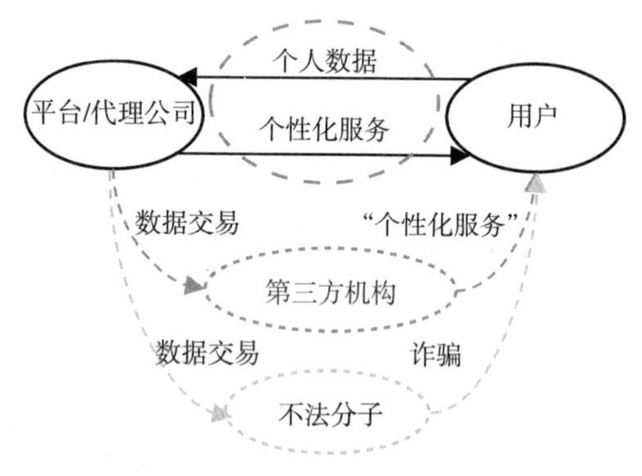

图2–10　企业数据交易闭环

目前，市场上合规的数据交易渠道较少，2015 年起我国各地开始兴建大数据交易中心，旨在促进数据合法交易及流通，并服务市场经济。但数据中心的发展与最初期望有着较大的差距，主要问题在于数据确权、数据定价、数据交易等数据要素市场化、流通机制设计等方面存在很多空白，容易触及法律红线。《中华人民共和国网络安全法》第四十二条规定："网络运营者不得泄露、篡改、毁损其收集的个人信息，不得向他人提供个人信息。但是，经过处理无法识别特定个人且不能复原的除外。"而我们从前面分析内容可以发现，用户画像的前提是要识别个人身份，否则无法从技术上实现对个人的用户画像。除了《中华人民共和国网络安全法》中提及的要实现个人数据的匿名化，在数据交易和共享环节还须获取用户授权同意，这会增加企业数据交易的合规成本。

因此，促进外部数据获取渠道合规化需要解决以下问题。第一，个人数据匿名化（非去标识化），实现关联要素"人物"的切断。第二，在个人信息匿名化的情况下，完成用户画像（可用不可见）。例如使用联邦学习、多方安全计算、差分隐私等方法。第三，清晰的数据确权方案。第四，企业低成本数据使用授权方法。第五，建立健全的数据定价和利益分配机制。

（二）Web2.0 隐私保护的措施

早期客户分析是一种事后分析行为，通过分析用户过往的消费记录形成用户的消费画像。企业自有的业务数据基本能够判断客户对于品牌、颜色、款式的喜好以及价格承受能力等，但这些数据不足以进一步挖掘客户的消费潜力。平台侧通常需要更多实时的行为数据，抓住客户具有时效性的冲动需求，为此平台方通过本章"用户画像和流量经济"一节中提到的 Cookies、Flash Cookies、Web Beacons、浏览器指纹、代码埋点等技术，在不知不觉中收集用户的行为数据，用于用户画像及精准营销。平台侧对行为数据的收集模式如图 2-11 所示。

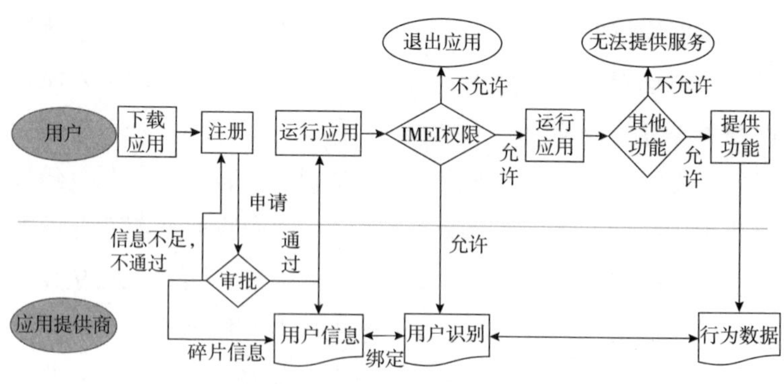

图2-11　应用提供商数据获取方式

在注册环节，应用提供商获取用户的身份证明数据（电话号码、邮箱等），再通过手机设备唯一的 IMEI（国际移动设备标识码）授权［局域网是通过 Mac Address（局域网地址）确认设备地址］，可实现设备与身份数据的绑定，帮助应用提供商判断数据具体来自哪个用户。之后通过获取更多权限，例如摄像头、照片、通讯录、定位、应用列表等功能读取用户的实时行为数据，而这些行为数据被应用提供商采集，进行词云分析，包括分析用户的性格、爱好、各种生活喜好等，对用户进行画像。随着数据的积累，在数字世界会形成一个与现实世界相映射的数字人物。在缺乏隐私保护的情况下，第三方平台或不法分子能够轻松地使用行为数据对数字人物进行建模与仿真，通过算法精准地掌握数字人物的生活与行为习惯，并对数字人物的未来行为进行实时仿真预测。如果这一切能够变为现实，将会给用户隐私甚至是用户安全带来致命打击，这意味着第三方可以使用一些能够被用户轻松接纳且容易理解的信息，在不知不觉中引导他们“自愿地”完成一些带有特定目的的任务。

1. 手机厂商提出的用户隐私解决方案

近年来，一些手机终端公司陆续开始提供一项数据保护的新技术——OAID（匿名设备标识符），即使用虚拟的 ID 替代设备原有的 IMEI 成为设备识别标识。OAID 通过提供随机匿名身份，让应用提供商无法将设备与用户身份证明强关联，这样就避免了行为数据与具体用户身份的映射。

上述方法在用户不输入账户名和密码的情况下起到个人数据隐私保护作用，然而一旦用户登录个人账户，就等于将身份数据告知应用平台，OAID 技术的功能也就此失效。早期手机厂商对数据管理不够重视，用户在下载互联网应用后会被默认开启对所有数据的访问权限，导致互联网平台肆无忌惮地采集了大量与业务无关的用户数据。在这种情况下，手机厂商为了保证设备的隐私安全性，增加了互联网平台数据使用的强提醒功能并让用户对数据的使用进行授权。以相册数据的使用为例，如图 2–12 所示，苹果手机的相册数据授权分为三种模式，分别为选中的照片、所有照片和无，该授权让用户对照片数据拥有了更加细颗粒度的管理能力，尤其是“选中的照片”功能，让互联网平台只能采集到用户希望展示的照片，从本地段对数据采集的范围进行了限制。

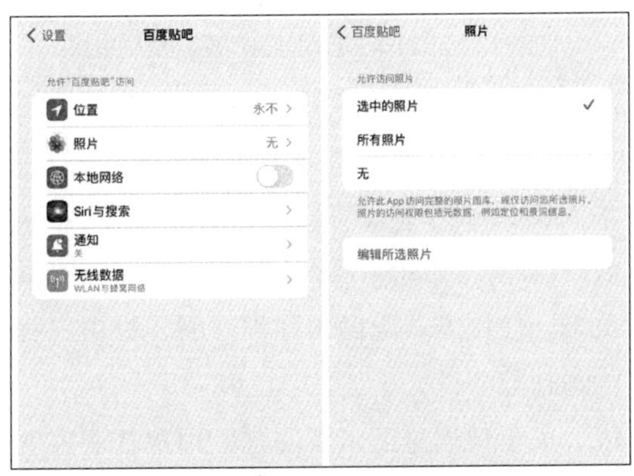

图2–12　苹果手机个人数据管理授权

资料来源：苹果手机截图。

2. 平台提出的用户隐私解决方案

相较于手机厂商的主动式保护，互联网平台则是迫于各种数据保护法案的压力，被动地提出了用户隐私保护方案，被动的原因不难理解，从 2021 年各公司财报中可以发现，广告收益是各互联网平台发展中非常重要的一部分，如图 2-13 所示，2021 年拼多多、微博的广告收益占比均在总收入的 80% 以上，快手、百度超过 50%。广告价值的核心源于数据，如果互联网平台开始主动实施用户数据的隐私保护，就意味着愿意放弃现有的商业模式，这与互联网平台的经济模式背道而驰。

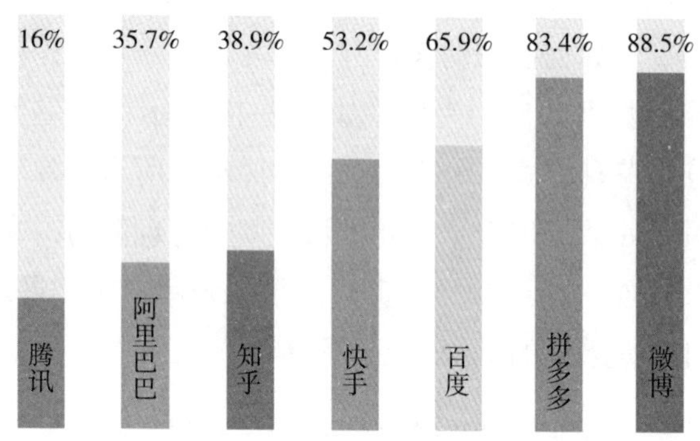

图2-13　2021年各互联网公司广告收入占比

资料来源：各公司财报。

在《中华人民共和国个人信息保护法》实施后，如图 2-14 所示，各大平台纷纷增加或调整了个人隐私设置，并对用户数据收集类型、使用范围、使用方式等做出详细说明，让用户对个人数据的使用有更多的选择权。

总的来说，关于数据过度采集问题，用户普遍表现出排斥的态度，终端服务商也通过 OAID 等技术防止各种应用对用户信息的采集。但随着互联网技术的进一步发展，我们将迎来一个与现实世界

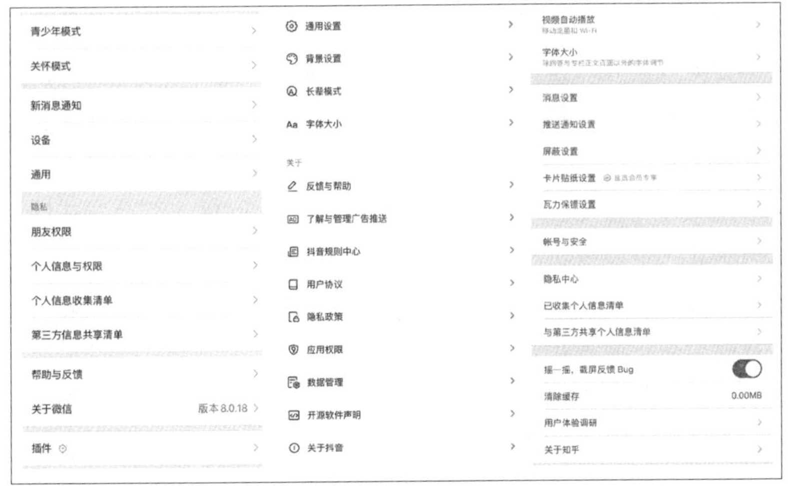

图2-14　微信、抖音、知乎的应用设置界面（从左往右）

资料来源：微信、抖音、知乎的应用设置界面截图。

相映射的数字世界，无法避免更多数据会从现实世界映射到数字世界。既然是大势所趋，我们需要做的不是防止数据被采集，而是应该将注意力放在如何打造一个能够实现“数据阳光”功能的系统。关于这个问题我们将在后文中具体讨论。

专题2-5　隐私计算技术

隐私计算技术主要包括三类：联邦学习、安全多方计算、可信计算。

一是联邦学习：一种分布式机器学习技术和系统，包括两个或多个参与方，参与方通过安全的算法协议进行联合机器学习，可以在各方数据不出本地的情况下联合多方数据源建模和提供模型推理与预测服务。分为“横向联邦学习”和“纵向联邦学习”。

二是安全多方计算：一种在参与方不共享各自数据且没有可信

第三方的情况下安全地约定函数的技术和系统。通过安全的算法和协议，参与方将明文形式的数据加密或转化后再提供给其他方，任一参与方都无法接触到其他方的明文形式的数据，从而保证各方数据的安全。

三是可信计算：借助硬件 CPU 芯片实现 TEE(可信执行环境)，从而构建一个受保护的“飞地”，对于应用程序来说，它的“飞地”是一个安全的内容容器，用于存放应用程序的敏感数据与代码，并保证它们的机密性与完整性。

三种方法的主要区别在于：联邦学习能够在各方数据不出本地的情况下完成模型训练，各数据库从中央服务器下载初始模型并使用本地数据对模型进行训练，训练完成的模型会被回传至中央服务器进行汇总和优化，优化完成的模型会再次被各数据库下载并对模型继续训练，多次重复上述流程直至模型梯度达到要求后才会停止训练，在这个过程中数据一直储存在各方本地数据库且不会被其他合作方看到；安全多方计算是将本地数据加密或转化后，再提供给使用方进行数据学习，做到“数据可用而不可见”；可信计算是通过软硬件一体化保证数据安全，首先要做到远程可信身份和可信环境验证，然后建立可信信道，再将数据在“飞地”中密封，该“飞地”承担着数据的密封和解封过程，如数据要离开此处，均须将数据加密。相比联邦学习和安全多方计算这两种纯软件方法，可信计算的软硬件一体化具有更高的通用性、易用性和较优的性能。

目前三种方法在现实使用中均存在若干问题。虽然联邦学习在机器领域的应用已经比较成熟，支持联邦逻辑回归、联邦 XGBoost 等，但在深度应用的领域仍在探索中；安全多方计算现有算法需要耗用的计算和通信资源较多，当前只能支持相对简单的小规模数据量统计、查询等；可信计算的安全假设是基于对可信执行环境的信任，也就是信任硬件 CPU 芯片厂商不会作恶，此外，侧信道攻击也成为不可忽视的攻击向量，需要关注相关漏洞和研究进展。

未来发展的主流方向仍是在数据不出本地的情况下，实现数据建模分析，从而减少协作中的数据泄露风险。随着政府对数据采集和使用方面监管的强化，从技术层面而言，相关企业在数据管理方面需要满足数据最小化、完整性和机密性原则要求。

三、数据要素的配置机制

如我们所知，很多数据属于公共产品，可以由任何人为任何目的自由地使用、改造和分享。因为大部分数据是非竞争性的，属于私人产品和公共资源的数据较少。数据的所有权不管在法律上还是在实践中都是一个复杂问题，特别是对个人数据而言。

针对数据的这些不同类型和不同特征，产生了不同的配置机制。第一，作为公共产品的数据，一般由政府部门利用税收收入提供。第二，作为准公共产品的数据如果在所有权上较为清晰，并且具有排他性，可以采取俱乐部产品式的付费模式、开放银行模式以及数据信托模式。第三，在互联网经济中，很多个人数据的所有权很难清晰界定，现实中常见的 PIK 模式，本质上是用户用自己的注意力和个人数据换取资讯和社交服务，但 PIK 模式存在很多弊端。第四，很多数据因为具有非排他性或非竞争性，不适合参与市场交易。换言之，市场化配置不等于市场交易模式。

数据产权界定是数据要素有效配置的基础。可验证计算、同态加密和安全多方计算等密码学技术支持数据确权，使得在不影响数据所有权的前提下交易数据使用权成为可能。除了技术，数据产权还可以通过制度设计来界定，比如欧盟的 GDPR（《通用数据保护条例》）。2018 年 5 月，欧盟开始实施 GDPR。GDPR 给予数据主体广泛权利，包括：第一，被遗忘权，指数据主体有权要求数据控制者删除其个人数据，以避免个人数据被传播；第二，可携带权，指数据主体有权向数据控制者索取本人数据并自主决定用途；第三，数据主体在自愿、基于特定目的且在与数据控制者地位平等的情况下，授权数据控制者处理个人数据，但授权在法律上不具备永久效力，可随时撤回；第四，特殊类别的个人数据的处理条件，比如医疗数据。GDPR 还提高了对数据控制者的要求，包括：第一，企业作为数据控制者必须在事前数据采集和事后数据泄露两个环节履行明确的告知义务；第二，数据采用与数据使用目标的一一对应原则，以及数据采集（范围、数量、时间、接触主体等）的最小化原则；第三，个人数据跨境传输条件。总的来说，GDPR 引入了数据产权的精细维度，包括被遗忘权、可携带权、有条件授权和最小化采集原则等，建立了数据管理的制度范式。这些做法被欧盟以外的很多国家和地区采纳。

（一）数据要素市场与金融系统的异同

金融系统的基本功能是融通资金。在任何社会和任何时点，都存在两类经济主体，这些经济主体可以是家庭、企业和政府部门等。第一类经济主体由于支出少于收入而积累了盈余资金，称为资金提供者。它们往往不拥有生产性投资机会。第二类经济主体由于支出超过收入而面临资金短缺，称为资金需求者。它们往往拥有生产性投资机会，但缺乏实施投资计划所需的资金。金融系统将资金从资金提供者那里引导到资金需求者那里，帮助后者实施投资计划，有助于合理配置资本，提高社会的经济效率。此外，金融系统也帮助消费者合理安排购买时机，改善消费者的生活福利。

金融系统有两种融资模式（见图 2-15）。第一种是直接融资模式，体现为以股票市场和债券市场为代表的金融市场。通过金融市场，资金提供者自己决定将资金配置给哪些资金需求者，直接享有收益并承担风险。第二种是间接融资模式，体现为以商业银行为代表的金融中介机构。金融中介机构从资金提供者处归集资金后，决定将资金配置给哪些资金需求者，再将相关收益和风险返还、分配给资金提供者。

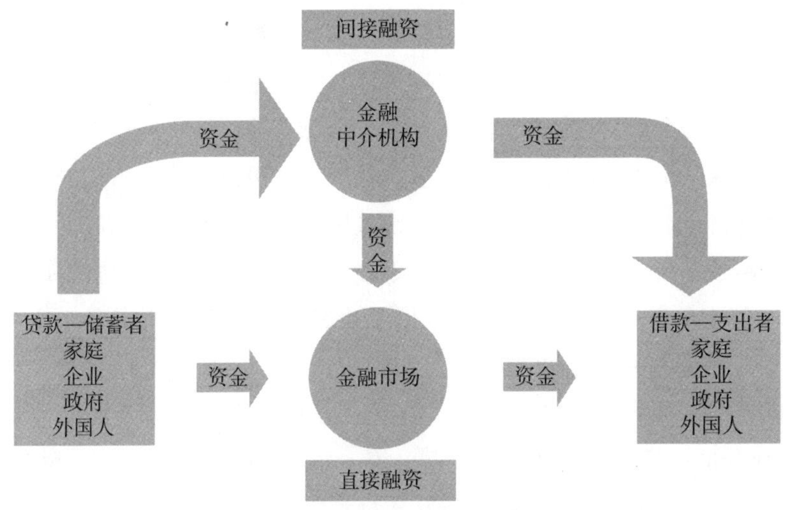

图2-15　金融系统对资金的融通

资料来源：弗雷德里克·S. 米什金《货币金融学（第九版）》（郑艳文、荆国勇译，陈雨露校，中国人民大学出版社，2010年）。

与金融系统类似，数据要素市场也存在两类经济主体，一类是数据提供者，另一类是数据需求者。数据要素市场的基本功能是促进数据从数据提供者流向数据需求者，以实现数据要素的合理配置。以上是数据要素市场与金融系统相似的地方，也是本部分分析的出发点，但更要看到数据要素市场与金融系统的关键差异。

第一，资金是典型的可交易商品。资金具有竞争性和排他性。竞争性是指，当资金供给者将一笔资金交给张三使用后，不可能再将这笔钱给李四使用。排他性是指，在张三使用一笔资金时，李四不可能无偿使用这笔钱。按经济学的分类，资金属于私人产品。很多数据具有非竞争性和非排他性——容易被复制，被反复使用，被多个人在同一时间使用，以及被免费使用。

第二，资金有清晰的所有权，金融交易伴随着资金所有权的变更。但在很多场合，数据的所有权难以界定，数据的产权更是一个复杂且内涵丰富的概念。在数据要素市场，涉及数据产权的参与者至少包含以下三方面。一是数据主体，指数据描述的对象。数据主体可以是个人。这就涉及隐私保护，全球普遍趋势是通过立法和监管来保障个人对自己数据的权益。数据主体可以是非人格化的，比如来自工业领域、物联网设备、市政网络和交通网络等的数据。非人格数据由政府部门采集，并且不能追溯到具体个人，欧盟提出应向全社会开放，以促进基于数据的决策。二是数据所有者，这主要针对所有权清晰的数据，比如知识产权。三是数据控制者。数据控制者决定谁能使用数据，在什么条件下使用，以及如何使用（比如能否进一步对外分享数据）等。如前文讨论的，对个人数据，GDPR 实际上建立了数据主体和数据控制者之间的权力制衡。

数据要素市场上的数据提供者，主要是数据控制者。数据所有者可以视为一类特殊的数据控制者。但对个人数据，不是数据控制者说了就算，还要考虑数据主体的制衡。在这些制约下，数据需求者对数据的使用往往遵循一些附加条件。数据提供者也不一定向数据需求者让渡自己对数据的控制权。比如，在数据要素市场中，数据可以一直由数据提供者保存在本地，数据需求者给出数据分析工具，数据提供者按要求运行分析工具后，再把结果返还给数据需求者。

总之，以上分析在考虑数据相对资金的特殊性后，建立了数据要素市场与金融系统之间的映射关系（见表 2-4）。

表2-4 数据要素市场与金融系统之间的映射关系

数据要素市场		金融系统
数据		资金
数据提供者	数据控制者（含数据所有者）	资金提供者
	数据主体	
数据需求者		资金需求者
数据要素市场的组织形式		融资模式

（二）数据要素市场的组织形式研判

从表 2–4 可以看出，将金融系统的融资模式“迁移”到数据要素市场，有助于理解数据要素市场的组织形式。接下来重点讨论数据交易市场、数据银行、数据信托和数据合作社四种组织形式。

1. 数据交易市场

数据交易市场类似于金融系统的直接融资模式（金融市场）。数据需求者直接从数据提供者处获得数据，两者之间建立直接经济关系。数据提供者有较强的自主性，自行决定把数据提供给哪些数据需求者。与金融市场存在集中化市场和场外市场一样，数据交易市场也有集中化市场和场外市场之分，前者适合标准化程度较高的数据交易，后者适合个性化、点对点的数据交易。

因为数据类型和特征的多样性，以及数据价值缺乏客观计量标准，目前并不存在一个集中化、流动性好的数据交易市场。

另类数据市场可以视为场外的数据交易市场。这个市场中存在大量的另类数据提供商。它们对数据的处理程度从浅到深大致可分为原始数据提供者、轻处理数据提供者和信号提供者。这个市场已发展出咨询中介、数据聚合商和技术支持中介等，作为对接数据买方（主要是投资基金）和数据提供方之间的桥梁。其中，咨询中介为买方提供关于另类数据购买、处理相关法律事宜的咨询，以及数据供应商信息。数据聚合商提供集成服务，买方只需和它们协商即可，无需进入市场与分散的数据提供商打交道。技术支持中介为买方提供技术咨询，包括数据库和建模等。从市场结构和分工合作关系看，另类数据市场与场外金融市场有很多相似之处。

2. 数据银行

在开放银行下，银行持有客户数据，并在客户授权下通过 API 对外共享；不同银行的客户数据不同，但对同一客户的数据可以通过 API 汇总。因为不同银行介入个人数据市场的程度和管理能力不同，个人数据在银行之间通过 API 流动，在市场机制的作用下最终流向能最大化数据价值并保证数据安全的银行。这些银行将在开放银行生态中居于枢纽地位——从其他银行、金融机构和互联网平台等处汇集个人数据，并对外提供数据产品。这些银行在经营货币和信贷以外，也将可能经营数据。这就是数据银行概念。需要指出的是，数据银行是数据要素市场的一种组织形式，不一定由商业银行甚至金融机构来承担这一角色。

数据银行类似商业银行。商业银行有两大核心功能，是理解数据银行的关键。第一，期限转换，也就是将短期存款资金转换为长期贷款资金。资金需求者一般需要长期稳定资金开展投资，而资金提供者因为要应对随时可能出现的流动性冲击，一般只愿意借出短期资金以保留一定灵活性。商业银行归集短期存款资金。因为所有存款者（资金提供者）不会同时遇到流动性冲击，根据大数定律，商业银行只需将归集资金的一部分以高流动性资产的形式存放，就能应付正常情况下存款者的提现要求，其余资金可以用来发放长期贷款。第二，受托监管。商业银行在贷款信用评估和贷后管理方面具有专门技术和规模效应，适合接受存款者的委托来监督借款者（资金需求者）对资金的运用。

对应到数据要素市场上，数据提供者与数据需求者之间的匹配也面临两大问题。第一，供给与需求之间的不匹配。数据提供者的数据不一定正好是数据需求者所需的。比如，数据提供者的数据是未清洗、未处理或未经分析的原始数据，而数据需求者要的是直接可用的数据产品。再如，数据提供者的数据属于少量样本数据，而数据需求者要的是大样本数据。第二，数据提供者不一定有直接进行数据交易的专业能力。比如，数据提供者不知道如何对自己的数据估值，如何协商数据交易条件，或者如何在数据交易中保障自身权益。

数据银行有助于解决这两大问题。第一，数据银行作为分散的数据提供者和数据产品最终消费者之间的桥梁，能聚合从各个渠道得到的原始数据，在处理和分析后以数据产品的形式提供给数据需求者。第二，数据银行代表数据提供者与数据需求者交易，能发挥专业优势，实现规模效应。

因此，数据银行的核心特征是：从数据提供者处聚合数据，加工成数据产品对外提供，自主与数据需求者交易，并将部分收益返还给数据提供者；数据银行要分享数据经营收益，但也要承担相关风险。

3. 数据信托

数据信托在欧盟和英国备受重视。与数据银行一样，数据信托不一定是信托公司，而是采取了类似信托的合约形式。

信托指委托人基于对受托人的信任，将其合法拥有的财产（称为信托财产）委托给受托人，由受托人按委托人的意愿并以自己的名义，为受益人的利益或者特定目的，按规定条件和范围占有、管理和使用信托财产，并处理其收益。概括来说，信托就是“受人之托，代人理财”。信托一般涉及三方面当事人：投入信用的委托人，受信于人的受托人，以及受益于人的受益人。信托成立的前提是财产权。委托人必须拥有信托财产的所有权或处置权，受托人才能接受这项信托。受托人按委托人要求对信托财产进行经营管理，收益归受益人所有，亏损也由受益人承担，受托人得到的是约定的信托报酬。信托不仅是一种特殊的财产管理制度和法律行为，也是一种金融制度。

英国的 ODI（开放数据研究所）对数据信托有全面研究。2019 年，ODI 发布研究报告《数据信托：来自三个试点项目的启示》①。ODI 提出 Data Steward（数据保管人）概念。数据保管人决定谁在何种条件下可以使用数据，以及谁能从对数据的使用中获益。一般情况下，收集并持有数据的机构承担数据保管人角色。

数据信托中的受托人一方面有权决定如何使用和分享数据，以释放数据中蕴含的价值，另一方面要确保它的决定符合数据信托的设立目标以及受益人的利益。

ODI 认为，数据信托除了前文提到的三个好处，还有几个好处。一是，数据信托为初创公司和其他商业机构使用数据并开展创新提供了新机会。二是，数据信托能“民主化”数据使用和分享方面的决策权，使人们在关于个人数据以及可能影响自身利益的数据使用上有更大话语权。三是，数据信托有助于数据有关收益的分配更广泛、平等且符合伦理道德。

ODI 提出数据信托的几个应用场景。第一，政府部门用数据信托来管理智慧城市收集和产生的数据，让城市对市民更宜居、更宜出行。第二，非营利组织和慈善机构用数据信托来管理学术界和商业界产生的数据，以更好地解决诸如野生动物非法贸易、食物垃圾

---

① ODI, 2019, “Data Trusts: Lessons from Three Pilots”；以及配套的法律和治理层面分析报告：BPE Solicitors, Pinsent Masons, and Queen Mary University of London, 2019, “Data Trusts: Legal and Governance Considerations”。

处理等社会问题。第三，商业机构用数据信托管理用户数据，使用户在自己的数据上有更大参与权利。第四，AI 开发者使用数据信托提供的数据开发新技术。

4. 数据合作社

数据合作社是 ODI 提出的另一个设想：数据合作社由会员组成，数据由会员提供、由会员控制、为会员所用。目前数据合作社尚无相关实践。

数据合作社借鉴了信用合作社的制度设计。信用合作社是一种合作金融组织，由一些具有共同利益、相互帮助的社员组成，经营目标是以简便手续和较低利率向社员提供信贷服务，帮助经济力量薄弱的社员解决资金困难。无论是国内还是国外，合作经济都具有四个基本经济特征。第一，自愿：由社员自行决定入社和退社。第二，互助共济：每个社员都应提供一定数额的股金并承担相应责任。第三，民主管理：社员具有平等权利，无论股金多寡均实行一人一票制。第四，非营利性：信用合作社的盈利主要用于业务发展和增进社员福利。

总之，除以上四种组织形式，数据要素市场肯定还会出现其他组织形式。但可以断言，这些组织形式都可以借鉴金融系统的融资模式来理解。

技术篇

第三章

元宇宙的信息基础设施

我们认为，当前仍然处于元宇宙的概念期，要建成一个成熟的数字世界仍然需要 5~10 年持续的基础设施建设。本章主要讨论以下问题。

第一，人机交互系统的发展历程。元宇宙应用场景的逐步清晰将推动 AR/VR 和人机交互系统逐渐成熟。其中，VR 的硬件形态目前逐步稳定。AR 目前还处于多种技术发展阶段，长期有望取代手机成为人手一台的智能终端。脑机接口目前还处于探索阶段，未来在医疗领域有广阔的应用场景。此外，我们也分析了硅基 OLED（有机发光二极管）等微显示技术，以及各类传感器在元宇宙的应用前景。

第二，人工智能和算力网络的发展前景。算法、算力、数据和场景是人工智能的四大要素。元宇宙中更加丰富的数据将给 AI 提供更好的训练基础。随着算法的复杂度不断提升，算力需求呈指数级增加，算力增速将超越摩尔定律。随着元宇宙场景的繁荣发展，海量终端接入网络，算力逐渐向边缘侧和端侧延伸，边缘算力逐渐丰富，算力整体呈现云、边、端三级架构。

第三，低代码技术对元宇宙的创作者经济发展的重要影响。我们从概念和技术标准分析了低代码技术对市场发展的意义和价值，并梳理了市场发展的现状以及存在的问题，最后对低代码市场的未来发展给出预判。

第四，基于区块链的可信数字底座。这是对元宇宙底层架构的加固，是技术的载体。通过与中心化数字底座的对比，我们从硬件层、边缘端感知层、数据通信层、数据资源层和数据赋能层分别介绍了可信数字底座的具体技术。

第一节　人机交互系统：元宇宙的入口

一、人机交互系统的发展历程

人机交互主要是指人和系统互相影响、互相作用的循环过程。具体而言，人类在接收并处理信息后通过行为输出指令，计算机在接收指令后改变系统状态，再通过显示输出反馈信息并被人类感知，从而引发人脑的信息处理和下一个人机交互过程（见图 3–1）。

回顾人机交互方式发展历程，人机交互主要经历了卡带式交互、问答式交互和音视觉交互三个阶段，输入和输出形式持续向贴近人类本能进化。纵观人机交互方式的演变，人机交互的形态逐渐从“人适应机器”的机器语言交流演变到“机器适应人”的自然语言交流，交互效率不断提高，操作门槛不断降低（见图 3–2）。

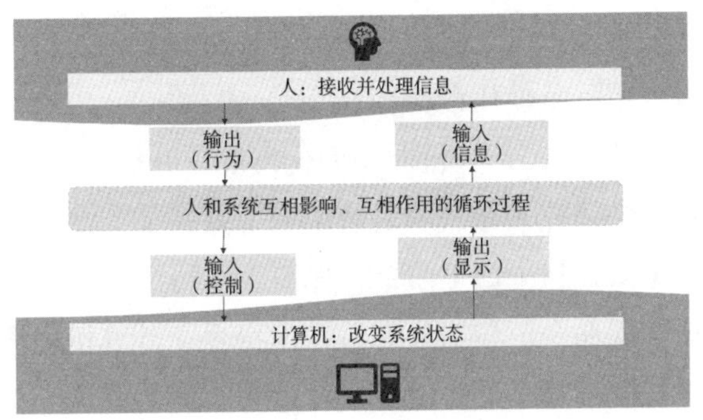

图3-1　什么是人机交互

资料来源：中关村在线，华泰研究。

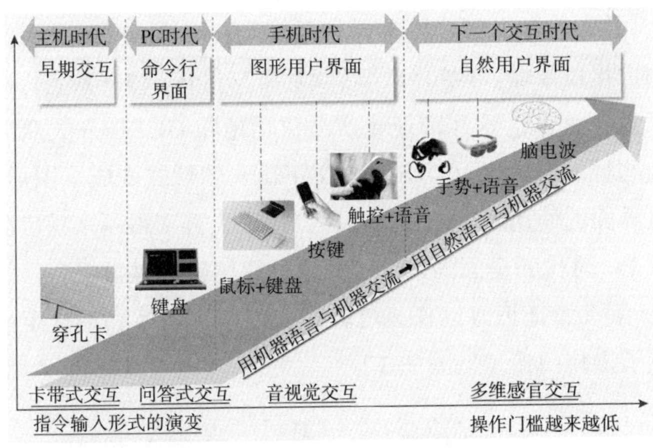

图3-2　人机交互方式发展历程

资料来源：超能网，Oculus官网，极客公园，中关村在线，清华大学计算机科学与技术系，《X战警》，华泰研究。

1946年，世界上第一台通用计算机ENIAC诞生，卡带式人机交互形式随之出现。ENIAC形态的计算机在当时计算能力卓越，但因其体积庞大、使用条件苛刻，只能通过穿孔纸带的形式实现指令的输入和结果输出。操作员须提前将二进制代码编写到穿孔纸带上，然后将纸带插入笨重的机器中，并经过漫长的等待获得计算机的反馈，指令单一且使用门槛极高。

20世纪60年代，计算机向小型化发展，开始普及到商业管理、自动控制和科学研究领域，与之适配的屏幕式交互形式兴起，人类与机器开始正式通过CLI（命令行界面）进行问答式文本交互。用户通过键盘键入命令语句对计算机发出指令，计算机根据接收到的指令将结果反馈给显示器，完成交互过程。问答式交互虽然较上一代输入设备提高了键入效率，但仍要求操作者记住大量命令语言，因此该时期用户主要是程序员等专业计算机人员。

1983年，苹果公司推出了Lisa电脑，应用了GUI（图形用户界面），并在次年升级为图形操作系统Macintosh 128K，引发了电脑的用户接口革命。1990年，微软发布Windows 3.0系统，进一步巩固了这一变革。这些商业化产品成功地将GUI带入大众消费市场，人与计算机界面互动方式由文字输入的形式变成了图形选择，计算机界面的使用变得越来越容易，适用人群变得越来越广泛。随着个人PC时代的全面到来，用户通过使用鼠标键盘组合，结合点/敲击、滚动、拖拽等动作，可轻易实现快速切换和精准定位，显著降低了操作门槛（见图3–3）。

图3–3 Lisa（左）、Macintosh 128K（右）

资料来源：苹果公司。

2007 年，乔布斯在旧金山马士孔尼会展中心发布了第一代苹果手机 iPhone，标志着多点触控的人机交互形式的到来（见图 3-4）。iPhone 将实体的手机键盘变成可触控的虚拟键盘，极大地提高了手机的使用效率和便捷性，使得手机成了新一代人人都可使用的高科技产品。在 iPhone 的推动下，触控屏幕及后续的音频输入成为继鼠标键盘后的另一种主流输入形式，人们在智能手机或平板设备上通过滑动、触碰点击、摇晃旋转等方式进行操作，用户输入方式更加丰富，交互流程更加简单。而在个人电脑方面，触控交互设计也成了主流的操作系统的基础设计，如苹果提供丰富的触控手势支持等。人机交互的输入形式从用机器语言与机器交流进化到了用自然语言与机器交流。

图3-4　第一代iPhone

资料来源：苹果公司。

2016 年，第一款消费级 VR 头显设备 Oculus Rift 推出，标志着 VR 时代的到来，人机交互的输入形式进一步丰富，多感官、多维度、智能化的NUI（自然用户界面）操作形式初见雏形。用户通过佩戴VR头显设备，能够实现头部追踪、手势追踪、语音控制、眼球追踪等自然化的输入方式，但是初代VR头显产品价格不菲，且须配备昂贵的高性能电脑才能正常工作。近年来，独立头显Oculus Quest第一代和第二代相继推出，自重更轻、视效更佳、定价更低的设备使VR的体验感进一步上升。随着VR设备进入更多寻常百姓家，新一代人机交互形式的未来想象空间巨大（见图3–5）。

图3–5 Oculus Rift

资料来源：Oculus官网。

我们认为，VR/AR/脑机接口将是下一个交互时代的代表性操作平台，主要是因为其高度符合输入和输出形式上的演变趋势。从输入角度来看，VR/AR消除了以往的实体按键，主要结合了手势输入、眼动追踪、面部表情识别以及语音操控，而脑机接口则由肌电输入进一步转变为脑电输入；从输出角度来看，VR将为用户构建一个融合视觉、听觉、触觉等多维感官体验的移动虚拟空间，AR则将其与现实空间叠加，充分实现虚实融合（见表3–1）。

表 3-1 VR/AR 技术发展趋势

<table>
<tr><th colspan="2">阶段</th><th>2020—2021</th><th>2022E—2025E</th><th>2025E—2030E</th><th>2030E以后</th></tr>
<tr><td rowspan="2">VR</td><td>光源</td><td>Fast-LCD/OLED</td><td colspan="3">Micro-OLED</td></tr>
<tr><td>结构</td><td>分体式/一体式</td><td colspan="3">一体式</td></tr>
<tr><td rowspan="3">AR</td><td>光源</td><td colspan="2">LCoS/LBS/DLP/OLED</td><td colspan="2">Micro-LED</td></tr>
<tr><td>传导介质</td><td>自由曲面（Birdbath等）/阵列光波导</td><td colspan="2">衍射光波导/全息光波导</td><td>光场技术</td></tr>
<tr><td>结构</td><td colspan="2">分体式（一体机）</td><td colspan="2">一体机</td></tr>
</table>

注：Fast-LCD 为快速液晶显示屏；Micro-OLED 为一种新型的高阶微显示技术；LCoS 为硅基液晶显示器；LBS 为激光光束扫描；DLP 为数字光学处理器；E 代表预测。

资料来源：《硅基有机电致发光微显示关键技术研究》徐洪光等（2013 年）；《硅基微显示技术》代永平等（2002 年）；华泰研究。

二、元宇宙应用场景逐步清晰，推动 AR/VR 快速发展

早期的 AR/VR 设备受制于应用场景和内容单一化、用户对硬件设备的体验不完善等缺陷，未实现大规模的增长。站在当前的时点，我们看到游戏、电商、协同办公、社交、健身、医疗、视频和教育等元宇宙应用场景正逐渐清晰（见图 3-6）。和移动互联网时代相比，这些应用大多更强调沉浸感和交互感。

不同的应用对两种效果的侧重各有不同。其中，沉浸感可通过更丰富的音画效果和更多维度的感官交互获得，例如借助场景渲染、沉浸声场、温度模拟、触觉传感等技术营造出逼真的虚拟场景，使大脑产生“身临其境”的感觉；交互感则需借助多样化的输入方式来降低人机交互的操作门槛，例如直接通过识别语音或读取手势来传达指令，无需打字或操作键盘鼠标 / 按钮，来增强互动效率。这些新需求，有望驱动包括微显示、生物传感器、空间定位算法在内的多项底层技术不断完善。

由于不同应用对沉浸感和交互感的要求存在差异，目前上述应

用正处于三个不同的成熟阶段，由高到低依次是渐成熟、发展中和萌芽期（见图 3–7）。

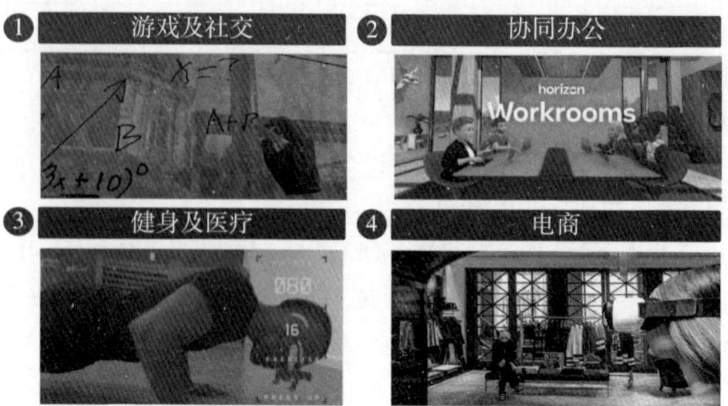

图3–6　元宇宙应用场景逐步清晰，推动人机交互系统升级

资料来源：游戏《半衰期》，Meta，CES 2022，eBay，华泰研究。

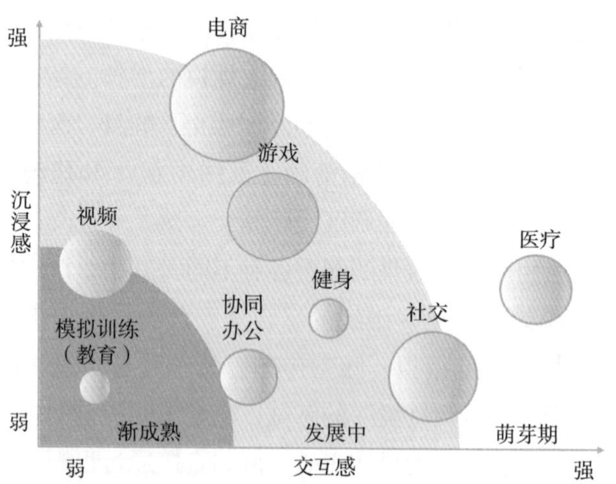

图3–7　元宇宙各大应用场景对沉浸感和交互感的要求

注：气泡在坐标轴上的位置取决于该应用对沉浸感和交互感的依赖度，气泡相对大小表示该应用的市场规模。

资料来源：华泰研究。

第一，渐成熟：视频和模拟训练（教育）。其中模拟训练（教育）包括安全教育、公共安全演练、思政教育等，对沉浸感和交互感的要求最低，目前已有商业化案例；而视频领域对沉浸感的要求相对更高，但由于流媒体平台内容生态已经较为完善，随着 VR 配套硬件向 C 端渗透，我们认为视频将是率先成熟的领域之一。

第二，发展中：电商、社交、游戏、协同办公、健身。其中电商与游戏更侧重于追求沉浸感，而社交和协同办公对交互感的要求更高。

第三，萌芽期：医疗，具体包括疾病监测、辅助微创手术、信号读取、刺激干涉和仿生等。疾病监测随着 ECG（心电图）、血糖、血氧等生物传感技术的成熟有望加速落地，而辅助手术、刺激干涉和仿生等领域对输入和输出的精确度要求极高，相关企业及医疗机构仍在探索。

三、VR：硬件形态逐步稳定，内容有待发展

VR 指计算机图形技术、计算机仿真技术、传感器技术、显示技术等多种科学技术，在多维信息空间上创建一个虚拟信息环境，提供使用者关于视觉、听觉、触觉等感官的模拟，能使用户具有身临其境的沉浸感，具有与环境完善的交互作用能力的一种崭新的人机交互手段。

初期的 VR 相关概念在 20 世纪五六十年代先后被提出，之后在 20 年内经历了漫长的实验室开发和 B 端商用探索，波动上升中产品形态不断向轻量化、小型化的方向深度沉浸迭代。2010 年以后，随着互联网和智能手机终端的逐步成熟和消费端的持续渗透，VR 应用开始 C 端落地的探索。在进入 21 世纪的第二个十年后，元宇宙被预言将成为互联网的下一个形态，而 AR/VR 也被寄希望成为元宇宙中全新的人机交互平台（见图 3–8）。

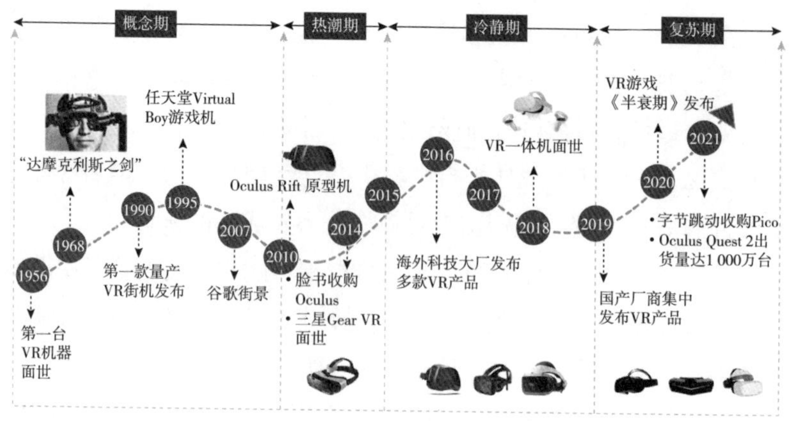

图3-8 VR硬件发展历程

资料来源：微软，谷歌，索尼，华为，苹果，字节跳动，百度，三星，脸书，华泰研究。

目前常见的VR由头戴式显示设备和手柄组成。其中，头戴式显示设备集成了显示、计算、传感器等设备，通过将人对外界视觉、听觉的封闭，并由左右眼屏幕分别显示左右眼的图像，引导用户产生一种身在虚拟环境中的立体感。而手柄则负责辅助追踪使用者手的位置、提供交互使用的按键，以及简单的触觉震动反馈。

VR头显经历了VR盒子、VR头盔、VR一体机三个阶段。类似于智能手机发展的初级阶段，一两款爆款产品主导整个市场是一个重要趋势。代表性的产品包括：2015—2017年三星的VR盒子、2016—2018年索尼的VR头盔、2019年至今Meta的Oculus系列一体机（见图3-9）。

VR盒子（代表产品：三星Gear VR）：Gear VR是三星与Oculus合作打造的产品，推出时与Galaxy系列进行了捆绑营销，2016年年销量达到最高，近400万台。使用方法是将手机放在VR盒子前，使用专用App进行观影。但因发热、晕眩等问题，事实上其体验并不好。

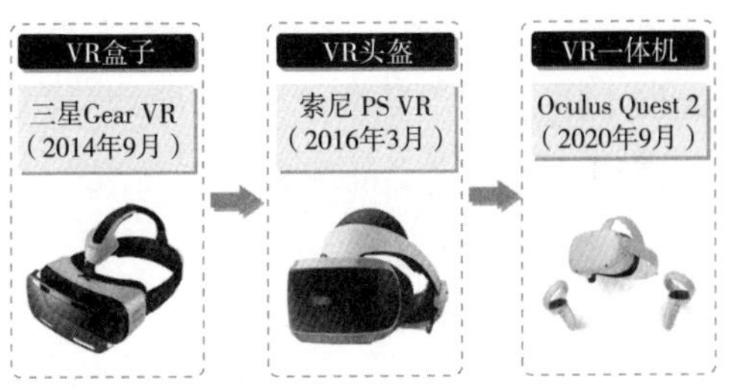

图3-9　VR硬件三个发展阶段的代表性产品

资料来源：Meta，三星，索尼，华泰研究。

VR 头盔（代表产品：索尼 PS VR）：索尼 PS VR 在 VR 头盔时代销量第一。事实上在 VR 头盔时代 HTC 或 Valve 等产品性能比 PS VR 更加优秀，但它们主要偏向商用，价格高昂，因此出货量较低。而 PS VR 价格相对较低，且与 PS 4 进行了捆绑营销，年销量在 100 万 ~200 万台。

VR 一体机（代表产品：Oculus Quest 2）：Oculus Quest 2 于 2020 年 9 月推出后迅速成为爆款，持续销售火热。根据 IDC 统计，2021 年 Oculus Quest 2 出货量超过 700 万台，为一大批其他 VR 品牌打下了产品样板。

Oculus Quest 2 是一款充满了妥协艺术的产品，在成本、硬件性能、消费者体验等多方向的平衡下，实现了 VR 产品的基本功能设想。与索尼的 PS VR 等头盔产品相比，我们认为 Oculus Quest 2 成功的原因包括以下几点。第一，降低了用户的进入门槛：尽管会加大设备的重量（电池 / 芯片），但也省去了用户花近 10 000 元购买 PC 主机的成本。第二，去除了与主机相连的连接线，增加了用户的移动空间和使用场景，用户不再需要一个独立的空间并且配备主机，在室内任意闲置空间都可使用。第三，在追踪方式上，摒弃了传统采用的 Outside-in（由外而内）方式，因而不需要外部设立发射接收器，转而采取基于摄像头的 Inside-out（由内而外）方式，实现

6DoF（六个自由度）头、手追踪。第四，当遇到芯片算力不足的情况，Oculus Quest 2 同样支持串流模式，可以作为 PCVR（电脑端的虚拟现实设备）使用，也满足了消费者对于高渲染 3A 大作的需求（见图 3–10）。

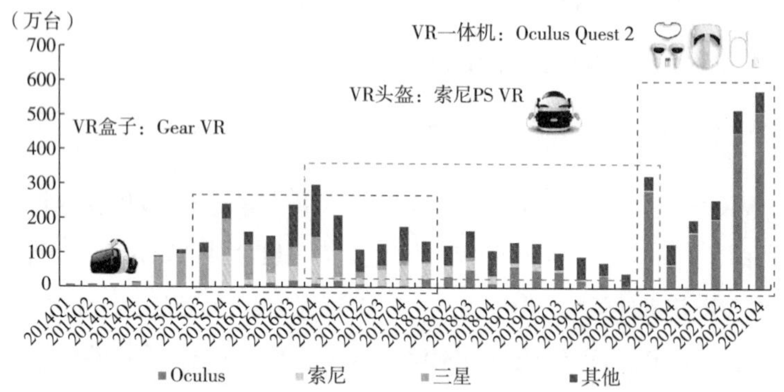

图3–10　VR历史销量：VR盒子、VR头盔、VR一体机持续迭代

资料来源：IDC，华泰研究。

我们看到，应用生态的持续成熟对 VR 硬件也提出了相应的升级要求。目前市场预期，下一代的显示单元的清晰度或将从当前的 4K（分辨率）提升到 8K，重量也将从近 500 克下降到 300 克左右，同时目镜厚度将降至目前的 1/3，也将搭载更多传感器，实现眼动追踪、手势识别等更多交互方式。

其中最重要的产品包括 Meta 将要发布的下一代 VR（Oculus Quest 3）以及苹果的第一代 VR。我们推测，Meta 下一代 VR 产品将于 2022 年底推出，将引入 Pancake 光学模组和更多传感器，以实现产品轻量化，并升级手势识别、眼动跟踪等功能。我们预测，苹果也将在 2022 年底至 2023 年初推出一款高端 VR 方案，这款产品会重新定义 VR 这个产品形态。预计这款产品将配备 Micro-OLED 显示屏、复合菲涅尔透镜 Pancake 方案、全彩影像透视，搭载更多传感器，为消费者带来全新的混合现实体验。

四、AR：产品处于概念期，长期有望取代手机

AR 是促使现实世界和数字世界的内容综合在一起的技术，与 VR 不同的是，AR 能够将真实环境和虚拟物体重叠，在同一个画面以及空间中同时存在。AR 中的关键技术包括跟踪定位技术、虚拟与现实合并技术、显示技术与交互技术。

目前，AR 眼镜也可以分为一体式和分体式，从出货量看当前一体式为主流。

一体式 AR 产品将显示器、传感器、计算、人类理解、环境理解等系统集成在一个头显上，无拖线操控更灵活，提供更便捷的体验，信息传输更高效，但其轻便性相比分体式则相形见绌。根据 IDC，当前 AR 一体机出货量占比达 70%。典型的产品包括微软的 HoloLens 2。HoloLens 2 有着惊艳的深度感知、手势识别、眼球追踪等复合人机交互技术，使其沉浸感大幅提升。HoloLens 2 主要针对企业级办公人群，同时应用场景多样化，可为维修、物流、医疗等领域提供便携式服务。从结构上看，作为头箍式双目一体式 AR 眼镜，它具有良好的固定效果，戴得稳、看得清，但其一体式设计达到了近 600 克，大部分重量集中在额头，无法长期佩戴（见图 3–11）。

图3–11　微软HoloLens 2一体机

资料来源：HoloLens 官网。

分体式 AR 指计算单元或电池等结构与头显分开，如 Nreal 头显支持通过 Type-C 接口与智能手机、PC 连接，允许将智能手机、PC 中的内容无缝传输到眼镜中，用户可以在其中查看内容。由于 AR 眼镜的功能更注重虚实结合，主要是为人们的日常生活提供辅助，因此 AR 眼镜本体的便携性和移动性相比 VR 眼镜有更高要求，目前市面上大部分 AR 眼镜均采用分体式结构，眼镜主体朝轻薄方向发展。同时分体式设计具有迭代更新更容易、续航能力更强、安全性更高和散热能力更好等特点，还可以在 AR 主机计算单元上设置触摸板使用户可以以熟悉的交互方式操作。但分体式 AR 眼镜和计算单元之间的信息传输存在延迟，效率难以保障，同时拖线操控，执法灵活性差，应用场景受限（见图 3–12）。

图3–12 Nreal Air分体式AR

资料来源：Nreal 官网。

AR 销量较小，增速波动明显，仍处于概念期。根据 IDC，当前AR年出货量（不含不需要显示屏的AR眼镜）在20万~30万台，增速波动较大（见图 3–13）。从品牌来看，除爱普生和微软外，其他品牌大多并没有实现 AR 的持续大规模销售，常常在 1~2 个季度的爆发后销声匿迹，在消费端市场上没能出现标杆性的品牌，因此我们认为，AR 作为一款消费电子产品仍然处于概念期。

从长期来看，电子市场对 AR 终端替代手机，实现年 14 亿台的销量充满期望，但我们认为从目前来看实现这个目标时日尚早。

从应用角度看，AR 产品仍未出现杀手级的应用场景。从技术角度看，虽然 OLED+Birdbath 方案已经比较成熟，但因透光性差等，形似墨镜的设计不能支持全环境的使用。而其他微显示系统如 LBS/LCoS/DLP 等搭配光波导的方案仍在探索过程中。

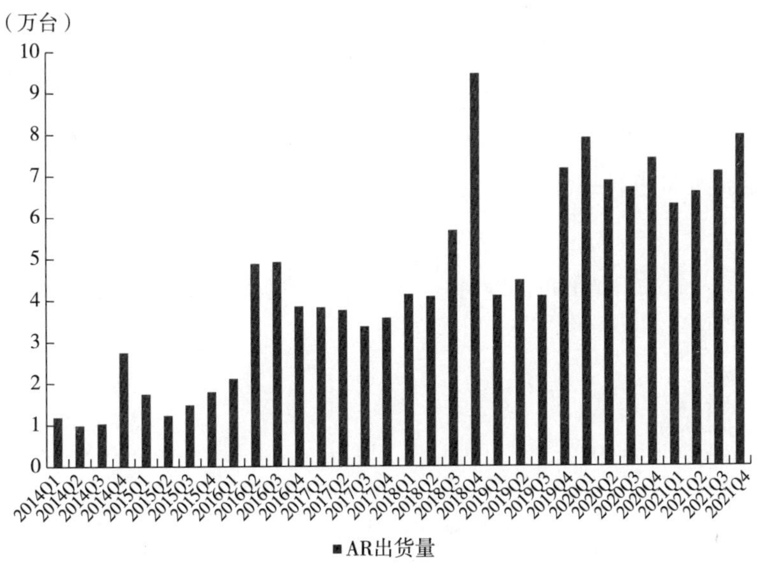

图3-13　AR销量较小，增速波动明显，仍处于概念期

注：不含不需要显示屏的 AR 眼镜。

资料来源：IDC，华泰研究。

五、脑机接口：我们离科幻电影还有多远

对大多数人来说，最早接触脑机接口的概念是在科幻电影中。不管是《X 战警》中博士的意念控物，还是《黑客帝国》中锡安人通过接口与电脑相连，迅速学会各种各样的知识和技能，并进入 Matrix 的数字世界，或是《沙丘》中人们通过脑科学的探索，不断开发大脑潜能，经过训练的领航员的大脑能够媲美大型计算机，这

些情节都让人印象深刻，也是科学家不断探索的方向。

（一）人脑的潜能：一台超级计算机？

人的大脑有接近 860 亿个神经元，每个神经元有 1 万个连接点，掌管人类运动、听觉、语言、嗅觉、记忆、思考、性格、情绪等功能。根据我们估算，如果想要以计算机来模拟人脑的活动需要 172PFLOPS（千万亿次浮点指令 / 秒，对应神威太湖之光超级计算机 93PFLOPS，美国 Summit 超级计算机 122.3PFLOPS），人脑的潜能或能够达到一台超级计算机的运算能力（见图 3–14）。

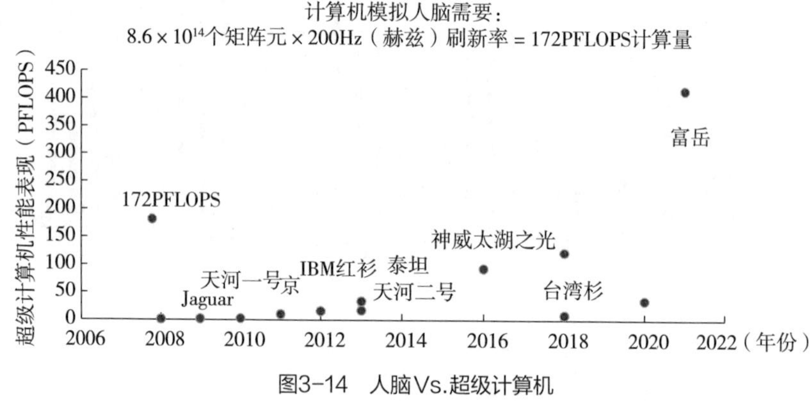

图3–14　人脑Vs.超级计算机

资料来源：各超级计算机官网，华泰研究预测。

脑机接口或支持人脑潜力持续开发。马斯克提出的一个经典论述是“人类不能被 AI 淘汰，要与 AI 融合，在大脑和电脑之间创建一个接口”。随着我们对脑科学的不断认识和在脑机接口技术下对人类肢体限制的不断突破，人脑的潜能或将得到释放。

被称作“脑机接口之父”的尼科莱利斯教授在其《脑机穿越：脑机接口改变人类未来》一书中提出，在脑机接口的帮助下，思想或能转化为有形的动作、印象或情感，人可以用思想操控电脑、驾驶汽车、与他人进行交流，也可以将思想完美地转化为纳米工具的精细化操作，或者是应用了尖端科技的机器人的复杂动作。不用动手输入一个字，也不用开口说一个词，就可以与人进行交流，即使足不出户，也能体验到触摸遥远星球表面的感觉。

（二）脑机接口的定义

脑机接口概念于 1976 年由加利福尼亚大学洛杉矶分校的雅克·J. 维达尔（Jacques J. Vidal）提出。一个完整的脑机接口过程包括脑电信号采集、信号解码处理、信号输出及执行、反馈四个步骤。脑机接口可以通过电、磁、光、声进行信号采集与反馈，而脑电技术是目前主流的探索方向。事实上采集中枢神经信号以监测大脑活动的方法有很多种，包括脑电、功能性近红外光谱技术、功能性磁共振成像等，反馈技术也同样包括电、磁、光、声等。在这些监测技术中，脑电因为时间分辨率高、设备价格低廉且便携等优点，逐渐成为脑机接口研究最主流的探索方向（见图 3–15）。

第一步，脑电信号采集：脑电信号采集是脑机接口的关键步骤，采集效果、信号强弱、稳定性及带宽大小直接决定后续的处理及输出。由于大脑的中枢神经元膜电位的变化会产生锋电位或动作电位，并且神经细胞突触间传递的离子移动会形成场电位，通过在大脑皮质的运动神经位置外接或植入微型电极，可以采集并放大这些神经生理信号。

第二步，信号解码处理：信号解码处理是将转化为电信号的大脑活动去除干扰电波以及其他信号，且将目标分类并处理，转化为可以执行输出的对应信号。

第三步，信号输出及执行：信号输出指将收集并处理后的脑电波信号传输至已连接的设备器材，作为数据基础加工内容，或反馈到终端机器以形成指令，甚至实现直接交互。

第四步，反馈：在信号执行后，设备将产生动作或显示内容，参与者将通过视觉、触觉或听觉感受到第一步产生的脑电波已被执行，并触发反馈信号。

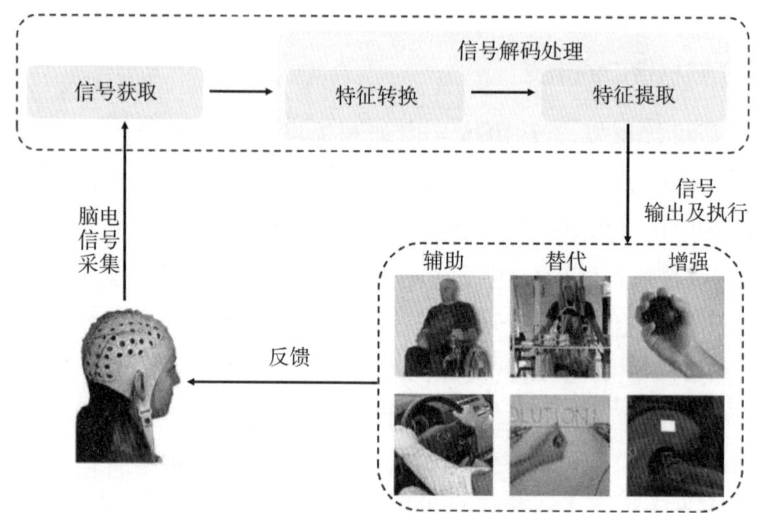

图3-15　脑机接口的实现步骤

资料来源：《经济学人》，华泰研究。

根据脑电信号的采集方式，当前的脑机接口可以分为侵入式和非侵入式（见表 3-2）。

表3-2　脑电型脑机接口按电极分类方式

	电极传感器类型		适用研究对象	设备寿命	连接方式	设备位置
侵入式	微电极阵列	Microwire Array	非人类	18 个月	有线	耦合进骨骼
		Michigan Array	非人类	超过 1 年	有线	耦合进骨骼
		Utah Array	人类	超过 2 年	有线	耦合进骨骼
	Neurotrophic Electrode		人类	超过 4 年	无线	穿刺
	ECoG（皮层脑电图）		人类	几天至几周	有线	皮层脑电

（续表）

	电极传感器类型	适用研究对象	设备寿命	连接方式	设备位置
非侵入式	EEG（脑电图）	人类	不确定	—	头皮以外
	MEG（脑磁图）	人类	不确定	—	头皮以外

资料来源：Brain-computer interfaces for speech communication，Jonathan S. Brumberg, Alfonso Nieto-Castanon, et al.，华泰研究。

非侵入式脑机接口更多地用于消费端的脑电监测。非侵入式是在人或动物的大脑外部佩戴脑机接口设备，通过采集脑电、神经电获取脑部信息，但信息精度及分辨率较低，可用于简单的信号判断与反馈，但较难传达复杂指令，如帮助肢体残障人士通过意念操控机械骨骼，或用于 VR/AR 游戏应用的基础手势控制。非侵入式根据收集信息的不同可以分为 EEG（脑电图）和 MEG（脑磁图）两种。EEG：通过导电凝胶将银或氯化银电极固定在头皮上，以测量头皮脑电信号，但一般只能监测到 0~50 赫兹相对较窄频带中的信息。MEG：通过测量细胞内离子电流引起的小磁场获得信号，但由于高昂的成本和操作方法的烦琐（电磁封锁环境，保持绝对静止），MEG 并不是一个理想的解决方案。

侵入式脑机接口主要应用于医疗康复领域。侵入式将设备直接植入到人或动物的大脑灰质或颅腔内，能够获取相对高频、准确的神经信号，不仅能够通过读取脑电信号来控制外部设备，还能够通过精确的电流刺激让大脑产生特定的感觉。侵入式脑机接口可以分为 ECoG、LFP、SUA 等类型。ECoG：测量大脑皮质电位，与 EEG 技术相似，但能够监测到更大带宽的信息。LFP、SUA：测量大脑皮质场电位与锋电位，可以通过 Microwire Array、Michigan Array、Utah Array、Neurotrophic Electrode 等多种传感器实现。侵入式采取电信号的方法，具有较高的空间分辨率、良好的信噪比和更宽的频带，但目前由于面临着有创操作带来的安全隐患、难以获得长期稳定的记录、需要医护人员长时间连续的观察等问题，因此应用仍局限于医疗康复领域。

（三）脑机接口的应用前景

随着人们对大脑的认知、电极设计和人工智能算法的精进，在脑机接口领域的应用也将持续拓展，并更加精细化发展。当前，脑机接口相关的研发已经在仿生学、医疗诊断与干预、消费电子等多个领域进行持续探索，我们认为，相关产品可能将在未来 20~30 年陆续商业化，支撑起近千亿美元的市场规模。

20 世纪 70 年代到 90 年代末，脑机接口技术经历了从概念期到科学论证期的发展。20 世纪 70 年代到 80 年代，“脑机接口”这一专业术语出现。1977 年雅克 · J. 维达尔开发了基于视觉事件相关电位的脑机接口系统，通过注视同一视觉刺激的不同位置实现了对四种控制指令的选择。1980 年德国学者提出了基于皮质慢电位的脑机接口系统。

20 世纪 80 年代后，少数先驱研发了实时且可执行的脑机接口系统，并定义了至今仍在使用的几种范式。

1988 年法维（L. A. Farewell）和唐钦（E. Donchin）提出了著名且被广泛使用的脑机接口范式 P300 拼写器，表明系统有望帮助严重瘫痪患者与环境进行通信和交互。不久后，研究人员开发出基于感觉运动节律的脑机接口系统，该系统可以控制一维光标向使用者反馈运动节律幅度，从而通过训练实现由想象控制小球向上或向下移动。

1990 年前后，格特 · 普弗舍勒（Gert Pfurtscheller）开发出另一种基于感觉运动节律的脑机接口，用户必须明确地想象左手或右手运动，并通过机器学习将其转化为计算机命令，这定义了基于运动想象的脑机接口。

1992年埃里克·萨特（Erich Sutter）提出了一种高效的基于视觉诱发电位的脑机接口系统，在该系统中设计了8×8拼写器，利用从视觉皮质采集的视觉诱发电位来识别用户眼睛注视的方向，从而确定他选择拼写器中的哪一个符号。肌萎缩侧索硬化症患者可以实现每分钟10个单词的通信速度。

2017年，马斯克在美国加利福尼亚州成立Neuralink公司，这是一家神经科技和脑机接口公司，研究方向为医疗领域的侵入式产品，主要针对痴呆等脑神经疾病的医疗解决方案。2019年7月，马斯克表示已研发出一套侵入式脑机接口方案。Neuralink的侵入式方案能够减小脑部创口，并且大幅增加探测神经元数量，提升脑信号获取带宽。

在2020年8月的发布会上，Neuralink发布设备Link V0.9，解决了降低成本的难题，且具有装卸可逆性，为更多残疾人士恢复日常行动提供了重要突破；同时展示了Neuralink设备的手术机器人，手术全程可通过机器人完成，能够避开血管，不会对大脑内部产生明显创口，具备更高精度工作及降低安装或拆卸的手术成本等重要优势；最后马斯克展示了以猪作为实验对象的成果，设备通过读取实验对象的大脑活动能够精准判断对应动作，这也进一步证明侵入式接口在信号读取和信息传输上具有不可替代的作用（见图3–16）。

Neuralink公司产品的短期应用市场仍将是医疗领域，主要以神经系统疾病治疗及残障人士运动或感官功能恢复为主。马斯克也多次强调，成立公司的初衷就是希望生产出有合理价格的植入方案。从长期来看，超级人类甚至数字永生或是脑机接口的发展方向。

图3-16 代表性脑机接口产品Neuralink 设备 Link V0.9

资料来源：Neuralink 官网，华泰研究。

21 世纪以来，脑机接口技术高速成长，新范式、新算法、新设备层出不穷，早期范式性能明显提高。新型脑机接口实验范式相继涌现，如听觉脑机接口、语言脑机接口、情感脑机接口以及混合脑机接口。先进的脑电信号处理和机器学习算法被应用于脑机接口，如共空间模式算法、xDAWN 算法等。新型的脑信号获取方法，如功能性磁共振成像测量的血氧水平依赖信号以及功能性近红外光谱测量的皮层组织血红蛋白浓度等，被用于构建非侵入式脑机接口。除此之外，早期开发的基于 P300 拼写器和视觉诱发电位的脑机接口性能得到了明显提高，并在初步临床试验中证明适用于肌萎缩侧索硬化症、脑卒中以及脊髓损伤患者。

近十年来，脑机接口的研究范围和规模持续扩大。从规模上看，2018 年第七届国际脑机接口会议聚集了 221 个研究团队。从技术普及方面看，消费级脑电传感器和脑机接口系统问世并进入市场，免费开源的脑机接口软件也不断更新，脑电信号处理算法的性能显著提高，同时提出了脑机接口人因工程，从用户层面（用户体验、心理状态、用户训练）提高脑机接口的满意度和实用性。目前脑机接口应用已经超过临床医学领域，拓展应用到情绪识别、虚拟现实和游戏等非医学领域，被动脑机接口、协同脑机接口、互适应性脑机接口、认知脑机接口、多人脑－脑接口等众多范式涌现（见图 3-17）。

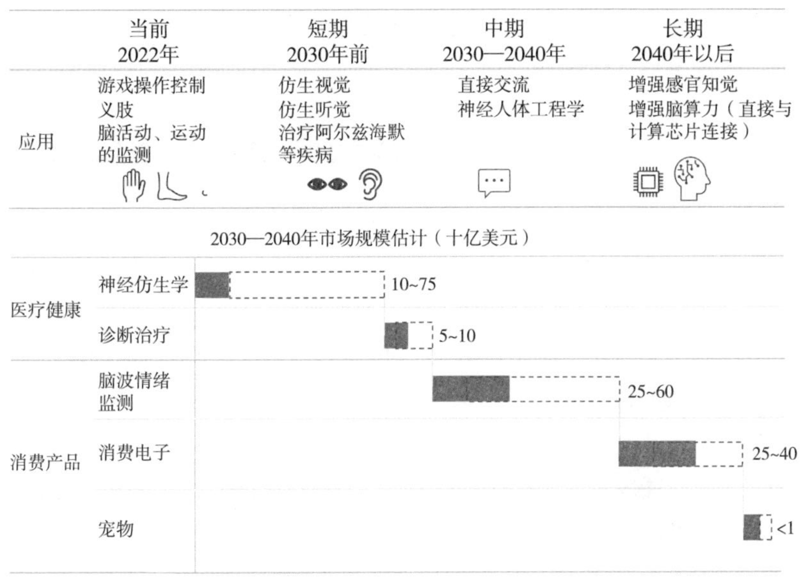

当前
2022年
短期
2030年前
中期
2030—2040年
长期
2040年以后
应用
游戏操作控制
义肢
脑活动、运动的监测
仿生视觉
仿生听觉
治疗阿尔兹海默等疾病
直接交流
神经人体工程学
增强感官知觉
增强脑算力（直接与计算芯片连接）
2030—2040年市场规模估计（十亿美元）
医疗健康
神经仿生学
10~75
诊断治疗
5~10
消费产品
脑波情绪监测
25~60
消费电子
25~40
宠物
<1

图3-17　脑机接口的应用前景

资料来源：麦肯锡发布的《生物革命：创新改变了经济、社会和人们的生活》（The Bio revolution: Innovations transforming economies, societies, and our lives），华泰研究。

六、微显示和传感器：AR/VR 的核心器件

（一）微显示

显示面板是由玻璃、硅、柔性材质基板以及发光材料等构成的、通过显示图像来满足人们视觉需求的显示器。显示面板按尺寸可以分为大尺寸、小尺寸和微显示。大尺寸显示面板主要应用于电视（37%）、笔记本电脑（25%）、桌面显示器（20%）等；小尺寸显示面板主要应用于智能手机（68%）、平板电脑（20%）等；微显示面板目前主要应用于军事、VR/AR 等领域。最初的主流显示技术为 CRT，是一种使用阴极射线管的显示技术，目前已退出市场。当前主流的显示技术包括 LCD 和 OLED，新型显示技术包括

硅基 OLED、Mini LED（次毫米发光二极管）和 Micro LED（微发光二极管），见图 3-18。

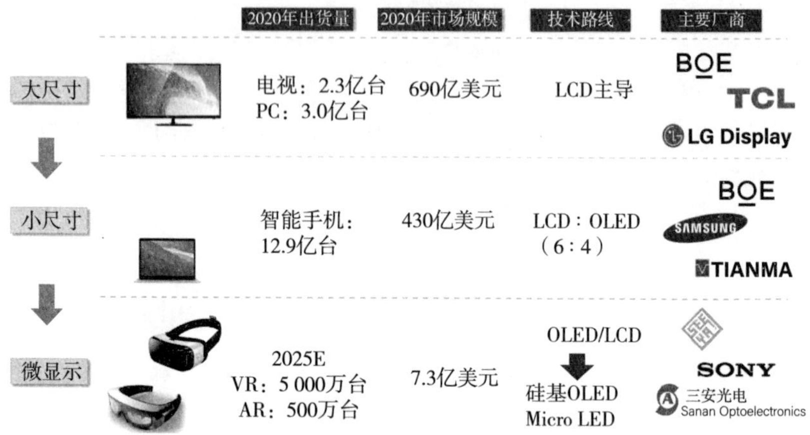

图3-18　全球显示行业演变、技术路线、市场规模及主要厂商

资料来源：IDC，Omdia，QY Research（全球市场研究报告和咨询服务出版商），IHS（全球商业资讯供应商），华泰研究。

LCD 技术是一种被动显示技术，须由背光模组来提供光源。在电场的作用下，利用液晶分子的排列方向发生变化，使外光源透光率改变，再通过红、绿、蓝三基色滤光膜，完成彩色显示。21 世纪 LCD 逐渐取代 CRT 成为显示市场的主导技术。LCD 较 CRT 在成像质量和体积等方面存在明显优势。从下游需求来看，根据 Omdia（一家全球性的科技研究机构）的数据，LCD 目前仍然是电视（67%）、桌面显示器（13%）、笔记本电脑（5%）、商用液晶显示器（3%）、车载显示屏（1%）等大尺寸领域的主流显示技术，同时也用在智能手机（7%）等小尺寸领域。搭载 LCD 显示面板的电视出货量占比超过 98%，搭载 LCD 显示面板的智能手机出货量占比约为 60%。但由于 LCD 一定需要背光源，所以其轻薄化存在一定的瓶颈。

OLED是自发光技术，显示原理为有机半导体材料和发光材料在电场驱动下，通过载流子注入和复合而发出可见光。OLED显示技术画质较高，具有高亮度、高对比度、宽色域等特点。除此之外，基于自发光、无需使用背光源的特性，使得其无视角限制，显示视角可达160度以上，并且模组整体厚度较小；基于有机材料层天然具有柔性的特性，可实现弯曲和折叠；低温特性良好。三星于2010年发布第一款搭载OLED屏幕的手机，苹果在iPhone X（第十代苹果手机）首次采用OLED屏幕后沿用至今。根据Omdia的数据，按照出货面积来看，OLED显示面板的主要用途包括手机（58%）、电视（35%）、平板电脑（5%）、可穿戴设备（1%）等。搭载OLED显示面板的智能手机出货量占比约为40%。

硅基OLED：有别于传统显示技术，硅基OLED是结合集成电路工艺和OLED技术，以单晶硅作为有源驱动背板而制作的主动式有机发光二极管显示器件。硅基OLED显示技术被广泛应用于头盔、瞄准工具等国防军事领域，目前由于其尺寸小、便携性高、响应速度快等特点，商用方面在AR/VR等需要微型尺寸（小于1寸）和高分辨率（4K、8K）的场景得到应用。硅基OLED市场未来有望随着VR/AR的快速放量实现高速成长。

Mini LED/Micro LED：二者原理均是以大量的微型LED形成LED矩阵实现高质量显示效果。二者主要区别在于LED芯片的尺寸大小。Mini LED是指尺寸为100微米级别的LED器件，是小间距LED向Micro LED发展的过渡阶段产品。目前Mini LED技术已进入前期量产阶段，主要分为Mini LED显示和Mini LED背光，主要应用在超大显示屏和电视领域。Micro LED则将晶粒尺寸进一步缩小至10微米级别，无需背光模组，具有发光效率高、功耗低、高分辨率、高亮度、高对比度等性能特点，被誉为“终极显示技术”。可应用于电视、VR/AR 等领域。但 Micro LED 目前仍存在包括巨量转移、背板、驱动、芯片、检测及维修等尚未攻克的技术难点，且成本较高，因此尚未规模量产。

（二）传感器

传感用半导体器件的主要作用是为现实世界转换到数字世界提供数据。根据 Omdia 统计，2021 年全球传感及执行类半导体市场规模达 105.7 亿美元，主要包括 CIS（光学传感器）、声学和马达等。

随着人机交互由 2D（二维）走向 3D，交互方式逐渐多样化并向人类本能发展。手势交互、姿势交互、眼动交互、语音交互，甚至结合生物信号、周围环境交互的方式对更多种类的信息提出了要求，用户运动类、生物类信息以及其他环境信息都将为人机交互提供底层支持。

大量信息需求为运动类、生物类、环境类各型传感器提供了增量机会。当前苹果手机、手表广泛运用多种运动型、生物型传感器。与之对比，VR 爆款产品 Oculus Quest 2 头显仅搭载了 4 个黑白摄像头，手柄配备了两组陀螺仪和加速度计传感器。未来，为实现更深度沉浸和更便捷的交互，测距摄像头、眼动追踪摄像头、精细化压力传感器，甚至生物型、环境型传感器，都将逐渐配备。

我们认为，元宇宙相关应用主要为传感器带来以下四方面的增量机会。

第一，追踪模式升级，摄像头种类、数量持续提升。当前主流 VR 设计大都搭载了 4 个黑白摄像头用于追踪头手 6DoF 移动。未来，为实现眼动追踪和全彩混合现实功能，眼动追踪摄像头、全彩摄像头、ToF（飞行时间）摄像头等都将可能在头显上搭载。下一代 Meta 头显产品及苹果第一代 MR 产品的摄像头搭载数量都有望大幅增加。

第二，3D 重建、全身动作捕捉带来更多传感器应用需求。为了在数字世界中精确地重构现实空间与物品，iToF（间接光飞行时间）、双目、dToF（直接测量飞行时间）、LiDAR（激光雷达）、工业三维测量技术等 3D 感知视觉技术的应用空间广阔。同时，各类全身动作捕捉技术也都需要传感器的支持。比如读取神经肌肉信号和运动惯性信号的动作捕捉装置，需要肌电图传感器、MMG（机械肌图）传感器、SMG（声肌图）传感器以及加速计、陀螺仪、磁强计、振动传感器配合工作；而红外追踪等装置也需要红外光、无线电磁发射和接收器的支持。

第三，视觉、听觉、触觉、温觉多重沉浸为传感器打开了想象空间。为了提供更具有临场感的沉浸式体验，视觉、听觉、触觉、温觉等对传感器提出了不同要求。比如沉浸声场要求音频跟随着场景变化和人的运动进行切换，精细化触觉手套要求能够读取人的手部动作与压力，并根据虚拟场景进行反馈。每一类沉浸式模拟都为传感器和对应的执行器打开了想象空间，也提出了全新要求。

第四，“元宇宙 + 健康”为生物型传感器带来了机会。Meta 等公司在游戏、社交、办公之外，同样为消费者规划了与“健康 + 健身”相关的应用。参考苹果手表，为实现血氧、心率甚至血糖的非侵入式测量，需要搭载各类 LED、晶体电极、光电二极管传感器。我们认为，未来随着“健康 + 健身”类应用的发展和人们各类生物信息如血压、心率、体温在内容加工中的应用，生物型传感器将迎来成长机会。

（三）VR 显示：Fast-LCD 是目前主流，硅基 OLED 有望在苹果 MR 实现商用

VR 显示系统（见图 3–19）主要包括光学透镜及近眼显示屏，

其光学原理是让左右眼屏幕分别显示左右眼的图像，人眼获取这种带有差异的信息后在脑海中产生立体感。光学透镜的作用是把近距离的图像放大成一个虚像，从而产生类似于远方的效果，利用此效果将近处物体放大至远处观赏。人眼有一定的观看范围，过近或过远都无法看清，因此 VR 显示需借助凸透镜折射光线，将距离眼睛仅 3~4 厘米的屏幕图像形成一个更大更远的虚像，使得虚拟图像处于人眼的有效观看范围内。光学透镜的另一个作用是放大图像形成巨幅画面，从而带来沉浸感。当戴上 VR 眼镜之后，外界画面被隔绝，用户只能看到巨幅的模拟影像，会产生置身于另一个世界的错觉。

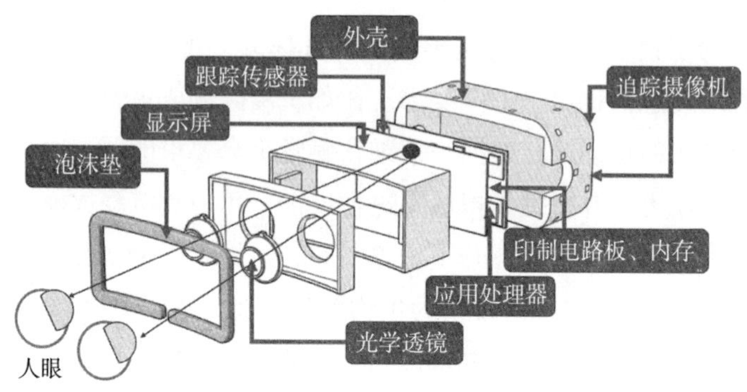

图3-19　VR显示系统

资料来源：Oculus 官网，华泰研究。

在 VR 光学显示屏层面，早期由于没有 VR 专用的显示方案，OLED 脱颖而出。2016 年推出的 Oculus Rift 和 HTC Vive 均采用了双 AMOLED（有源矩阵有机发光二极体）方案，OLED 为自发光原理，其响应速度较快，可有效减少画面延迟，同时对比度优异，但缺点在于分辨率不足而造成“纱窗效应”，同时成本较高。2020 年 Oculus Quest 2 推出，采用单块 Fast-LCD 方案替代上一代

Oculus Quest 的 OLED 方案，明显改善了分辨率不足的问题，同时具备低成本的优势，响应时间上也基本能满足市场需求，目前已成为 VR 主流显示技术（见图 3–20）。

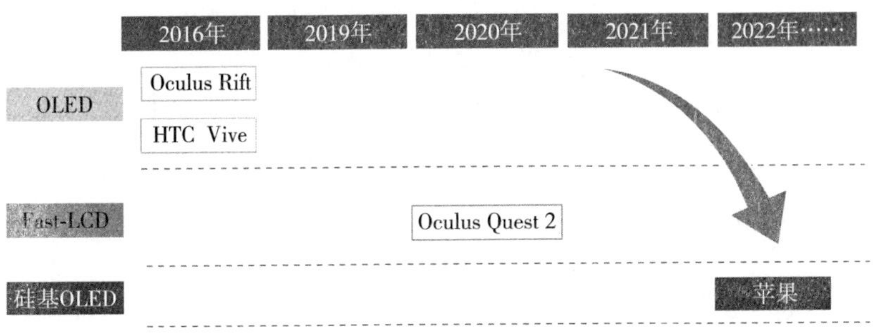

图3–20 VR近眼显示技术路径

资料来源：苹果，脸书，宏达国际电子，华泰研究。

目前，Fast-LCD 技术仍有痛点，从中短期来看硅基 OLED 有望逐步成为主流显示技术。Fast-LCD 作为被动显示技术，痛点在于重量和体积较大，并且在对比度、视角、功耗、响应速度等方面仍存在不足，无法完全满足现有 VR 需求。硅基 OLED 采用成熟集成电路 CMOS（互补金属氧化物半导体）工艺，并结合了 OLED 技术的优点，相比于 Fast-LCD 具有以下优势：轻薄；高分辨率（4K、8K）；高对比度（100 000：1）；低功耗；工作温度范围宽（–50~70 摄氏度）；响应速度快等。我们预计，硅基 OLED 有望在苹果 MR 实现商用，从中短期来看硅基 OLED 渗透率将会提升，有望取代 LCD 成为 VR 主流显示技术。eMagin 公司预计 2025 年采用硅基 OLED 方案的 VR/AR 设备出货量占比将超过 40%（见图 3–21）。

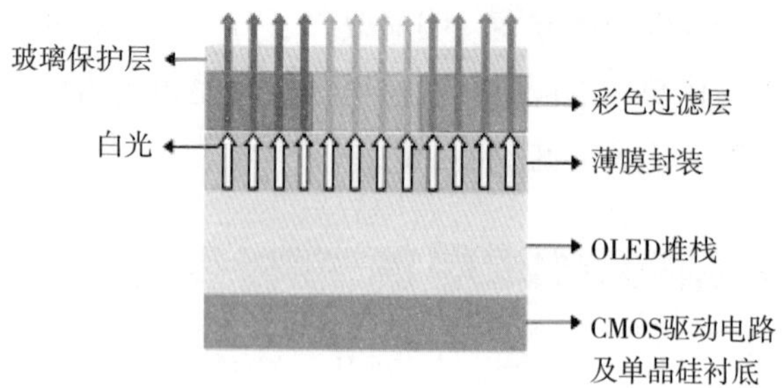

图3-21　硅基OLED工作原理

资料来源：IEEE（电气电子工程师学会）。

按照1寸大小的硅基OLED计算，一片12寸晶圆约可切割100片硅基OLED，若一副VR眼镜采用双硅基OLED屏幕的方案，5 000万台VR销量将消耗10万片/月的12寸晶圆产能。根据中芯国际2021年的半年报，截至2021年上半年，等效12寸产能约为24.96万片/月。由此可见，若VR/AR快速放量，且硅基OLED逐步成为其主流显示技术，则将大幅推高全球硅片用量（见图3-22）。

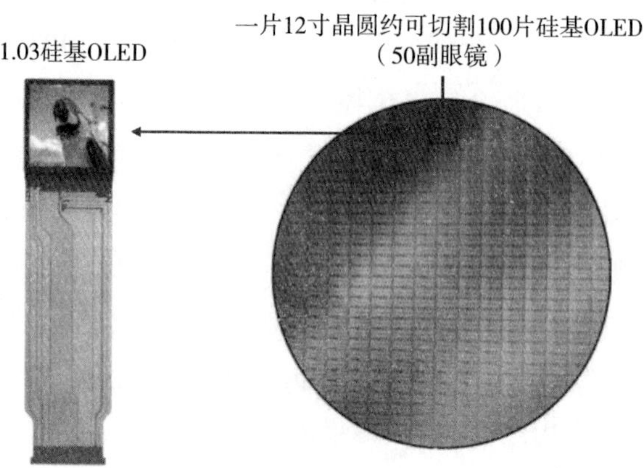

图3-22　硅基OLED原理及实物图

资料来源：合肥视涯官网。

（四）AR 显示：多种技术处于研发阶段，Micro LED 被寄予厚望

AR 显示系统（见图 3–23）较 VR 更加复杂，技术路线众多。AR 显示系统主要涉及微显示屏、光机、透镜组及镜片等器件，微显示屏作为图像源器件，由其产生图像后投射到分光棱镜后通过 Prism、Free-space、Birdbath、光波导等光学显示器件，再经反射进入人眼，镜片同时也透过自然光使人眼能看到真实世界，从而为用户展现虚拟影像与真实世界相结合的场景。

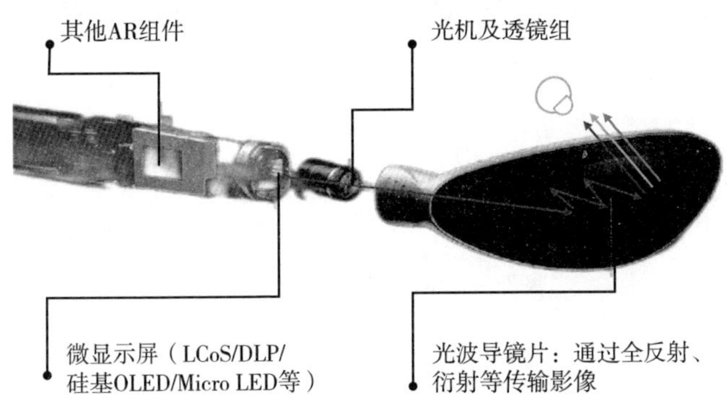

图3–23　AR显示系统

资料来源：OPPO 官网，华泰研究。

目前我们认为，Micro LED 将是 AR 显示的最佳解决方案，2021 年 OPPO、Vuzix 等公司相继推出 Micro LED 的 AR 显示解决方案（见图 3–24）。

Micro LED 是一种基于微型发光二极管的新型自发光显示技术（见图 3–25）。Micro LED 较现有技术具有超高亮度、超高对比度、低功耗、自发光、工作温度范围宽、结构简单、寿命长、响应速度极快（纳秒级别）、能够在超小尺寸下实现超高分辨率、设计结

构简洁等特点，使得其成为AR/VR设备未来的最优屏幕选择。但是，Micro LED由于其晶粒尺寸在微米级，即生产单个成品需处理数百万甚至数千万晶粒，对技术的效率和良率提出了极为严苛的要求，且制造完成后需将微米级的晶粒转移到驱动电路基底（巨量转移），现有技术水平还无法满足其量产需求。此外，Micro LED还存在全彩化等技术问题尚未解决。由于技术难题及成本原因，现有搭载Micro LED屏幕的产品价格高昂，2020年三星推出的4K的110寸Micro LED电视报价达1.7亿韩元（约合102.5万元人民币）。

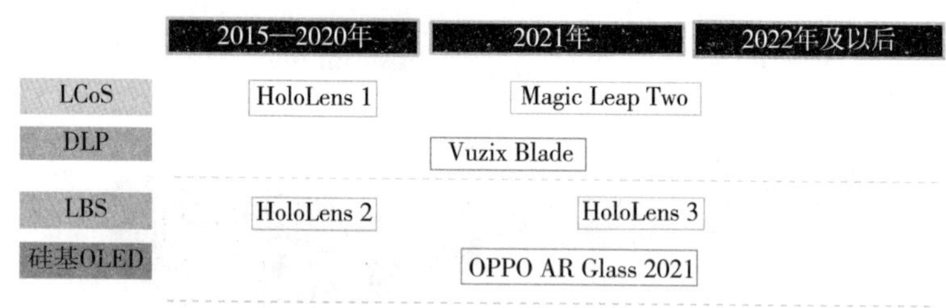

图3-24　AR近眼显示技术路径

资料来源：OPPO，微软，Vuzix，Magic Leap，华泰研究。

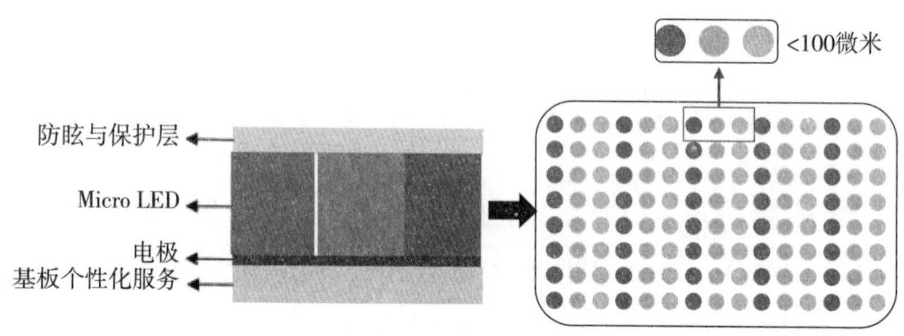

图3-25　Micro LED工作原理

资料来源：集邦咨询。

第二节 人工智能和算力网络

“人工智能”概念最早是由几个科学家在1956年的达特茅斯会议上提出来的，他们梦想着利用当时刚刚出现的计算机来构造与人类拥有相同智慧、同样本质特性的机器人。自此之后，人工智能的概念就在科学界流传开来，并在科学实验室中开始孵化。在之后的几十年里，人们对于人工智能的讨论越发热烈，有人认为人工智能是人类文明中耀眼的未来语言，也有人认为人工智能只是技术狂热分子的瞎想，应该扔到垃圾堆里。直到2012年之前，这种讨论一直没有停止过。2012年以后，得益于数据量的上涨、运算力的提升和机器学习新算法（深度学习）的出现，人工智能开始大调整（见图3-26）。人工智能的研究领域也在不断扩大，包括专家系统、机器学习、进化计算、模糊逻辑、计算机视觉、自然语言处理、推荐系统等。

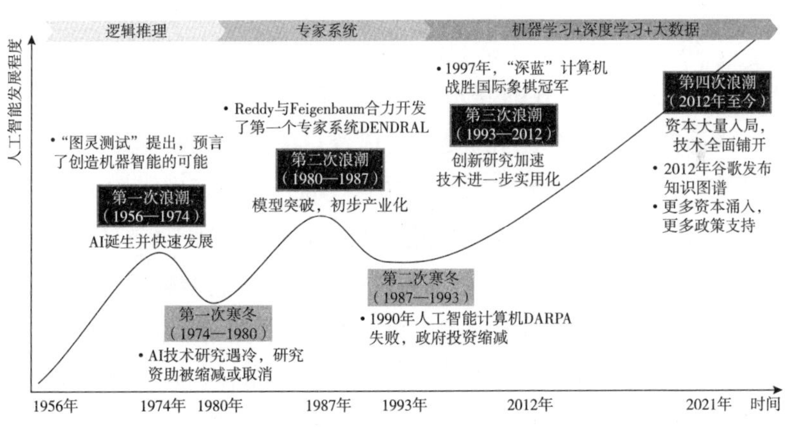

图3-26 人工智能发展的四次浪潮

资料来源：清华大学人工智能研究院，华泰研究。

人工智能的发展主要由三大要素驱动：数据、算力和算法（见图 3–27）。

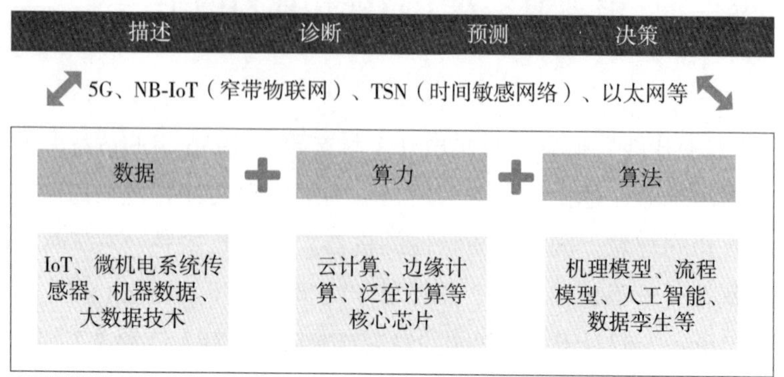

图3–27 人工智能与数据、算力和算法

资料来源：阿里巴巴《从连接到赋能："智能+"助力中国经济高质量发展》，华泰研究。

一、数据

数据是 AI 进行训练的基础条件，如同一桌饭菜的基本食材，生活中语音、文本、影像等都是数据产生的来源。据估算，每人每天产生 8G（十亿字节）的数据量，而一个城市产生的数据量相当于 1 000 多亿个 32GB 的 iPad（平板电脑）。

人工智能在文本、图像处理、语音、视频等领域不断突破，需要训练的模型规模不断扩大。2020 年 OpenAI 公司以 1 750 亿参数的 GPT-3（磁盘分区表格式）直接将参数规模刷到千亿级别，而微软和英伟达在 2021 年 11 月联手发布了 5 300 亿参数的 Megatron-Turing NLG，自然语言生成模型再次突破极限，模型进化速度不断加快，成为元宇宙的主要支撑。根据 2021 年英伟达 GTC 大会数据，相较于摩尔定律平均两年的 2 倍增长，训练模型算力已经达到平均两年增长 275 倍（见图 3–28）。

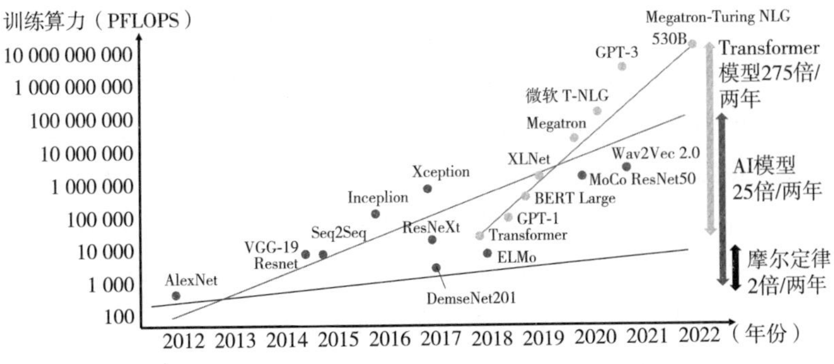

图3-28　AI训练模型算力增速超越摩尔定律

资料来源：英伟达 2021GTC 大会，华泰研究。

元宇宙中更加丰富的数据也将给 AI 提供更好的训练基础。元宇宙的出现主要得益于互联网技术的快速发展，人们可以构建一个“数字空间”，并能够在里面完成特定的活动。之所以将元宇宙看成“数字空间”，主要还是源于它数据化的本质。在我们看来，元宇宙的数据化主要体现在三个方面：主体的数据化、场景的数据化以及行为的数据化。

一是主体的数据化：在元宇宙中，人们的主体将以数字化的形象展现，通过这个数字化形象去开展所有的活动。在我们看来，元宇宙中的数字形象集合了现实生活与互联网时代的诸多优势。与现实生活相比，人们在元宇宙中可以通过数字捏脸来改变自己的外在形象，而不是像现实生活中那样“一成不变”。与互联网时代相比，虽然人们在元宇宙与互联网上都可以定制数字化形象，但是元宇宙可以提供更强的沉浸感体验。随着个体生命特征以及行为特征的数据化，未来元宇宙中的数字化形象或将更加逼近于现实生活中的真实人类。

二是场景的数据化：元宇宙作为一个“数字空间”，人们在里面的活动都需要基于各种场景，比如工作场景、生活场景以及娱乐场景等。这就需要技术人员通过数据收集、数据处理以及数据建模来构建元宇宙中的各种场景。其实在移动互联网时代，技术人员就做了大量场景数字化的探索，并且取得了不错的进展。比如在大型开放世界游戏《原神》里面，技术人员实地考察了我国桂林地区的山水风貌，并通过后期的数据建模在游戏里真实地还原了当地的原始山水风貌。这些场景的数字化也将给人们在元宇宙中提供更逼近现实生活的体验感。更进一步，由于元宇宙是从数字孪生上升到虚拟原生，并最终达到虚实融生的状态，现实世界和数字世界需要相互映射连接，所产生的数据量将呈现爆炸式增长。

三是行为的数据化：在我们看来，移动互联网的发展加速了个体行为数据化的进程，这些数据主要包括人们日常生活中的社交、工作、娱乐以及购物等各个方面的信息。比如，人们在移动平台的聊天记录、日常工作中的工作文档、网络游戏里的战绩以及网购平台下单历史记录等信息都被以数据的形式存储下来。这些信息的捕捉及记录也都需要依赖不同硬件设备，比如笔记本、手机和平板电脑等，这也在一定程度上限制了能够收集到的数据类型。而在元宇宙数字化的场景中，除了以上信息，个体的行为也会被更加全面地以数据的形式记录下来，比如人们在元宇宙里的一颦一笑甚至都可以记录成数据。此外，在元宇宙世界里，由于需要利用 AI 自动化生产内容或进行内容增强，小到一些随机物体的摆放，大到全自动生产场景、建筑、地图等，其背后的逻辑都是依赖数据化。

二、算力

有了数据后，需要对数据进行处理。处理数据需要算力作为支撑，因此算力是支撑人工智能发展的重要支柱之一。随着算法模型的参数量指数级增加，以加速计算为核心的算力中心规模也在不断扩大。

算力的载体是计算芯片。根据 IDC 统计，计算芯片的全球市场需求超过 400 亿美元，主要架构包括 GPU、FPGA（现场可编程门阵列）、ASIC（专用集成电路）等。随着 AI 算力需求的提升，数据中心算力呈现多样化趋势，主要用于 AI 计算的 GPU 和 ASIC 占比不断提升。计算芯片市场（见图 3–29）目前被英伟达、超威半导体、英特尔等全球龙头垄断。而中国也出现了大量创业公司致力于 AI 芯片设计。这些企业通过和客户合作克服了英伟达的软件壁垒，长期有望在快速扩大的 AI 芯片市场取得一定份额。

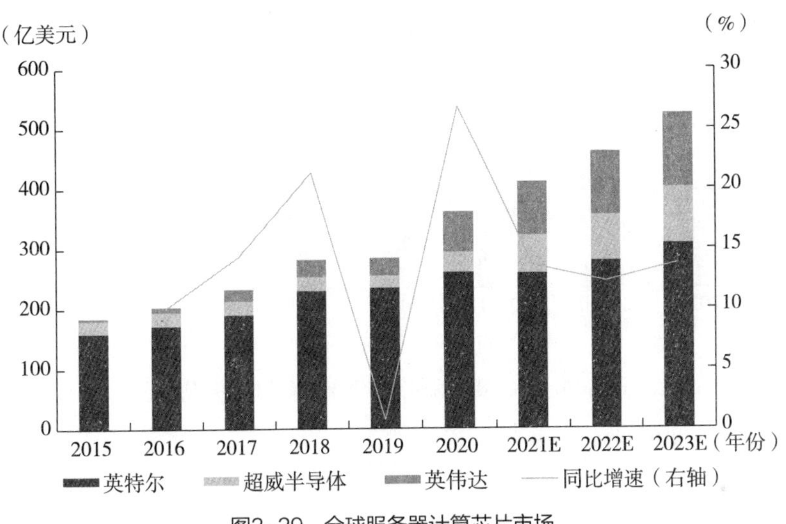

图3–29　全球服务器计算芯片市场

资料来源：超威半导体财报，英伟达财报，英特尔财报，华泰研究。

计算芯片的功能主要可以分为训练与推理两大类。训练是指借助已有的大量数据样本进行学习，获得诸如更准确的识别和分类等能力的过程，对计算的精度要求较高，直接影响推断的准确度。训练芯片应具有强大的单芯片计算能力，目前 GPU 芯片在训练负载中依然具有绝对优势，同时高算力、低能耗且适应各类复杂环境的芯片有望受到更多的关注。

推理过程是使用已经训练完成的模型为新数据完成如分类、识别等特定任务，因此不需要庞大的运算量，一般为了尽快得到推理结果允许以较低的精度运算。根据 IDC 数据，2020 年数据中心用于推理的芯片的市场份额已经超过 50%，预计到 2025 年用于推理的芯片的市场份额将提升到 60.80%（见图 3–30）。

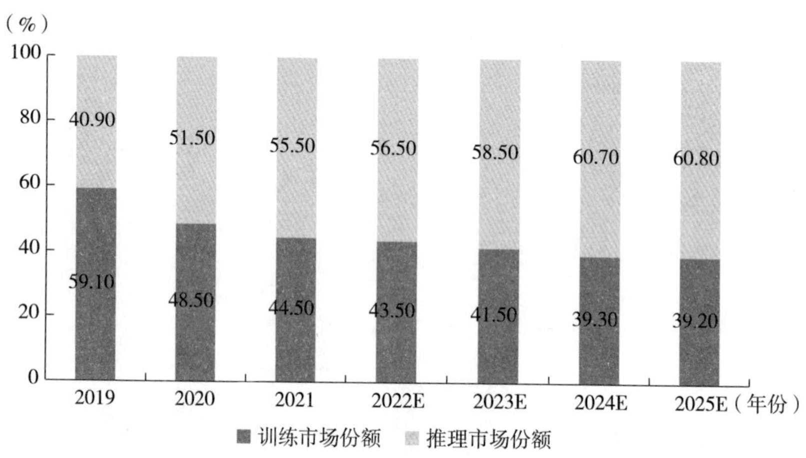

图3–30　人工智能服务器推理和训练工作负载预测

资料来源：IDC 预测，华泰研究。

三、算法

算法是 AI 的推动力量，主要经历了从浅层的神经网络到复杂的机器学习网络的发展过程。从技术角度出发，人工智能市场划分为图像处理、计算机视觉、语音识别与自然语言处理等领域。这些领域主要由四类人工智能模型支持，即感知智能、决策智能、智能内容生成及智能内容增强。未来，随着无监督学习、迁移学习、小样本学习等技术的成熟，AI 能力有望进一步增强，人工智能有可能在未来十年从感知智能走向认知智能（见图 3-31）。

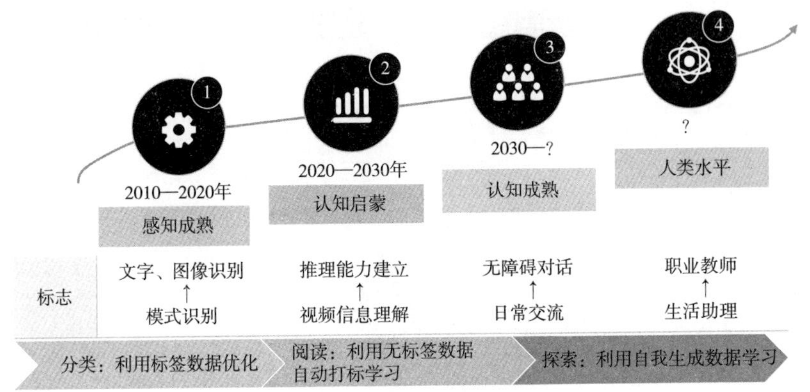

图3-31　AI的发展历程

资料来源：中智科博产业研究院，华泰研究。

人工智能算法在元宇宙有广阔的运用场景，对元宇宙的决策和效率都起着关键性的作用，隐藏在元宇宙世界背后的算法从我们读报、购物、运动、社交等生活行为中提取数据，又通过复杂的逻辑运算反馈优化结果，从而影响个人和社会的行为和选择。它会从最简单的人机翻译、图像识别等感知智能技术，演进到自然语言处理、情感分析等认知智能阶段。

而长期来看，在算法的不断迭代下，人工智能将逐步演化为能够部分替代人类能力的强人工智能，甚至演化出具有自我意识和创造能力的独立的数字人（或者超级人工智能），在元宇宙中体现为虚拟对象的智能化和交互方式的智能化。这样的数字人，一方面能够从多方面满足人类的情感需求，比如给予人类陪伴或者舒缓现实世界的社交压力等；另一方面能够在多方面替代人类成为新的生产力，比如生产制造、科研以及艺术创造等。但什么是这些数字人的权利与义务，人类本尊和他的数字克隆之间如何相处，这些伦理问题都值得深思（见图 3–32）。

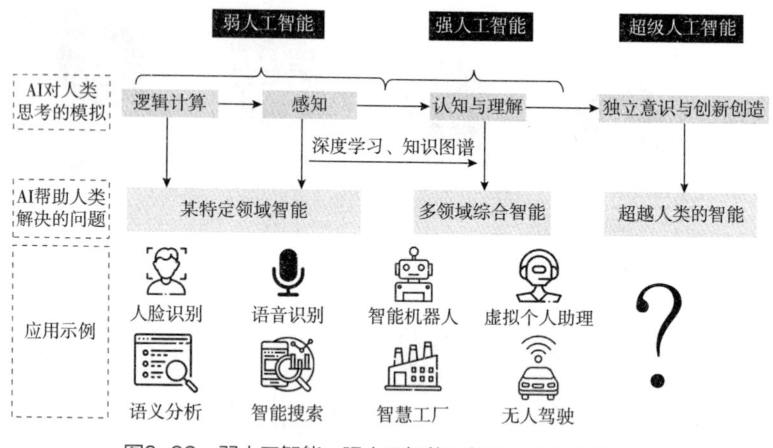

图3–32　弱人工智能、强人工智能和超级人工智能的对比

资料来源：中智科博产业研究院，华泰研究。

四、场景

目前，人工智能技术已经被广泛地应用于各行各业的生产环节中，覆盖了设计、生产、管理、营销等多个经济生产活动。人工智能在各场景下的应用逐渐沉淀，叠加新技术的出现，人工智能应用已从消费、互联网等泛 C 端领域，向制造、能源、电力等传统行业辐射（见图 3–33）。

机器视觉由于接收数据量大利于模型训练，因此是 AI 最先落地的场景。与此同时，我们也看到以机器视觉应用为突破口，AI 技术正不断赋能百业，AI 应用场景正在从机器视觉以外的金融、制造、交通、互联网传媒等行业加速实现商业化，智能音箱、车流分析、智慧业务办理、物流机器人等应用逐渐成熟，自然语言的突破使人工智能可以在金融、政务等领域实现部分人工替代，协助完成智能客服、文本审核、翻译等工作。在新冠肺炎疫情下，医疗影像诊断、药物发现等领域的AI应用有望持续加速（见图3-34）。

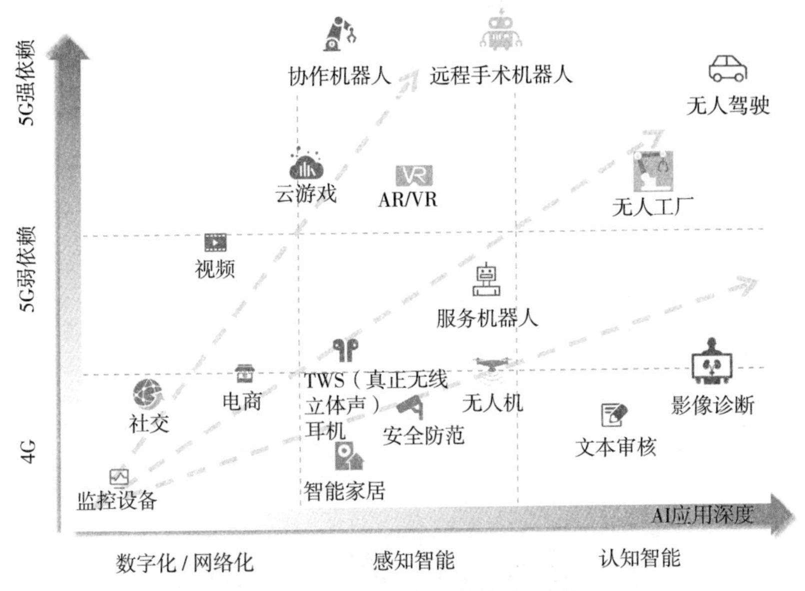

图3-33　可能的AI通用智能发展路径

资料来源：IBM，华泰研究。

此外，元宇宙也是人工智能落地的重要场景，人工智能作为元宇宙建设的基础技术之一，支撑着数字世界和现实世界之间的联系。从狭义来看，元宇宙的建立需要对现实生活的内容进行3D复制。传统3D制作流程都需要经历基础建模、材质贴图、灯光渲染等步骤，且日渐复杂。从广义来看，元宇宙的建设帮助全行业数字化，大量依赖人工的服务可在元宇宙实现数字化落地。具体来看，元宇宙在高性能计算方面的机会主要包括两个方向（见图3-35）。

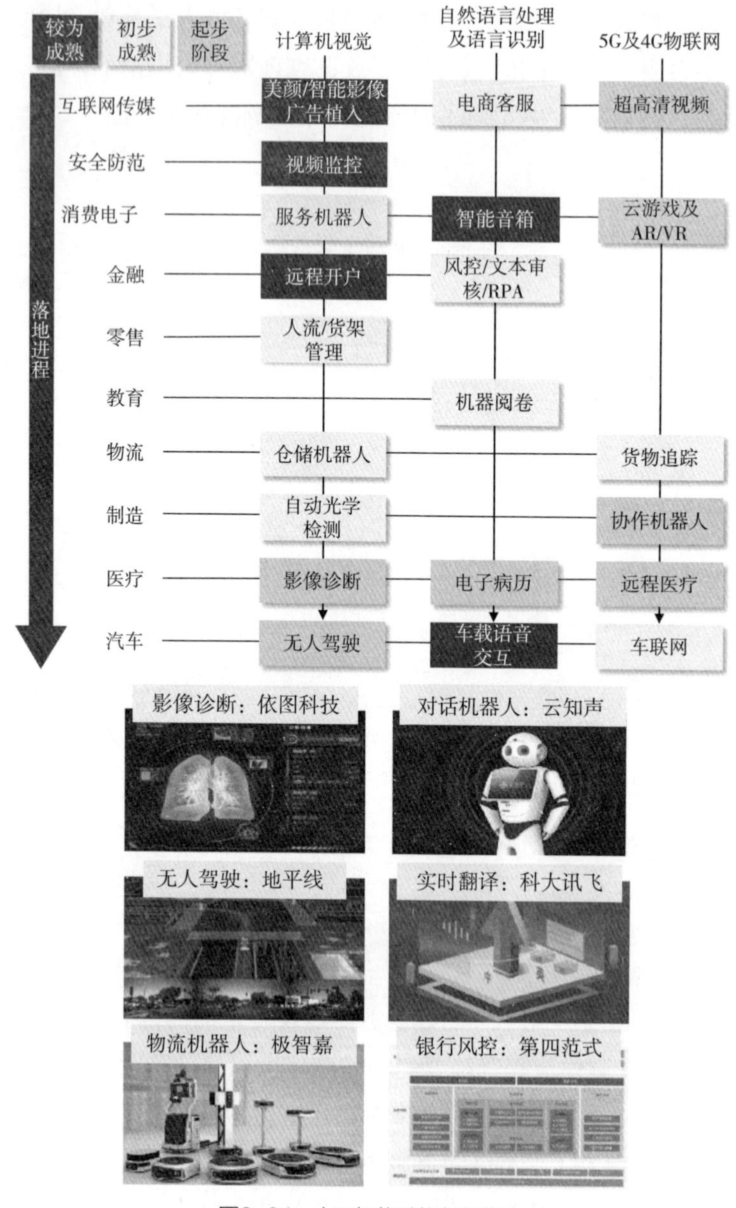

图3-34　人工智能赋能各行各业

资料来源：华泰研究。

图3-35 元宇宙对高性能计算的要求

资料来源：英伟达，华泰研究。

第一，人工智能相关的训练和推理计算：深度学习和机器视觉技术发展程度相对较高，而自然语言处理技术仍在提升阶段，未来在人机交互、语音语义方向的应用将逐步走向成熟，对应 AI 芯片和应用场景落地的需求也会提升。

第二，图像渲染等计算机视觉：相较于传统场景，元宇宙更注重三维立体效果，需要应用三维建模、图形渲染等通用技术，随着所需 GPU 算力的提升，类似云游戏的云端渲染可快速突破硬件限制。

以游戏为例，根据 Newzoo 统计，2021 年全球移动端游戏用户为 28 亿，是 PC 端游戏用户人数的两倍左右。随着游戏向重度游戏发展，对于硬件设备的性能要求越发提高，硬件配置成为玩家获得优质游戏体验的一大门槛。以苹果 iPhone 系列手机为例，手机芯片搭载的算力从 iPhone 4 的 3GFLOPS（每秒 10 亿次的浮点运算数）提升至 iPhone 13 的 1 224GFLOPS，10 年间提高了 400 多倍。同一时期，PC 显卡的算力也在快速提升，依然保持 40 倍左右的差距（见图 3-36）。

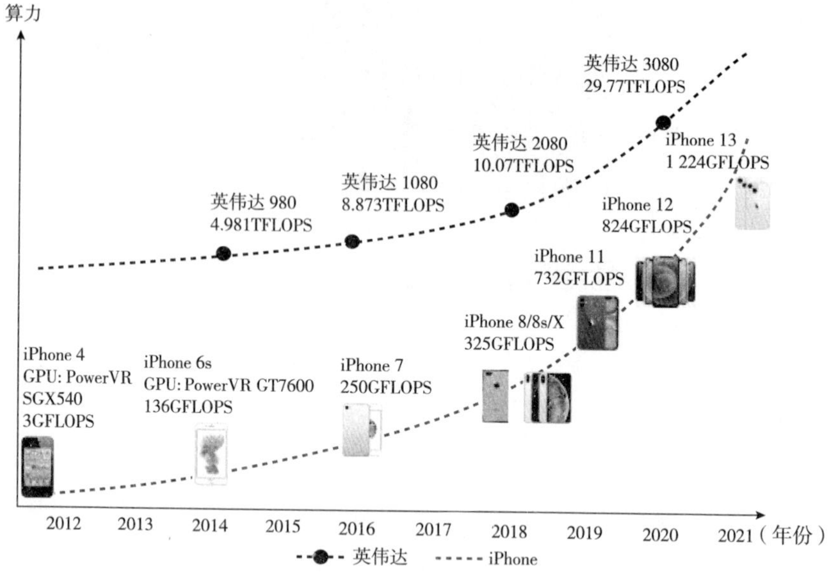

图3-36　过去10年英伟达GPU及苹果iPhone系列手机算力变化

资料来源：英伟达，苹果公司，华泰研究。

和传统游戏相比，元宇宙除了对沉浸感提出更高的要求以外，一个主要变化是，利用云计算技术，将端游的体验带到手机等移动终端。这可快速实现硬件设备的限制，用手机即可流畅运行 3A 大作；同时云游戏的高同步性使在各个终端都能获得“无缝切换”的游戏体验，无需下载，点开即玩。云端服务器也能更好地对游戏所需算力进行充分地分配，减少冗余算力消耗，节约整体成本。作为元宇宙最早实现的载体，未来云游戏将在算力聚合、音视频整合计算双向传输等方向不断完善（见图 3-37）。

图3-37　元宇宙将端游体验推向手游

资料来源：华为官网，华泰研究。

五、算力网络

通信网络是支持元宇宙发展的重要基础设施。“通信网络”向“算力网络”演进，是元宇宙时代的重要行业趋势。

移动通信自20世纪80年代发展以来，经历了从1G（第一代移动通信技术）的模拟语音时代、2G（第二代移动通信技术）的数字语音时代、3G（第三代移动通信技术）的图像网络时代、4G的视频网络时代，到如今的5G万物互联时代，传输速率提高的同时也丰富了应用场景。5G时期峰值速率可达数十Gbps（千兆比特每秒），提供了eMBB（增强移动宽带）、mMTC（大规模物联网）及URLLC（低时延高可靠连接）三大场景。

固网通信同样经历了从模拟到数字、从铜线接入到光纤接入的升级，在带宽、用户体验和连接容量三个方面均有飞跃式的发展，骨干网逐渐从10G升级至100G、200G，未来向400G~800G升级发展。随着物联网、AR/VR等场景的繁荣发展，海量终端接入网络，算力逐渐向边缘侧和端侧延伸，边缘算力逐渐丰富，算力整体呈现云、边、端三级架构。此外，在元宇宙时代，网络的发展让算力更易于泛在扩展，随着“东数西算”工程等进一步丰富核心计算节点的网络直连，算网将进一步深度融合（见图 3–38）。

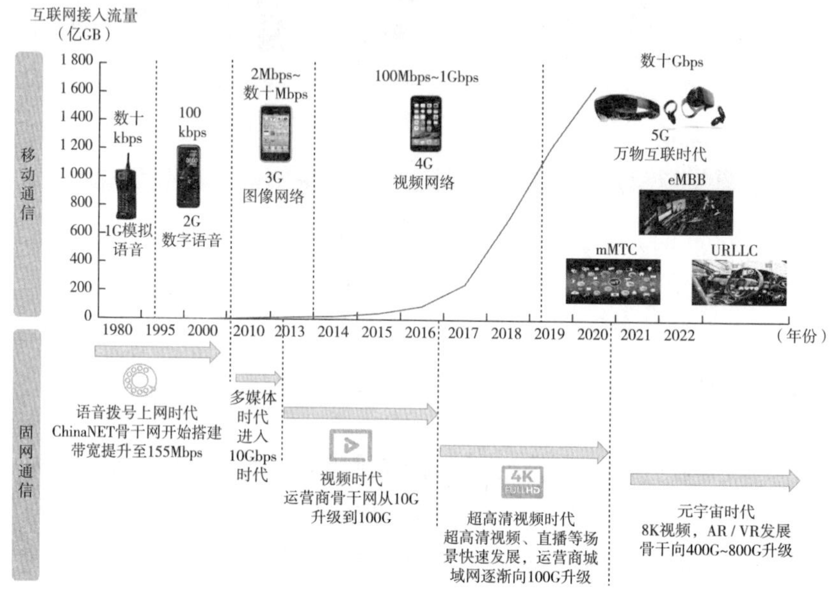

图3–38　固网及无线网络基础设施的发展

资料来源：万得资讯，《5G 概念白皮书》，华泰研究。

元宇宙对通信提出了“低时延、沉浸感”等新的要求。5G 的高速率在网络上保障了 VR/AR 数据传输的稳定性。5G 给用户提供了 1Gbps 的体验速率、数十 Gbps 的峰值速率，相比 4G 实现了近百倍的提升。大带宽、高传输速率有利于 8K 及以上超高清内容的实时传输和播放，有效解决了当前 VR/AR 网络传输速率低造成的内容质量不佳、画面不清晰问题，可极大地提升用户的沉浸感和使用体验。5G 低时延缓解了 VR/AR 眩晕等难题。

算力网络是以算为中心、以网为根基，网、云、数、智、安、边、端、链等深度融合，提供一体化服务的新型信息基础设施（见图 3–39）。在算力网络下，边缘计算市场快速增长。传统的集中式云计算受到带宽及计算资源的限制，随着计算和存储等资源下沉至边缘节点，未来的网络架构将更趋于分布式边缘计算，各科技巨头纷纷布局。亚马逊于 2019 年发布 AWS Local Zones 及 Wavelength 两个新型云基础架构模型，使数据处理更接近边缘；微软于 2020 年初推出了 Azure Edge Zones，以扩大其在边缘计算领域的影响力。

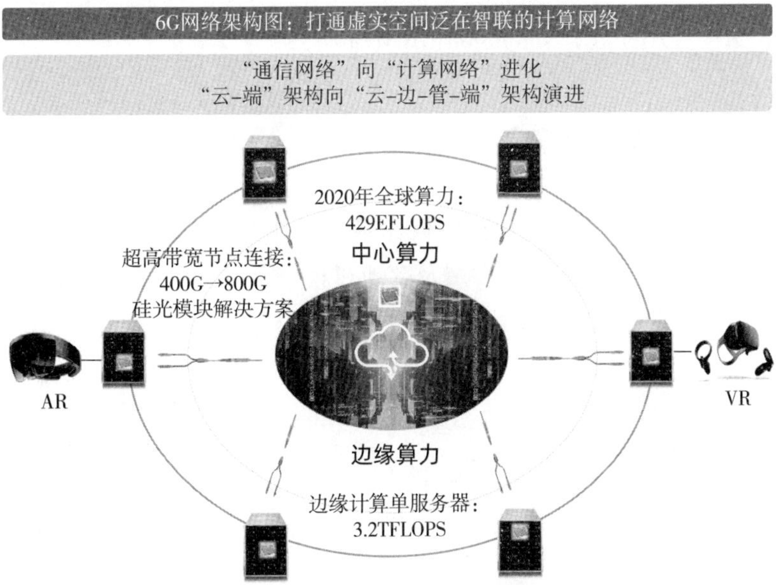

图3–39　6G时代元宇宙网络架构

注：边缘计算单服务器算力按照 Intel® Xeon® Scalable Processors 计算。EFLOPS 为每秒一百京次的浮点运算数。

资料来源：中国信通院，华为，英特尔官网，华泰研究。

第三节　低代码平台

创作者经济是元宇宙经济系统中至关重要的一部分，如何克服技术高门槛并让更多人加入元宇宙的内容创作成为问题的核心，而以 GUI 交互的低代码或零代码工具成为解题思路。本节从低代码平台（LCAP）概念出发，探究低代码平台或零代码平台的市场发展现状，并对未来发展趋势做出预判。

一、低代码平台概念

什么是低代码平台？该概念最早是由咨询公司弗雷斯特在 2014 年提出的，从市场发展及落地过程中可以看出，人们对低代码平台的认知存在或多或少的偏差（见图 3-40）。

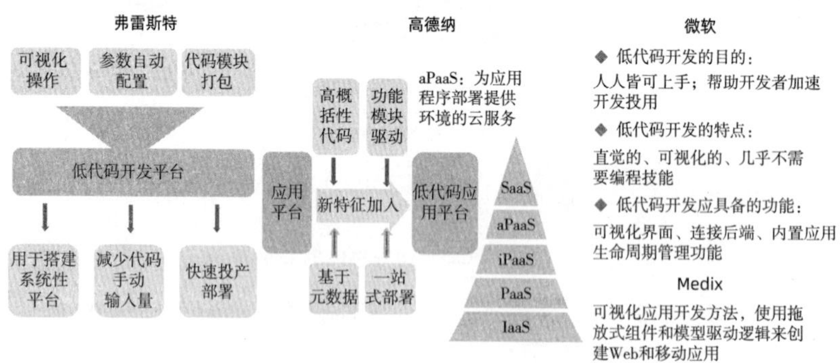

图3-40　不同机构及企业对低代码平台的定义

资料来源：亿欧智库《2021 中国低代码市场研究报告》。

通过图 3–40 可以看出，最早的 LCAP 源于 IDE（集成开发环境），是将常用的指令集封装成可视化、模块化与集成化的工具，供开发者直接调用以减少重复性编程的平台，开发者使用时直接调用组件即可，无需再次进行0到1过程中的测试、部署及开发动作。随着现代信息技术的快速发展，低代码平台又有了一套新的定义：开发人员通过图形用户界面等易于理解的可视化工具，使用拖、拉、放式组件和模型驱动逻辑来创建 Web 和移动应用。其目的有三点：减少重复性编程工作；缩短开发时间和成本；降低编程门槛。相比早期的低代码平台，通过可视化图形界面的使用来降低编程门槛是主要目标，实现企业人人能开发，助力企业数字化转型。

早期的指令封装形式的低代码平台和图形界面展示形式的低代码平台作为两条不同的主线发展，前者被行业内众多媒体批为“新酒装旧瓶”，PR（企业公关）成分更重；而后者更容易被非专业人士理解并更容易上手，是真正的低代码体现形式。无论是前者还是新形式的低代码平台，其基本功能相同，即提供通用型功能（界面、逻辑、数据三层均需考虑）开发组件以减少重复开发的工作量，但其他个性化功能则需要开发者基于开源框架，开发新的应用模块。

除了上述两种低代码平台，市场上还有一种衍生产品叫作零代码平台，这种平台被认为是新低代码平台的一种，通过拖、拉、放一些功能图标就能够完成新系统及软件的开发，如西门子旗下的 Mendix Studio 是一款供业务人员使用的零代码平台。零代码平台会受限于通用数据库的素材数量，更适合一些简单场景的产品开发；而对于复杂场景的系统开发，仍然需要依赖于开发人员的代码编写和调试，如 Mendix Studio Pro 是一款适合开发人员使用的低代码平台。

二、低代码的必要性

关于低代码或零代码的必要性，大多行业专家、学者和从业者都是从纯技术角度讨论该问题，且出现了严重争执，反对者的核心观点包括：对于专业开发者而言，低代码或零代码是一种伪需求；低代码属于“新酒装旧瓶”，PR 成分过重。这些反对观点都是站在纯技术角度讨论的，缺少从市场角度去关注使用者的现状和需求，下面我们将从技术和商业两个维度来讨论应用开发的发展。

（一）技术维度

从技术维度看，应用软件开发的发展历程可以分为三个阶段。第一阶段，从 0 到 1“手把手”的软件代码编写及调试阶段：早期软件开发从总体结构和模块实现、调试、程序联调及测试编写等都需要开发人员手把手地输入代码开发，这种开发方式周期长、成本高且效率低。第二阶段，软件开发工具的流行：为解决第一阶段存在的问题，人们将常用的组件和技术封装并逐渐封装成开发工具，方便开发人员使用，这些工具的出现大大降低了开发人员的从业门槛和能力要求。第三阶段，低代码或零代码阶段：使用图形界面强化开发平台的可视化及易理解性，让开发人员以少量代码或无代码形式，通过拖、拉、放一些功能图标即可完成软件或平台开发与搭建，这将比第二阶段进一步降低软件或平台的开发门槛。对于专业技术人员而言，图形界面形式的低代码平台与早期应用开发工具并没有太大区别，因此，大家认为图形界面形式的低代码平台属于伪需求，而且不方便维护与测试。

（二）商业维度

从商业维度看，如图 3–41 所示，整个工业软件开发方式的发展可以分为四个阶段。

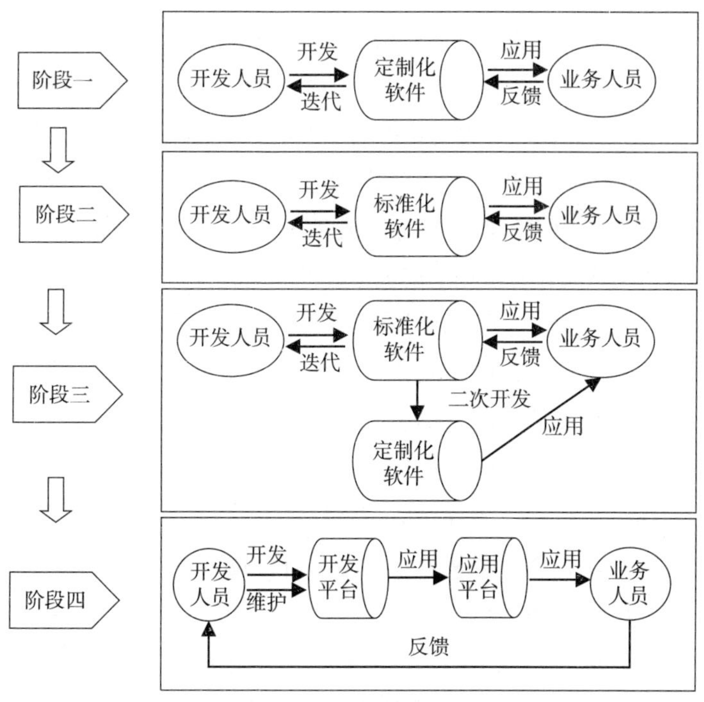

图3-41　工业软件开发方式发展

阶段一，工业软件萌芽期：在计算机发展初期，工业企业为方便产品研发，根据业务需要开发应用平台，减少对人工计算和手工改绘图的依赖。阶段二，工业软件标准化阶段：随着计算机的普及和工业企业的业务发展，越来越多的企业需要借助工业软件完成计算和研发，基于此需求，在 SOP（标准化作业流程）的指导下，再结合定制化软件的发展经验，各领域逐渐开发出各类标准化的工业软件。阶段三，工业软件定制化发展阶段：各企业的业务场景有所差异，标准化作业软件无法满足完整的功能诉求，因此需要通过二次开发来弥补标准化软件之外的个性化需求。阶段四，工具平台助力定制化软件开发阶段：各企业的 SOP 存在或多或少的差异，由于标准化软件未考虑到这种差异性，因此在使用过程中企业容易出现水土不服情况，导致系统流程和现实操作两条线，经常为了系统录入而录入，不仅没有提升作业效率，反而给业务人员带来额外的工作压力。为解决这个问题，财力雄厚的中大型企业选择自主定制开发，根据企业现有作业流程来开发软件，使系统流程和实际操作能够相互支撑并提升作业效率。但这种方法成本过高，很多中小微企业难以承担。为解决该问题，市场上出现了各种应用软件开发工具包，将常用作业环境及组件进行封装，开发人员在使用过程中直接调用即可，无需重新编写；最理想的方式是可以通过“傻瓜式”的拖、拉、放形式，让不懂技术的普通人也能快速上手并搭建自己的业务平台，这将从成本和技术两方面降低软件开发门槛。

上述是从客户视角描述应用软件开发的四个阶段，回看低代码反对者的观点，如果单从技术角度看有一定道理，因为对专业开发者而言，图形界面的低代码或零代码平台如同玩具一样，没有实际的意义。但从使用者第四阶段的需求来看答案将完全不同，因为对于企业而言，需要以更低的成本寻求更好的应用软件。从理论上看，低代码平台无疑是当前非常理想的解决方案。

（三）低代码在元宇宙场景的应用必要性

用户创作内容是元宇宙经济系统中非常重要的一部分，为方便用户快速、低成本且便捷地加入创作，低代码或零代码工具必不可少。例如，社交游戏《第二人生》，游戏只会提供一块土地，而土地上的一切都由用户自己创作，可以使用游戏引擎提供的模板布置土地，也可以花费 Linden（林登）币购买其他人的创作。另一款游戏平台 Roblox，用户使用平台上的低代码游戏引擎 Roblox Studio 创作了多达 1 800 万款小游戏，其中 67% 的用户未满 16 岁。

低代码和无代码技术（如可视化开发框架和拖放工具）提供了更高级别的抽象，以取代流程、逻辑和应用程序的手工编码。低代码平台的最大价值在于用户和非 IT 人员均可以参与程序设计。在低代码平台的趋势下，无服务器架构将成为未来的趋势，会有越来越多服务用户以及非 IT 业务人员创建者的工具，进而被用于构建元宇宙，如创建元宇宙社区、编写复杂行为脚本与场景、参与制定元宇宙社区规则等。

三、低代码市场发展

从前文的分析可以看出，低成本的定制化企业软件开发是很多中小型企业在数字化转型过程中的痛点。为解决该问题，技术提供商从不同角度切入该市场，主要有三类低代码技术参与者和两类产品。未来低代码市场的发展将向低代码或无代码市场分化、应用深化的方向演进。

（一）低代码产品类型

广义上的低代码开发平台可以分为两种：一种是无代码 / 零代码（将数据与储存结构合一的表单驱动）平台；另外一种是低代码（数据与逻辑分离、各自独立的模型驱动）平台。

1. 无代码 / 零代码（表单驱动）

无代码 / 零代码（表单驱动）以数据为核心，通过在可视化的页面上进行拖、拉、放构建数据表的方式展开业务分析设计，无需编写代码即可实现软件功能。如图 3–42 所示，其适合人事行政、资料归档、OA（办公自动化）审批、客户管理等简单功能的实现，能够做到完全去 IDE 化，普通行政人员也可以像“拼积木”一样按照流程构建程序的逻辑，这种形式更贴近零代码开发。

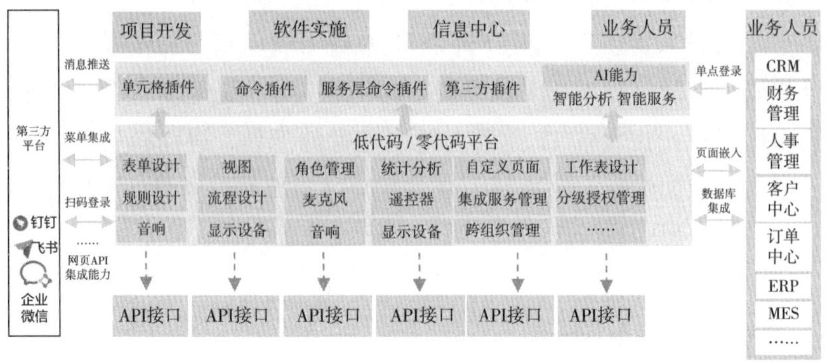

图3-42 低代码 / 零代码平台架构

2. 低代码（模型驱动）

模型驱动对软件涉及的功能进行建模，以应用开发平台为核心，承载各种开发工具和复杂逻辑，并将其可视化，辅以少量代码。适合作为开发者技术中台核心，快速按照企业需求产出一整套系统。

3. 无代码 / 零代码（表单驱动）与低代码（模型驱动）的对比

总结来看，无代码 / 零代码（表单驱动）和低代码（模型驱动）的区别在于两点（见图 3-43）：从产品角度来看，无代码与低代码对于代码的模块化封装程度不同，无代码平台更加注重用户使用感，低代码平台更加注重开放性，背后的区别体现在产品集成能力、功能丰富度等方面；从目标用户来看，无代码平台通常面向无 IT 基础的业务人员，其可以用于应用开发的能力有限，低门槛的无代码产品更容易获得其青睐。

高德纳、弗雷斯特等知名机构主流观点显示，无代码 / 零代码（表单驱动）的低代码平台没有被归类为“专业的”低代码平台。网易副总裁汪源在发布的文章《万字长文讲透低代码》中对“专业”低代码提出了六个标准：模型驱动、可视化开发、表达式语言、软件工程、开放集成和脚本语言。在当前国内市场中自称以模型驱动的低代码项目，很少有公司符合这六个标准。

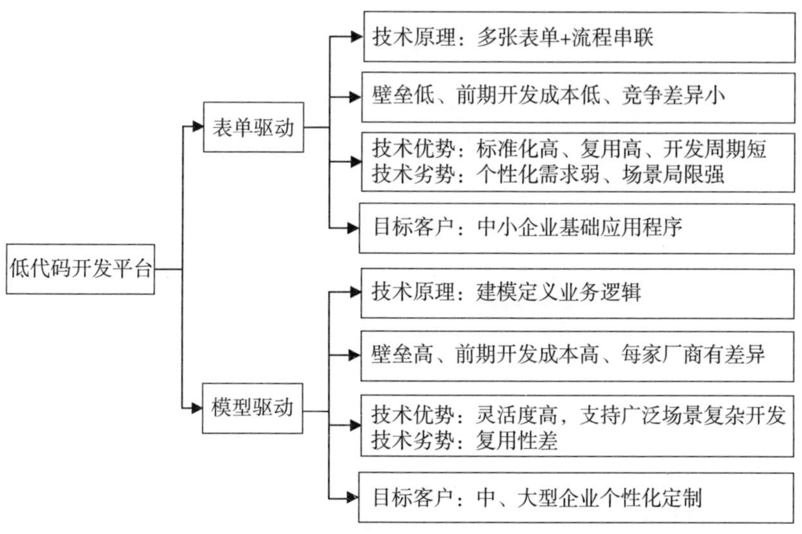

图3-43　表单驱动和模型驱动综合对比

（二）三类参与者

1. 专业低代码厂商

这类企业专门从事低代码平台的开发，如以模型驱动的低代码平台 Microsoft，2018 年被西门子以 7 亿美元收购；还有 OutSystems、Salesforce、ServiceNow 等，这些企业也被咨询机构弗雷斯特和高德纳连续三年评为低代码平台的领先者（见图 3-44）。而以表单驱动的平台有简道云、明道云、清流等，国产平台当前主要以表单驱动为主，而以模型驱动的低代码平台，与国外相比缺乏竞争力。模型驱动方面，除了 Mendix 和微软的 Power Platform，其他厂商还未进入中国市场。

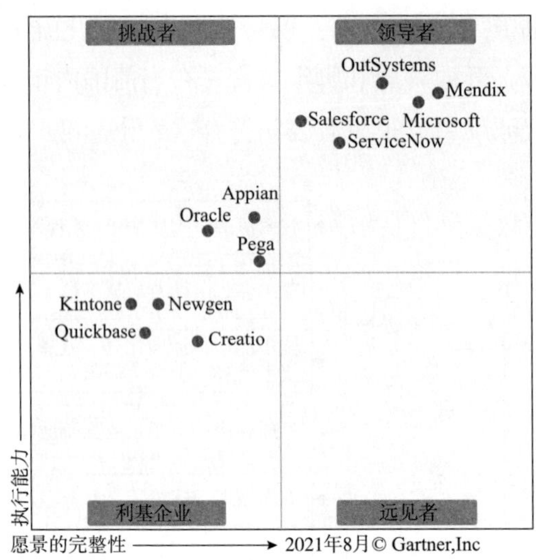

图3-44　低代码市场象限

资料来源：高德纳。

2. 互联网云厂商

云端轻量式的应用开发一直是所有云厂商努力的方向，但限于技术能力及企业认知的欠缺，该市场发展得并不理想。但随着这一波数字化改革浪潮的推进，企业应用开发的痛点显现，各大云厂商看到了低代码的机会，加快了对低代码市场的布局。以阿里巴巴为例，通过低代码平台宜搭赋能阿里云生态的构建，以表单驱动的宜搭主要有两个核心业务方向：在增量业务上，企业很多增量场景可以快速地用钉钉宜搭构建；在企业的存量系统上，帮助企业做连接，打破数据孤岛。再以微软 Power Planform 为例，其平台同时兼顾表单和模型，包括 Power BI、Power Apps、Power Automate 等，分别从数据、应用、流程三个维度解决企业应用中的长尾需求，形成完整的企业应用服务生态。这里提到的阿里巴巴和微软都是自建低代码平台，也有云平台通过外部资源的合作来补齐低代码开发的能力，如2021年4月腾讯云与西门子Mendix的牵手。

3. 传统软件厂商

早些年，传统软件厂商主要提供标准化软件产品，但随着客户业务的快速发展，标准化产品越来越难以满足特殊化场景及定制化需求，因此二次开发变得特别重要。二次开发往往基于一个特定平台，对企业并不友好，成本高、周期长、开发难度大。低代码的出现无疑为传统软件厂商提供了活水。以思爱普公司为例，选择与低代码平台Mendix合作，客户通过Mendix进行各种形式的二次开发，据Mendix内部人员透露，思爱普的二次开发占据了Mendix业务量的40%。

总的来说，虽然低代码领域仍属于新兴行业，但从高德纳对愿景的完整性和执行能力两个维度的评价以及弗雷斯特的分析看，包括Mendix、Salesforce、OutSystems在内的五家企业已经连续三年在低代码领先者榜单排名靠前，说明行业对该领域的技术认知已经趋于一致，且该领域的龙头企业已出现，这对于新进入者来说并不友好。但从市场份额看，相比当前市场占比，多家机构认为未来5年低代码平台有4倍的发展空间，将达到140亿元左右的市场规模。尤其国内低代码市场当前仍流行以表单驱动为主，因此，未来以模型驱动的平台仍有发展空间。

关于低代码平台完全替代传统开发，且开发人员即将大面积失业的观点，存在严重的认知偏差。未来低代码平台与传统开发一定是互补的关系，而不是代替。这里不得不提到两种系统，即敏态系统和稳态系统。传统企业一般对应用软件的稳定性有非常高的要求，会尽可能避免各类软件宕机问题导致正常业务受影响，这就是我们所说的稳态系统场景。但是随着数字化转型的深入，敏捷转型的要求越来越高，充满着不确定性，需要通过探索及实验来寻找数字化转型方向，企业需要对市场变化做出敏捷反应，这是典型的敏态系统的要求。如果通过稳态系统的开发管理方式去满足敏态系统场景的需求，无疑在市场竞争中占不到任何先机。同样，如果使用敏态系统的开发管理方式处理稳态系统的需求，这会给业务稳定性带来不可预估的风险。因此对于稳态系统，仍须依赖传统的开发方式，通过长期计划且有条不紊地实现数字化转型，保证企业核心系统的稳定性及可靠性；而对于业务端，根据场景快速迭代的差异化需求，则可以通过模型驱动的低代码平台快速实现。所以低代码平台是为前端接近业务的人员提供服务，让他们不用担心技术能力，而只需要专注于业务逻辑，通过少量代码就能完成新产品的开发和使用。此外，对于稳态系统确定的二次开发，也可以通过低代码平台实现。

（三）未来市场发展方向

1. 低代码 / 零代码平台发展开始出现分化

如上文所述，广义的低代码平台已经开始出现低代码 / 零代码平台的分化。低代码 / 零代码平台的产品特性和适用客户不同使两者面向的客户群体和应用场景不同，并孕育了不同类型的企业。

首先，低代码 / 零代码面向的用户群体和应用场景不同，即在是否要求开发者具备编程能力，以及应用场景的丰富程度上存在差异。按照行业客户属性及场景分类，低代码平台更适用于 KA（重点客户）的全量业务，零代码平台更适用于行业框架稳固的细分领域，如零售、家装等。

其次，低代码 / 零代码平台的不同特性孕育出用户、战略方向不同的企业。比如，以低代码平台龙头 OutSystems 为例，OutSystems 在 2001 年成立于葡萄牙里斯本，采用模型驱动的技术路径。2021 年 2

月，OutSystems 完成由 Abdiel Capital 和 Tiger Global 投资的 D 轮 1.5 亿美元融资，估值 95 亿美元，相比 2018 年 KKR 集团投资的轮次估值翻了近 10 倍。就产品能力而言，OutSystems 具备高开放性和可拓展性，优势在于可以与任何数据库、系统、开源接口对接，并且通过 OutSystems 开发的应用程序可以直接发布至 App Store 和 Google Play 上；与此同时，OutSystems 构建了生态社区，使用者可以直接发布自行开发的应用或插件，供其他开发者便捷使用。再如，Airtable 是零代码平台的代表公司，使命是使任何人都能构建出满足自己需求的工具，从而使软件充分个性化。2021 年 3 月，Airtable 宣布完成 2.7 亿美元的 E 轮融资，估值达到 57.7 亿美元。同年 12 月，公司宣布完成 7.35 亿美元的 F 轮融资，估值达到 110 亿美元，9 个月间估值接近翻倍。Airtable 的核心功能包括数据、视图、第三方对接、团队协作等，支撑企业自由搭建自己需要的系统，使非 IT 人员可以利用无代码技术提高业务效率、效力和敏捷性。

2. 低代码平台向应用深化演进

低代码的本质不仅仅是开发工具，而是探索如何缩短甚至消除业务和数字化之间的距离，宗旨是实现真正意义上的业务数字原生，因此它更是一种业务构建工具，在发展中逐渐向应用深化演进。

随着业务场景的不断细化，传统核心数据系统逐渐呈现从纯后台系统向中前台系统转变的趋势，即深入业务部门。低代码平台的发展同样呈现应用深化的趋势，直接服务业务部门，在业务场景中生成，从而最大限度地实现业务数字原生，如办公管理、任务管理、人事管理等，通过低代码实现数据可视化，提高企业对细分业务场景的适配。

第四节　可信数字底座

在介绍了人机交互系统、人工智能、计算芯片、微显示、传感器、通信和低代码平台后，元宇宙还缺少最后一块基础设施版图——可信数字底座。数据的可信和安全性将决定着元宇宙的庞大生态系统是否能够稳定地运行，本节将介绍可信数字底座是如何赋能于数字世界的安全性的。

一、可信数字底座的概念辨析

（一）数字底座

数字底座的提出时间较早，华为、中国系统、腾讯、阿里巴巴等企业从数字化转型早期阶段就开始积极布局数字底座。由于企业对技术的侧重点及商业战略的差异性，所以对数字底座的定义也有所不同。总体而言，数字底座是信息化通用基础设施，数字底座从分布式数据中心、网络传输、安全保障、数据汇聚、共享融合到数据赋能，面向各类行业的治理、公共服务、产业发展，提供统一且标准的数字化服务支撑。数字底座主要包含两层架构：设施底座（数据统筹、存储和安防）和数据中枢（统一规范和标准的数据资源池供各相关方使用）。

（二）可信数字底座

可信数字底座是万向区块链提出的一个名词。国外也有一些机构提出了类似概念，如 Trusted Data Platform（TDP，可信数据平台），但与万向区块链提出的概念有所区别。万向区块链提出的可信数字底座旨在打造以可信数据为基础，从数据采集到储存交换，再到计算赋能均嵌入可信技术，最终实现可信数据资产化驱动数据要素价值的闭环。万向可信数字底座从数据采集的可信硬件再到数据流通的可信环境打造了一整套“区块链 +”解决方案，而总部位于日本的 Fujitsu Laboratories 和位于北美的 Virtru 公司对 TDP 的定位更多用于数据流通环节，如基于区块链开发的三项技术：Virtual Private digital eXchange（VPX）、IDentitY eXchange（IDYX） 和 Chain Data Lineage（CDL）。第一项技术是让数据在不出本地的情况下与合作商实现数据交换；第二项技术是在保证不泄露个人信息的前提下验证对方身份，属于当前业界广泛推广的 DID 技术；第三项技术是记录精确的数据来源，即数据溯源技术。通过这三项技术的集合，它们构建了各种应用系统，包括数据安全保障、数据交易安全保障，以及打造公司内部可信供应链证明的“区块链 +”解决方案。

（三）数字底座和可信数字底座的对比

技术：数字底座强调的是围绕数据的可视、可用构建软硬件技术；可信数字底座是基于数据的可信构建软硬件。

目的：数字底座要求数据能够汇聚、基于数据产生智能，最终实现持续的数字化运营；可信数字底座是发挥数据价值，用于变现、新产品研发等。

功能：数字底座强调数据安全；可信数字底座强调数据安全、可信及不可篡改。

从上面的对比可以总结出，如图 3–45 所示，数字底座与可信数字底座之间的关系并不是归属关系，只是在部分功能上存在重叠。

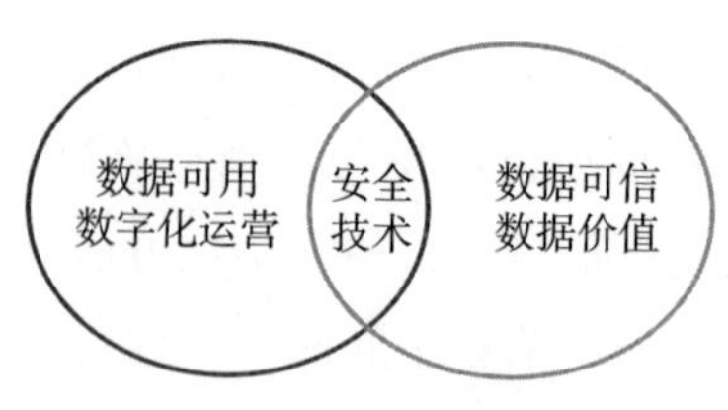

图3-45　数字底座与可信数字底座对比

本节将围绕重叠部分——安全技术，分析数字底座与可信数字底座（见图 3-46）的区别，同时，探索可信数字底座的价值。

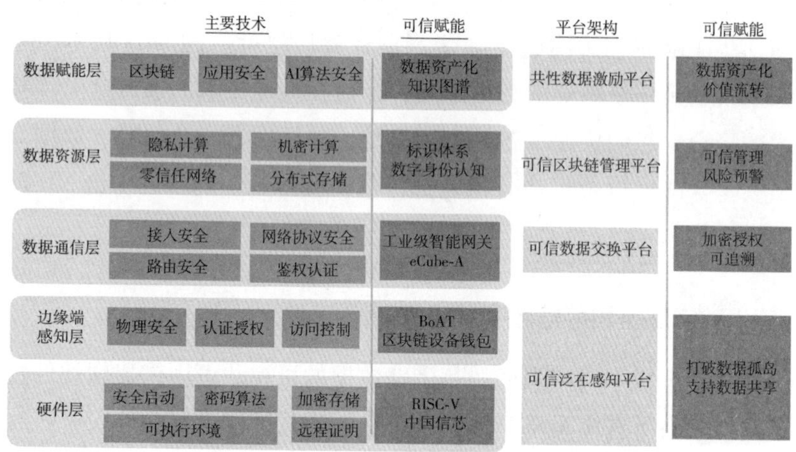

图3-46　可信数字底座技术框架和平台架构

资料来源：《可信数字底座白皮书》，万向区块链。

二、可信数字底座的安全性分析

本节参考可信数字底座的技术框架，从以下五个部分来分析其安全性：硬件层、边缘端感知层、数据通信层、数据资源层和数据赋能层。

（一）硬件层

1. 硬件层安全风险

硬件层以数据为对象，提供运算、存储和网络资源。硬件层的安全问题主要有两方面。一是设备固件的安全风险，对设备固件的轻量化发展导致芯片性能、能耗、存储空间、通信带宽、运行时间等都受到限制，在受限的应用环境中数据处理规模也会受到影响，因此高耗能的传统通用密码算法在轻量化设备中可能无法适用，会导致较高的安全风险；二是固件应用程序的安全风险，由于对终端设备的程序漏洞维护不及时或缺乏相应的更新机制，攻击者能够轻松地通过漏洞抓取到本地固件应用程序中的明文数据，从而出现数据泄露和滥用问题。

2. 可信数字底座硬件层的安全防御

无论是数字底座还是可信数字底座，硬件层都面临着物联网设备的轻量化发展给数据处理性能带来的挑战。基于上述两点问题，可信数字底座采用了一种低能耗、高性能的区块链芯片。基于开源芯片 RISC-V（精简指令集）开发架构并融合区块链开源特征，其 MultiZone 安全软件模型的代码量更少，运行速度更快，能够满足物联网的安全启动、可信执行环境、加解密算法、加密存储、远程证明等要求。

RISC-V 从提出到现在仅十几年时间，尤其在区块链加持下的 RISC-V 仍处于概念验证阶段，还未正式落地使用。从理论上对比 ARM 和 X86，RISC-V 开源且低能耗广受市场好评，近年来众多公司加入 RISC-V 生态布局，一致认为未来是属于 RISC-V 的。这项技术本身不是壁垒，无论是数字底座还是可信数字底座均可使用 RISC-V 开源指令集搭建架构来制造属于自己的芯片。但区块链技术结合

RISC-V 有其特殊性，即利用开源的 RISC-V 打造虚拟机，可以缩短硬件和软件行业的距离，并且带来更丰富的开发生态。

（二）边缘端感知层

1. 边缘端感知层安全风险

设备（网关、传感器、射频识别等）通过感知层获取外部环境信息，属于物联网的信息源。感知层的特点包括：大量的端节点数目、多样的终端类型、复杂的部署环境、无人户外部署等。因此，感知层受到的安全威胁可以归为三类：物理攻击（物理破坏或非法盗窃）、身份攻击（假冒攻击、非法顶替）和资源攻击（边信道攻击、耗尽资源、重放攻击）。安全防御也基于三类问题提出解决方案：一是硬件物理安全机制（终端设备加固等）；二是证实身份合法性的认证授权机制；三是访问控制机制。

2. 可信数字底座边缘端感知层

边缘端的物理攻击防御方面，除了对硬件加固和安装摄像头等监控设备，在数据保护方面有两方面安全应对措施：一方面是对硬件增加 GPS 坐标定位，一旦数据出现偏差，系统会对相关管理人员发出强提醒警报；另一方面是应用密码学对边缘端的数据实时加解密，让数据全程不以明文形式储存和传送，即使设备被攻击或偷盗，在没有密钥的情况下也无法看到数据。

无论是数字底座还是可信数字底座，均能够实现上述功能。但区别于数字底座，可信数字底座的价值体现在密钥管理方面，巧妙地融合了身份管理和访问控制机制。目前感知设备的安全主要通过非对称密码技术保证边缘端数据安全，这让私钥的安全性变得非常重要，而私钥分片技术成为密钥管理领域极为重要的一项技术。

私钥分片技术有两种。一种是中心化的私钥分片，即将 1 个完整的私钥拆分成多个分片并由不同人管理；还有一种方式是分布式密钥技术，其原理是多个管理者生成各自私钥分片，这些私钥分片形成 1 组私钥集合，在这组私钥集合的基础上完成公钥生成、签名、验签和数据解密的过程。中心化私钥分片技术是 1 个私钥对应 1 个公钥；而分布式密钥技术是 1 组私钥对应 1 个公钥。在安全性方面，由于中心化的私钥分片在操作过程中出现过完整的私钥，所以无论是技术层面还是管理层面都难以保证完整私钥不会被泄露；而分布式密钥技术不存在完整私钥的概念，每个管理者都持有自己的一部分私钥，即使个别管理者的私钥被偷窃，也无法解密由私钥集合生成的公钥。另外，所有加解密的记录都通过调用智能合约的形式被记录在链上，数据可追溯且不可篡改，让私钥的使用从对员工的信任转变为对技术的信任。在具体的访问控制机制的设计中，对敏感度较低的内部数据采用 1 对 1 的私钥和公钥管理形式，而对于敏感度较高的内部数据，则可以使用 1 个私钥集合对 1 个公钥的形式，把需接受审批的管理者私钥都加入即可，从而实现身份验证和访问控制机制的融合。

（三）数据通信层

1. 数据通信层安全风险

依托网络实现端到端、节点到节点的数据传输和转发，将感知层获取的信息及时、准确、可靠、安全地传输到目的地。物联网提到的通信安全通常是指边缘端感知层到云端的数据通信安全。由于感知层设备分布广、数量多、应用环境复杂、计算能力有限、异构多源的特点，数据通信层面临的安全风险也变得多样化，因此对网络层提出了接入安全、网络协议安全、路由安全、鉴权认证等要求。此外，数据被传输到云端中心化服务器是否被篡改也是老生常谈的问题。

2. 可信数字底座数据通信层

可信数字底座从两方面赋能通信层数据安全。一是数据从感知层到云端的数据安全问题，这个过程要解决网络接入的身份认证，以及传输过程中的网络协议安全和路由安全等问题，其中身份安全与感知层密钥原理类似，可信数字底座分布式密钥管理能够赋能数据安全管理；二是云端中心化服务器的数据安全问题，可信数字底座提出了一套“边、云、链”的模式，加密数据上传云端后进行哈希运算，再将哈希上链，以此预防云端数据被篡改，如图 3-47 所示，由摩联科技开发的区块链模组 BoAT 具备此功能。

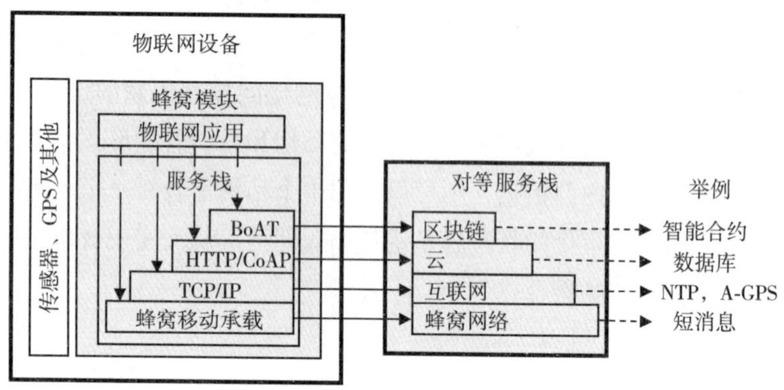

图3-47　区块链模组支持下的物联网业务栈

资料来源：《BoAT 区块链模组产品白皮书 1.0》，摩联科技，http://www.aitos.io/developers.html#kfzpt_2。

（四）数据资源层

1. 数据资源层安全风险

数据资源层位于数据感知层和数据通信层之上，基于应用层的数据处理需求和数据合规及可信需要，对数据进行整理和存储。数据资源层面临的安全问题主要为：物理或网络攻击所造成的数据完整性、机密性的损坏；数据采集和共享过程中侵犯信息保护法律法规及泄露用户隐私或商业机密的风险。

2. 可信数字底座数据资源层

数字底座基于中心化数据存储和管理造成的数据隐私和安全问题成为当下关注热点，在这种背景下，基于可信数字底座的分布式存储技术、隐私计算等，为数据资源层数据安全提供了保障。

分布式存储系统，如 IPFS（星际文件系统）是一个基于内容寻址的、分布式的新型超媒体传输协议。存储空间不再由中心化机构提供，任何人都可以将个人闲置存储空间贡献出来并参与 IPFS 网络的构建，且能获得一定收益。与密钥分片原理类似，加密文件将被随机分片存储到不同服务器，且每个分片会多份备份存储，当系统监测到单个文件分片丢失后，会自动执行恢复程序。在这种技术背景下，网络攻击者即使获取分片文件也无法解密，且获取所有分片的概率基本为零（见图 3–48）。

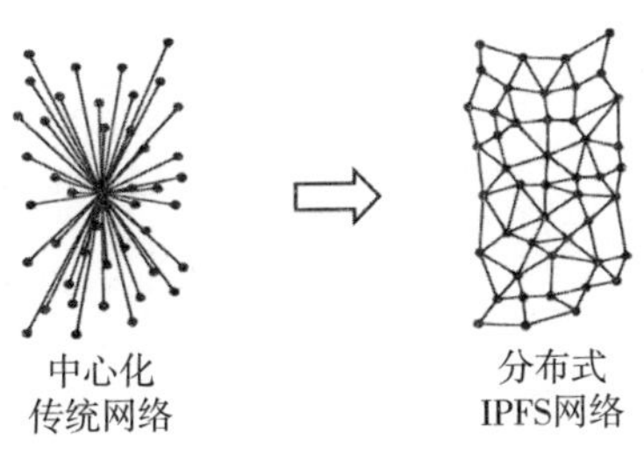

图3–48　互联网未来的发展趋势

（五）数据赋能层

1. 数据赋能层安全风险

只有可信、可靠的真实数据才能为企业产生价值，但互联网技术在过去几十年里围绕着中心化机构布局的生态，商业造假丑闻从未停止。因此，在两方或多方数据流转场景下的信任问题、数据挖掘算法安全问题、业务应用层面的流程和数据保护安全问题等都是数据赋能层必须解决的问题。

2. 可信数字底座数据资源层

可信数字底座从数据产生到传输，再到交易和共享拥有一套完整的方案。区块链技术的不可篡改且可追溯性，能够从源头保证数据的真实性和安全性。在数据交易中，通过多方安全计算、联邦学习、零知识证明等加密技术为数据交易和共享提供多种合作方式，保证数据安全。

除去安全角度，区块链技术的最大魅力在于其激励机制和治理，通过一套完备的激励及治理体系，引导企业、平台参与到可信数字底座的建设中来，鼓励更多参与方加入生态，实现参与方之间有效的价值流转和治理。这是去中心化方案的天然优势，更是中心化方案无法做到的。

第四章

元宇宙的互操作系统

2021年，Meta创始人扎克伯格在关于元宇宙特性的描述中，再次提及“互操作性”一词，并强调需要制定一些标准，以帮助开发者和创作者向人们提供“前所未有的互操作”体验，使用户能将他们的数字分身、数字产品无缝传送到不同的体验中，并与朋友们互动，在整个过程中感知不到互联网基建的存在。我们在前文中提出，互操作系统是元宇宙的底层架构之一。那么，该如何理解互操作性？

“互操作性”在非区块链领域早有提及。IEEE在计算机字典标准里对互操作性的定义是“两个或多个系统或组件之间交换信息以及对交换后信息使用的能力”[①]。这个定义包含两层递进关系。第一，语法互操作性：能够进行通信和交换数据。基本要素包括数据格式标准、通信协议、接口标准等。第二，语义互操作性：参与互操作系统之间交换的数据能够得到对方正确的处理和使用，也就是说使数据成为真正有用的信息，产生有用的结果，并且对有用的界

① The ability of two or more systems or components to exchange information and to use the information that has been exchanged. 610–1990, IEEE Standard Computer Dictionary: A Compilation of IEEE Standard Computer Glossaries.

定是达成共识的。

虽然上述定义与国际标准ISO/IEC 2382-01[①]信息技术词表里的定义相比更为凝练和抽象，但后者补充提及了一个特点：互操作性赋予系统在各种功能单元之间进行通信、执行程序或传输数据的能力，并且用户无需或仅需具备对这些单元独特特性的有限认知。就软件而言，在上述定义下的互操作性可用来描述不同程序借助同一套交换格式交换数据、读写相同文件格式以及采用相同协议的能力。用户在使用不同软件［例如各种PDF（可移植文档格式）阅读器］的时候更关注功能体验，而非实现功能在底层技术模块上的差异。

从广义上来看，互操作性是指不同系统和组织机构之间相互合作、协同工作的能力。虽然在技术系统和工程设计方面经常使用这一术语，但它涵盖的范围可扩展到影响系统间性能的社会、政治和组织机构因素，而且业务过程中的互操作性可能产生具有重大影响力的经济效果。

以下是几个具体的例子。第一，医疗设备的“即插即用”互操作性实现与其他设备协同工作的能力；第二，医疗数据的“可用不可见”互操作性旨在保护个人隐私的同时提高协同创新的能力；第三，电子政务互操作性旨在通过制定数据标准、语义标准来提高跨边界、跨语言的协作能力；第四，在2021年河南暴雨期间大学生创建的“救命文档”也体现了在大规模紧急事件中跨越信息孤岛、实现全国各地资源调度系统和档案管理系统的互操作能力。

由欧盟委员会背书的NIFO[②]（国家互操作性框架观察站）就如何建立可操作的数字公共服务提供了具体指导，提出了互操作性的

---

① ISO/IEC 2382-01, Information Technology Vocabulary, Fundamental Terms.

② https://joinup.ec.europa.eu/collection/nifo-national-interoperability-framework-observatory/solution/eif-toolbox/6-interoperability-layers.

四个层次：技术互操作性、语义互操作性、机构互操作性、法律互操作性；同时包括为这四个层次交叉构建的综合公共服务治理层及作为基础支撑的互操作性治理层（见图 4–1）。

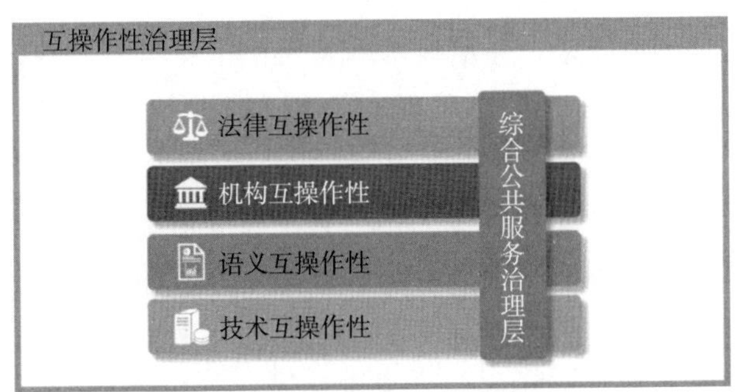

图4–1　NIFO提出的互操作性层次及其关系示意图

技术互操作性指能够连接系统和服务的应用及基础设施，涵盖接口规范、互联服务、数据集成服务、数据呈现和交换以及安全通信协议。语义互操作性指确保交换数据和信息的精确格式和含义在各方之间的交换过程中得到保留和理解，做到“发送即理解”。机构互操作性指公共行政部门调整其业务流程、职责和期望以实现共同商定和互惠互利的目标的方式，这与在不同系统中进行的业务流程之间的协作关系有关。法律互操作性指为了确保在不同的法律框架、政策和战略下运营的组织能够协同工作。综合公共服务治理层指为达成上述四种互操作性而提供综合公共服务及运营所需的治理组织，以达成一致的运营条款和更新管理流程。互操作性治理层指实现上述互操作性框架、制度安排、组织结构、角色和责任、政策、协议以及在国家层面和欧盟层面确保和监控互操作性的决策过程和治理过程。

总的来说，前两个互操作性沿用了计算机信息学领域对互操作性的定义，NIFO 在此基础上补充强调了应用层和治理层的互操作性。

为了实现让参与者在现实世界和数字世界之间自由切换，以及让元宇宙的价值能够在两个世界自由流转，元宇宙的各级子系统就必须具备上述多层次的互操作性。

自信息革命以来，通信技术的发展使信息得以高效准确地在机器设备之间流转，促进了孤立的物理系统之间的信息互操作性，在应用到金融领域后大幅提高了价值的数字化登记和结算效率。不过主流的金融基础设施仍然较为孤立地由中心化金融机构把控，金融基础设施之间的交界处依赖 API 在应用端和服务器数据库之间搭建桥梁以便处理大规模的金融事务。这一过程存在很大的中心化信任风险和单点失效的风险。最近十几年发展起来的区块链和智能合约技术为塑造和流转可编程价值提供了基石，有望通过整合信息流和资金流到统一的编程逻辑中，并以代码的形式体现在元宇宙的价值结算系统中，实现人类随时、随地、随心、智能地处置自己拥有产权的愿景。不难看出，这一愿景的实现需要针对技术互操作性、语义互操作性投入大量的标准化工作，以打通各种孤立的价值结算基础设施系统来实现安全、具备鲁棒性、可组合的价值流转需求。

与此同时，可编程价值除了狭义上的货币和资产，还应包括身份、权限、社会关系，这些都是社会和经济系统运转过程中非常重要的价值载体，我们已经在前文“从经济学视角看元宇宙”中有所介绍。身份、权限、社会关系在元宇宙里的运转也自然需要具备数字世界和现实世界的互操作性，而且往往更加强调应用层、治理层的互操作性。权限和社会关系本质上是隶属于身份的子价值属性，身份在现实世界和数字世界的互操作性逻辑理应将它们包含在内。

在数字世界里，身份不再是受物理肉身约束的载体，而是由比特符号代表的一种标记。例如，在区块链系统中体现为区块链地址及用于生成地址的私钥。这种身份是人为创造的，虽然数字世界也有数字指纹（信息的哈希算法）的类比说法，但数字指纹并不具备与生理指纹一样天然的唯一性——理论上一个人可以创造无数个数字身份。这一区别使得现实世界的身份与数字世界的身份可以拥有多种映射关系，并非一对一绑定。好处在于我们可以基于此建立起多样的互操作功能，甚至为现实世界的无生命物体赋予身份；坏处在于这对在某些场景下识别和证明数字身份的要求提出了挑战。

元宇宙互操作系统应提供处理身份在不同世界中互操作逻辑的协议与标准，如今两个具有代表性的方向是分布式身份和数字分身。

最初提出分布式身份的目的是解决在互联网模式下个人身份隐私被滥用的问题。本章前文详细介绍了分布式身份的技术和应用进展。在元宇宙的发展背景下，分布式身份增加了一种新的意义，那就是使身份在数字世界具备独立性，从而使拥有数字身份的主体能够抗审查地行使自己的权利。如果这一点无法实现，那么元宇宙中的数字世界更像是游戏平台为用户提供的一种受限的“虚拟人生”。相比于分布式身份的现实意义，数字分身一方面通过打造高保真虚拟数字人来提高数字化协作的经济效益，另一方面更多的还是从满足人类精神需求切入，为元宇宙参与者在数字世界表达自我提供更多超现实的可能性。后文将对此展开介绍。

尽管已经具备了两个比较清晰的发展方向，但是元宇宙互操作系统在协议设计和标准化建立等方面还面临着相当大的困难，目前都处在初步探索阶段。此外，大规模互操作功能的发挥也需要元宇宙信息基础设施具备足够的性能支撑，反向推动各方面的信息技术发展迈上一个新的台阶，形成需求推动技术革新的良性循环。

第一节　分布式身份

从流程上验证“你是你”，验证你合法拥有某些特定内容的所有权，或有权使用与你身份相关联的一些特权，但验证结束后，验证方仍然不知道你具体是谁。这听起来有些不可思议，但离我们越来越近，这就是 W3C 提出的分布式身份。在元宇宙的互操作系统中，保护用户身份数据的隐私性非常重要。分布式身份系统从身份、身份证明和身份验证三个要素出发，构建了一套能够应对第三方对用户进行画像的方法。

一、身份管理概述

分布式身份系统包括三个要素：身份、身份证明和身份验证。我们结合这三个要素，从现实世界和数字世界两个维度分别讨论身份管理。

（一）身份系统

1. 身份

在我们生活的现实世界中，每个人从出生就拥有独一无二的身份特征，包括外貌、体重、年龄、肤色、指纹等。在人类早期的群居生活中，为了便于劳动分工，需要一个区别个体身份的符号，于是就出现了姓名。姓名能够让他人快速联系到某个具体的对象，并记起关于该对象的一切信息，这些内容被统称为身份。

与现实世界相对应的还有一个数字世界，身份的概念则完全不同。在数字世界里，用户可以完全根据自己的喜好设置想象中的身份，包括姓名、性别、身高、体重等；甚至可以随时更改这些身份特征，确切地说，此时的身份不同于传统意义上的身份，因为它不具有唯一性和确定性。

2. 身份证明

在现实世界中，由人构成的系统变得日益庞大，为了便于管理，中心化机构根据不同人的身份特征签发了唯一的身份证明，用于证明个体拥有某项资产的所有权或享有某种社会权益。在社会经济活动中，身份证明可以用于定责、纠纷追溯和信任保障等。身份证明实现了个体身份的确定性、可追溯性以及社会管理的有序性，例如，政府签发的身份证、护照等，用来证明个体拥有国家公民身份以及享有相应权益；再比如驾驶证，能够证明个体身份具有车辆驾驶技能。

在数字世界中，身份证明完全不同于现实世界。现实世界中的所有人都拥有唯一的身份证明，换句话说，通过身份证明能够映射到具体的个体；但在数字世界中，身份证明和身份之间并不存在直接映射关系，不同用户可以根据“假想”身份特征（年龄、身高、姓名等）获取网站签发的身份证明，且无需与现实世界身份特征保持一致，例如，某用户在现实世界中的实际身高为 170 厘米，但他可以在互联网社交平台上填写“假想”身高 180 厘米。因此，在互联网发展早期阶段，身份证明无法映射到现实世界中的具体身份。然而，随着数字世界的发展，匿名性和不可追溯性逐渐影响了现实世界的治安，于是各国政府接连颁布多项规定要求平台方做好用户实名制验证工作，也就是我们所熟知的 KYC，强行让互联网身份证明与现实世界身份证明形成直接映射关系，进一步与具体身份形成间接映射。

除互联网用户身份外，网页开发者也存在同样的问题，为了方便用户能够在数字世界中快速找到所需的信息资料，每个网页都会获得由国际域名管理中心统一签发的唯一地址（域名），如图 4-2 所示的 URI，分为三个部分：访问资源的方式、访问资源存放的位置和资源。网站域名一般不会映射到网站所有者的物理身份，但随着治安管理需要，多个国家要求网站域名注册必须进行 KYC，且每年需要对网站所有者的物理身份证明进行审查。

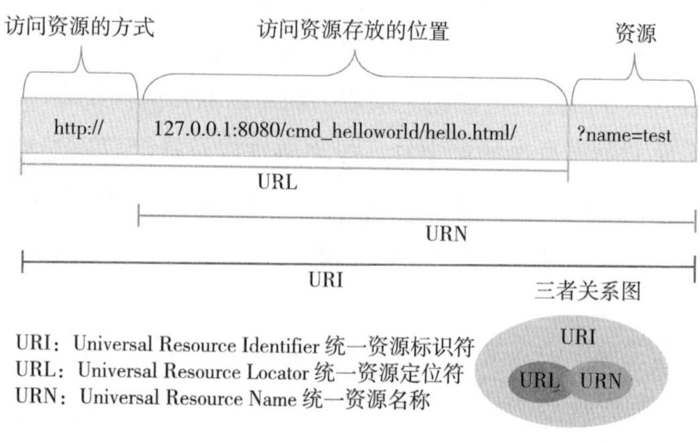

图4-2 统一资源标识符架构

3. 身份验证

在现代社会体系下，身份验证是建立信任的基础。当个体或组织之间发生交互关系时，均须进行身份验证，即证明某个体或组织合法拥有某项资源的所有权或享有某些权益，目的是通过身份验证系统维护系统运行的基本规则和安全。

第一，现实世界身份验证。物理介质证明，如各种纸质文件或卡片证明，是人类发展史上依赖最长久的身份证明，包括身份证、护照、社会医疗保障卡、驾驶证等。但随着技术的发展，物理介质证明作假越来越容易，且在身份验证环节无法有效辨别，经常出现身份篡改、身份顶替等导致资产非法转移及社会权益盗用等问题。因此，难以持续通过物理介质实现身份证明来维护原有的社会规则和安全。为了防止身份作假，各政府及组织从两方面进行升级。一方面是对身份证明的物理介质升级，增加各种防伪特征可供第三方验证，如我国身份证上增加激光变色识别、增加微缩文字、视觉上呈现图层叠放等。但这些升级只是增加了非法分子的作假成本，一旦他们掌握了相关技术，依然可以复制出各种身份证明，因此这种方法无法从根本上杜绝作假问题。另一方面是提升验证手段，政府机构对接各类身份证明平台，能够在某个体享有权益或处置资产前，通过比对物理介质证明与系统信息进行身份真伪识别，在这种模式下存在两个问题。一是各类身份证明平台未全面联通，数据孤岛导致验证信息不完整；二是企业及其他非官方人员无权介入身份识别平台，在日常交易合作中，无法通过这种模式验证身份真伪。

第二，互联网用户身份验证。在数字世界中，身份验证主要依赖用户名和密码。能够输入正确的信息，就意味着身份验证通过。这种验证体系存在两个问题。一是用户名和密码容易被网络攻击者盗用；二是中心化平台对用户身份信息拥有绝对控制权，它们可以在未获得用户许可的情况下，根据自己的需要删除、增加、更改甚至交易用户的身份信息。

（二）身份信息安全问题

无论是现实世界还是数字世界，都存在身份管理方面的问题，而且两个平行世界的身份证明呈现逐渐融合的态势。现实世界中的身份证明作假问题，借助互联网来加强身份验证能力；而数字世界匿名性和不可追溯性导致的安全问题，通过与现实世界的身份映射来解决。这些方法理想地解决了前面提到的身份验证难题，但也给我们带来了新的麻烦，即身份的特征和行为暴露在网络中，未经身份主体允许随意使用这些数据，铺天盖地的广告和个人信息泄露对用户生活造成了极大的困扰。

如图 4–3 所示，在中心化管理模式下，用户信息被不同平台重复收集并存储，会导致用户信息被过度采集、信息被不同平台交易、用户对个人行为数据没有控制权等问题。

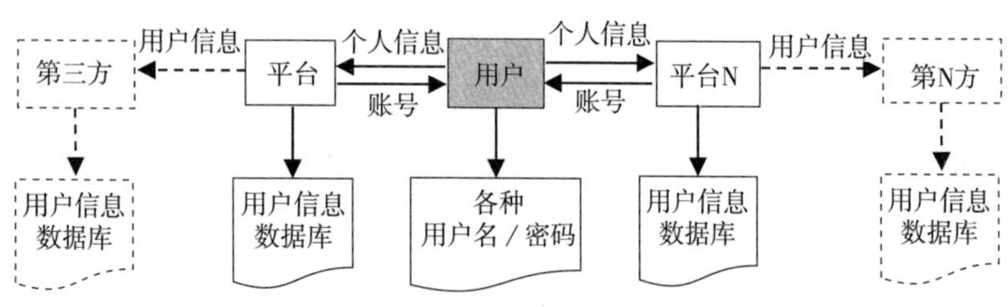

图4–3　用户信息传统数据库管理模式

（三）其他

当前我们面对的不仅是前文提到的关于人的身份管理问题，随着互联网技术及通信技术的发展，网络互联万事万物，将构筑出一个与现实世界平行的数字世界。数字世界里的参与者不仅是人，还包括机器设备、土地、房子、车辆等事物，我们必须面对的问题是如何定义数字世界里这些对象的所属权，以及怎么定义每一个数字对象的权益。这个问题关系着数字世界的正常秩序的维护以及信任的构建。前文提到的三要素“身份、身份证明、身份验证”仅围绕人来讨论，但在数字世界中，除了人的身份以外，我们还有其他各种国际统一标识，比如商品相关的统一编码（射频识别、商品序列号、二维码）等。未来我们需要管理数字世界中每一种要素，前提是做好这些要素的身份管理。进一步说，我们需要一项能够统一维护不同身份标识方法的工具，以做到不同事物的“身份、身份证明、身份验证”。

二、DID 技术介绍

W3C 发布的 DID 1.0 版将 DID 定义为一种新的全球唯一标识符。这种标识符不仅可以用于人，也可以用于万事万物，包括一辆车、一只动物，甚至是一台机器，本部分主要以人为例展开对 DID 技术的讨论。

下面我们从技术实现和应用两个角度介绍 DID 技术，技术实现主要讲述 DID 技术的构成要素，而应用主要围绕“身份、身份证明、身份验证”讨论 DID 的实现。

（一）技术实现

如图 4–4 所示，DID 技术的核心构成要素包括三个，分别是 DID、DID 文件和可验证数据登记。

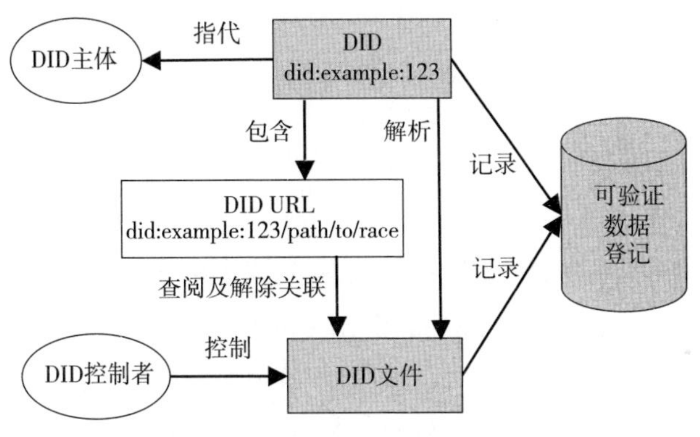

图4–4　DID架构及相关构成要素之间的关系

资料来源：W3C DID core。

1. DID

DID 属于 URI 的一种，是一个永久不可变的字符串，它存在的意义有两点。第一，标记任何目标对象（DID 主体），可以是一个人、一件商品、一台机器或者一只动物等；第二，DID 是通过 DID URL 关联到描述目标对象文件（DID 文件）的唯一标识符，即通过 DID 能够在数据库中搜索到具体的 DID 文件。

（1）DID 标识方法

DID 分为三个部分，如图 4-5 所示。第一部分是 DID 方案（类似于 URL 中的 http、https、ftp 等协议）；第二部分是 DID 方法标识符（一般是 DID 方法的名称）；第三部分是 DID 方法中特定的标识符：在整个 DID 方法命名空间中是唯一的。W3C 只规范了 DID 的表示结构，即 <did:+DID Method:+DID Method-Specific Identifier>，但没有规范三部分内容的具体标准，具体内容与 DID 方法有关，将在后文介绍。

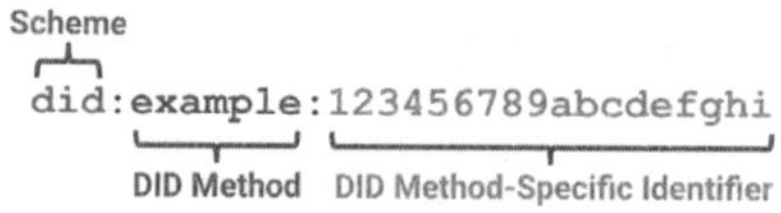

Scheme
did:example:123456789abcdefghi
DID Method　DID Method-Specific Identifier

图4-5　DID简单示例

（2）DID 方法

DID 方法是一组公开的操作标准，定义了 DID 的创建、解析、更新和删除，并涵盖了 DID 在身份系统中注册、替换、轮换、恢复和到期等。目前没有统一的操作标准，各个公司可以根据场景特征自行设计，由 W3C CCG（万维网联盟凭证社区工作组）统一维护；为保证不同 DID 技术的互操作性，新的 DID 方法均需要向工作组申请登记。截至 2021 年 8 月 3 日发布 DID 1.0 版时，在 W3C 登记的 DID 方法高达 103 项，均有不同的名称和特定的标识符表示方法。

（3）DID URL

为融合现有 URI 网络位置标识方法，DID 使用了 DID URL

表示资源的位置（如路径、查询和片段）。W3C 对 DID URL 的语法描述 ABNF（扩充巴科斯范式）规定如下：<dID-url = dID path-abempty ["?"query]["#"fragment]>。

2. DID 文件

DID 文件包含所有与 DID 主体有关的信息，在文件中有身份信息验证方法（包括加密公钥、相关地址等）。DID 文件是一个通用数据结构，通常是由 DID 控制者负责数据写入和更改，文件里包含与 DID 验证相关的密钥信息和验证方法，提供了一组使 DID 控制者能够证明其对 DID 控制的机制。需要说明的是，这里管理 DID 文件的 DID 控制者可能是 DID 主体本人，也可能是第三方机构，不同的 DID 方法对 DID 文件的权限管理有所区别。

如图 4–6 所示，这是一个与图 4–5 中的 DID 对应的 DID 文件（用 JSON-LD 编写的文件），存储在所有人能控制的位置（可以是中心化的，也可以是去中心化的），以便轻松查找。文件中可能包含以下内容：创建时间的时间戳记；DID 文件有效的加密证明；加密公钥列表；DID 可用于进行身份验证的方式列表。

```
{
  "@context": [
    "https://www.w3.org/ns/did/v1",
    "https://w3id.org/security/suites/ed25519-2020/v1"
  ]
  "id": "did:example:123456789abcdefghi",
  "authentication": [{
    // used to authenticate as did:...fghi
    "id": "did:example:123456789abcdefghi#keys-1",
    "type": "Ed25519VerificationKey2020",
    "controller": "did:example:123456789abcdefghi",
    "publicKeyMultibase": "zH3C2AVvLMv6gmMNam3uVAjZpfkcJCwDwnZn6z3wXmqPV"
  }]
}
```

图4–6　DID文件示例

3. VDR（可验证数据登记）

DID 的初衷是将用户身份信息管理权从平台交回用户，在此过程中用户必须解决的问题是：信息存储在哪里？需要验证的时候去哪里找到这些数据？怎么保证数据的真实性？VDR 讨论的就是如何解决这些问题。我们将支持记录 DID 数据且能够在生成 DID 文件时提供相关数据的系统称为 VDR，这种系统包括分布式账本、分布式文件系统、P2P（个人对个人）网络或其他可被信任的渠道。目前市场主推的 DID 储存媒介是钱包，分为托管钱包、普通钱包以及智能钱包，至于哪种媒介能更有效地存储 DID 信息，不属于本书讨论范围。

（二）DID 的实现："身份、身份证明、身份验证"

我们基于第一部分的"身份、身份证明、身份验证"，简单讨论 DID 是如何实现这些功能的。

1. 身份

在 DID 方案中，每个人可以在不同场景与不同时间，出于不同目的，在任意可信的第三方平台登记不同的 DID。相关权益和资产所属权与不同的 DID 直接绑定，而身份主体通过持有 DID 来证明其对资产的所有权或享有相关权益。DID 没有直接与现实世界身份生成映射关系，且 DID 信息维护也是由身份主体或可信第三方来维护，保证了个人信息的安全性。对身份主体而言，需要保证 DID 的安全存储，同时保护好与 DID 对应的身份文件（DID 文件）。

2. 身份证明

DID 只是一串带有密钥的随机数值，第三方机构根据 DID 信息将身份证明写入 DID 文件，同时将数字签名写入文件以示生效。例如，张三在完成驾驶技能学习后，可以向车管所提供自己已准备的DID或使用车管所提供的DID，相关信息（包括但不限于ID、类型、有效期、控制器、验证方法等）将由车管所按照DID文件的JSON-LD数据结构写入，同时加入车管所的数字签名以示生效。DID文件可以储存在车管所，也可以储存在张三的智能钱包里，或者其他存储媒介。需要注意的是，此处DID并没有泄露张三的身份特征，也没有映射现实世界的其他身份证明，这个DID只是张三持有的众多DID中的一个。因此，只要张三本人不出示DID证明，就没有人能够知道这份DID文件是属于张三的，从而保护了张三的个人隐私。

3. 身份验证

DID验证方法有多种，具体方法在不同的DID方法中有所区别，较为常用的方法是零知识证明。例如，在国家最新青少年网络游戏规定中要求每天限时一小时，传统的方法需要上传身份证信息，但在DID解决方案中，只需要提供自己持有的DID，通过零知识证明验证用户是否满18岁即可，而无需告知平台方用户具体年龄。这只是众多验证方法中的一种。

三、DID应用和发展

DID从提出到现在已经有几年时间，各行业协会、互联网平台、基金会都在积极推动并完善DID技术。经过长时间探索，W3C于2021年8月3日发布了DID 1.0版白皮书。相比初期，1.0版搭建了一个全新的身份标识体系，开始考虑如何融合市场上已有的身份标识方法。其他协会、组织及企业也基于W3C的DID规范提出了多种DID方法，但DID技术要落地应用仍然有很多问题需要解决，主要包括如下几方面。

（一）如何满足合规性要求

互联网最初只需要通过用户名和密码实现平台身份验证即可，但为了满足 KYC 要求，现在需要将互联网身份证明与物理身份证明绑定。这种方法的初衷是让网络用户的行为可问责、可追溯，逐步建立网络信任体系，但负面影响是造成大量的个人信息泄露。DID 能够有效解决这些问题，但面临的仍然是合规性问题。虽然当前还未出台相关规定，但未来必然面临如何对不同的 DID 进行 KYC 问题。当前主流的应对策略是通过 DID 将原来的互联网身份证明和现实世界身份证明的“直接映射关系”转变为“间接映射关系”，但仍不能忽略这种映射关系依然存在信息泄露的可能，该问题有待进一步探讨及观察。

（二）如何验证 DID 与持有人之间的关系

DID 具有匿名性，当前主流 DID 技术给出的解决方案是：谁持有 DID，谁就有权享受相关权益。这种方案无法验证 DID 提供者是不是本人，也无法避免 DID 被盗取并用于非法目的。虽然部分 DID 方法提出将 DID 映射到中心化数据库，通过一套中心化的方法验证 DID 提供者是不是本人，但这仍将给个人信息保护留下漏洞，例如，是否能够通过中心化数据库推断出 DID 持有人。

（三）DID 如何市场化推行

在 DID 市场化过程中有两方面的瓶颈。一是没有企业愿意主动放弃用户数据。用户数据如同平台护城河，产生了大量的价值，如果同意 DID 的使用，就等于同意拆除护城河，这对于互联网企业是致命性打击。二是 DID 技术的推行谁来买单，用户是否愿意为自己的身份信息管理买单。换句话说，用户是否愿意向类似智能钱包这种硬件或软件的提供商付费。虽然未来个人行为数据有变现机会，但在商业模式不清晰的情况下，有多少用户感兴趣并参与其中尚未可知。此外，DID 技术将打破各平台方原有的数据管理结构，必定需要新增相关验证平台，那么相关成本谁来承担？这些瓶颈将会极大地阻碍 DID 技术的推行，如何平衡相关方利益关系，目前仍没有理想的方案。

（四）密钥管理风险大

DID 的可信性主要依赖于密钥技术，如果第三方机构的私钥被窃取，会不会出现随意签发证书的行为？或者如果某个身份主体将私钥无意丢失，是否将永远无法使用这些 DID 证书？这些问题目前没有理想的解决方案，因此对其在现实中的使用带来了较大的挑战。

第二节　数字分身

随着有关元宇宙概念的讨论越发激烈，各种相关技术特征也将迎来乐观的发展前景，数字分身作为一种细分技术模块也越发受到关注。本节综合分析传统科技和区块链领域探索数字分身的应用案例，介绍目前实现数字分身的主要技术路径，分析数字分身应用于不同场景和需求的设计维度和主要特征，总结支撑其发展的主要驱动因素，从而说明数字分身在元宇宙构建过程中的意义。

一、数字分身的主要技术路径

数字分身一般指现实世界的主体在元宇宙中创建的数字形象，

例如，在一些数字孪生的应用场景和 VR 游戏里，数字分身为用户提供了现实世界与数字世界进行可视化交互的界面。在另外一些强调隐私保护、去中心化的应用场景里，例如 Web3.0、区块链游戏等，数字分身也可为 DID、区块链地址等抽象的数字身份标识提供一个可视化形象来提升用户在数字世界内部的交互体验。

在传统的游戏、社交应用中，我们经常有机会选择、搭配生成自己的虚拟形象，比如根据模版创建一些风格统一的二维或三维卡通形象、自己上传喜欢的图片当作头像等。图 4-7 就是沙盒游戏《我的世界》(*Minecraft*) 里供用户挑选的两款默认角色形象，用户也可以通过更改参数自定义玩家形象。

图4-7 《我的世界》里两款默认玩家形象Steve（左）和Alex（右）

资料来源：https://minecraft.fandom.com/wiki/Player。

这些虚拟形象体现了用户进入数字化的游戏和网络世界后表达自身形象的需求，也作为其他控件访问用户的入口起到功能性作用。不过这些虚拟形象对应的数据一般存储在应用方控制的中心化服务器里，只能在有限的、孤立的范围内使用。

随着关联技术的同步发展和商业需求的日益凸显，数字分身生成技术步入快速成长阶段，其代表的元宇宙形象也正逐渐走向独立和丰富。

（一）打造逼真的虚拟数字人

数字分身通常与数字孪生概念挂钩，并具有更强的可塑性和交互性，被视为未来元宇宙里的用户交互入口。其主要表现形式为以真人为原型的虚拟数字人，即综合运用 CG（计算机图学）、MC（动作捕捉）、AI 等技术构建虚拟数字人物形象，使之能够在数字化场景中与真人或其他数字模块进行交互，以满足用户的社交、情感联结需求或代替真人进行功能性、服务性作业。在人工智能、虚拟现实等新技术浪潮的带动下，虚拟数字人技术从 20 世纪 80 年代发展至今已经步入成长期。

以英伟达、英佩游戏为代表的各大科技、游戏公司在虚拟人市场均有大量投入并纷纷推出虚拟数字人制作平台。在 2020 年 GTC 大会上，英伟达的 CEO 黄仁勋以极度逼真的虚拟人进行的“厨房演讲”就是一次成功的展示（见图 4–8，左），英伟达也在 2021 年 11 月正式推出人工智能虚拟化身平台 Omniverse Avatar，旨在为连接现实世界和数字世界并实现数字孪生提供技术基础。英佩游戏公司的虚幻引擎在提供三维写实风格的数字画面效果上也遥遥领先。2021 年 2 月，英佩游戏公司推出了由虚幻引擎驱动的 MetaHuman Creator，致力于使建造高保真数字人变简单（见图 4–8，右）。

图4–8　虚拟数字人的逼真效果

根据《2020年虚拟数字人发展白皮书》中对虚拟数字人通用系统框架的总结，虚拟数字人系统在一般情况下由人物形象、语音生成、动画生成、音视频合成显示、交互等模块构成（见图4–9）。根据可扩展的交互模块的有无，虚拟数字人可分为交互型和非交互型，前者通过智能系统或真人驱动来实现与现实世界的用户进行互动（见图4–10）。

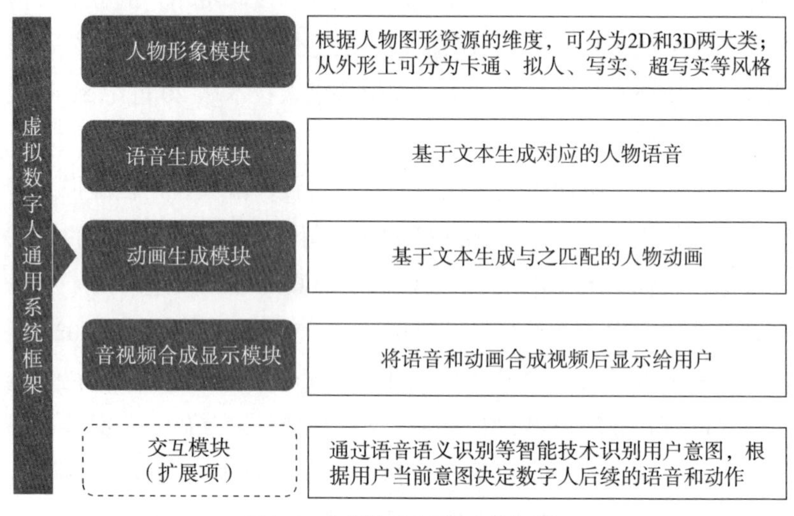

图4–9　虚拟数字人通用系统框架

资料来源：《2020年虚拟数字人发展白皮书》，华泰研究。

（二）跨应用的通行证

当前，虚拟数字人底层算法和渲染引擎的开发正朝着使数字分身更逼真、更具好感度的路径推进。与此同时，Genies、Ready Player Me 等一些专注于创造跨应用数字分身的平台出现了。

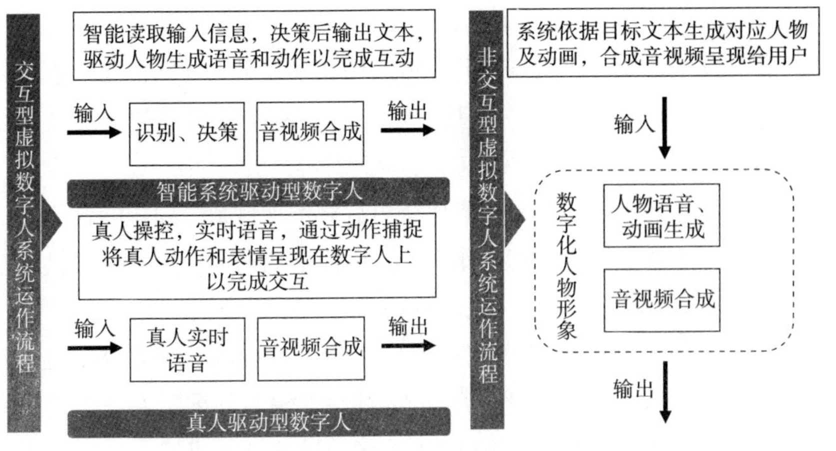

图4-10　交互型与非交互型虚拟数字人系统运作流程

资料来源：《2020年虚拟数字人发展白皮书》，华泰研究。

例如，2021年12月底获得1 300万美元A轮融资的Ready Player Me平台，由专门做人脸扫描和重绘的Wolf3D公司推出。游戏开发者可通过SDK将平台中的数字分身对接到自己开发的游戏里并支持本地化适配。用户则可以通过在平台上传自拍照、“捏脸”生成自己的数字分身，并使用该数字分身参与该平台支持的游戏、VR等应用。截至2022年1月，Ready Player Me适配的应用超过1 000个，覆盖主流游戏引擎（Unreal、Unity）、Web应用、IOS与安卓系统。

Genies的业务模式与此类似，具有更多与知名品牌商和IP的合作关系，目前正在与Dapper Labs合作，在福洛区块链上建立一个为Genies平台的数字分身提供NFT收藏品的市场。

（三）数字分身通过NFT获得“自由”

大部分数字分身技术依赖中心化实体的运营。前文介绍的

Ready Player Me 就是一个典型的中心化平台，通过提供的数字分身和对接平台接口将用户和开发者应用联系起来，实际上用户本身并不拥有这些数字分身，而基于区块链的 NFT 技术有望解决这一问题。

在区块链领域，从最初的比特币点对点支付系统到智能合约支持下的各类去中心化应用操作系统，已经落地的商业模式从支付工具、金融产品延伸到了艺术、游戏、社交等商业领域。NFT 的“出圈”也引发了 NFT 头像潮流：以 NFT 形式存在的数字收藏品的忠实用户纷纷将 NFT 图片作为自己的社交形象对外展示，一些俱乐部应用也开始面向持有特定 NFT 的区块链地址提供服务或推广产品。在这种模式下，NFT 头像为区块链地址提供了可视化的数字身份形象。利用 NFT 技术打造的数字分身不再是集中存储于应用方服务器的一串参数，而是可完全由用户自主掌控的数字身份实体，成为另外一条值得探索的技术路径。

当然，目前这些以静态图片为主的 NFT 形象所呈现的可视化效果与虚拟数字人是截然不同的，后者作为数字分身似乎更具有互动性和灵活度。于 2021 年 11 月 30 日获得 350 万美元种子轮融资的 Myty 项目致力于为 NFT 形象提供“生命”。能够让用户以 NFT 形象出现在社交场景，并通过动画技术让该形象具有更加丰富的动态表情。例如，Myty 能够帮助 CryptoPunks（加密朋克）持有者在 Zoom（多人手机云视频会议软件）会议上以 CryptoPunks 形象出现，并能够动态展示“点头”、“微笑”、“笑哭”、“震惊”等动画效果。

（四）为数字分身赋予数据内核

前面三个技术路径分别在数据分身的视觉效果和交互体验、互操作能力、用户主控权方面进行了积极的探索，还有一个重要的探索方向是为这些数字分身提供更加丰富的内涵。比如将数字分身与数字身份相关联，通过数字身份对应的数据和身份画像为数字分身提供数据内核，让数字世界的主体形象更加丰富饱满。

数字内核可以是一个中心化运营下的AI模型，使数字分身具备语音对话、形体互动甚至诗词歌赋等模拟人类思想情感及行为的能力，也可以对应去中心化身份的数据。DID作为索引关联着数字分身背后对应的身份数据库。而虚拟数字人等可视化、可交互的数字分身形式可与DID结合，在一些场景下满足沉浸体验更好的"具身"交互需求。

在区块链应用领域，区块链地址就是一种最朴素的DID，并且有一些衍生应用实现了区块链身份信息的聚合画像。

ENS（以太坊域名服务）等域名应用将区块链地址编译成人类可读的符号，并聚合能够反映该地址身份的网页、社交账号、文字描述等信息绑定于对应的NFT，是一种初级的用户画像，也是一种相比区块链地址更方便的身份入口。

Nansen、Tally、RSS3等项目将区块链地址的历史行为数据聚合展示，是一种基于行为的用户画像。这种身份画像已经被当作简历用于社区治理拉票或求职、被当作目标用户获得新项目的推广空投，也用于构建信用评估模型并开展相关业务。

如果将数字分身形象与ENS绑定，并关联到相应的行为数据聚合页面，就可以在区块链世界构造出一个有血有肉的身份形象，这一形象比物理真身可能更加可信。

二、数字分身的设计维度和主要特征

接下来，我们通过几个具体的例子来观察从不同设计维度出发打造的数字分身产品。

（一）与现实世界的相似性

第一个设计维度是数字分身给我们带来的体验与我们在现实世界获得的体验之间的相似性，所谓的体验包括获取功能、服务、情感交互等。根据相似性程度分成镜像、拟态和抽象三种。

1. 镜像

对数字孪生而言，其目的是将物理系统复刻到数字世界，强调与现实世界的相似度，相关技术方致力于使虚拟数字人在外形、动作、语言甚至思维模式方面逼近真人，使用户在与纤毫毕现、栩栩如生、对答如流的虚拟人交互过程中宛如面对一个镜像世界。

这些镜像构建的虚拟数字人有广泛的应用场景。例如缩短社交距离，远程参加会议、办公、活动、家庭聚会等，满足商务和情感联结需求；创造全新体验，例如沉浸式教育、娱乐、游戏等；提高电子商务效率，例如根据用户真实体型生成的虚拟数字人在线定制服装，实现在现实世界中不能做到的事；例如偶像以虚拟分身的形式同时在多个具有当地特色的虚拟舞台举办在线演唱会；利用数字替身特效实现影片中难以呈现的内容和效果。

2. 拟态

除了将真人镜像刻画到数字世界，另一个具有前景的方向是原创数字分身拟态生长的结果，例如日本第一款被广泛认可的虚拟人初音未来、AI 生成的清华大学虚拟学生华智冰等。这些在现实世界并不存在镜像原型的虚拟数字人拥有与人类相似的行为模式和交互体验，很容易引发人们的共情和好感，而外形的自由设计可以不受物理局限，呈现更具特色或更完美的视觉效果，激发用户好奇心并有助于优化交互体验。

这种拟态构建的数字分身存在的主要意义是帮助推行主体以更少的成本产生更大的价值，或者通过更灵活的虚拟内容吸引更多的用户。目前一般用于服务业和泛娱乐场景来代替真人从事一些业务和活动。根据推行该虚拟数字人的目的，可以分为以下两大类。一是身份型：例如娱乐公司打造的虚拟偶像、游戏里玩家创建的虚拟 IP，这类数字分身强调独立人设。二是服务型：由真人驱动或 AI 驱动的数字形象，以提供客服、顾问等服务，用于分担人力成本，不强调具备人格。

3. 抽象

虚拟数字人可能是未来元宇宙里身份形象的主流表现形式，不过现在还没有完全普及。目前不管是互联网领域还是区块链领域，普遍还是采用头像图片的形式作为用户的形象表达。而在区块链领域，这种图片一般以 NFT 的形式赋予用户头像所有权。一些稀缺度比较高的 NFT 头像，隐含的是持有者文化品位、经济实力、社区认同等表征身份地位的信息。它们帮助用户在不需要出示现实世界身份证明的情况下获得区块链领域的机会和服务。当前像 Myty 等项目也开始尝试将这些 NFT 形象与互联网社交领域结合做一些衍生探索。

（二）与物理身份的关联性

第二个设计维度是数字分身与物理身份的关联性。这也关系到数字分身的伦理问题和法治问题。

1. 显性

事实上，现存大部分数字分身是与物理主体绑定的，物理实体可能是个人，也可能是机构。比如在社交平台上自己选定的数字分身，可通过 KYC 追踪到用户身份，即便是 AI 拟态创造出来的虚拟数字人，背后也对应着其发明和运营团队。这种显性映射关系一方面是创造数字分身的主体自愿证明的，另一方面这种显性约束条件也便于监管方管理。

2. 隐性

出于保护个人隐私的目的，另一种绑定关系设计为隐性，只有物理主体自己知道与数字分身之间的映射关系。在强监管的场景下，需要物理主体向监管方出示映射关系证明来满足合规要求，使得映射关系从完全隐性变成部分隐性；在另外一些应用场景下，这种映射关系可能被身份画像算法推断出来，使得映射关系被动显性。对这种隐性映射关系的保护或对部分隐性的安全颗粒度调控，需要技术解决方案的支持。

3. 无关联

第三种情况是数字分身与物理实体无关联。现在有一些创业方案要在元宇宙里打造身份独立、AI 驱动的原生虚拟数字人。其实在模型训练早期，该虚拟数字人仍然是关联到运营方主体的，至于能否在技术上和法律上完全脱离运营主体而存在，是一个很遥远且复杂的话题。

（三）交互的多样性

第三个比较重要的设计维度是数字分身的交互功能。需要根据数字分身的功能需求考虑是否添加交互模块；研发可交互的功能点，比如语音对话、动作表情交互等；数字分身与其他产品的可组合交互，例如根据用户为自己的数字分身购买的穿搭 NFT 或在游戏中获得的等级奖励对外形进行更新；数字分身在不同类型的应用场景下的互操作性。

（四）拟实现的主要特征

1. 仿真性和实时性

在一些应用场景下，数字分身要求在视听呈现效果、动作捕捉、微表情等方面做到高仿真和实时渲染，以获取逼真和身临其境的沉浸感。

2. 非许可性和可达性

与用户自我表达有关的数字分身应具备创作的非许可性和数字分身的可达性，使数字分身真正成为用户在元宇宙中表达自我、由用户控制的代表角色，而不是随时可能被第三方审查、下架，面临“数字化死亡”。

3. 互操作性和可转换性

同一个数字分身出现在多个应用场景需要互操作性特性的支持，从不同平台各自为用户提供一套数字分身的割裂状态，过渡到同一个数字分身畅游在元宇宙的融合状态。

与此同时，为匹配不同场景的设计风格，数字分身在表现形式上需具备可转换性，基于一些开源的基本元素按当下场景渲染可视化效果。

4. 与现实世界形成闭环

数字分身在数字世界的行为要想在现实世界产生结果，需要将数字分身与物理主体建立映射，使其行为逻辑与现实世界打通形成闭环，这对于有效监督数字分身在数字世界的行为规范也很有必要。

三、数字分身发展的驱动因素

数字分身作为元宇宙身份形象的可视化技术，具有实际的需求和意义。

（一）数字化协作的经济效用需求

数字分身，特别是高度仿真的虚拟数字人可以开拓物理主体实现不了的场景，打破物理时间和物理空间上的限制；也能让人更沉浸式地参与其中，带来更好的互动效果。一方面可以通过减少物理距离和时间、释放占用的物理空间带来更多数字化协作下的经济效用，另一方面也能用数字分身代替时间维度上非现在时的物理主体，为用户提供情感联结、教育、娱乐等方面的价值，催生新的经济产业。

（二）数字世界的自我表达需求

赋予用户自己创作数字分身的能力，包括自定义的外形装扮、AI 驱动的才艺赋能等，能极力满足用户在数字世界的自我表达需求，甚至赋予他们“重生”的希望。一些因身体残疾而在现实世界缺乏社交的用户在数字世界中成为“网红”就是典型的案例。

综上所述，本节概述了数字分身技术的发展现状，目前不同应用领域实现数字分身的技术路径主要有：第一，通过更先进的计算与信息技术打造超越恐怖谷效应、能让用户真正移情的虚拟数字人；第二，通过为开发者设计 SDK 等通用模块建立数字分身；第三，通过区块链和 NFT 技术让数字分身自主可控；第四，通过将数字分身与 AI 模型、数字身份或身份画像数据结合使数字分身更具内涵。数字分身的设计可主要从与现实世界的相似性、与物理身份的关联性、交互的多样性方面考虑，并根据应用需求提高仿真性和实时性、非许可性和可达性、互操作性和可转换性等特征，努力将其与现实世界的行为逻辑打通构成闭环。数字分身在促进数字化协作和辅助用户在数字世界更好地表达自我方面具有很大的经济价值增长空间。

专题4–1 ENS

ENS，全称 Ethereum Name Service，是 2017 年 4 月上线的一个去中心化域名服务。早期由以太坊基金会、Binance_x、Chainlink、Ethereum Classic Labs、Protocol Labs 提供经费孵化，2018 年脱离以太坊基金会成为独立运营机构。ENS 开发者致力于将其作为一种公共资源推出，由新加坡非营利组织 True Names LTD. 管理。

ENS 本质上是一个“翻译机”，致力于为区块链社区提供一个在计算机语言和人类可读语言之间进行互相无损转译的服务，而且这种转译是抗审查的。

产生这个需求的原因是以太坊地址是以“0x”开头的 42 位字符串，不容易识别，难以校对，在转账过程中容易出错，非常影响用户体验。而 ENS 能够帮助用户用一串人类可读字符串（下称“域名”）代表用户的以太坊地址，比如用户想给 Vitalik 转账，只需在地址框输入 vitalik.eth，钱就会自动转到他的以太坊地址 0xd8dA6BF26964aF9D7eEd9e03E53415D37aA96045。

目前，ENS 已经发展为可将一个域名映射到多种形式的信息，并提供创建及管理子域名、反向解析等服务。

一、协议架构

ENS 与互联网的 DNS（域名系统）本质的区别在于前者依托以太坊区块链基建，采用智能合约而非第三方中心化服务器提供域名解析服务。如图 4–11 所示，ENS 主要包括注册器和解析器这两个智能合约组件。

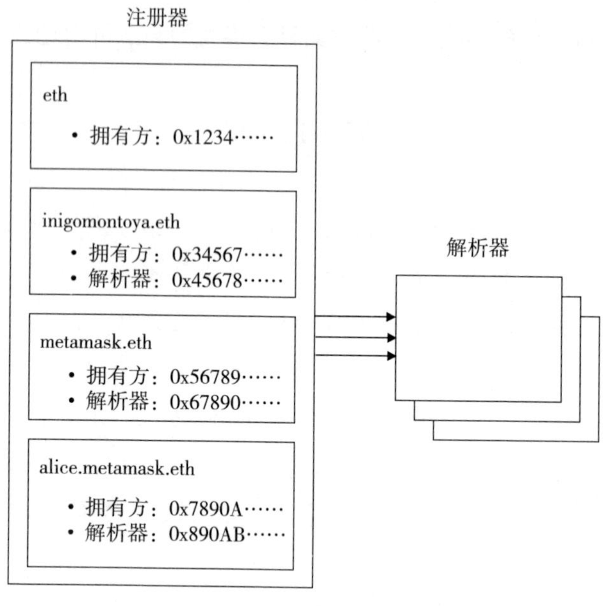

图4-11　ENS架构

资料来源：ENS Documentation。

第一，注册器。注册器用于维护根域名及其子域名列表，存储域名所有者地址、域名对应的解析器合约地址、域名下所有记录存活时间的缓存。域名所有者既可以是外部所有者账户地址，也可以是某个智能合约地址。所有者拥有以下权限：设置解析器地址及域名的存活时间；将域名的所有权转移给另一个地址；变更子域名的所有者。

第二，解析器。解析器是实际负责“翻译”工作的智能合约。这些解析合约是非许可的，只要满足相关标准，可作为 ENS 的解析器被注册器引用。ENS 开发者为用户提供了一般目的的解析器实例。如果想要将域名映射到更多类型的记录，只需通过 EIP（企业信息门户）标准流程在合约里定义对应的方法即可。

如此一来，域名解析通过两个步骤就可以完成（见图 4–12）：用户访问注册器合约获取解析器地址；用户访问解析器地址查询域名的解析结果。

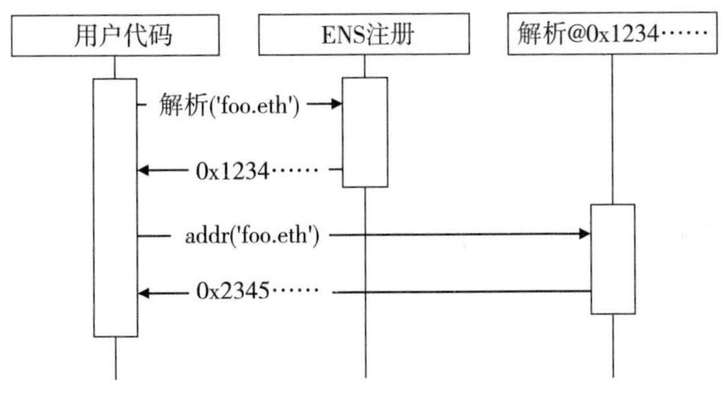

图4–12　域名解析流程

资料来源：ENS Documentation。

第三，Namehash。由于智能合约直接处理用户可读的域名效率较低，注册器会将域名通过标准化处理后传入一个基于 Keccak256 的递归算法，最终输出 256 位的哈希。该哈希称为 Node，用作智能合约识别域名的唯一标识，使 ENS 合约对域名形成统一认知；生成 Node 的过程被称为 Namehash 算法。这一做法为处理具有层级结构的子域名提供了便利，可以在只知道上一级域名哈希值的情况下输出子域名的哈希值。

二、功能延展性

（一）可关联的记录类型

ENS 协议提供了将多种形式的记录绑定到一个域名的功能。如图 4–13 所示，uniswap.eth 这一域名被关联到了 Uniswap 的一个带时间锁的管理地址、Uniswap Dapp 的网址、Uniswap 官方网址等。

除此之外，ENS 域名也可以绑定到 BTC、LTC 等其他区块链地址、邮箱等其他信息。

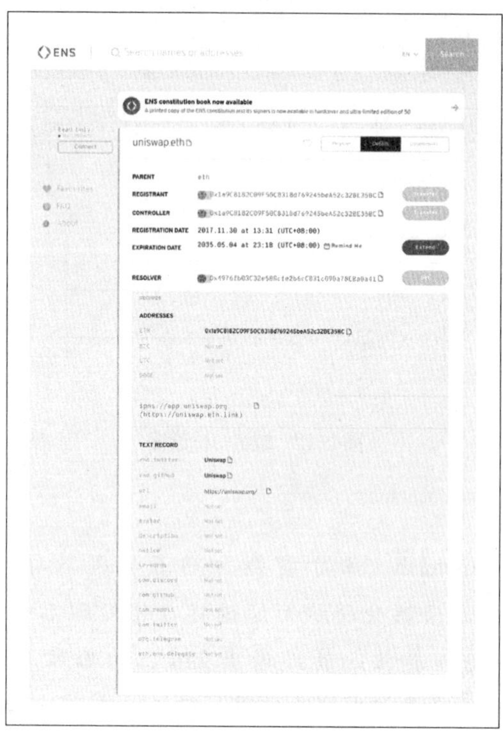

图4-13　域名uniswap.eth示例

资料来源：https://app.ens.domains/name/uniswap.eth/details。

此外，ENS 通过购买 DNS 的 .eth.link 域名，帮助 ENS 用户在互联网浏览器输入 {name}.eth.link 即可自动关联到 ENS 的 {name}.eth 域名。

（二）顶级域名

ENS 希望作为 DNS 域名生态的一部分与之对接，而不会影响 DNS 的域名空间。因此 ENS 只采纳了有限个 ENS 专属的顶级域名，

例如 .eth。对于 DNS 已有的顶级域名，例如 .xyz，ENS 与 DNS 达成了对接合作，DNS 顶级域名所有者可以通过 DNSSEC 服务在 ENS 注册对应的域名。

（三）子域名

域名所有者还可以在域名下创建更多层级的子域名，并授权不同的地址进行管理。

（四）收费标准

目前注册 .eth 域名的成本包括年费和 gas（汇编语言格式）费。对不同长度域名的年费进行阶梯收费。3 个字符 .eth：价值 640 美元的 ETH/ 年 × 注册年数 + gas 费；4 个字符 .eth：价值 160 美元的 ETH/ 年 × 注册年数 + gas 费；5+ 个字符 .eth：价值 5 美元的 ETH/ 年 × 注册年数 + gas 费（见图 4–14）。

当域名快要到期时，所有者需要通过续费来保留该域名。这些订阅费用成为 ENS 服务的主要营业收入。

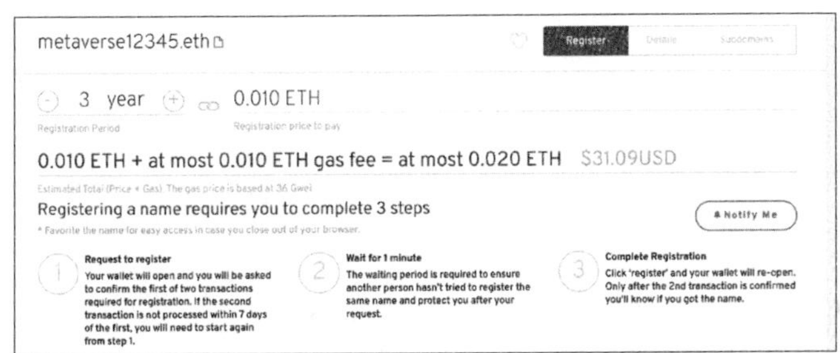

图4–14　ENS注册流程

资料来源：https://app.ens.domains/name/metaverse12345.eth/register。

三、反向解析

除了通过人类可读的域名解析出计算机可读的以太坊地址，ENS 还提供了一种反向解析功能，即通过以太坊地址解析出对应的人类可读元数据。这一前提是该域名所有者将该地址在一种ENS特殊域名.addr.reverse下注册了子域名。

例如，以太坊地址0x314159265dd8dbb310642f98f50c066173c1259b的持有者可认领一个314159265dd8dbb310642f98f50c066173c1259b.addr.reverse域名，该域名会关联到一个将其反向解析成某种人类可读的元数据（例如ENS域名）的解析合约，具体标准参见EIP-181。反向解析大大提高了区块链事务记录的可读性（见图4–15）。

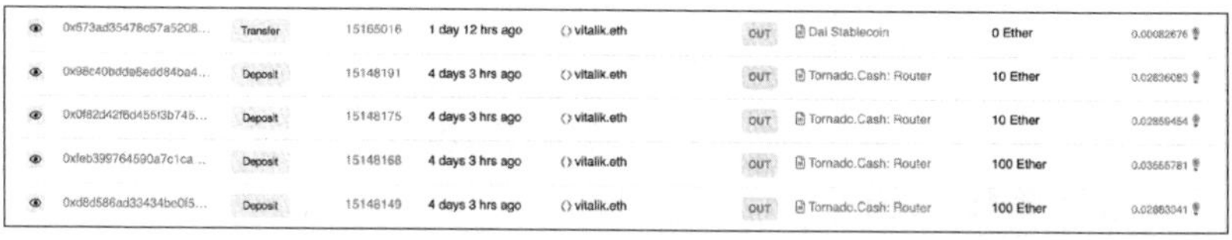

0x673ad35478c57a5208...	Transfer	15165016	1 day 12 hrs ago	vitalik.eth	OUT	Dai Stablecoin	0 Ether	0.00082676
0x98c40bdde6edd84ba4...	Deposit	15148191	4 days 3 hrs ago	vitalik.eth	OUT	Tornado.Cash: Router	10 Ether	0.02836083
0x0f82d42f6d455f3b745...	Deposit	15148175	4 days 3 hrs ago	vitalik.eth	OUT	Tornado.Cash: Router	10 Ether	0.02859454
0xfeb399764590a7c1ca ...	Deposit	15148168	4 days 3 hrs ago	vitalik.eth	OUT	Tornado.Cash: Router	100 Ether	0.03555781
0xd8d586ad33434be0f5...	Deposit	15148149	4 days 3 hrs ago	vitalik.eth	OUT	Tornado.Cash: Router	100 Ether	0.02863041

图4–15　vitalik.eth设置反向解析后，Etherscan上的记录能直接显示该域名

资料来源：https://etherscan.io/address/vitalik.eth。

第五章

元宇宙的内容生产系统

Metaverse 由 Meta 与 Verse 组成，其中“宇宙”概念的实现需要有丰富的内容作为支撑，多元、沉浸式的内容能够有效提升元宇宙用户的临场感。本章我们将讨论内容的生产工具，以及内容生产模式的变迁。

第一节，我们介绍构建元宇宙的工具。元宇宙的本质是对现实世界的映射和延伸。游戏引擎是元宇宙场景构建的“造梦工坊”。在元宇宙场景的构建中，游戏引擎通过导入预先创作的美术资源并进行整合，尽可能地模拟元宇宙场景的内外形态、设定基础的物理规则、定义交互方式等，高效、高质地从零构建兼具形、声、色的 3D 数字场景。在游戏侧，在游戏引擎诞生之前，游戏生产需要从零开始编写代码，出现较多的重复性劳动。游戏引擎为开发者提供了一套持续优化、可复用的“模块化地基”，开发者能够在此基础上如“拼积木”一样，简洁高效地“拼”出游戏。此外，伴随着技术的提升，游戏引擎在汽车、影视、数字孪生等领域的应用也在持续拓宽。

第二节，我们介绍元宇宙内容生产模式的变迁。我们认为内容生产模式的发展可以分为 PGC、UGC、AI 辅助生产内容、AIGC 四大阶段，目前我们仍处于第一阶段与第二阶段之间。PGC 模式下的元宇宙世界拟真度高、沉浸感较强，目前大部分流行的影视、音乐和游戏均由专业团队创作。UGC 模式降低了生产成本，满足了个性化需求，同时在一定程度上解决了 PGC 产能瓶颈，UGC 社交平台快速破圈发展。从长期来看，人脑处理信息的能力有限，当 PGC、UGC 的生产潜力逐渐消耗，AI+ 内容生产将弥补数字世界内容消耗与供给的缺口。目前 AI 以辅助创作为主，随着数据、算法、算力等要素的持续迭代，AIGC 将是长期的发展方向。

第一节　游戏引擎

一、引擎助力游戏模块化开发，自研与商用分化

游戏制作流程包括概念、3D 内容创建与执行三个阶段。游戏引擎作为“中间件”主要作用于执行阶段，能够提升开发效率，核心功能包括渲染、物理与动作等。游戏制作流程的具体内容如下（见图 5-1）。

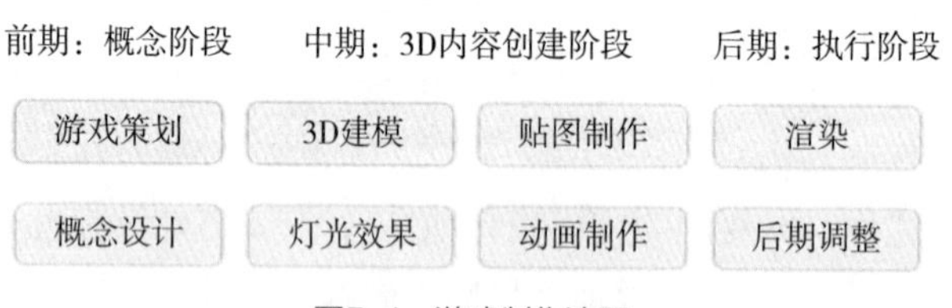

图5-1　游戏制作流程

资料来源：Steam，Unreal，华泰研究。

第一，概念阶段：主要包括游戏策划、概念设计等提纲挈领的顶层设计，负责将抽象的概念转化为可执行的制作方案，如原画师需要根据策划给出的概念设计创作出游戏原画，并细化出三视图，

供下一阶段建模使用。

第二，3D 内容创建阶段：主要涵盖 3D 建模、贴图制作、灯光效果等环节，涉及软件包括 3DMax、ArcGIS、Maya、AutoCAD 等，其中 3D 建模主要涉及多边形建模与数字雕刻两种技术，由建模师将原画转换为基础的 3D 模型，再通过贴图在模型上添加材质、纹理和颜色，将其具象为栩栩如生的 3D 角色形象，并配合灯光与动画，让阴影、反射、运动效果都呈现得更为自然。

第三，执行阶段：主要涉及渲染和后期调整，通过调整画面的亮度、颜色和对比度，合理调配景深、模糊、雾气、阴影等参数，实现场景与角色更逼真、融洽的结合。

游戏引擎是游戏开发的“模块化地基”，作为“中间件”，能够减少重复代码编写，提升效率。在游戏引擎诞生前，游戏制作必须从零开始编码构建，重复性高，开发效率低。而在游戏引擎诞生后，开发者无需反复编写底层基础代码，只需在一套完整框架的基础上，利用预留接口进行修改补充。在功能上，我们认为游戏引擎具有“中间件”的属性，它能够继承 3D 动画建模软件中产出的美术资源，以及录制的音效素材，并在此基础上进行整合优化，高效便捷地生成游戏产品。换言之，游戏引擎为开发者提供了一套持续优化、可复用的“模块化地基”，开发者能够在此基础上如“拼积木”一样，简洁高效地“拼”出游戏。

多层级软件搭建，渲染、物理与动作是其核心功能。典型的游戏引擎架构由多个“上层依赖下层”的软件层组成（见图 5-2）。第一层，硬件层、设备驱动层和操作系统层负责适配硬件资源；第二层，第三方软件开发包层、独立平台层、核心系统层和资源管理层提供不同 API 接口和基本软件管理；第三层，功能核心组件和游戏专用子系统作为顶层组件，在不同游戏类型中有差异和侧重点，主要包括渲染引擎、物理引擎和动作引擎，核心组件间的耦合度较低。

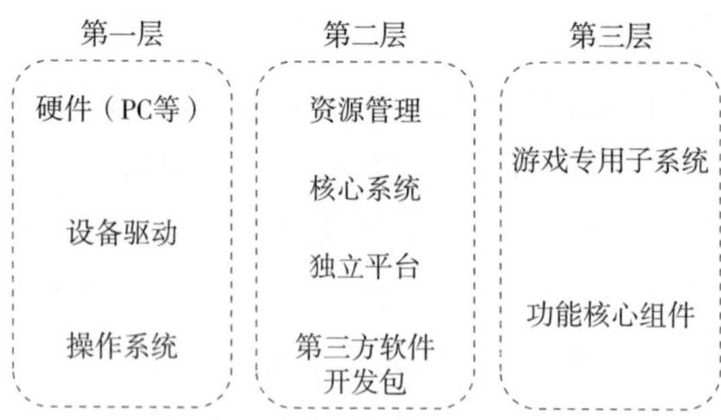

图5-2　游戏引擎架构示意图

资料来源：杰森·格雷戈瑞.游戏引擎架构［M］.北京：电子工业出版社，2014。

游戏引擎强调实时渲染，需要平衡渲染效果与效率。渲染主要包括应用于影视的离线渲染以及应用于游戏的实时渲染。第一，离线渲染：渲染时并不实时显示画面，而是提前进行 3D 建模，再将光线、运动轨迹等不同因素在模型上计算呈现，侧重于高精度、高保真，往往耗时较长。第二，实时渲染：渲染时实时呈现画面，但受系统负荷限制，需要平衡画面效果（如光影、贴图等）与显示效率。在游戏中，渲染与用户操作同时进行，而每个动画的生成均需要引擎进行实时渲染（见图 5-3）。

图5-3　应用于游戏领域的实时渲染

资料来源：Unreal 官网。

物理上，游戏引擎能够利用数字 3D 模型锚定数字世界的运行规律。引擎处理对象包括刚体（见图 5–4）与柔体，不仅能够搭建坚实的建筑，也能模拟水体流动等效果（见图 5–5）。其中刚体运动主要基于牛顿三大定律，通过受力分析、更新速度与位置、碰撞检测、解决约束、显示结果的循环流程模拟呈现运动结果。Unity 等通用游戏引擎集成通常有第三方开源物理引擎，常见的 2D 物理引擎包括 Box2D、Chipmunk，3D 物理引擎包括 PhysX、Bullet 等。

图5-4　物理引擎处理刚体运动的常见循环

资料来源：CSDN，华泰研究。

动作上，游戏引擎驱动角色的行为更加自然。从流程上看，首先将与游戏角色绑定的骨架和关节导入引擎，再利用网格、骨架结构、动画片段进行骨骼动画渲染，随后进行蒙皮信息计算，最终进行动画混合，将两个或更多的输入姿势结合，产生骨骼的输出姿势，让游戏角色真正“动”起来。如何在动作与动作间实现真实自然的衔接曾经是游戏制作的一大难点，当下游戏引擎利用动作捕捉、AI 自主学习等技术，能在两个动作间自动插入衔接动画，使游戏角色的运转更加流畅自然，无须动画师反复地制作与编辑，提升了工作效率。

图5-5　英伟达 PhysX物理引擎可模拟流体运动

资料来源：英伟达官网。

从发展历史来看，引擎在诞生之初主要为简化游戏开发流程，通过模块化的组件减少编程工作量。随后引擎技术持续迭代，功能逐渐完善，Unreal 凭借其优质的画面效果与运行效率异军突起，各游戏大厂也加大自研引擎的开发力度。受益于游戏移动化浪潮，Unity 凭借简单易用、兼容性强等特点实现快速发展，行业也逐渐走向分化，部分大厂坚持自研定制，大量中小开发商则更多地使用第三方商业引擎。总的来说，游戏引擎的发展经历了以下四个阶段。

1990—1997 年，引擎诞生：简化游戏开发流程，Quake 引擎实现 3D 渲染。20 世纪 90 年代引擎的概念虽未形成，但开发者已经逐步认识到每次开发均须从头编写代码的重复劳动问题，一些模块化的简化工具开始出现。1992 年由 ID Software（未上市）开发的《德军总部 3D》（*Wolfenstein 3D*）采用射线追踪技术渲染游戏内物体，模拟 3D 效果（伪 3D），将 FPS（第一人称射击）游戏推向大众。1993 年 ID Software 在此基础上改良推出 DOOM 引擎（代号 ID Tech1），除了支持游戏《毁灭战士》（*DOOM*）的开发，还成功实现商业授权。1996 年 ID Software 进一步推出 Quake 3D 引擎，支持多边形模型、动态光源和粒子特效，基于此引擎开发的游戏 *Quake* 也树立了 FPS 游戏的操作标杆（鼠标用于观看与瞄准，键盘进行前后、侧向移动）。

1998—2003 年，早期发展：引擎技术持续升级，Unreal 异军突起。游戏引擎功能不断迭代，如 Quake 引擎推出的后续版本 idTech 2、idTech 3，先后服务于《半条命》《反恐精英》等经典大作。1998 年，英佩游戏（未上市）推出虚幻引擎（Unreal），凭借其优质的画面效果与运行性能取得一定市场地位，此阶段《彩虹六号：雅典娜之剑》《荒野大镖客》等多款大作均基于 Unreal 引擎打造。

2004—2009 年，门类丰富：大厂推出自研引擎，行业百花齐放。自 2004 年以来大厂相继推出自研引擎，同时 Unreal 等第三方引擎功能持续升级，行业呈现百花齐放的态势。2004 年 Valve（未上市）决定自研引擎 Source，并将其运用于《半条命 2》（*Half Life 2*）中；2005 年动视暴雪也推出自研引擎 IW 2.0，首次在《使命召唤 2》中使用。英佩游戏于 2006 年推出的 Unreal 3 支持 64 位高精度动态渲染、多种类光照和高级动态阴影特效，且占用资源较少，正式奠定了其在引擎领域的技术优势。

2010 年至今，走向分化：在移动化的浪潮下 Unity 快速发展，行业格局逐渐稳定。自 2010 年以来，部分大型游戏厂商走上自研定制化道路，而绝大多数中小型游戏公司因受限于开发引擎的高昂成本，普遍采用画质优异、兼容良好的 Unreal 引擎和 Unity 引擎，其中 Unreal 引擎主要应用于 PC、主机等高性能硬件平台；Unity 更多涉及独立作品及移动平台作品，在游戏移动化的浪潮下快速发展，市场份额持续提升。

二、第三方商业引擎占比持续提升，Unity 与 Unreal 双寡头格局稳定

部分大厂使用自研引擎制作 3A 大作，但越来越多的厂商转向

第三方商业引擎。我们认为，当前引擎的主要类别如下。一是自研引擎：由游戏公司自行搭建团队开发引擎。二是直接使用商业引擎：在其现有基础上开发游戏，不涉及引擎层的修改。三是定制化商业引擎：在取得商业引擎授权后，游戏公司针对产品特性对引擎进行深度定制化，满足特定开发需求。

动视暴雪（IW 引擎）、EA（EA.US，Frostbite 引擎）、Take-Two（TTWO.US、Rage 引擎）等游戏巨头通常组建庞大的引擎团队，独立开发自研引擎，主要原因如下。第一，巨额营收支持：主流发行商所销售的大多游戏均为高成本、高质量、高体量的 3A 大作，虽然开发周期长，但一经发布，大多能产生数亿甚至超十亿美元的营收。第二，技术团队支撑：主流开发商具备强大的工程师团队，能够独立打造优秀的游戏引擎，并通过收购游戏工作室扩充团队实力。如 EA 在收购瑞典工作室 DICE 后，将 DICE 研发的 Frostbite 引擎作为旗下主要 IP《战地》《星球大战》等系列的主要开发引擎。第三，与业务耦合性强：发行商专用引擎通常是为特定游戏或体裁设计，具有高度定制化、低通用性等特征。如动视暴雪旗下的 IW 引擎自 2005 年《使命召唤 2》启用以来，便持续服务该游戏系列的开发，目前已发展至 IW8.0。第四，第三方引擎的局限性：第三方引擎可能无法满足大厂对于某些特定游戏或体裁的需求，同时游戏引擎涉及游戏底层代码架构，开发过程中难以更换，若等待引擎更新，则时间成本较高。此外，出于企业安全及战略竞争考虑，大厂希望对引擎的核心代码有更多的控制权。

第三方引擎越来越受厂商青睐，Unity 与 Unreal 形成双寡头格局。根据 Medium 与竞核，Unity 与 Unreal 等第三方厂商市占率持续提升，2021 年 Unity 全球市占率达 49.48%，较 2010 年提升 46.93%；2021 年 Unreal 全球市占率达 9.68%，较 2010 年提升 4.58%，行业双寡头格局基本稳定（见图 5–6）。

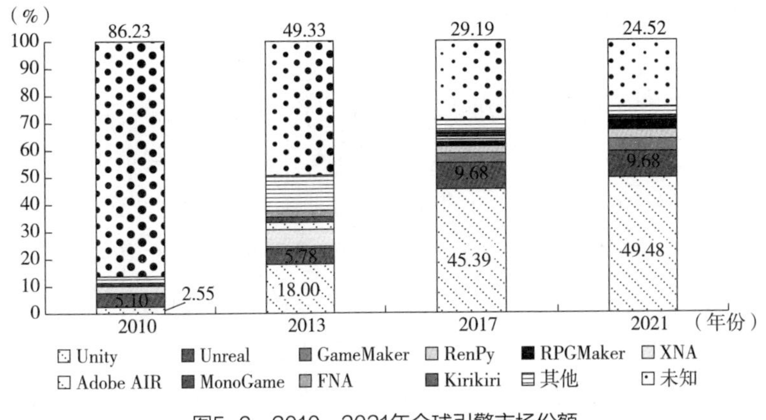

图5-6　2010—2021年全球引擎市场份额

资料来源：Medium，竞核。

我们认为越来越多的厂商选择 Unity 与 Unreal 等第三方商业引擎的原因如下。

第一，硬性条件约束：中小厂商或新工作室通常受制于开发周期与投入预算，同时开发引擎所需技术与其能力不匹配，往往需要采纳更为先进、完善的商业引擎解决方案。

第二，兼容性强：大多开发商都希望游戏覆盖尽可能多的终端，而具有极佳兼容性和拓展性的成熟商业引擎提供了完整的解决方案，如基于 Unity 开发的游戏仅一次创作便能在包括 Windows、Mac、Xbox 等 20 余个平台运行，降低了独立开发成本。

第三，工具体系完善：Unity、Unreal 等成熟的第三方商业引擎为游戏厂商提供从研发到拉新、运营、变现的完整工具体系，助力创作者提升 LTV（生命周期）。

第四，厂商定制化突破通用引擎局限：目前部分大厂采用定制化商业引擎，即在保留引擎核心功能的同时对部分组成模块进行修改，以适配特定项目的开发。如米哈游（未上市）的《原神》便采取 Unity 引擎的魔改版本开发，玩家在 PC 端、主机端及移动端的数据即时同步，实现联机游玩，表现出较强的兼容性与画质效果。

Unity 与 Unreal 作为商业化游戏引擎的代表，在具体特征及实际应用上出现分化（见表 5-1）。从整体来看，Unity 侧重于易用性，主要使用 C# 语言开发，上手难度更低；Unreal 专业性更强，使用 C++ 开发，可视化功能、编辑器和场景管理都更复杂、更强大，门槛相对更高。从渲染效果来看，Unreal 在游戏画面和沉浸体验方面要优于 Unity 3D 游戏，但 Unity 在 2019 年正式推出 HDRP（增强型高清渲染管道）之后基本能满足大作的开发要求。从覆盖范围来看，Unity 在移动游戏中覆盖范围更广，而 Unreal 则主要用于开发 3A 游戏，集中在 PC 端与主机端。

表5-1　Unity和Unreal主要特征对比

	Unity	Unreal
渲染效果	2019 年推出 HDRP 后有显著提升	UE5 大幅提升画面表现和开发效率
底层语言	主要采用 C#，支持 JavaScript	支持 C++
插件	具备较多的第三方包	以官方包为主
编辑器	非常精简、使用简单且易扩展	学习门槛较高，但功能强大
源代码	不开源	完全开源
覆盖范围	移动端	PC 端与主机端

资料来源：Unreal，Unity，华泰研究。

三、游戏引擎在元宇宙、汽车、影视等领域快速拓展，空间持续提升

游戏行业在新冠肺炎疫情高基数下依然保持增长韧性，为引擎应用的发展打下了坚实的基础。根据 Newzoo 2021 年 12 月的统计

数据，2020 年在新冠肺炎疫情催化下行业整体基数较高，2021 年全球游戏市场仍然保持增长韧性，预计整体收入达 1 803 亿美元，较 2020 年同比提升 1.4%（见图 5–7）。从结构上看，2021 年 PC 游戏和主机游戏分别实现营收 367 亿、504 亿美元，分别同比下滑 0.8%、6.6%，而智能手机、平板游戏、数字版及盒装 PC 游戏分别实现营收 815 亿、117 亿、341 亿美元，分别同比增长 8.0%、2.6%、0.9%，移动端（智能手机 + 平板）成为收入的主要驱动力，2021 年移动端收入达 932 亿美元，占比达 51.7%。据 Newzoo 预测，2024 年全球游戏市场收入有望达 2 188 亿美元，2021—2024 年 CAGR 达 6.7%；2024 年全球移动端游戏市场收入为 1 164 亿美元，2021—2024 年 CAGR 达 7.7%。我们认为，游戏行业的稳定发展能为游戏引擎的应用打下坚实基础。

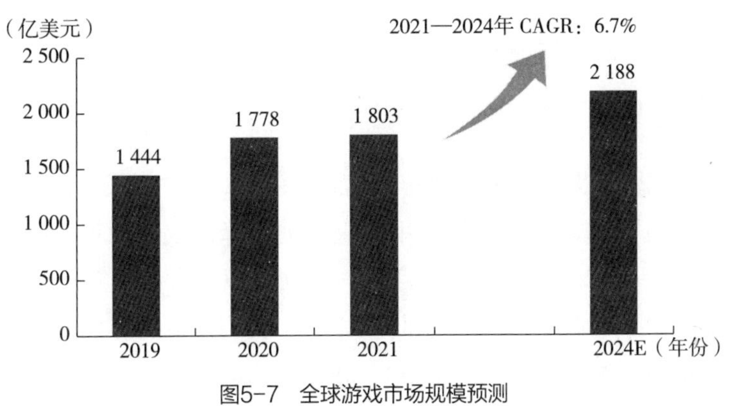

图5–7　全球游戏市场规模预测

资料来源：Newzoo。

游戏引擎在汽车行业设计、模拟培训、自动驾驶等领域具有较广泛应用。游戏引擎作为实时 3D 创作平台，可应用于汽车行业设计、工程验证、人机交互、模拟培训与自动驾驶等细分领域，协助工程师及研发团队进行设计检验，辅助消费者做出购买选择（见

图 5-8）。如在汽车外观的展示上，引擎可渲染出不同光泽的车体材质，并在复杂灯光效果的烘托下进行实时展示，用户可自由选取角度进行欣赏；在自动驾驶方面，腾讯（700 HK）TAD Sim 引入 UE4，借助物理引擎模拟真实行车条件下的天气及交通状况，以得到更好的环境仿真效果和更精准的传感器仿真结果。据 Unity 招股说明书，2019 年收入排名前十的汽车公司中有九家使用了 Unity 3D 工具，说明游戏引擎在汽车行业有较广泛的应用。

图5-8　引擎在汽车行业全链路应用

资料来源：Unity，《虚幻引擎汽车领域指南》。

游戏引擎提升了影视创作的灵活性，降低了拍摄成本。我们认为游戏引擎在影视方面的应用不仅有助于降低成本预算，同时也给摄影工作带来了极大的灵活性：导演可以高效控制每个镜头的元素，如随时抓取日落、精准定位云彩等。在 2019 年的两部热门影视作品《狮子王》（见图 5-9）和《曼达洛人》中，游戏引擎都得到了一定程度的利用，如《狮子王》采用 Unity 搭建 VR 摄影基地，供导演以 VR 方式预览 CG 场景与角色表演动画，确定摄影机位；《曼达洛人》在摄制过程中采用 Unreal 4 引擎打造出需要的场景，并配有虚拟摄像机，可实时查看场景拍摄效果。

游戏引擎驱动数字孪生，助力智能城市规划。游戏引擎作为 3D 模型构建工具，在数字孪生领域具有较广泛应用，如 Unity 作为构建CIM（城市信息模型）数字底座的平台之一，凭借实时3D渲染技术以及完善的工业领域产品矩阵，可以将GIS（地理信息系统）、BIM（建筑信息模型）（见图5-10）等数据导入统一的数字孪生平台处理，助力工业领域数字化转型。Unity与中国香港机场合作开发机场运维数字孪生，实现孪生机场与动态数据的联结，打造集感知、分析、服务、指挥、监察等于一体的智慧机场综合管理服务平台。

图5-9 《狮子王》幕后摄制场景

资料来源：IBC。

图5-10 利用Unity Reflect实时查看修改BIM

资料来源：Unity官网。

第二节　内容生产系统：从 PGC、UGC 到 AIGC

元宇宙创作者生态包括创作者、创作工具、创作内容三部分。创作工具包括 3DMax、ArcGIS 等建模软件，也包括 Unity、Unreal 等游戏引擎，过去几年随着技术进步，渲染效率与质量提升，基本达到了影视级效果。创作内容持续泛化，实现了对现实世界的映射和延伸。内容创作者同样迭代，从人工生产到 AI 创作，效率持续提升。

具体来看，元宇宙内容生产系统的发展可以分成四个阶段：PGC、UGC、AI 辅助生产内容、AIGC，目前我们仍处于第一阶段与第二阶段之间（见图 5–11）。PGC 模式下的元宇宙世界拟真度高、沉浸感较强，目前大部分流行的影视、音乐作品和游戏、娱乐作品都是由专业团队创作的。然而 PGC 成本较高且产能有限，UGC 模式降低了生产成本，满足了个性化需求，同时在一定程度上解决了 PGC 产能瓶颈，以 TikTok 与 Roblox 为代表的 UGC 平台快速破圈发展。从长期来看，人脑处理信息能力有限，当 PGC、UGC 的生产潜力逐渐消耗，AI+ 内容生产将弥补数字世界内容消耗与供给的缺口。目前 AI 以辅助创作为主，随着数据、算法、算力等要素的持续迭代，AIGC 将是长期的发展方向。

一、PGC：元宇宙重要的流量入口

PGC 是指由专业内容团队创作出的内容，如电影、电视剧、3A 游戏等。目前元宇宙中的出圈内容主要来自 PGC。高技术水平

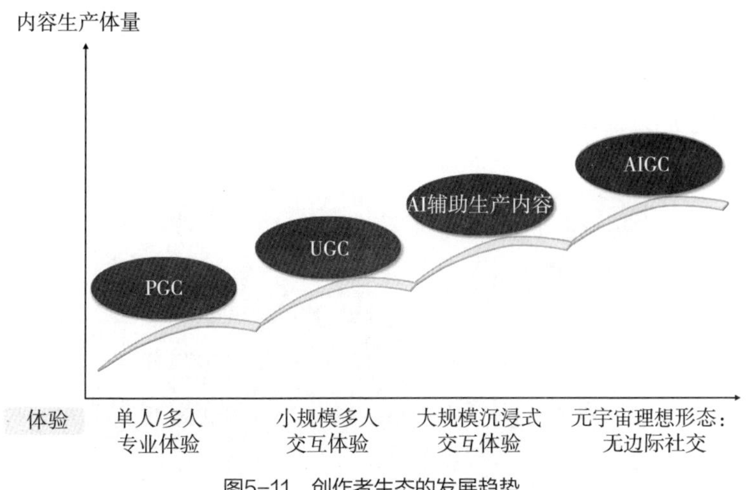

图5-11　创作者生态的发展趋势

资料来源：a16z。

及大量的资金投入使得 PGC 模式下的元宇宙拟真度高、沉浸感强，保障了用户的消费体验，我们认为 VR 在未来几年将成为吸引用户进入元宇宙的关键。游戏《半衰期：爱莉克斯》与游戏《节奏空间》(*Beat Saber*) 是 VR 出圈爆款游戏的代表，近期《生化危机 4》等多款游戏同样取得亮眼表现。

《半衰期：爱莉克斯》成功带动硬件销售量增长、VR 玩家数量提升，上线多年仍然保持活跃。《半衰期：爱莉克斯》由 Valve 自研的 Source 2 引擎打造，游戏画面场景逼真，物理交互性强，叠加经典 IP 剧情持续强化用户沉浸式体验（见图 5-12）。由于购买 VR 设备 Valve Index 将免费赠送《半衰期：爱莉克斯》，根据 Nielson's SuperData，在 2019 年四季度游戏发布后，售价 999 美元的 Valve Index 相继在 31 个国家售罄，2019 年全年销量达到 14.9 万份，而 2019 年四季度销量占全年的 70%。在《半衰期：爱莉克斯》的推动下，2020 年 3 月起 Steam 平台 VR 在线用户数量大幅攀升，3 月至 4 月平台 VR 用户数分别为 25.58 万人（环比增长 49%）和 45.29 万人（环比增长 77%），占 Steam 平台用户总数的比例分别为 1.16% 和 1.91%。

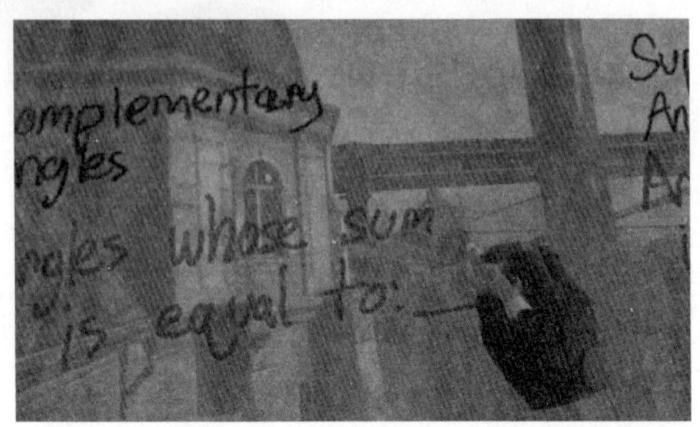

图5-12　在《半衰期：爱莉克斯》中玩家可以自由作图

资料来源：IGN。

游戏 *Beat Saber* 内容持续更新迭代，截至 2021 年 10 月仅 Quest 平台营收就破了 1 亿美元。这是一款由 Beat Games 团队开发的 VR 音乐节奏类游戏，有着炫酷的游戏场景和高清的画质，并结合 VR 创新玩法，玩家需要伴随着动感的音乐，使用指尖模拟光剑且按照指示方向挥舞，切割飞驰而来的立方体并避开障碍（见图 5-13）。据 Steam 官网与 PlayTracker，截至 2022 年 2 月 8 日，该游戏在 Steam 平台累计用户数达 210 万 ~220 万，活跃用户（近 2 周登录游戏用户）数约 111 万，相对保持稳定，评价数量为 5.9 万，好评率达 95.9%。

微软拟收购动视暴雪拓展元宇宙布局，优质 IP 仍然具有稀缺性。据微软官网声明，微软将以每股 95 美元（较前一交易日收盘价溢价 45%，2022 年 1 月 17 日收盘价为 65.37 美元）对动视暴雪

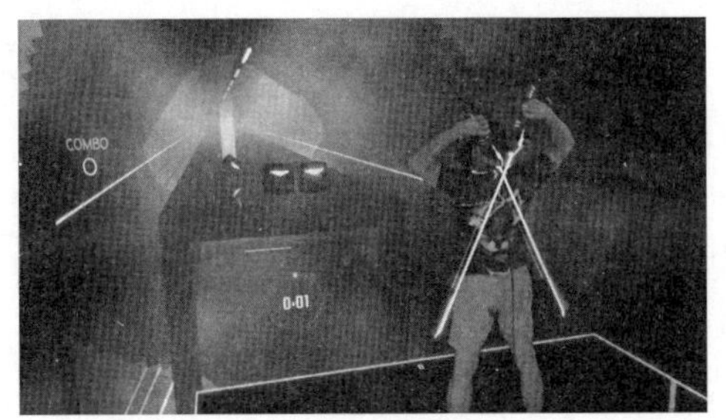

图5-13　*Beat Saber*游戏场景

资料来源：IGN。

进行现金收购，计划收购包括动视（Activision）、暴雪游戏（Blizzard）和King工作室的代表作《魔兽争霸》（*Warcraft*）、《暗黑破坏神》（*Diablo*）、《守望先锋》（*Overwatch*）、《使命召唤》（*Call of Duty*）和《糖果粉碎传奇》（*Candy Crush*），以及通过美国职业游戏联盟（Major League Gaming）开展的全球电子竞技活动（见图5-14）。微软CEO萨提亚·纳德拉（Satya Nadella）表示：游戏是目前所有平台上最具活力和最令人兴奋的娱乐类别，将在元宇宙平台的发展中发挥关键作用。我们认为，优质的IP仍然具有稀缺性，成为元宇宙中吸引用户的重要流量手段。

ACTIVISION | BLIZZARD

图5-14　动视暴雪部分IP展示

资料来源：动视暴雪官网。

二、UGC：降低生产成本，供应扩容，但长期仍难满足元宇宙对内容的需求

与 PGC 由专业团队生产不同，UGC 由用户自己生产，微博、贴吧、短视频都是 UGC 内容的典型代表。

PGC 内容制作成本较高，抬高了准入门槛。为保障质量，PGC 内容的制作往往需要投入大量的财力、物力和人力：据手游那点事统计，近年来 3A 大作的预算成本基本为几千万美元，其中 2015 年发布的《侠盗猎车手 5》(*GTA 5*) 研发费用为 1.37 亿美元，总预算达 2.65 亿美元；《星际公民》的 Alpha 测试版本仅研发费用便达 2.15 亿美元（见表 5–2）。过高的研发成本抬高了行业准入门槛，同时也对厂商的利润造成一定的压力。以中国的长视频龙头爱奇艺为例，2021 年 1—3 季度仅内容采购成本便达 158 亿元，占总营收的 68%，归母净亏损为 44 亿元。

表 5–2　2015年以来部分3A大作预算成本情况

发布年份	游戏名称	总预算（亿美元）
2015	《侠盗猎车手 5》	2.65
2018	《古墓丽影：暗影》	1.1~1.35
2018	《孤岛惊魂 5》	1
2019	《无主之地 3》	1.4
2020	《看门狗：军团》	1+
2020	《原神》	1+
2021	《孤岛惊魂 6》	1+
Alpha 测试	《星际公民》	2.5+

PGC 的商业模式为少数人研发 + 销售变现，与元宇宙去中心化的特征不符。我们认为，元宇宙将不以某一个人或一个组织的利益为中心，呈现去中心化的特征。扎克伯格也表示，元宇宙不会由

一家公司创造，而是由创作者和开发者共同构建，创造一个可互操作的新体验和数字项目，并将创意经济从平台及政策的束缚中解放。以 Roblox 为例，用户可以通过一次性购买或者成为 Roblox Premium 会员获取虚拟货币 Robux，Robux 可以用来获取游戏体验或者在虚拟形象商店中购买虚拟物品，而创作者则可以通过自主开发的游戏及虚拟产品获得 Robux 收入，实现现实世界与数字世界的价值流动（见图 5–15）。在 PGC 的商业模式下，生产内容与变现的权力掌握在少数人手中，呈现出中心化的趋势，与元宇宙的特征不符。

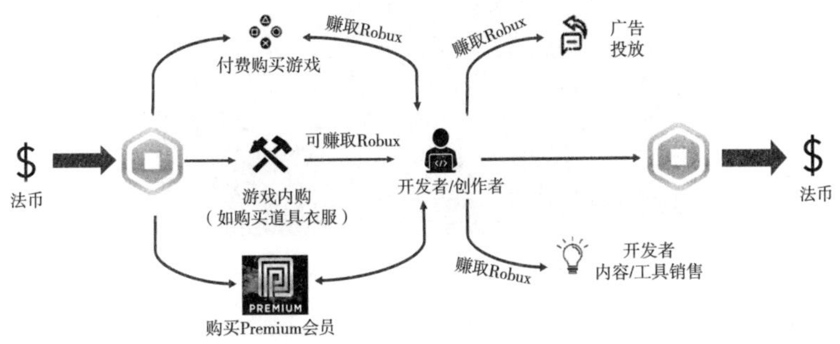

图5–15　Roblox UGC经济系统呈现去中心化特征

资料来源：Roblox 招股书，华泰研究。

UGC 将消费者转化为创作者，在一定程度上解决了产能瓶颈，满足了用户部分多样化、个性化的需求。我们认为在 PGC 模式下生产者和消费者是独立的双方，但在 UGC 时代两者之间的界限逐渐模糊，庞大的内容消费群体在一定程度上能够解决元宇宙内容的产能瓶颈。

1983 年，阿尔文·托夫勒在他的著作《第三次浪潮》中提出“产消合一者”（Prosumer）的概念，指出人们对产品个性化的需求越来越高，在 UGC 模式下用户既是消费者又是生产者，将有助于生产出更加具有多样性、更加满足消费者需求的内容。我们也观察到个性化内容生产的趋势明显，大厂也在加紧布局：其中游戏模组创建平台 Mod.io（见图 5–16）支持用户改变现有游戏，甚至演变出新游戏，推动了游戏创新；《比特大爆炸》在创作时允许玩家参与设计形象、命名、设定关卡；米哈游《原神》半开放版权供玩家进行同人作品创作，通过 UGC 形成了一种协商、对话的“共创”型内容生产机制。

图5–16　游戏模组创建平台Mod.io

资料来源：Mod.io。

（一）伴随技术进步，UGC 生产门槛降低、用户破圈、生态繁荣

Roblox、GMS（GameMaker Studio）等游戏引擎的推出加速了 UGC 内容生态发展。据 Roblox 招股说明书，不同于其他专业的游戏引擎有较高的上手门槛，Roblox Studio 是一个免费的、可视化的游戏编辑器，同时提供较多模板可供用户使用，降低上手门槛的同时，加速了游戏的制作进程。GMS 是 Opera 旗下的一款知名独立游戏引擎，通过拖拽式的操作及简单的编程使得初学者仅需几个小时即可学会制作并发布一款简单的游戏，基于 GMS 开发的游戏适配 Windows、Android、iOS、Mac、Linux、PS4、Xbox、Switch

等主流游戏平台，同时 GMS 支持 2D 物理引擎 Box 2D、3D 音效引擎等功能，满足开发者的多样化需求，降低平台开发成本。

在游戏中由用户创造的 MOD（模组）逐渐成为 PGC 的重要补充。通过游戏 MOD 玩家可以对游戏中的道具、角色、情节等做出修改或是加入新元素。我们观察到，各类玩法丰富、制作精良的 MOD 正在成为《上古卷轴 5》《刺客信条》《侠盗猎车手》系列等传统 3A 大作的重要补充，持续提升游戏的可玩性。

在《上古卷轴 5》的《超越天际：布鲁玛》(*Beyond Skyrim: Bruma*) MOD（见图 5-17）中进一步拓展原有地图，同时拥有全新的环境、建筑风格、人物与故事线，在质量上与体量上已经比肩官方大型 DLC（可下载内容）。除此以外，玩家在 MOD 的创作中衍生出新的玩法，进而转化为全新的游戏。

图5-17 《超越天际：布鲁玛》MOD

资料来源：《超越天际：布鲁玛》MOD。

现象级 FPS 游戏《反恐精英》(*Counter-Strike*)（见图 5-18）最初源于《半条命》(*Half-Life*) 中的 MOD;《远古遗迹守卫》(*Dota*) 的世界观同样是基于《魔兽争霸 3：冰封王座》中的 MOD 地图打造的。

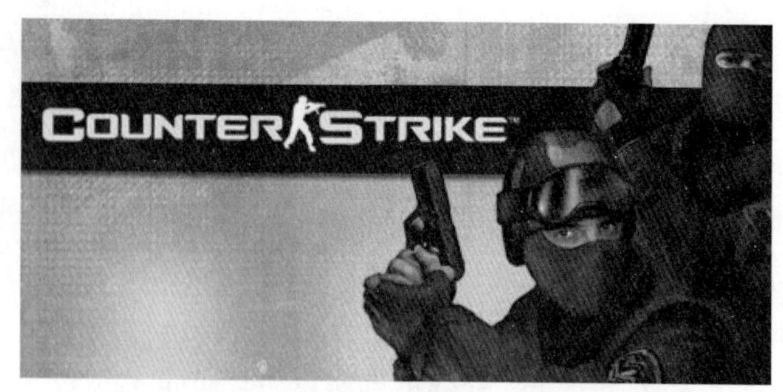

图5-18 《反恐精英》源于《半条命》中的MOD

资料来源：《反恐精英》。

UGC 社区生态繁荣，时长份额提升，用户持续破圈增长。据 TikTok 官方数据，2018 年 1 月 TikTok 全球 MAU 仅 0.55 亿，2019 年 1 月增至 2.71 亿，2021 年 1 月达 6.89 亿，2021 年 9 月全球用户破 10 亿。从时长上来看，据极光数据显示，2021 年四季度中国移动网民在短视频上的时长占比达 32.3%（同比增长 2.7%，环比增长 0.7%），而以 PGC 内容为主的在线视频时长仅占 6.4%。

据 Roblox 财报，Roblox 在 2021 年四季度单季度充值流水 7.70 亿美元（同比增长 20%，环比增长 21%）；DAU 达 4 950 万（同比增长 33%，环比增长 5%），其中 13 岁以上用户同比增长 49%，占比 52%（环比增长 5%），增速高于 13 岁以下用户的 21%；2022 年 1 月 17~24 岁用户同比增长 51%，占比达 20.5%，用户同样持续破圈向上。

（二）UGC 作品质量良莠不齐，长期仍难满足元宇宙内容需求

UGC 创作自由度高，内容创作良莠不齐，用户对于优质内容的搜寻成本提升。UGC 对于创作者、创作工具与内容主题均未设限，因此内容质量难以保证，伴随着 UGC 内容数量的增加，整体内容质量较 PGC 持续下降。以短视频为例，由于 UGC 内容的流动

性、隐蔽性，主流平台仍有大量的低俗内容，自2018年以来，快手、火山小视频等App多次被点名下架。同时海量的UGC也在较大程度上提升了用户的搜寻成本，如何将优质内容匹配到有相同兴趣爱好的用户成为UGC时代的另一难题。

UGC较PGC虽然生产效率得到了提升，但仍然难以满足元宇宙的内容需求。UGC创作存在学习成本与时间成本，难以做到零门槛。据快手的招股说明书，快手作为中国较活跃的社区之一，2020年1—9月内容创作者人数占平均月活用户数的比例约为25%，其他平台与快手仍有一定差距，其中能够满足用户需求的创作者预计占比更低。考虑到相比游戏、长视频等内容，短视频本身的创作难度更低，因此我们认为虽然UGC在一定程度上解决了PGC的产能瓶颈，但实际有效创作的占比有限，仍然难以满足元宇宙对于内容的需求。

UGC版权保护存在难度，与NFT结合或成为解决方式。UGC具有易复制、易传播的特点，短视频领域的版权问题频现。2019年1月至2021年5月，12426版权监测中心对5 525件重点影视综及体育赛事等作品开展监测工作，累计监测到侵权短视频2 056万条，单部作品盗版量达到3 721条，大量的二创盗版视频在行业中流通。NFT具有唯一性、不可分割性、不可复制性、可交易性，能够解决数字资产防伪、确权、溯源的难题，未来相关领域的合作或成为版权保护的重要途径。

三、AIGC：从辅助生产走向赋能内容创作

（一）目前内容创作以AI辅助生产为主，长期有望实现AIGC

元宇宙的内容空间具有无限性，因此AI技术的引入是必然的。内容创作的过程实际是创作者对于信息的处理、加工、结构化，以

及选择和使用内容载体的过程，而一系列的流程均基于创作者的后天学习，需要付出大量的时间与精力。同时人脑处理信息的能力有限，当 PGC、UGC 的生产潜力逐渐消耗，AIGC 将弥补数字世界内容消耗与供给的缺口，创作效率持续提升。

AI 赋能内容分发与内容审核。内容分发方面，AI 推荐算法对用户的年龄、兴趣爱好进行综合分析并提取标签，实现内容与用户的精准匹配，同时在首轮推荐后会根据用户的点赞、评论、转发等数据进行分析，对于优质的内容进行二次曝光，给予更多的流量权重。内容审核方面，知乎的瓦力内容检测系统能够快速且准确地识别、折叠、删除不友好的、无关的、有偏见的内容，以减少对于其他用户的干扰；知乎的悟空反作弊系统能够准确识别和处理刷赞等违反社区规定的操作，有效地保障社区的讨论与互动质量。

当前以 AI 辅助生产为主，长期有望实现 AIGC。将 AI 技术的发展对应于内容生产，我们认为目前更多为 AI 辅助生产，创作并没有跳出 PGC 与 UGC 的创作框架，如虚拟人的创建需要人为为其基因编码，设定人设、背景，再与外部环境进行交互。但从长期来看，随着数据、算法、算力等要素的持续发展，最终有望实现 AIGC，利用 AI 技术进行“想象”，创造出现实中不存在的流程与事物（见图 5–19）。

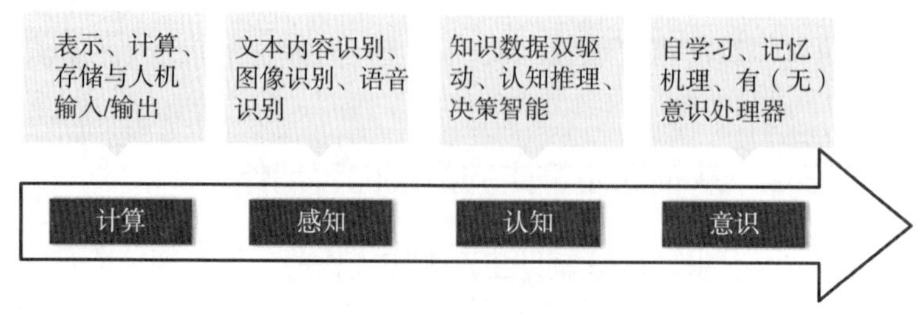

图5–19 人工智能发展的几个阶段

资料来源：清华大学《2011—2020 人工智能发展报告》。

（二）AIGC 已在文本、音频、元宇宙构建方面取得突破

围绕文本的 AI 创建工具功能已实现较大突破。AI 技术在文本创作应用方面包括识别翻译与创作诗歌、小说、新闻等。目前文字识别已经实现了较高的精准度，据百度官网，百度 AI 通用文字识别已经能够识别中、英、日、韩等 20 余种语言，准确率高达 99%。在内容创作方面同样取得较大进展，生产效率以及互动性进一步提升，如腾讯打造的“梦幻写手”（Dreamwriter）的新闻写作系统能够在规定的 22 种场景中进行写作，具有 0.46 秒的平均发稿速度；在文字冒险游戏《AI 地下城》（*AI Dungeon*）中，当用户输入文字后，系统便会使用 GPT-3 自然语言模型来理解脚本并生成接下去的几段文字，并且基本能够实现前后世界观的一致。

基于音频的 AI 创作互动性进一步提升。目前 AI 在乐曲生成、合成讲话、制作歌曲等领域得到应用，并且交互性、实时性进一步增强。据 a16z，Siri 联合创始人汤姆 · 格鲁伯（Tom Gruber）目前已经打造了能够实时动态编曲的自适应音乐平台 LifeScore（见图 5-20）。用户向 LifeScore 输入一系列的音乐“原材料”之后，AI 大师就会改变、提高音乐效果并实时混音，带来音乐表演。据盖世汽车，2021 年 6 月宾利宣布与 LifeScore 合作，让 RPM（引擎转速）和加速情况等车辆输入信息实时影响车辆的配乐，因此能够根据用户的驾驶情况不断调整音乐。

相较于文本和音频，AI 图像、视频、3D 模型创作难度相对更高，大厂加码布局，有效降低创作门槛与成本，目前已取得阶段性进展。

图5-20 LifeScore基于观众对剧情的感受创作背景音乐

资料来源：a16z。

Lip2Wav的AI语音合成技术实现动态视频的唇型转变。2020年印度海德拉巴大学和英国巴斯大学的团队推出了Lip2Wav的AI语音合成程序（见图5-21），创作者只需提供目标语音内容、人物视频，该程序便可以直接将动态的视频进行唇型转换，输出与目标语音内容相匹配的视频结果，并且实现个体的极高相似度，而非普遍适用的通用模型。

图5-21 AI语音合成程序Lip2Wav

资料来源：Lip2Wav。

Morpheus 引擎基于文字自动完成场景构造、3D 渲染。RCT Studio 自主研发的基于 AI 的 Morpheus 引擎，通过对大量机器的学习，可以将输入的文字内容拓展成一个开放的虚拟空间，从文字中理解情节、内在逻辑和人物关系，进而根据现实世界的物体素材渲染出三维的虚拟动画。比如，程序可以将“有人在走路”这几个文字变成一个三维的虚拟人在虚拟环境中走路的动画。RCT 创始人吕骋表示，Morpheus 可以将制作周期大幅缩减。还是以走路为例，在传统 PGC 模式下，需要先做三维建模、骨骼绑定、动态调整，而 Morpheus 极大地降低了工作量，缩短了创作时长。

英伟达推出 Omniverse Avatar，加码数字人技术。Omniverse Avatar 是基于语音、机器视觉、自然语言处理等技术形成的交互式 AI 产品，集成了视频渲染能力（Omniverse）、语音识别与交互（Riva、Maxine）、自然语言处理（NeMo Megatron）、AI 推荐（Merlin），可以有效地形成立体肖像并进行人机对话，可应用于人工智能助理等领域，未来有望在机器人、自动驾驶、仓库、工厂等领域广泛应用。其中 Omniverse 是公司创建 AI 系统的数字孪生数字世界的基础平台，作为核心底层技术自 2021 年底推出以来已被 500 家公司的设计师下载 7 000 多次。

第六章

元宇宙的价值结算系统

价值的创造和流转是人类经济活动的核心。在元宇宙中，价值将具有一些新的特征。第一，数字世界和现实世界将在价值层面融为一体，价值的来源和形态将更为丰富。第二，在区块链、数字货币和NFT等技术的支撑下，元宇宙中将出现可编程价值。可编程价值是经济和技术发展的产物，其驱动力是人类随时、随地、随心——特别是以智能化方式——处置自己拥有的产权的需求。价值载体主要分成5类：货币、资产、身份、权限、社会关系。在以银行、证券和保险等为代表的传统价值结算系统中，价值载体并不是天然具有可编程性的，而是需要通过API来引入编程逻辑的。这个过程离不开中心化机构的审核、认证和执行。在元宇宙价值结算系统中，价值载体和编程逻辑可以融为一体。在这种情况下，"代码即价值"，可以用代码来刻画丰富多样的价值特征和交易机制。第三，元宇宙中将出现新的产权交易机制，并在此基础上出现新的商业形态——分布式商业，以及新的组织管理形式——分布式自治组织。本章主要讨论上述第二点，而理解这一点的关键是区块链。

区块链从发展伊始就与支付系统有紧密联系。金融基础设施有两种范式。一种是目前占主导地位的账户范式，另一种是区块链 Token 范式。区块链是关于 Token 的账本。按照是否同质化，区块链内的 Token 分为两类。第一类是 FT，这类 Token 具有类似现金但又超越现金的特征，可以分拆成更小的单位。第二类是 NFT，每一枚 NFT 都是独特的、不可分拆的。尽管有上述区别，这两类 Token 都不可复制，在区块链中的流转是透明且可追溯的，相关历史记录不可篡改。Token 作为区块链内的数字符号，本身没有经济属性，其经济属性来自外界赋予。这本质上是一套资产登记和交易结算机制。货币是同质化的（甲的一元钱和乙的一元钱是一样的），可以找零、分拆，因此适用 FT。但大部分实物资产和很大一部分数字资产是非同质化的，更适用 NFT，比如图片和艺术收藏品。

FT 的应用主要体现为稳定币和 CBDC（央行数字货币），这代表着目前货币和支付领域最前沿的问题。由于 CBDC 和合规的稳定币都必须基于 100% 的准备金发行，所以不是新的货币创造方式，而是新的货币流通方式——采取或借鉴区块链技术，开放性更好，支持可控匿名，可以直接点对点交易，并且交易天然是跨境的。本章先讨论数字货币的原理、其与区块链之间的紧密联系，以及基于智能合约的可编程性；再重点讨论目前稳定币和 CBDC 的发展情况和面临的挑战，并以 eCNY（数字人民币）为例进行说明。

稳定币是法定货币和加密资产之间的桥梁。稳定币的发行者通过面向用户的账户系统来管理它们的发行、流通和赎回。这套新的账户系统比商业银行存款账户系统更灵活，更能满足用户需求（比如在数字消费场景的需求）。将来唯一可能合规的稳定币，只能锚定单一货币且有 100% 的法定货币储备。这种稳定币主要是一个支付工具［本质上属于 e-money（电子货币）］，不会有货币创造，不影响货币主权，金融风险可控。稳定币的风险主要体现为，发行者是否有充足的、流动性好的法定货币储备，能否满足用户将稳定币1：1兑现为现金或商业银行存款的需求。鉴于美元在国际金融体系中的地位，以及市场上已有的稳定币大部分锚定美元这一事实，可以认为美国的监管对稳定币的发展有重大影响。尽管美国行政部门对稳定币的风险有充分认识，但美国在实施美元稳定币的合规整改中，如何不因处置风险而引发新风险仍是值得关注的。

围绕 CBDC 的全球共识已经浮现。第一，CBDC 是数字形态的中央银行货币。中央银行货币主要包括现金和存款准备金。CBDC 替代 M0（现金），对应着零售型 CBDC；CBDC 替代存款准备金，对应着批发型 CBDC。第二，CBDC 发行普遍以按需兑换为主（基于 100% 存款准备金发行），而非扩表发行。CBDC 的发行和赎回不影响中央银行的货币总量，对通货膨胀的影响偏于中性。第三，CBDC 普遍遵循“中央银行 – 商业银行”双层运营模式。第四，CBDC 普遍不付息。中央银行不会将 CBDC 利率作为一个新的货币政策工具，或突破名义利率零下限的工具。第五，CBDC 普遍采取 Token 模式，而非传统的账户体系。

从全球对主要中央银行的研究和试验看，早期以批发型 CBDC 为主，代表性项目包括 Ubin（新加坡金融管理局）、Stella（欧央行和日本银行）、Jasper（加拿大银行）和 LionRock（香港金融管理局）。批发型 CBDC 主要涉及中央银行和商业银行，属于金融基础设施层面的应用，针对的场景较为明确，不涉及复杂的货币问题和金融问题，所以相关试验走在了零售型 CBDC 的前面。

随着数字人民币开始试点，零售型 CBDC 越来越受关注。零售型 CBDC 有多种可能的设计方案，2021 年国际清算银行归纳为直接型、混合型、中介型以及基于 CBDC 的 e-money。主要的中央银行不管对零售型 CBDC 采取何种设计方案，或设置何种时间表，普遍将零售型 CBDC 作为改进境内零售支付市场的一种策略。其中，新加坡金融管理局的观点很有代表性。其观点认为，零售型CBDC兴起的背景是全球货币和支付系统将经历的巨大变化，包括：第一，在数字化变革下，现金作为支付工具的重要性在下降；第二，支付系统结构可能发生根本变化，体现为支付正在从商业银行的业务模式中解耦出来；第三，新形态的数字货币的出现，包括其他国家的CBDC和稳定币。零售型CBDC将在数字经济时代为公众提供使用中央银行货币的机会，以及一个被普遍接受的数字支付工具。

零售型CBDC设计方案需要考虑以下问题。第一，零售型CBDC对金融稳定和货币政策的影响。第二，零售型CBDC的支付和清结算安排。第三，零售型CBDC需要兼顾开放普惠、有限匿名和监管合规三方面要求。第四，零售型CBDC在应用推广中如何发挥私人部门的作用。第五，境外个人和机构如何持有和使用零售型CBDC。尽管这些问题都还没有普遍认可的答案，但越来越多的中央银行官员认为，合理设计的零售型CBDC对金融稳定的影响是可控的，也能有效保护用户隐私。

NFT针对的数字资产和实物资产在产权登记和转让方面比稳定币和CBDC复杂得多，NFT即使具备不可复制的类物理属性，也不一定构成数字资产和实物资产的所有权证书。在实践中，NFT主要代表艺术品、音乐、游戏中的虚拟资产、交易卡牌、收藏品和域名等，这些资产一般都具有IP属性。目前NFT市场采取重运营、轻技术的发展模式，并没有解决IP保护中的核心问题。这方面存在两种情况。第一，NFT代表实物资产，有助于为实物资产带来新的确权和流转机制。但只靠NFT既不能解决实物艺术品的假冒问题，也不能从根本上改变实物艺术品的定价机制。第二，NFT代表数字资产。NFT技术为虚拟商品容易被复制、产权难以溯源、二级市场版权收入的分配等问题提供了新的解决思路。但数字资产本身的确权难度较大，与 NFT 的结合存在的问题更多。在大多数场合，NFT 只是不具备版权的数字复制品。

从国内外实践来看，NFT 主要分成以下两种。第一，在联盟链上发行的 NFT。联盟链的用户有限且须事先审核，这种 NFT 在发行后的转让交易（二级市场）中也会受到一定限制。用户购买这种 NFT 后一般作为数字藏品自己持有，并在转让时受到对象、时间和对价等方面的限制。在联盟链上发行的 NFT 在数字经济中有很大前景，但因为仍处于市场发展早期，有不少标准性的问题有待解决：NFT 的技术标准（特别是在 NFT 的铸造中如何防止侵权或包含有害信息）；NFT 的产权含义；NFT 涉及的产权保护；NFT 的估值机制；NFT 的发售和转赠平台；NFT 的用户界面（含钱包）；NFT 的展示空间和使用场景；不同 NFT 系统之间的互联互通。在我国境内发行 NFT，要坚持合规底线，不能金融化。

第二，在公链上发行的 NFT。我国境外的 NFT 主要在公链上发行。这种 NFT 就像以比特币为代表的加密资产一样，具有全球范围的流动性。理论上，任意两个人，不管他们在地球上的什么地方，都可以直接交易这种 NFT。境外已经出现了 NFT 的集中化交易平台，其中，规模及影响最大的是美国的 OpenSea。在公链上发行的 NFT 可以被视为“包装”后的加密资产。

第一节　数字货币

要理解数字货币，首先必须了解金融基础设施，其次必须了解区块链。

金融基础设施是金融系统的“管道”。这些“管道”位于不为大多数人所见的金融系统底层，却影响着资金的流通、金融资源的配置，以及金融政策的传导。从金融基础设施的角度分析有助于厘清关于区块链应用于金融领域的各种纷繁复杂的观点。正如只有深入市政网络和海底光缆，才能全面理解日常生活中触手可及的水、电、煤气和互联网。

区块链从发展伊始就与支付系统有紧密联系。中本聪发明了区块链，希望将比特币打造成点对点的电子现金系统。Libra/Diem 项目曾声称基于区块链建立一个简单的全球性货币和为数十亿人赋能的金融基础设施。Ubin、Jasper、Stella 和 LionRock 等批发型央行数字货币项目对代表性区块链平台进行了全面测试。

金融基础设施有两种范式，一种是目前占主导地位的账户范式，另一种是区块链 Token 范式。只有深刻理解账户范式下的金融基础设施，才能理解区块链 Token 范式将带来的变化。

一、货币与支付系统概览

（一）法定货币的二级账户体系

法定货币在金融系统的负债方。中央银行货币（包括现金和存款准备金）是中央银行的负债。商业银行货币（存款）是商业银行的负债，是广义货币的主要构成部分。除了现金，存款准备金和存款等已经电子化，均存在于银行账户体系中，而银行账户体系是分层的（见图 6-1）。最顶层是中央银行账户，商业银行在中央银行开设存款准备金账户，个人、企业和政府部门等在商业银行开设存款账户。以支付宝、微信支付等为代表的非银行支付机构建立了支付账户，与商业银行账户之间是紧耦合关系。以上这些账户都是实名制的。二级银行账户体系见图 6-2。

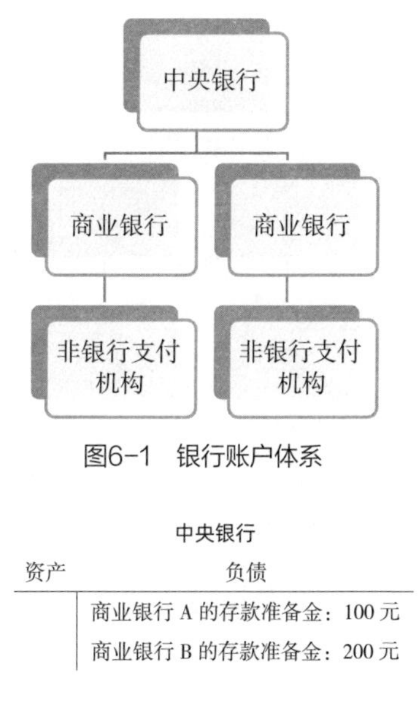

图6-1　银行账户体系

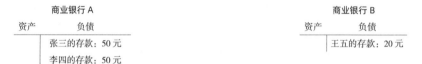

图6-2　二级银行账户体系

与银行账户体系的分层对应，货币也是分层的（见图6-3）。M0表示现金，面向大众，不依托于银行账户体系。在现代社会，现金只占货币供给的很小比例，大部分货币是商业银行存款货币（用M2表示），代表了商业银行的信用。存款准备金因为既是中央银行的负债，也是商业银行的资产，所以不计入M1或M2。

中央银行和商业银行合力进行货币供给。当中央银行从商业银行买入证券，或向商业银行发放再贷款时，都伴随着中央银行货币扩张。商业银行流动性改善，存款准备金率约束减缓，信贷供给能力提升。在市场中存在信贷需求且其他条件不变的情况下，商业银

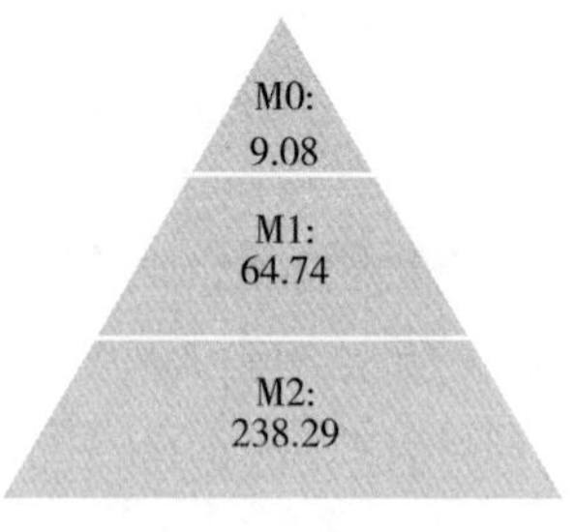

图6-3　货币分类

注：2021年12月数据，单位为万亿元。

资料来源：中国人民银行。

行会发放更多贷款，同时伴随着存款货币的创造。商业银行对个人和机构放贷时（与银行购买债券的影响类似），资产方增加一笔贷款，负债方增加一笔存款。在部分存款准备金制度下，若这个过程不断持续下去，就会形成存款多倍扩张机制。以上是货币供给扩张的过程，货币供给收缩的逻辑则正好相反。需要看到的是，存款代表商业银行的信用，中央银行、存款保险机构和银行业监管机构等通过存款准备金制度、最后贷款人支持、存款保险机制、资本充足率监管、流动性监管和杠杆率等保障商业银行的安全稳健，特别是保障存款转化为中央银行货币的能力。这样就保障了法定货币内部的同质性。此外，非银行机构的转账汇款，以及相互之间的商品和服务交易，虽然伴随着存款货币的流动，但不会影响存款货币总量。

在现金交易中，交易双方只要确认现金的真实性，就可以交割，无需第三方受信任机构。转账和汇款涉及银行账户操作。比如，同行转账要同步调整交易双方在同一开户银行的存款账户余额。跨行转账除了调整交易双方在各自开户银行的存款账户余额以外，还涉及两家开户银行之间的交易，而商业银行之间的交易须调整它们在中央银行的存款准备金账户余额。

货币交易见图 6–4。

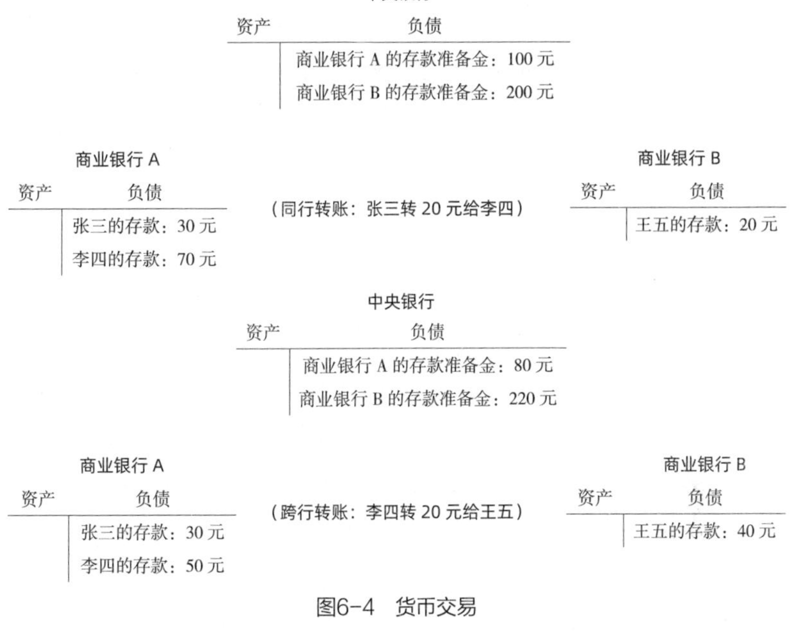

图6–4　货币交易

跨境支付涉及的银行账户操作更复杂。图 6–5 改编自加拿大银行、英格兰银行和新加坡金融管理局 2018 年的研究报告《跨境银行间支付和结算》。

假设两个国家 A 国和 B 国，以及各自的货币 A 货币和 B 货币。两种货币都由各自的中央银行建立了支付系统（图 6–5 中用的是 RTGS，即实时全额支付系统，详见后文的说明）。

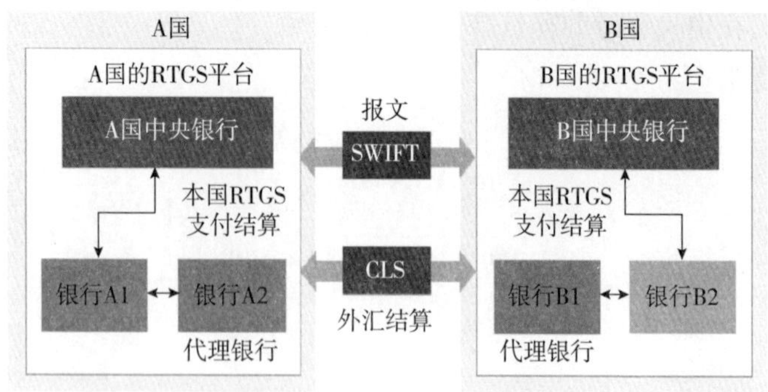

图6-5 跨境支付

假设A国居民爱丽丝在A国的一家银行A1有A货币的存款账户。她要付款给B国居民鲍勃，鲍勃在B国的一家银行B2有B货币的存款账户。问题是，银行A1与银行B2之间并无直接业务关系。因此，需要引入代理银行，即图6-5中的银行A2和银行B1。代理银行在银行A1和银行B2之间起到了桥梁作用，但拉长了跨境支付链条。

在代理银行模式下，跨境支付按如下步骤进行。首先，在A国，爱丽丝在银行A1的A货币存款被转到银行A2（通过A货币的支付系统）。其次，资金从银行A2转到银行B1。代理银行之间相互开设账户。比如，站在银行A2的角度，它在银行B1开设的账户称为往账（用B货币计价），即存放国外同业账户；银行B1在银行A2开设的账户称为来账（用A货币计价），即同业存款账户。资金从银行A2转到银行B1就是通过调整这些账户余额来实现的。货币汇兑需要经过CLS（持续连接结算系统）。最后，资金从银行B1转到银行B2（通过B货币的支付系统）。

需要说明两点。第一，与主流认识不同，SWIFT（环球同业银行金融电信协会）是银行间报文系统，处理跨境支付中的信息流。跨境支付中的资金流通过银行账户体系进行。第二，一些人认为，

SWIFT 是跨境支付成本高的主要原因。事实并非如此。麦肯锡公司 2016 年研究表明，一个美国银行通过代理银行进行一笔跨境支付的平均成本为 25~35 美元，是一笔境内支付的平均成本的 10 倍以上。其中，34% 的成本来自被锁定在代理银行账户中的流动性（因为这些资金本来可以用在收益更高的地方），27% 来自司库操作，15% 来自外汇操作，13% 来自合规成本。

以上简单介绍了账户范式如何承载货币及其交易。需要说明的是，账户余额调整和资金流转并非严谨的学术用语，都可以表达为会计上一系列复杂的借记、贷记操作。

（二）支付系统

支付系统（见图 6–6）是指一组工具、流程和规则，在两个或多个交易者之间转移资金。支付分为批发支付和零售支付。批发支付发生在金融机构之间，与金融机构之间的证券和外汇交易、金融机构与中央交易对手之间的交易，以及金融机构之间的融资有关。零售支付则与消费者和商业机构对商品和服务的购买有关，包括 P2P、P2B（个人对商业机构）、B2P（商业机构对个人）和 B2B（商业机构对商业机构）。

不管是批发支付还是零售支付，都有前端和后端。前端包括：一是资金来源，比如银行账户；二是发起支付的服务渠道，比如零售支付 App；三是支付工具。后端包括：一是清算，指支付指令传输和对账过程，有时也包括结算前的交易确认；二是结算，指转移资金以解除两方或多方之间的偿付义务。

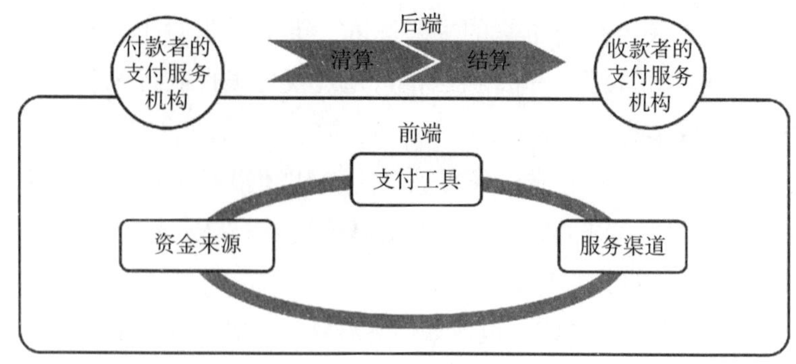

图6-6　支付系统

支付系统有三种主要结算方式。第一种是 RTGS，指逐笔全额结算支付指令。RTGS 的效率高，降低了支付有关各方的信用风险，但对流动性的要求更高。第二种是 DNS（延迟净额结算），指对支付指令轧差后净额结算。DNS 能节约流动性，但轧差和结算都需要一定的时间。DNS 有结算风险，体现在两个维度：一是信用风险，指收款方或付款方的 PSP（支付服务商，一般是银行）在结算完成前由于违约造成的风险；二是流动性风险，指收款方可能延迟收到资金的风险。第三种是 RTGS 和 DNS 的混合模式。比如，如果付款方的 PSP 没有足够资金执行 RTGS，支付系统提供 LSM（流动性节约机制），将付款指令与其他支付指令轧差后才结算。

在几乎所有的国家，批发支付都用 RTGS，并且 RTGS 系统通常由中央银行所有并管理。在 RTGS 系统中，如果金融机构账户余额不足，则可能造成支付指令阻塞，为此中央银行会为金融机构提供日间信用额度。零售支付之前通常用 DNS。

我国全社会资金流动的“大动脉”是 CNAPS（中国现代化支付系统）。CNAPS 由中国人民银行建设、运行维护和管理，用来处理金融机构之间以及金融机构与中国人民银行之间的支付业务。CNAPS 以清算账户管理系统为核心，业务应用子系统主要包括大额实时支付系统、小额批量支付系统、支票影像交换系统和网上支付跨行清算系统（“超级网银”）。其中，大额实时支付系统使用 RTGS，小额批量支付系统使用 DNS。

（三）卡清算组织

卡清算模式经过了从两方模式、三方模式到四方模式的演变，目前以四方模式为主导，体现为以维萨卡、万事达卡和银联卡为代表的开放式卡组织。

1. 两方模式

两方模式的典型代表是商户发行的预付卡，比如理发店、餐厅和文娱场所等发行的会员卡。我国的福卡、资和信卡也是预付卡，但可以被多个商户接受，本质上也属于两方模式。消费者通过购买商户发行的卡片预先支付费用，然后在实际消费过程中通过刷卡来完成支付。预付卡本质上是商户发行的“借记卡”，消费者的预存资金尽管无法增值，但可以获得变相“利息”——消费价格优惠和折扣。

两方模式的另一个代表是商户针对信用程度较高的忠诚用户发行的“准信用卡”。消费者在每次消费时可以先“挂账”，而后在约定期内一次性付清欠款。

在两方模式中，商户集中处理交易和支付，物流、资金流和支付信息流合一。对商户而言，卡只是配合其自身经营的一种手段，没有网络效应，因此很难形成卡产业或支付行业。在两方模式中不一定需要银行的参与。

2. 三方模式

在三方模式中出现了一个专门的卡片发行者，许多商户接受其发行的卡片，比如美国运通卡。商户将每一笔包括客户账号、支付金额等在内的购买信息发送给卡组织，卡组织将交易款项支付给商户，然后将每段时期（通常为 1 个月）消费者的支付记录发送给持卡人，持卡人按约定方式结账。

三方模式中的卡组织是封闭式卡组织。商户负责交易。封闭式卡组织负责支付，垫付资金并收款。封闭式卡组织限制了支付市场范围的扩大。

3. 四方模式

四方模式中的卡组织是开放式卡组织。开放式卡组织负责制定银行卡网络交易规则并为跨行交易转接清算，但不负责发卡和收单。卡由银行发行。银行卡是银行发行的具有现金存取、支付转账和消费信用等功能的塑料卡片，是银行账户的物理载体。在一笔支付中实际发生资金流动的参与方有四个——发卡机构、收单机构、特约商户和持卡人。发卡机构和收单机构分别由开放式卡组织中不同的成员银行独立承担，收单机构通过银行卡组织将收单交易信息传输至发卡机构。开放式卡组织在清分系统中逐批将收单、付单轧差后，从银行在中央银行系统中的备用金账户扣款或入款，但资金流不经过开放式卡组织。

在四方模式中，资金流直接从发卡银行转入收单银行，意味着资金流和支付信息流的分离。银行作为储蓄机构和支付机构接入支付产业中，由于发卡机构和收单机构都是银行，开放式卡组织成为推动和协调不同银行的卡业务发展的组织。

（四）非银行支付

非银行支付有两种使用方法。第一，非银行支付作为用户银行存款账户的“叠加”，为用户提供支付服务。比如，我们用支付宝或微信支付扫描二维码后，如果在付款环节使用事前绑定的银行卡，就属于这种情况。

第二，在付款环节使用支付账户的余额。支付账户余额在本质上是预付价值，对应着备付金。备付金是非银行支付机构为办理客户委托的支付业务而实际收到的预收待付资金。在“断直连”改革后，备付金100%集中存管在中国人民银行。备付金所有权仍归属于用户，但由非银行支付机构以其自身名义存放在中国人民银行的“非金融机构存款”科目，并实际由非银行支付机构支配与控制。如果非银行支付机构出现经营风险或信用风险，仍将可能导致支付账户余额无法使用，出现不能回提为银行存款的情况，从而使用户遭受财产损失。在用户向非银行支付机构充值后，非银行支付机构在将备付金集中存管到中国人民银行的同时，将等额调增用户的支付账户余额。用户之间转账只影响他们的支付账户余额，不会影响在中国人民银行的备付金。当用户提现时，非银行支付机构扣减支付账户余额，从备付金中转出相应金额到用户的银行存款账户。

二、区块链、Token与法定货币Token化

（一）区块链是关于Token的分布式账户

区块链也被称为分布式账本。账本记录、传播和存储等活动都在分布式网络上以去中心化方式进行，单点失败风险不高。区块链使用密码学技术，在牺牲部分性能的前提下，实现整个系统的高容错性和高安全性。分布式账本全网公开，不可篡改，也被称为共享账本。但分布式账本并不是一个无所不包的账本，而主要是关于Token的账本。Token的最著名案例就是比特币[①]。

① 本章使用的Token指的是FT。NFT见本章后文。

2008年，比特币发明人中本聪针对法定货币的通货膨胀问题提出了建立一套点对点电子现金系统的设想。在传统的电子支付系统中，基于密码学的数字签名技术已经能实现交易双方在不引入第三方的情况下在线对一笔交易信息达成共识，免去了在同一个物理地点一手交钱、一手交货的麻烦。但是传统的电子支付系统存在双重花费问题，即作恶的支付方可以凭空将同一笔资金构建多笔交易并签名发送给多个接收方。为了防范支付方凭空复制出实际已被花费的余额而造成重复消费，需要依赖可信的第三方进行监督和担保：一般由可信的运营机构维护一个账本，根据客户的交易请求修改账本的记录，并由政府设立的司法机关监督管辖。前文介绍的银行账户体系就是如此。

在比特币的设计方案中，中本聪沿用了数字签名技术构建“电子现金”的表示形式和可验证的交易信息，达到了交易信息的完整性校验（确保交易信息没有发生改变）和身份认证（确保交易信息的发送方是交易对手方本人）这两个目的。同时，中本聪发明的一套现在被称为区块链的技术架构实现了在无需信任的环境中解决双重花费问题。通过这套整合分布式存储、点对点网络、时间戳服务、工作量证明等关键技术的系统使交易记录公开透明难以被篡改，避免了交易对手方抵赖。

首先，这个系统有多个节点自发地基于同一套区块链协议共同维护一个交易账本，通过交易账本的分布式存储保证数据的永久性和可得性。其次，节点通过竞争的方式获得下一次记账权，并通过点对点网络广播消息，其他节点验证监听到的消息，验证通过则更新本地账本，从而完成账本同步。在记账过程中，交易记录通过默克尔树的数据结构压缩存储到新的数据区块，并用哈希指针链接到上一个区块，这种哈希指针提供的时间戳服务为数据区块引入时序并能使过去的交易记录很难被篡改。由于分布式网络存在延时，可能不止一个节点提交新区块，使区块链条产生分叉。为了同步不同节点之间的时间戳顺序，中本聪设计了工作量证明的共识机制来使参与节点无异议地确定一条具有终局一致性的区块链，同时防止记账方作假。在基于最长链原则的共识下节点可快速确定获得共识的区块，并且只要网络有超过一半算力的诚实节点，作恶节点就难以发动“双花”攻击。最后，通过将比特币的发行与激励机制结合，利用区块奖励和交易手续费吸引节点自发参与系统的运行和维护。

对于用户而言，只需下载比特币钱包等客户端软件就能使用这个系统。钱包将通过非对称密码学技术为用户生成私钥和公钥，并由公钥派生比特币地址。用户用私钥对交易信息签名并广播到点对点网络，节点则通过用户公开的公钥验证交易信息的有效性并为其处理交易，从而赋予用户对钱包中资产的绝对控制权。

比特币的成功证明了区块链技术在电子支付方面的创新能力。后续的区块链协议在此基础上不断演化，以扩大区块链技术的应用范围和解决现有设计的不足。其中最具里程碑意义的是以太坊。以太坊协议最大的贡献在于在区块链共识层上面搭建了基于虚拟机的去中心化计算层，来处理更复杂的计算逻辑，从而支持去中心化应用的开发。这些去中心化应用由智能合约储存应用状态、执行应用逻辑，智能合约为进一步创建更多类型的稀缺性价值及相关应用提供了可能。

具体来说，开发者可以在以太坊上部署包含计算逻辑的智能合约，该智能合约脚本将通过广播的方式同步给以太坊节点获得共识并储存。在调用智能合约实现某种函数的时候，调用者向网络发送包含调用指令的交易，获得记账权的节点在处理这笔交易时将在本地虚拟机内运行相应的计算逻辑获得的结果，并更新账本状态、同步到其他节点。由于区块链协议是一致的，其他节点将很容易验证交易结果并更新状态，实现全局状态的同步。

在这一基础上，智能合约被用来创建具有更多功能的Token。比如，ERC-20标准通过预设的6个方法实现了设定发行总量、查询账户余额、转账、代理转账、授权转账、设定授权额度的功能，赋予开发者在同一条区块链上灵活创建任何新Token的能力；并能围绕这些Token构建一系列关联的智能合约，实现在去信任化的环境中执行资产的发行、交易、储蓄、借贷等金融业务逻辑，催生出全新的数字金融生态。

以上代表性案例已经足够展示区块链技术在创造数字世界稀缺价值方面的能力，目前也有很多其他专注于解决可扩展性瓶颈和用户体验的区块链协议、智能合约标准以及去中心化应用正在开拓这一能力的边界，以扩大数字世界的价值来源，丰富它能承载的应用内容，并优化用户体验。

（二）什么是Token

目前应用最广泛的两个区块链账本结构是比特币的UTXO（未花费的交易支出）模型和以太坊的余额模型（见图6-7），它们最初主要用于支持Token的流转。

在UTXO模型下，尚未花费的Token以数字符号的形式一份一份地与区块链地址关联绑定，构成数字凭证。每一份数字凭证代表的Token数量可能不等，并且能被进一步拆分为更小的单位。但相同数量的Token在价值上是对等的，可等额兑换，因此被称为是“同质化”的。

Token与持有者区块链地址的关联关系被安全地记录于区块链账本和本地数字钱包客户端，而所有Token与区块链地址的关联关系构成全局状态。当Token持有者进行转账时，需要将未花费的Token重新绑定到接收方的区块链地址，并用私钥对这条新信息签名。然后将签名后的交易信息发送到区块链的点对点网络，经节点验证打包新区块后账本的全局状态相应地发生改变，最终完成 Token 的转账。这个过程类似于现金支付的过程，在未花费的 Token 面额较大的情况下也需“找零”。

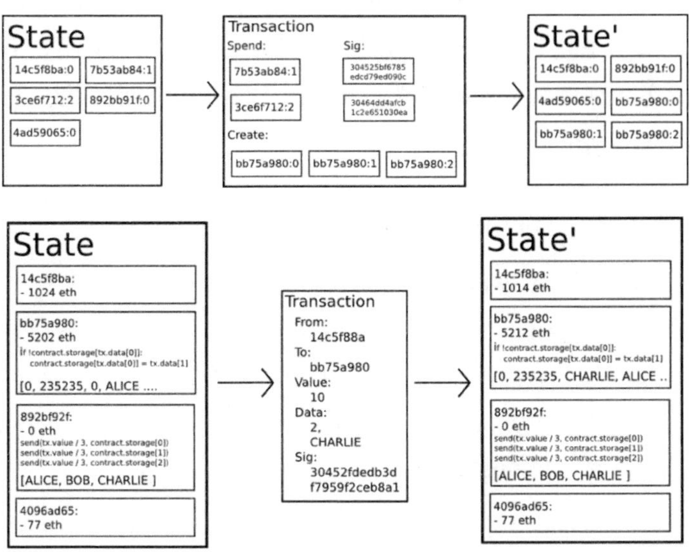

图6-7　UTXO模型（上）和余额模型（下）

资料来源：Buterin, Vitalik, 2013, “A Next-Generation Smart Contract and Decentralized Application Platform”。

以太坊的余额模型通过一个交易驱动的状态机对区块链地址的余额进行加减来记账，全局状态维护每个区块链地址名下的资产条目及余额。与银行账户系统的区别在于，这个记账过程是在达成去中心化节点共识后进行的，确保全局状态的一致性。

Token 具有类似现金的特征，也有一些超越现金的特性。Token 原则上是匿名的，只与区块链地址绑定；但有些数据分析可以将区块链关联到真实的实体身份，从而追踪其交易历史，具有一定的隐私泄露风险，这使得一些专注于设计匿名交易的替代产品出现，比如门罗币。和现金一样，这些数字世界的数字凭证在区块链技术的保护下可以做到难以被双重花费，并实现不依赖第三方的点对点交易；比现金更具优势的特征是 Token 可以天然实现跨境交易，大大降低摩擦成本。在区块链系统中，Token 对应的数字凭证既代表信息也代表资产，交易过程实现了信息流与资金流的合并，能和现金一样做到交易即结算，并且在智能合约的配合下还能在应用中实现 Token 的智能清算。

（三）法定货币 Token 化

有必要先厘清三个概念：账户、账本和 Token。

账户是 Account。比如，电子化的中央银行货币记录在中央银行存款准备金账户中，存款记录在商业银行存款账户中。这些都是账户范式下的价值表达方式，资产的所有权和交易记录都由中心化的账户管理者维护和更新。

账本是 Ledger，记录资产所有权和交易，既可以采取账户范式，也可以采取 Token 范式。

Token 及其交易的以下性质是区块链应用于金融基础设施的关键。第一，区块链内不同地址对应着不同用户，类似商业银行账户。密码学技术（主要是基于椭圆曲线的数字签名算法和哈希加密算法）保证了地址的匿名性，只有具备相应权限的用户才能操作地址，类似于商业银行的账户和密码。

第二，Token 本质上是区块链内按规则定义的状态变量。按同一规则定义的 Token 是同质的，可拆分成较小单位。不同地址内的 Token 数量类似于商业银行的存款账户余额。分布式账本记录区块链内每个地址内的 Token 数量，类似于商业银行账户报表。分布式账本由多个“矿工”或“验证节点”共同更新和存储，以确保一致。

第三，Token 可以在区块链内不同地址之间转移，类似于银行转账。Token 在转移过程中总量不变，甲地址之所得就是乙地址之所失。Token 交易确认与分布式账本更新同时完成，没有结算风险。分布式账本和已确认的 Token 交易是全网公开、不可篡改的。

第四，区块链共识算法和不可篡改特点，使其在不依赖中心化受信任机构的情况下，可以保证 Token 不会被“双花”。

第五，区块链在互联网上运行，Token 在区块链内不同地址之间的转移天然是跨国界的。这一特点就是区块链应用于跨境支付的基础。

Token 在存在形态上是一段计算机代码，没有任何内在价值。那么，Token 的价值来源是什么？Token 在中文里一般被翻译成“记号”或“表示物”。记号或表示物本身没有价值，价值来自所承载的资产。用 Token 承载现实世界的资产（所谓“资产上链”），实质是基于法律法规，用区块链外的经济机制，使 Token 与某类储备资产的价值挂钩。这个过程离不开中心化受信任机构（见表 6-1）。

表 6-1 用Token承载资产

资产方	负债方
1 单位储备资产	1 单位 Token
1 单位储备资产	1 单位 Token
……	……
1 单位储备资产	1 单位 Token

用 Token 承载资产必须遵循 3 个规则。在这 3 个规则的约束下，1 单位 Token 代表了 1 单位标的资产。

一是 1∶1 发行规则。中心化受信任机构基于储备资产按 1∶1 关系发行 Token。这个规则有时也被称为 100% 准备金或足额准备金发行规则。

二是 1∶1 赎回规则。用户向中心化受信任机构退回 1 单位 Token，中心化受信任机构就向用户返还 1 单位储备资产。显然，在 1：1 发行规则和 1：1 赎回规则下，中心化受信任机构确保 Token 与储备资产之间的 1：1 双向兑换。

三是可信规则。中心化受信任机构必须定期接受第三方审计并充分披露信息，确保作为 Token 发行储备的标的资产的真实性和充足性。但存在一个特例：中央银行作为 Token 发行机构时，可不受可信规则的约束。

巴塞尔清算银行的支付与市场基础设施委员会用图 6–8 来刻画法定货币 Token 化的过程。

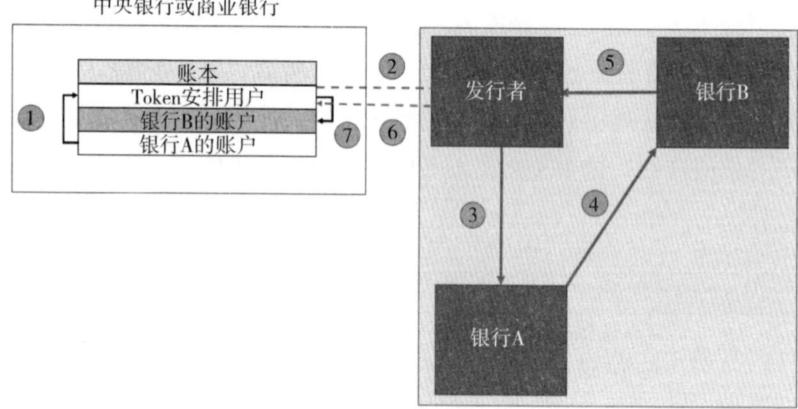

图6–8 法定货币的Token化

资料来源：CPMI（支付与市场基础设施委员会），2019, “Wholesale Digital Tokens”, Bank for International Settlements。

法定货币 Token 化有 4 个核心特征。第一，用 Token 代表法定货币，用 Token 交易代表法定货币支付。第二，Token 基于法定货币储备 1：1 发行，不会伴随着新的货币创造。第三，Token 发行人确保发行在外的 Token 有充足的法定货币储备作为支撑，并且确保 Token 与法定货币之间的 1：1 双向可兑换。第四，Token 与法定货币之间的双向兑换，涉及银行账户体系与 Token 账本体系之间的协同。

根据 Token 发行机构以及法定货币储备存管机构的性质，法定货币 Token 化可以分为 3 种情况（见表 6–2）。

表 6–2　法定货币Token化分类

法定货币储备存管机构 / Token 发行机构	中央银行	商业银行
中央银行	CBDC	N/A
商业机构	合成型 CBDC	稳定币

在银行账户体系和支付体系已经很发达的情况下，为什么还要讨论法定货币 Token 化？区块链在支付系统的应用，到底改变了什么，没有改变什么？

有说法认为，区块链代表了复式记账法之后最大的记账革命。这个说法似是而非。资产、负债和现金流等概念有经济学、法律和会计等方面的深厚基础。技术的演变使资产、负债和现金流等具有新的形态和记录方式，会计记账也从手工走向电算化。但这些都不会影响复式记账法的原理，区块链也不例外。

区块链改变的是产权和交易的记录方式。要理解这一点，须对比 Token 账本体系和银行账户体系（见表 6–3）。

表 6–3　Token账本体系和银行账户体系的比较

银行账户体系	Token 账本体系
不同参与者有不同账户“视图”	共享账本
中心化管理，基于对账户管理机构的信任，需要事先审批	可以去中心化管理，无须信任且无须许可
账户名显示用户身份，遵循实名制原则	地址本身是匿名的，不一定关联用户真实身份，但也可以通过 KYC 达到不同程度的关联

（续表）

银行账户体系	Token 账本体系
账户余额记录用户拥有多少资产	与余额模式类似。在 UTXO 模型下，每个地址拥有的 Token 总量，等于所有者在该地址的所有 Token 数量之和
支付体现为从付款方的账户余额中减少相应金额，同时在收款方的账户余额中增加相应金额	与余额模式类似。在 UTXO 模型下，将转出地址拥有的 Token 的属主变更为转入地址
如果付款方和收款方的账户不在同一家账户管理机构，那么这笔收付款会引发两家账户管理机构之间的交易，而这需要通过调整它们在更上级的账户管理机构的账户余额来进行；在跨境支付中，存在资金流和信息流的分离	理论上，任何两个地址之间都可以直接点对点交易；交易天然是跨境；资金流和信息流天然合二为一

三、数字货币分类

此处聚焦于能有效承担货币基本职能（交易媒介、记账单位和价值储藏）的数字货币。在表 6–2 的基础上，图 6–9 进一步刻画了数字货币的分类。

对图 6–9 有两点说明。第一，数字货币不包括比特币、以太币等加密资产。这些加密资产尽管属于 Token，但由算法发行，其发行既没有主权信用背书，也没有资产储备，并且用途由人为赋予。由于这些加密资产没有内在价值，不能实现价格稳定，根本无法履行货币基本职能，因此归属于资产而非货币更为合适。第二，图中不包含算法中央银行型稳定币，因为这个方向很难成立。在市场价格低于锚定价格时，算法中央银行型稳定币会发行折价债券来回收稳定币。但如果市场对稳定币失去信心，债券会很难发出去。即使发行出去，债券发行价相对面值会有很大贴现，降低回收流动性的效果。同时当债券到期时，还会伴随流动性的净投放。

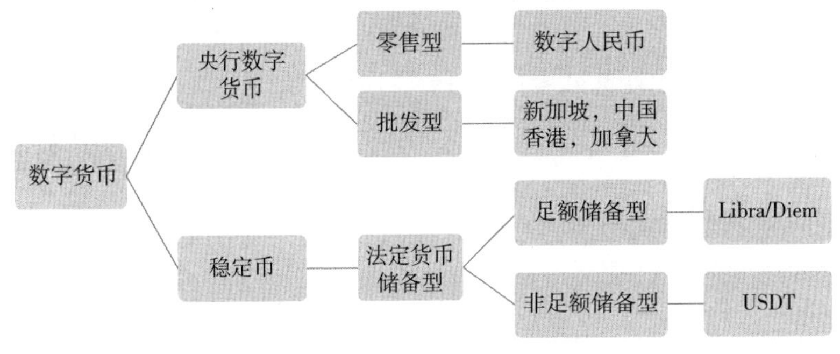

图6-9　数字货币分类

（一）稳定币

基于非足额法币储备的稳定币在常态下可行，并有货币创造和铸币税。法定货币储备的目标是保证稳定币发行机构在用户赎回稳定币时，能给付法定货币。足额储备是实现稳定币全额兑付最直接、有效的办法。但根据大数定律，稳定币的用户不可能全部在同一时刻赎回。理论上，不需要持有 100% 的储备就能应付大多数时候的稳定币赎回需求。此时，多发行的稳定币即便没有法定货币储备作为支撑，也满足了稳定币用户的需求，相当于"凭空"发行了一部分稳定币。这些稳定币在现实世界中有购买力，就对应着铸币税的概念。

对货币当局而言，合法合规的单一货币稳定币主要是一个支付工具，不会有货币创造，不影响货币主权，金融风险可控。因为区块链的开放特征，单一货币稳定币会拓展货币在境外的使用，从而强化强势货币的地位，侵蚀弱势货币的地位。比如，一些经济和政治不稳定的国家已经出现了"美元化"趋势，合法合规的美元稳定币会进一步增强这个趋势。主要国家对单一货币稳定币的监管将越来越完善。本章后文"稳定币"将讨论相关问题。

最后需要说明的是，虽然以 Libra/Diem 于 2019 年提出的方式实施了一篮子货币稳定币，但是由于面临货币篮子再平衡、一篮子法定货币储备充足性监管主体缺失等问题，可行性不高。特别是考虑到稳定币的法定货币储备的充足性，只能分货币进行监管，多币种的法定货币储备的充足性没有合适的国际监管主体。这是 Libra/Diem 于 2020 年从一篮子货币稳定币转向单一货币稳定币的重要原因。

（二）央行数字货币

CBDC 是数字形态的中央银行货币。中央银行货币主要包括现金和存款准备金。CBDC 替代现金，对应着零售型 CBDC；CBDC 替代存款准备金，对应着批发型 CBDC。

CBDC 不会走“替代 M1 或 M2”的方向。第一，M1 和 M2 的主体部分是商业银行存款货币，代表商业银行的信用。而 CBDC 代表中央银行的信用，“CBDC 替代 M1 或 M2”在逻辑上就面临不少障碍。第二，与商业银行存款货币相关的支付系统依托于银行账户体系的构建，效率和安全性都很高，改造成 Token 账本体系对支付系统的改进意义不大。第三，CBDC 大比例替代商业银行存款货币，实际上是中央银行在 CBDC 设计中要尽力避免的一个局面，因为这会影响商业银行存款的稳定性和信贷中介功能。

CBDC 发行普遍以按需兑换为主（基于 100% 存款准备金发行），而非扩表发行。换言之，CBDC 发行和赎回的主动权在商业银行而非中央银行，但根本上由用户需求驱动。商业银行根据用户需求，使用存放在中央银行的存款准备金，向中央银行兑换 CBDC，构成 CBDC 的发行。反过来，商业银行根据用户需求，向中央银行赎回 CBDC 并换回存款准备金，构成 CBDC 的赎回。正因为这个安排，CBDC 的发行和赎回不影响中央银行货币总量，对通货膨胀的影响偏于中性。

CBDC 项目普遍遵循“中央银行－商业银行”的二元模式，也就是在 CBDC 方案中存在批发和零售两个环节。批发环节主要指 CBDC 的发行和赎回，参与者是中央银行和商业银行。零售环节指 CBDC 的存、取和支付，参与者是商业银行和用户。

1. 批发型 CBDC

批发型 CBDC 的一个重要目标是改造现有的 RTGS，以 Ubin、Jasper、Stella 和 LionRock 等为代表。

批发型 CBDC 只涉及中央银行和商业银行，属于金融基础设施层面的应用，针对的场景较为明确，并且不牵扯复杂的货币问题和金融问题，批发型 CBDC 的试验走在了零售型 CBDC 的前面。

批发型 CBDC 的试验结论较为一致。第一，批发型 CBDC 能支持 RTGS，流动性节约机制能够以去中心化方式实现（通过智能合约实现）。第二，批发型 CBDC 能支持 Token 化证券交易，并且在去中心化环境下，可以实现单账本 DvP（券款对付），但跨账本 DvP 依靠的 HTLC（哈希时间锁）有一定缺陷。第三，批发型 CBDC 应用于同步 PvP（跨境转账）的逻辑与应用于 Token 化证券交易类似，中间人模式是主流的跨链方案。

跨链是批发型 CBDC 要解决的一个核心问题。但跨链不完全是一个技术问题，具有一定中心化色彩的经济学解决方案也越来越受重视。比如，香港金融管理局的 LionRock 项目和泰国中央银行的 Inthanon 项目也进行了同步 PvP 试验。它们采用的方案称为“走廊网络”，本质上是将两种货币的 CBDC“映射”到同一账本系统中（基于 100% 的 CBDC 储备在“走廊网络”上发行 CBDC 凭证），使得同一账本系统支持多种 CBDC。

2. 零售型 CBDC

零售型 CBDC 有望实现类似于现金的安全性和点对点支付的

便利性。中央银行开发零售型 CBDC 的主要目标是，利用 CBDC 系统的开放性促进金融普惠。CBDC 系统提供的精细尺度的支付数据，有助于宏观经济决策。在新冠肺炎疫情大流行的背景下，CBDC 还将为政府向个人支付救助款项提供有效工具。

零售型 CBDC 与现金使用之间的关系比较微妙。一方面，在现金使用较多的国家，中央银行希望用 CBDC 替代现金，既降低与现金体系有关的成本，同时缓解现金的不可追溯性对洗钱、恐怖融资和逃漏税的影响。另一方面，在现金使用逐渐减少的国家，中央银行则希望公众以 CBDC 的形式持有中央银行货币，既促进支付系统的安全、效率和稳健，也缓解支付机构在做大后对用户隐私保护和市场公平竞争等的影响。我国属于后一种情形。

零售型 CBDC 设计方案需要考虑以下问题。第一，零售型 CBDC 对金融稳定和货币政策的影响。第二，零售型 CBDC 的支付和清结算安排。第三，零售型 CBDC 需要兼顾开放普惠、有限匿名和监管合规三方面要求。第四，零售型 CBDC 在应用推广中如何发挥私人部门的作用。第五，境外个人和机构如何持有和使用零售型 CBDC。这些问题目前都没有普遍认可的答案。

需要说明的是，目前区块链技术的性能和安全性，不足以支撑大规模的零售型 CBDC 应用。但零售型 CBDC 作为现金的替代或升级，具有开放性、可控匿名、点对点交易、交易即结算以及离线支付等既类似于现金又超越现金的特征，本质上离不开对区块链技术的吸收。

四、数字货币的可编程性

中国人民银行在《中国数字人民币的研发进展白皮书》(以下简称《数字人民币白皮书》) 中指出，数字人民币通过加载不影响货币功能的智能合约实现可编程性，使数字人民币在确保安全与合规的前提下，可根据交易双方商定的条件、规则进行自动支付交易，促进业务模式创新。在一些城市的数字人民币试点中，数字人民币红包有一定的使用有效期，过期无效。这就是数字人民币可编程性的一个具体体现。

随着 CBDC 和稳定币的研究、试验在全球展开，货币可编程性开始受到中央银行界的关注，已成为新技术条件下货币经济学中的一个新课题。根据《数字人民币白皮书》的表述，货币可编程性的含义是“可根据交易双方商定的条件、规则进行自动支付交易”。2021 年 6 月，美联储纽约分行的亚历山大·李发表了《什么是可编程货币？》[①]，提出了可编程货币的“一致性保证”机制。亚历山大·李认为，不管可编程货币依托什么技术，都应该具备一组不可分割的功能模块。

需要讨论的问题包括：第一，货币可编程性的含义是什么？第二，货币可编程性依托什么技术？特别是，是否一定需要能加载智能合约的数字货币？第三，货币可编程性能实现什么功能？第四，货币可编程性应该遵循什么原则才能不影响货币基本职能（价值尺度、交易媒介和价值储藏）？

（一）货币可编程性的含义

支付指通过转移货币价值来清偿社会经济活动中形成的债权债务关系，主要包括以下方式：现金的换手；中央银行账本（含 CBDC 账本）的调整；商业银行账户的调整；稳定币账本的调整；非银行支付账户的调整。除了现金的换手以外，其余四种支付方式都可以根据交易双方商定的条件、规则进行自动支付交易。因此，货币可编程性的核心是支付条件、规则的可自动化处理。

---

① https://www.federalreserve.gov/econres/notes/feds-notes/what-is-programmable-money-20210623.htm.

（二）货币可编程性的技术条件

货币可编程性有两种实现方式。第一种是数字货币加载智能合约，主要针对CBDC和稳定币。数字货币与智能合约之间有密不可分的关系：数字货币的发行和流转规则由智能合约定义，而智能合约操作的对象是数字货币，智能合约的执行结果是数字货币的发行和流转。因此，这种方式可以称为内生的可编程性。数字货币的可编程性在实现方式上，也取决于数字货币是采用类似于比特币的UTXO模型（以货币为中心构建），还是类似于以太坊的余额模型（以用户为中心构建），而后者离不开虚拟机的使用（见图6-10，引自亚历山大·李）。

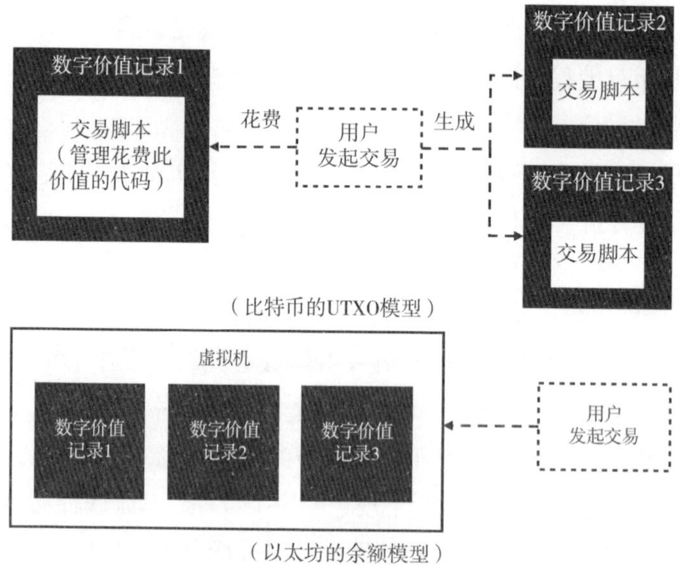

图6-10　货币可编程性的两种情况

第二种是通过API技术操作中央银行账户、商业银行账户和非银行支付机构账户。中央银行账户、商业银行账户和非银行支付机构账户一般采用关系数据库架构，不是天然具备可编程性，但通过以 API 为代表的技术实现可编程性。因此，这种方式可以称为外生的可编程性。这方面的案例包括：零售端的微信红包将社交需求巧妙地结合到支付工具中，内嵌了一对多派发逻辑和随机算法；企业端也可利用软件自动定期地向关联企业、员工和税务机关付款，免除烦琐的人工纸质作业；在新冠肺炎疫情期间韩国发放了一种限定使用范围和期限的补贴来刺激经济，体现了政府层面货币可编程性的用例。

“传统账户体系 +API”和“数字货币 + 智能合约”都能实现货币可编程性，核心区别在于前者是外生的可编程性，后者是内生的可编程性。关系型数据库能用于一般目的，不一定局限于金融账户体系，而数字货币系统为特定目的而设计、构建，比如要确保数字货币具有可控匿名、不可伪造和不可“双花”等特征。实际上，内生的可编程性正是数字货币的核心特征之一。

图 6-11 显示了货币可编程性的两种实现方式的区别（引自亚历山大 · 李）。

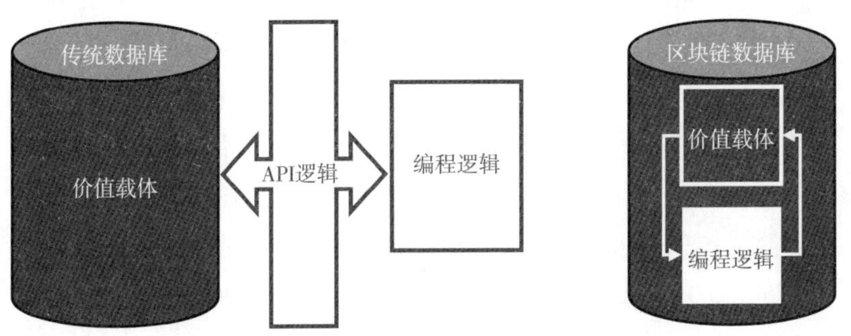

图6-11　货币可编程性的两种实现方式

此外，在“数字货币 + 智能合约”中，可编程性可以由用户来设置，去中心化程度更优，能赋予用户更大的自主权利；而在“传统账户体系 +API”中，可编程性的设置需要账户管理机构的审核，中心化色彩非常明显，不一定能无缝适应用户的需求。如果再考虑数字货币账本的开放性和跨境特性，“数字货币 + 智能合约”有助于将货币的可编程性应用拓展到非人格化支付和跨境支付等场景。

（三）货币可编程性的功能

通过“传统账户体系 +API”方式实现可编程性，在日常生活中已有很多应用，比如定期转账和定期还款等。英国诺森比亚大学艾尔登等（2019）以英国线上银行 Monzo 为例分析了这类应用[①]（见图 6–12）。他们认为货币可编程性有两个组成部分——触发和行动，并从货币和信息两个维度进行了详细划分。

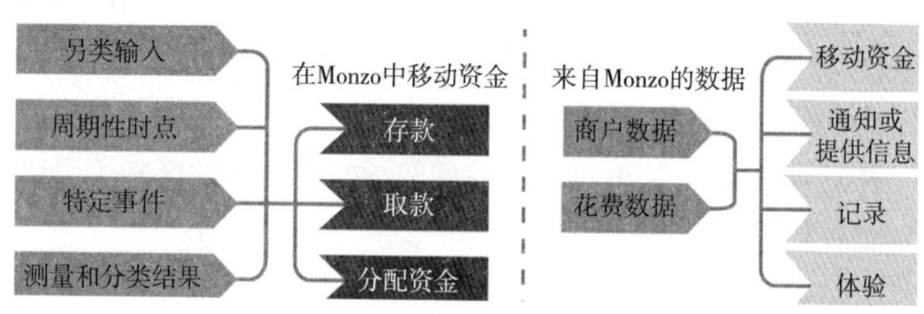

图6–12　Monzo的可编程应用

艾尔登等（2019）认为，触发包括：一是另类输入，比如文字和语音指令；二是周期性时点，比如每周、每月；三是特定事件；四是测量和分类结果。行动包括：一是移动资金，比如存款、取款和分配资金；二是通知或提供信息；三是记录；四是体验。这些触发和行动既可以针对 Monzo，也可以针对 Monzo 以外的应用和程

① Elsden, Chris, Tom Feltwell, Shaun Lawson, and John Vines, 2019, “Recipes for Programmable Money”, *CHI 2019 Paper*.

序，从而形成不同搭配，但“触发 – 行动”的各种组合都可以概括为“If（如果）……Then（那么）……”条件逻辑。

Monzo 的可编程应用主要实现的功能包括：自动储蓄；管理支出；账户管理；构建创新型金融应用，特别是与社会交往和个人行为有关的。需要指出的是，“传统账户体系 +API”方式也可以在开放银行的框架下理解。

与“传统账户体系 +API”方式相比，通过“数字货币 + 智能合约”方式实现可编程性还处于发展早期阶段。这类应用首先需要建立数字货币钱包与其他应用和程序之间的信息交流和互操作性。比如，通过扫描二维码来发起数字货币支付，通过 API 读取现实世界信息并触发数字货币支付（不一定采取预言机方式），以及通过其他应用和程序从数字货币钱包读取信息，等等。但不管智能合约采取何种实现方式，也都可以概括为“If……Then……”条件逻辑。

（四）货币可编程性与货币基本功能

货币有三个基本功能——价值尺度、交易媒介和价值储藏。这三个基本功能之间存在怎样的复杂关系，至今也没有定论。传统货币理论强调交易媒介功能在货币演进中的基础性作用：原始货币起源于物物交换媒介，以解决物物交换中的“需求的双重巧合”问题，然后沿着交易成本最小化的方向，先演变为金属铸币，再演变为金、银本位纸币，直到今天以信用货币为主的形态。与传统货币理论相对的另一派观点认为，货币从一开始就与信用不可分割。货币最初并非充当一般等价物，而是某种类型的借据，承担价值尺度和债务清偿手段等功能，而交易媒介仅是其初始功能的延伸。此处主要采取传统货币理论的立场。

货币可编程性为用户带来更多、更精细的控制权，更能适应用户在特定场景下的需求。用户可以根据自己的需要，利用可编程性，对所持货币的流通特点进行重新设置。只要这些设置体现的是用户对自己财产的处置权，而非被外部强加，货币可编程性就不会损害货币的交易媒介功能。相反，货币可编程性让货币的交易媒介功能有新的、丰富的表现形式，特别是可以在支付链路中嵌入其他功能[①]。因此，货币可编程性不会损害反而可以加强货币的交易媒介功能，而货币的价值储藏功能源自交易媒介功能，也不会受到货币可编程性的显著影响。最后，货币可编程性只会改变部分货币的流通特点，而不会影响价值尺度这一货币整体层面的功能。

货币可编程性不影响货币的基本功能的另一个条件是可编程性的执行者保持利益中立地位，按事先确定的规则不偏不倚地处理与可编程性有关的支付条件和规则，而非试图改变用户之间的利益关系，甚至追求自己的私利。比如，只要用户同意或有充分授权，商业银行和非银行支付机构就不应屏蔽对自己不利的可编程性条款。

第二节　稳定币

目前，大部分稳定币锚定单一货币，基于资产储备发行。Tether 公司发行的 USDT（泰达币），Circle 公司发行的 USDC，TrustToken 发行的 TrueUSD 以及通过美国纽约金融服务局批准的两个稳定币 GUSD 和 PAX 皆为此类稳定币，均锚定美元，其中规模最大的是 USDT。2019 年 6 月，脸书发起的 Libra（后改名为 Diem）

---

① 在支付链路中嵌入其他功能，有可能造成市场公平竞争和用户隐私保护等方面的问题。2021 年 9 月 18 日，中国人民银行行长易纲在中德“金融科技与全球支付领域全景——探索新疆域”视频会议的开幕致辞中表示，支付要回归本源，断开支付工具与其他金融产品的不当连接。但对这个问题的讨论不在本书范围内。

联盟发布的 Libra 项目白皮书声称要建立一个简单的全球性货币和为数十亿人赋能的金融基础设施，核心是一篮子货币稳定币。2020 年 4 月，Libra 发布的第二版白皮书提出重大修订，转向以单一货币稳定币为主。

一、稳定币的原理

（一）稳定币的设计方案

尽管脸书在美国的监管阻力下放弃了 Libra 项目的主导权，但 Libra 项目在合规设计上优于市场上已有的稳定币项目，因此本节仍以 Libra 为例介绍稳定币的设计方案。

稳定币的性质。稳定币是区块链内的一个 Token，由一个受信任的发行者基于充足的储备资产发行。从发行者的资产负债表的角度看，储备资产在资产方，稳定币在负债方，稳定币不向用户付息。

储备资产的构成。储备资产具有短期限、低信用风险和高流动性等特点，由现金及现金等价物、短期政府债券构成。比如，在储备资产中至少有 80% 是低信用风险（比如主权信用评级不低于标普 A+ 评级和穆迪的 A1 评级）的主权国家发行的短期政府债券（比如剩余期限在 3 个月以内），这些债券需要有高流动性的二级市场。其余不足 20% 的储备资产是现金及现金等价物，并且可以隔夜转投到货币市场基金。这些货币市场基金将投资于有相同风险和流动性状况的短期政府债券（比如剩余期限在 1 年内）。

储备资产的充足性管理。储备资产市值将不低于流通中单一货币稳定币的面值。这有助于防范挤兑和稳定支付系统，使单一货币稳定币的持有者对稳定币兑换为本地货币的能力保有信心。储备资产将定期接受独立审计。审计结果向公众开放，以证明流通中单一货币稳定币有足额资产支撑。储备资产由一个在地理上分散、资本充足的托管银行网络持有。为了防止储备资产被挪用，储备资产不能被出借、质押或再质押，也不能从储备账户中转出（即使只是暂时的）。

资本缓冲。即使有高质量、流动性好的储备资产，单一货币稳定币的发行者仍可能亏损（比如在利率急剧变化时），或在极端经济情况下难以出售资产。为保护用户，单一货币稳定币的发行者将保持一个规模适度、用于吸收损失的资本缓冲。比如，资本缓冲将用于覆盖发行者因信用风险、市场风险和运营风险而可能遭受的损失。

恢复和处置计划。为避免发行者不能快速出售储备资产中的政府债券来应对稳定币的赎回需求，甚至不得不以较大折扣出售（"火线出售"）政府证券的情况，考虑引入两个措施：一是赎回延时，以使发行者有充足时间来出售政府债券；二是早赎折扣，对快速赎回收取一定费用，使稳定币持有者内在化他们挤兑造成的负外部性（分担"火线出售"造成的亏损）。

对法定货币的影响。单一货币稳定币将根据市场需求而发行和赎回。单一货币稳定币因为有 1∶1 的资产支撑，发行和赎回不会伴随着新的货币创造。随着各国发展央行数字货币，这些央行数字货币可以直接与单一货币稳定币集成，降低储备资产管理难度、信用风险和托管风险。

价格稳定机制。单一货币稳定币必须遵循 3 个规则以维持价格稳定。一是 1∶1 发行规则。中心化受信任机构基于储备资产按 1∶1 发行 Token。二是 1∶1 赎回规则。用户向中心化受信任机构退回 1 单位 Token，中心化受信任机构就返还用户 1 单位储备资产。显然，在 1∶1 发行规则和 1∶1 赎回规则下，中心化受信任机构确保 Token 与储备资产之间的 1∶1 双向兑换。三是可信规则。中心化受信任机构必须定期接受第三方审计并充分披露信息，确保作为

Token 发行储备的标的资产的真实性和充足性。

在这 3 个规则的约束下，1 单位 Token 代表了 1 单位标的资产的价值。在二级市场交易时，Token 市场价格会偏离标的资产的价值，但市场套利机制会驱动价格向价值回归。如果 1 单元 Token 的价格低于 1 单位标的资产的价值，套利者就会按市场价格买入 1 单位 Token，再从中心化受信任机构换回 1 单位标的资产，以获取差价（=1 单位标的资产的价值 -1 单位 Token 的价格）。套利活动会增加对 Token 的需求，驱动其价格上涨。反之，如果 1 单元 Token 的价格高于 1 单位标的资产的价值，套利者就会用 1 单位标的资产向中心化受信任机构换回 1 单位 Token，获取差价（=1 单位 Token 的价格 -1 单位标的资产的价值）。套利活动会增加 Token 供给，驱动其价格下跌。一旦这 3 个规则没有被全部严格遵守，市场套利机制的效果就会减弱，Token 的价格也会与标的资产的价值脱钩（不一定完全脱钩）。

（二）发行者的激励

储备资产的目标是保证在用户赎回稳定币时，发行者能给付法定货币。显然，100% 的储备资产是实现稳定币全额兑付最直接、有效的办法。但根据大数定律，稳定币的用户不可能全部在同一时间要求兑换成法定货币。理论上，不需要持有 100% 的储备资产就能应付大多数时候的稳定币赎回需求。如果允许稳定币价格小幅波动及在极端情况下控制稳定币赎回，应该能降低储备资产要求，以更小成本来实现稳定币，但这意味着更大的风险。在这种情况下，稳定币的发行者有两部分经济收益：铸币税和储备资产管理收益。

首先看铸币税。如果稳定币没有 100% 的储备资产，多发行的稳定币尽管没有储备资产作为支撑，但也满足了用户的需求，相当于“凭空”发行了一部分稳定币。只要这些稳定币在现实世界中有购买力，就满足了铸币税的概念。USDT 属于这种情况。尽管市场上对 USDT 有很多质疑，但至今没有发生针对 USDT 的集中、大额赎回（当然，USDT 的发行者 Tether 公司也对赎回进行了各种限制）。假设在一段时间内，稳定币供给“凭空”增加了 ΔM，当前物价水平为 P，稳定币的发行者通过“凭空”发行稳定币，能在市场上购买价值相当于 ΔM/P 的商品和服务，这就是铸币税。

其次看储备资产管理收益。储备资产除了一部分投资于高流动性、可以随时变现的资产，其余部分可以进行风险较高的投资，从而获得较高收益。因为发行者不向用户付息，储备资产管理收益就全部归发行者所有。

稳定币发行者需要做好储备资产管理收益和稳定币安全性之间的平衡。具体来说，资产储备 / 准备金的投资和管理方式是多样的，现实中至少包括以下方式。

• 作为非银行类金融机构的存款存放在中央银行，不付息或者比照超额存款准备金付息。这种方式的收益率最低但也最安全。目前，我国对非银行支付机构的备付金就采取这种管理方式。

• 托管在商业银行，并投资于国债、商业银行存款、大额存单和隔夜回购等。我国非银行支付机构在“断直连”改革之前，就是这样管理支付备付金的。从资产配置上看，这种方式与货币市场基金也是类似的。主要差别在于，在稳定币中，资产储备管理收益归属于发行者。但发行者为保障用户 1∶1 赎回稳定币的能力，如果资产储备遭受投资损失，发行者要“刚性兑付”。而在货币市场基金中，资产储备的投资损益都归属于投资者。

• 高风险投资。比如，USDT 相当大比例的资产储备就投资于商业票据和加密资产。

• 基于非足额资产储备 / 准备金发行非银行货币 / e-money。实际上，USDT 就属于这种方式。

总的来说，发行者越将资产储备投资于高风险、高收益的方向，在自身获利的同时，越可能因为投资亏损而无法满足用户1∶1赎回的需求（也就是越可能损害用户的权益），也越有可能因为用户的大规模赎回而影响金融稳定并影响公共利益。如何平衡好发行者利益与用户利益、公共利益，正是稳定币的监管重心。

（三）稳定币的风险点

稳定币为什么会存在？稳定币的发行者通过面向用户的账户系统来管理它们的发行、流通和赎回。这套新的账户系统比商业银行存款账户系统更灵活，更能满足用户需求（比如在数字消费场景的需求）。

稳定币因为不像商业银行存款那样受存款保险保护，接受严格监管，以及享有中央银行最后贷款人的流动性支持，所以一般有更高的信用风险和流动性风险。用户期望稳定币能保持稳定价值，容易按照需要兑换为现金或商业银行存款。然而，支撑稳定币的资产一般不是无风险的，所以用户的上述期望不一定总能得到保障。如果支撑稳定币的资产出现了减值，以至于用户担心稳定币1∶1兑换为现金或商业银行存款的能力，就可能发生针对稳定币的“挤兑”，而且历史上确实发生过这类“挤兑”。

二、美国对稳定币的监管

鉴于美元在国际金融体系中的地位，以及市场上已有的稳定币大部分都锚定美元这一事实，可以认为美国的监管对稳定币的发展有重大影响。

2021年11月1日，美国PWG（总统金融市场工作小组）、FDIC（联邦存款保险公司）和OCC（货币监理署）发布了关于稳定币的监管建议报告[①]，核心观点如下。

第一，在美国，稳定币主要用在数字资产交易平台上数字资产的交易和借贷等投机性活动。稳定币的支持者认为稳定币将能被家庭和商业机构用作支付工具，并且有更快、更有效和更具包容性等特点。由于网络效应的存在，稳定币成为一般性支付工具的过程可能很快。

第二，稳定币及相关活动导致了市场完整性和投资者保护等方面的风险，包括市场操纵、内幕交易、“抢跑交易”以及交易或价格透明度缺乏等。如果与稳定币有关的投机性活动涉及复杂的交易结构和较高的杠杆，那么这些活动的风险可能会蔓延到金融系统。稳定币还造成了非法金融活动的风险和损害金融诚信的风险，包括反洗钱和反恐怖融资等方面的挑战。

第三，如果将稳定币用作一般性支付工具，那么就会产生审慎监管方面的问题。如果稳定币发行机构不能满足稳定币赎回，或者稳定币用户对稳定币发行机构满足赎回的能力失去信心，那么就可能会发生针对稳定币的“挤兑”，进而损害用户利益和金融系统。稳定币支付链条的中断可能造成支付效率和安全性的降低，损害经济系统的正常运营。

第四，建议国会尽快通过立法，确保支付型稳定币及相关安排按一致性和全面性原则遵循联邦政府的审慎监管框架，主要针对以下风险点。一是为控制稳定币对用户造成的风险并防范针对稳定币的“挤兑”，国会应要求稳定币发行机构只能是受 FDIC 保险的存款机构，包括在联邦和州层面注册的银行和储蓄协会等。此外，其他机构均不得发行稳定币。二是为控制稳定币对支付系统造成的风险，国会应要求稳定币的托管钱包服务机构接受联邦政府的监管，

---

① https://home.treasury.gov/system/files/136/StableCoinReport_Nov1_508.pdf.

包括不得向客户借出稳定币，并满足风险管理、流动性和资本等方面的要求。稳定币发行机构在联邦政府层面的监管机构应有权要求，任何执行稳定币运营中关键活动的机构满足适当的风险管理标准，比如金融市场基础设施原则。三是为控制稳定币造成的系统性风险和经济权力的集中，国会应限制稳定币发行机构与商业实体的关联。监管机构应有权通过引入标准来促进不同稳定币项目之间的互操作性。国会可能还需要对稳定币的托管钱包服务机构引入其他限制，包括限制与商业实体的关联、对用户交易数据的使用等。

第五，在国会立法之前，建议 FSOC（金融稳定监督委员会）考虑在现有法律框架下可以采取的措施，包括将稳定币安排中的某些活动视为具有系统重要性的支付、清算和结算活动。这样，相关金融监管机构就可以对参与这些活动的金融机构引入风险管理要求，包括对稳定币储备资产的要求、对稳定币安排运行的要求，以及其他审慎标准。

应该看到，在现有法律框架下，美国不缺乏监管稳定币并防止金融风险进一步积累和蔓延的工具。目前规模最大的美元稳定币 USDT 几乎不受任何监管，已有很多证据表明 USDT 只有 70% 左右的储备资产，而且这些储备资产被大量投资于加密资产、商业票据等高风险资产，没有任何独立第三方审计机构出具可信的储备资产充足性报告。可以说，USDT 违背了国际上（比如金融稳定理事会）和美国关于稳定币监管的所有重要原则，是一个明显的系统性风险来源。Tether 公司基于部分储备资产发行稳定币，本质上相当于创造数字化的美元假钞，侵犯美国的货币主权，干扰美国的货币流通秩序。在美国以外的其他国家，这种情况都不可能被允许。但美国司法部对 Tether 公司和 USDT 的调查，以 Tether 公司缴纳罚款而告终。Tether 公司和 USDT 在美国不具备任何联邦政府和州政府层面的牌照，但由大量美国人持有和使用，即使美国金融稳定监督委员会不将 USDT 认定为系统重要性，相关金融监管机构也应该有权对 Tether 公司和 USDT 进行彻查。但一旦彻查，势必对加密资产市场构成极大冲击，甚至可能冲击美国的商业票据市场。

稳定币监管建议报告提出让国会立法，在当前美国政治环境下将面临推进难度大、速度慢等问题。首先，与拜登政府在基础设施和社会福利等方面的立法计划相比，稳定币监管立法的优先级要低得多。其次，拜登政府在国会共和党的不合作立场下已显露疲态。在这种情况下，稳定币监管立法在国会中很难成为有两党共识的优先事项，拜登政府也不大可能消耗政治资源去推进稳定币监管立法。

尽管美国面临稳定币监管困局，但稳定币监管建议报告的如下观点值得注意：稳定币可能拓展到加密资产领域以外，成为一般性支付工具，并且因为网络效应，这个过程可能很快。这就涉及对稳定币的理解。这个问题的关键是：稳定币到底是一个新的货币工具还是一个新的支付工具？

三、稳定币是支付工具，而非货币工具

在脸书于 2019 年提出 Libra 计划后，市场上普遍将 Libra 视为一种由私人非金融机构发行的新的货币工具。中国人民银行于 2021 年 7 月发布的《数字人民币白皮书》中，也将稳定币视为私人部门挑战国家货币发行垄断权的尝试。但如果不考虑类似 Libra 1.0 的一篮子货币稳定币以及类似 USDT 的非足额储备稳定币，将来合规的稳定币肯定是与单一货币挂钩并有足额储备的。这种合规稳定币体现的不是新的货币创造方式，而是新的货币流通方式——采取或借鉴分布式账本技术，开放性更高，支持可控匿名，可以直接点对点交易，并且交易天然是跨境的。

稳定币属于 e-money 的一种。在区块链和数字货币被普遍关注之前，金融市场已出现了 e-money 概念。早在 2001 年，BIS（国际清算银行）与 CPSS（支付结算系统委员会，即 CPMI 的前身）就发表过关于 e-money 的调研报告[①]。2012 年，CPSS 在研究报告中[②]将 e-money 定义为：用对发行者的索取权表示货币价值；存放在电子设备中；基于预付价值发行；在发行者之外作为支付工具被接受。2014 年，加拿大银行用图 6–13 总结了 e-money 的核心结构[③]。

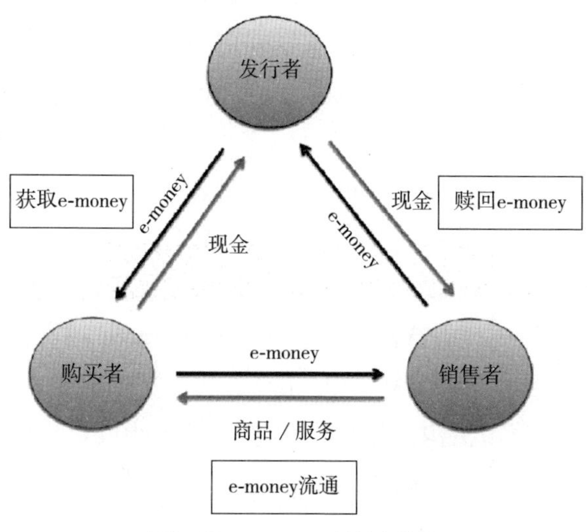

图6–13　e-money的核心结构

从这些文献看，e-money 有以下要素：第一，有明确的发行者；第二，基于预付价值发行；第三，发行者以储备资产的形式管理用户提供的预付价值，e-money 既可以代表对发行者的索取权，也可

① CPSS, 2001, "Survey of Electronic Money Developments".

② CPSS, 2012, "Innovations in Retail Payments. Report of the Working Group on Innovations in Retail Payments".

③ Chiu, Jonathan, and Tsz-Nga Wong, 2014, "E-Money: Efficiency, Stability and Optimal Policy", Bank of Canada.

以代表对储备资产的索取权，但价值基础都是储备资产；第四，发行者要 1∶1 满足用户赎回 e-money 的要求；第五，e-money 要在发行者之外作为支付工具被接受，这样 e-money 就区别于企业内部积分、储值卡等单一用途的支付工具；第六，e-money 在不同用户之间流通时，要有一套专门的账户系统保障支付的效率和安全性。

IMF（国际货币基金）的托比亚斯·阿德里安（Tobias Adrian）和托马索·曼奇尼－格里韦利（Tommaso Mancini-Griffoli）在 2019 年[①]提出了“货币树”分类，认为 e-money 的核心特征是可以按面值赎回成其锚定的货币，包括我国的支付宝和微信支付，印度的 Paytm，肯尼亚的 M-Pesa，以及 GUSD、PAX、TrueUSD 和 USDC 等美元稳定币。

2009 年，欧盟 2009/110/EC 指令规定，e-money 的使用者总是拥有对 e-money 发行机构的索取权，并且可以随时以面值赎回 e-money。2020 年 9 月，欧盟委员会发布关于加密资产法规的提案，将具有与 e-money 类似特征的稳定币定义为 e-money Token。e-money Token 发行机构应为 2013/36/EU 指令下的信贷机构或 2009/110/EC 指令下的电子货币机构，并且应该遵守 2009/110/EC 指令的相关运行要求。发行机构应该向 e-money Token 用户赋予随时以面值赎回的权利。

2019 年 1 月，新加坡通过《支付服务法案》，并于 2020 年 1 月起正式实施。《支付服务法案》定义 e-money 为任何以电子形态储存的货币价值并且需要满足以下条件：以某种货币计价，或发行机构可以将 e-money 与某种货币锚定；基于预付价值，通过对某种支付账户的使用来实施支付交易；被发行机构以外的人接受；代表对发行机构的索取权。

---

① Tobias Adrian and Tommaso Mancini-Griffoli, 2019, “The Rise of Digital Money”. International Monetary Fund.

综合以上分析可以得出如下结论：第一，合规稳定币属于 e-money，是一种支付工具而非货币工具；第二，从归属于 e-money 这一点看，合规稳定币与我国的非银行支付尽管使用了不同技术，但在经济属性上并无差异；第三，既然非银行支付作为一般性支付工具取得了很大成功，那么合规稳定币也有作为一般性支付工具的巨大潜力，但前提是在合规稳定币的发行机构、储备资产管理以及 KYC、反洗钱和反恐怖融资等方面做好监管；第四，合规稳定币作为一般性支付工具，将具有良好的开放特征和跨境特征，在跨境支付中的应用前景不容小觑；第五，应该禁止非足额稳定币，并限制一篮子货币稳定币。

第三节　央行数字货币

CBDC 分为批发型和零售型。批发型 CBDC 的使用限于中央银行和金融机构之间，不面向公众。零售型 CBDC 也被称为一般目标型，面向公众使用。从主要中央银行的 CBDC 项目看，有的以零售型为先，比如中国人民银行的 eCNY。有的以批发型为先，比如加拿大银行的 Jasper 项目，新加坡金融管理局的 Ubin 项目，日本银行和欧洲央行的 Stella 项目，以及香港金融管理局的 LionRock 项目。国际清算银行 2020 年对全球 66 家中央银行（对应全球 75% 的人口和 90% 的经济产出）的调研发现，15% 的中央银行在研究批发型 CBDC，32% 的中央银行在研究零售型 CBDC，近一半的中央银行在同时研究批发型和零售型 CBDC。总的趋势是，随着代表性批发型 CBDC 项目逐渐完成试验，零售型 CBDC 因其涉及复杂的货币问题和金融问题，已成为研究和试验热点。

一、CBDC 的全球共识

在任何国家，CBDC 都是一个系统工程，在设计方案中需要考虑多个问题。2020 年世界经济论坛从要解决的问题、电子支付生态、CBDC 形态、运营风险、金融普惠、数据保护、监管合规、宏观经济和金融风险、CBDC 设计要素、技术选择和相关风险、治理机制以及实施策略等层次讨论了 CBDC 设计方案要考虑的问题。我们认为，经过多年的研究和试验，一些核心问题已逐渐达成共识。

CBDC 是中央银行数字形式的负债，是法定货币的一种新形态。既然 CBDC 是中央银行的负债，它替代的只是中央银行货币，而不是商业银行存款等其他层次的货币。这引申出两层含义。第一，中央银行货币包含现金和存款准备金，CBDC 对两者都可以形成替代。CBDC 替代现金，对应着零售型 CBDC；CBDC 替代存款准备金，对应着批发型 CBDC。第二，所谓“CBDC 替代 M2”之类的说法在逻辑上很难成立。商业银行的一些负债工具（比如存单、债券）可以 Token 化，但这与 CBDC 不是同一个概念。

CBDC 发行有两种模式。第一，需求驱动模式。商业银行通过存款准备金向中央银行购买 CBDC。比如，在中国人民银行 eCNY 方案中，在发行阶段，中国人民银行扣减商业银行存款准备金，等额发行 eCNY；在回笼阶段，中国人民银行等额增加商业银行存款准备金，注销 eCNY。需求驱动模式主要有两点好处。首先，商业银行根据市场需求决定 CBDC 发行和回笼的数量和节奏，使 CBDC 能更好地适配市场需求。其次，CBDC 发行和回笼不影响基础货币总量，对货币政策的影响偏于中性。第二，供给驱动模式。比如，中央银行用 CBDC 在公开市场上从商业银行处买入债券和外汇，或者中央银行用 CBDC 向商业银行发放再贷款。在这个模式下，中央银行决定 CBDC 发行和回笼的数量和节奏，并且 CBDC 发行和回笼意味着基础货币总量的增减。从主要中央银行的 CBDC 项目看，需求驱动模式占主导地位，CBDC“基于 100% 准备金发行”这一原则得到了普遍遵循。

在 CBDC 发行和回笼中，中央银行的交易对手可以是商业银行，也可以是公众。前者对应着二元模式（也被称为双层经营模式），即 CBDC 发行和回笼发生在中央银行与商业银行之间，公众通过与商业银行之间的交易来获取并存回 CBDC；后者对应着一元模式，一元模式对中央银行 CBDC 系统的要求较高，对商业银行的经营模式会形成较大冲击。因此，主要中央银行的 CBDC 项目普遍遵循二元模式。对二元模式有两点说明。第一，零售型 CBDC 普遍遵循二元模式。在 CBDC 的使用面向公众时，公众也是从商业银行处间接获取 CBDC，而非从中央银行处直接获取 CBDC。第二，二元模式的一种变种是所谓的合成型 CBDC。在合成型 CBDC 中，数字货币是某一发行机构的负债，但基于该发行机构在中央银行的储备资产。

CBDC 可以采取 Token 范式，也可以采取账户范式。简言之，账户范式采取中心化管理方法，用户需要提供身份信息（证明“你是谁”），账户范式下的交易是分层级的；Token 范式可以采取去中心化管理方式，开放性更高，用户需要证明自己知道某些特定信息（比如私钥），Token 范式下的交易是点对点的。主要中央银行的 CBDC 项目以 Token 范式为主。比如 Jasper、Ubin、Stella、LionRock。eCNY 的账户松耦合，本质上也属于 Token 范式。但也有一些国家的 CBDC 项目采取账户范式，比如冰岛、巴哈马和厄瓜多尔（Auer 和 Böhme，2020）。需要注意的是，采取账户范式的 CBDC 项目一般属于零售型。批发型 CBDC 替代存款准备金，而存款准备金基于账户范式，并且已经是数字化的，所以批发型

CBDC采取账户范式的意义不大。

CBDC是否付息是一个仍在争论的问题。有学者认为，如果CBDC的目标是替代现金，那么CBDC应该像现金一样不付息。但也有学者认为，如果CBDC能完全替代现金，那么CBDC利率将成为一个从中央银行“直通”公众的有力的货币政策工具，特别是在中央银行面临名义利率的零下限时，CBDC利率可以成为实施负利率的工具。主要中央银行的CBDC项目倾向于不付息，有以下原因。第一，现金尽管在设计、印制、投放、回笼和防伪等方面会花费大量成本，也为一些非法经济活动提供了便利，但现金对网络连接以及现金使用者的专业知识和软硬件设备等没有要求。因此，大部分国家没有用CBDC完全替代现金的计划，用CBDC利率来突破名义利率零下限的意义不大。第二，CBDC利率作为新的货币政策工具，在理论上和实践中都存在不少未知问题，因此不可轻易使用。第三，CBDC如果有离线支付功能，会给利息计算带来挑战。第四，CBDC利息收入如果要报税，会破坏CBDC的匿名特征。

以上讨论了CBDC设计方案中一些逐渐达成共识的问题。总的来说，主流的CBDC设计方案将具有基于100%准备金发行、遵循二元模式、采取Token范式、不付息等核心特征。

二、零售型CBDC研究情况

零售型CBDC设计方案需要考虑以下问题。第一，零售型CBDC对金融稳定和货币政策的影响。零售型CBDC可能与银行存款竞争，公众会将部分存款转为CBDC，这会影响银行存款稳定性和银行中介功能，并提高银行挤兑的可能性。一个解决思路是，在用户将存款转为CBDC的过程中引入一些摩擦因素。零售型 CBDC 相当于以数字形式提高了公众的现金偏好，公众将部分存款转为 CBDC，会降低货币乘数，造成一定的货币紧缩效应。这个紧缩效应需要中央银行的货币政策来对冲。此外，零售型 CBDC 对支付市场将产生复杂影响。

第二，零售型 CBDC 的支付和清结算安排。如果零售型 CBDC 支付第一时间由中央银行处理，就相当于中央银行建立一个面向公众的 RTGS，这对中央银行 CBDC 系统的安全、效率以及抵御网络攻击的能力等提出很高的要求。如果零售型 CBDC 的清结算安排完全由中央银行负责，则不利于调动市场化机构应用推广 CBDC 的积极性。

第三，零售型 CBDC 需要兼顾开放普惠、有限匿名和监管合规这三方面要求。零售型 CBDC 系统直接面向公众，具有很好的开放性，并满足用户在合法合规的支付场景中对匿名性的需求，但在监管合规上面临不少新问题。中国人民银行 eCNY 引入钱包的实名制等级与钱包限额之间的挂钩关系，并使用大数据技术分析可疑的资金流动，以满足“三反”（反洗钱、反恐怖融资和反逃漏税）的监管要求。

第四，零售型 CBDC 在应用推广中如何发挥市场的作用。中央银行在零售型 CBDC 中的主要工作是做好系统设计，建设基础设施，并制定技术标准。CBDC 在零售场景中的应用推广，应由市场负责，这体现了公私合作原则和不与民争利的精神。问题在于，市场化机构有什么动力负责零售型 CBDC 的应用推广？如果市场化机构是现有支付系统的受益者，并且零售型 CBDC 可能挑战它们现有的市场地位，那么它们为什么要支持零售型 CBDC？这些问题的解决并非易事。一方面，要充分利用市场化机构对零售场景的渗透，包括用户资源、线上线下收单体系和场景转化能力等；另一方面，要对市场化机构引入激励相容设计，适当让利于民。

第五，境外个人和机构如何持有和使用零售型 CBDC。零售型 CBDC 天然具有便于跨境支付的特点。理论上，境外个人和机构开设零售型 CBDC 钱包，可以使用与境内个人和机构一样的程序。零售型 CBDC 尽管在技术上容易“穿越”国境线，但需要在尊重他国货币主权的前提下“走出去”。为此，可以考虑对境外个人和机构的零售型 CBDC 钱包引入更严格的额度限制，并定期与境外中央银行共享该国个人和机构持有和使用零售型 CBDC 的情况。

需要说明的是，零售型 CBDC 和批发型 CBDC 都可以用于改进跨境支付，但侧重点不同。零售型 CBDC 实现跨境点对点支付。在零售型 CBDC 系统中，单纯从技术的角度看，钱包没有境内和境外之分，支付也没有在岸、离岸和跨境支付之分，但对中央银行的系统架构和技术能力要求很高。零售型 CBDC 用于跨境支付，可以完全不依赖于商业银行的中介功能。批发型 CBDC 用于跨境支付，保留了商业银行的中介功能，主要是改进目前的代理银行机制。

三、批发型 CBDC 试验情况

批发型 CBDC 主要涉及中央银行和商业银行，属于金融基础设施层面的应用，针对的场景较为明确，并且不牵涉复杂的货币问题和金融问题，所以批发型 CBDC 的试验走在了零售型 CBDC 的前面。代表性批发型 CBDC 项目经过多轮试验并有详细披露。从这些进度报告可以看出批发型 CBDC 分阶段要解决的核心问题。

（一）批发型 CBDC 能否支持 RTGS，能否以去中心化方式实现 LSM

这里面涉及支付系统中的结算方式。RTGS 效率高，降低了支付有关各方的信用风险，但对流动性的要求更高。与 RTGS 相对应的 DNS，是指对支付指令轧差后净额结算，能节约流动性，但耗时较长且有结算风险。此外还有 RTGS 和 DNS 的混合模式，由支付系统提供 LSM，将付款指令与其他支付指令轧差后才结算。在几乎所有国家，批发支付都用 RTGS，并且 RTGS 系统通常由中央银行所有并管理（比如中国人民银行的大额实时支付系统）。

代表性批发型 CBDC 项目试验表明，批发型 CBDC 能支持 RTGS，LSM 能够以去中心化方式（通过智能合约）实现。比如，Ubin 项目第二阶段实现了 RTGS 系统的关键功能，以及与 LSM 有关的排队机制和交易拥堵解决方案。三个平台在可扩展性、性能和可靠性等方面都可以满足金融基础设施要求，并有针对隐私保护的考虑和设计。再比如，Stella 项目第一阶段基于 Hyperledger Fabric 平台的解决方案可以满足 RTGS 系统的性能要求，在 DLT（分布式账本技术）环境中每秒可以处理的交易请求量与欧元区和日本的 RTGS 系统处理的交易请求量相当，并且能在 DLT 环境中实施 LSM。

（二）批发型 CBDC 能否支持 Token 化证券交易，并实现 DvP

证券交易后，结算按照协议转让证券和资金的所有权，分为付券端和付款端。其中，付券端指将证券从证券卖出方转到证券买入方，付款端指将资金从证券买入方转到证券卖出方。结算的一个主要风险是本金风险，指因为资金支付与证券交割不同步，导致卖出方交付证券后无法获得资金，或者买入方支付资金后无法获得证券的风险。因此，金融交易后处理强调 DvP 原则——证券交割当且仅当资金支付。

在这个场景中，付款端用批发型 CBDC，付券端用 Token 化证券。这个场景下的 DvP 存在两种情形。第一，付券端和付款端使用同一 DLT 系统，称为单账本 DvP。对单账本 DvP，资金和证券记录在同一账本。交易双方各自确认交易指令之后，原子结算智能合约可以协调清算和结算，使得证券和资金同时完成转让。第二，付券端和付款端使用两个不同的 DLT 系统，称为跨账本 DvP。跨账本 DvP 的挑战较大，是批发型 CBDC 项目试验的重点，并有多种可选的跨链技术。

Ubin 项目第三阶段基于多个针对不同 DLT 系统中的新加坡政府债券与批发型 CBDC 之间的交易试验跨账本 DvP 的可行性，共试验了三种原型。第一种原型由 Anquan 设计，批发型 CBDC 基于 Quorum，Token 化证券基于 Anquan 区块链。第二种原型由德勤设计，批发型 CBDC 基于以太坊，Token 化证券基于 Hyperledger Fabric。第三种原型由纳斯达克设计，批发型 CBDC 基于 Hyperledger Fabric，Token 化证券基于 Chain Inc 区块链。从这些原型可以看出，不管是批发型 CBDC，还是 Token 化证券，均有多种符合要求的 DLT 系统可选。Ubin 项目第三阶段使用的跨链技术是 HTLC，试验发现，使用 DLT 可以缩短结算周期，达到 T+1 或者全天候实时结算（目前新加坡证券市场的结算周期是 T+3），从而降低交易对手风险和流动性风险。但使用 HTLC 的跨账本 DvP 可能发生结算失败，因此仲裁机构是一个重要设计，用于解决系统中的交易争端。此外，HTLC 会在结算周期中锁定资产，使得在此期间的资产不能用于其他交易，可以降低市场流动性。

Stella 项目第二阶段试验了单账本 DvP 和跨账本 DvP。在单账本 DvP 中，交易双方对交易指令达成一致后，付款端和付券端的偿付义务合并成一个交易，交易双方直接使用加密签名进行处理。跨账本 DvP 使用 HTLC。与 Ubin 项目类似，Stella 项目也发现 HTLC 可能造成结算失败。

因此，批发型 CBDC 能支持 Token 化证券交易，并且在 DLT 环境下，可以实现单账本 DvP，但跨账本 DvP 依靠的 HTLC 有一定的缺陷。

（三）批发型 CBDC 能否支持 PvP

批发型 CBDC 应用于同步跨境转账的逻辑与应用于 Token 化证券交易相同，只是付券端变成了外汇。

Ubin 项目第四阶段与 Jasper 项目合作开展了同步跨境转账试验。新加坡元 CBDC 基于 Quorum 平台，加拿大元 CBDC 基于 R3 Corda 平台。它们考察了三种方案。第一种是中间人方案。中间人通常是商业银行，同时参与 Quorum 平台和 R3 Corda 平台。比如，中间人在 Quorum 平台从付款的新加坡银行收到新加坡元 CBDC 后，内部经过汇率换算，再通过 R3 Corda 平台向收款的加拿大银行发送加拿大元 CBDC。在第二种方案中，付款的新加坡银行和收款的加拿大银行都同时参与 Quorum 平台和 R3 Corda 平台，相互之间可以直接进行两种 CBDC 的交易。在第三种方案中，同一 DLT 系统支持多种 CBDC。Ubin 项目和 Jasper 项目重点测试中间人方案，并通过 HTLC 实现同步跨境转账。试验发现，收付款双方可以在不信任中间人的情况下，实现同步跨境（也是跨币种和跨平台的）转账；在大多数情况下，HTLC 是可靠的。

Stella 项目第三阶段也对同步跨境转账进行了试验，重点针对中间人方案，因此参与者包括付款银行、收款银行和中间人。各参与方采用的账本类型没有具体限制，跨链转账使用五种方法：信任线、链上托管、简单支付通道、条件支付通道以及第三方托管。其中，前四种方法属于跨账本协议的 HTLA。试验发现，在安全性方面，链上托管、第三方托管和条件支付通道都有强制性机制，可以确保在交易过程中完全履行自己责任的交易方不会面临损失本金的风险；流动性效率从高到低依次是信任线、链上托管和第三方托管、简单支付通道和条件支付通道。

香港金融管理局的LionRock项目和泰国中央银行的Inthanon项目也进行了同步跨境转账试验。它们采用的方案被称为“走廊网络”，本质上是将两种货币的CBDC“映射”到同一DLT系统中（基于100%的CBDC储备在“走廊网络”上发行CBDC凭证），使得同一DLT系统支持多种CBDC。这样，跨境转账就发生在单账本上，不涉及跨链操作。

最后需要指出的是，批发型CBDC不管是应用于Token化证券交易还是同步跨境转账，只要涉及多个DLT系统，跨链就是一个核心问题，而HTLC是一个重要但不完美的跨链技术。HTLC是在去中心化和去信任化环境中进行条件支付的基础，是理解数字货币可编程性的一个关键。除了对密码学的应用，HTLC的核心是序贯博弈。在参与者理性前提下，HTLC中所有的条件支付要么全部完成，要么全不完成，但所有参与者都能拿回自己的资金，所以是原子式的。但如果有参与者的行为违背了理性原则（比如操作失误），HTLC就会失效。因此，HTLC的缺陷不在技术上，而在机制设计上。但HTLC的这一缺陷迄今没有得到解决，以“走廊网络”为代表的偏中心化方案得到了越来越多的关注，成为国际清算银行力推的多边CBDC桥的基础。

四、CBDC发展中的前沿问题

（一）身份管理与隐私保护

零售型CBDC普遍遵循可控匿名原则。该原则最早由中国人民银行的数字人民币提出，已被主要国家的零售型 CBDC 项目所认可，主要为平衡两个目标：一方面，向老百姓提供类似现金的匿名支付功能；另一方面，防止像现金那样造成洗钱、逃漏税和恐怖融资等问题。身份管理与隐私保护机制是保障可控匿名的关键，也是零售型 CBDC 方案设计的重点。这方面有很大的创新空间，以 eCNY 广义账户体系为代表。

根据中国人民银行 2021 年 7 月发布的《数字人民币白皮书》，eCNY 以广义账户体系为基础，与银行账户松耦合，兼具账户和价值特征，兼容基于账户、基于准账户和基于价值三种方式。eCNY 在交易环节对账户的依赖程度较低，既可和现金一样易于流通，又能实现可控匿名。eCNY 广义账户体系是理解 eCNY 支付即结算、可控匿名、安全性、可编程性、支持离线交易以及具备跨境使用的技术条件等特征的关键。但《数字人民币白皮书》没有详细阐述 eCNY 广义账户体系。后文将介绍我们对 eCNY 广义账户体系的理解。

（二）应用推广中的公私合作安排

主要国家和地区的零售型 CBDC 项目均涉及“啄食顺序”问题，核心是零售型 CBDC 与稳定币（属于 e-money 的一种）之间的关系。2021 年 10 月，香港金融管理局提出，尚未决定是否将 e-HKD（数字港币）付诸实施，同时在与国际清算银行合作研究基于 CBDC 的 e-money（Aurum 项目），认为基于 CBDC 的 e-money 能兼容港币发钞制度。2021 年 11 月，新加坡金融管理局提出，当前发行零售型 CBDC 的迫切性不高，但对稳定币和合成式 CBDC 则表现出明显的兴趣。同月，日本数字货币论坛提出 DCJPY 计划，DCJPY 定位于商业银行发行的 e-money（因此不属于零售型 CBDC），属于商业银行在存款以外的负债，不付息，也不受存款保险的保护。

零售型 CBDC 推行中面临的最大障碍是如何发挥市场机制的作用。日本、新加坡和中国香港的数字货币方案都为商业银行、支付服务商和其他市场机构提供了较多的商业空间，以此激励它们推广数字货币应用。这些商业空间在很大程度上来自对 e-money 的使用。如前文“稳定币”所述，合规的 e-money 只是支付工具，而非货币工具，不会突破中央银行的管理而创造出私人货币。比如，在支付备付金集中存管到中国人民银行以后，我国非银行支付本质上是基于中央银行货币（“基础货币”项下的“非金融机构存款”）的 e-money。

（三）跨境支付中的路径选择

数字货币用于跨境支付是 G20（二十国集团）的一项议题。2020 年 7 月，BIS 的支付与 CPMI 在给 G20 关于改进跨境支付的报告中，梳理出 5 方面共 19 项工作，其中第 18、19 项分别是：提高全球稳定币安排的稳健性；将国际维度纳入央行数字货币设计。2020 年 10 月，FSB（金融稳定理事会）提出改进跨境支付的路线图，并发布对全球稳定币监管建议的最终报告。2021 年 7 月，CPMI 等发布关于 CBDC 应用于跨境支付的报告。2021 年 11 月，《二十国集团领导人罗马峰会宣言》提出：“所谓的全球稳定币在通过适当设计并遵守适用标准，以满足所有相关的法律法规和监管要求之前，不得开始运行。我们鼓励继续深入分析央行数字货币在促进跨境支付方面的潜在作用及其对国际货币体系更广泛的影响。”

目前，“批发型 CBDC+ 跨境支付”已有全面测试。“零售型 CBDC+ 跨境支付”在技术上是可行的。比如，《数字人民币白皮书》提出：“数字人民币具备跨境使用的技术条件。”“稳定币 + 跨境支付”已大量发生，但主要用于加密资产交易，尚未在真实支付场景中得到验证。

“零售型 CBDC+ 跨境支付”的逻辑非常直接，主要体现为四点。第一，境外用户参与零售型 CBDC 跨境支付，只需开立数字货币钱包，无需拥有银行存款账户。第二，开立数字货币钱包的要求比开立存款账户要低得多。第三，技术上，数字货币钱包没有境内用户和境外用户的区别。第四，在任何两个数字货币钱包之间都可以发起点对点交易，零售型 CBDC 交易没有境内、跨境和离岸的区别，可以不依赖代理银行网络。但零售型 CBDC 在境外的大量流通，可能造成货币替代问题，需要开展货币主权方面的跨国合作。

“零售型 CBDC+ 跨境支付”面临不少天然限制。第一，零售型 CBDC 跨境应用场景主要包括跨境电子商务、境外用户来本国以及本国用户出国等。这些都属于经常项目的交易，主要发生在个人对个人、个人对机构之间。零售型 CBDC 一般是 M0 定位，应比照大额现金管理，用于机构对机构之间大额交易的可能性不大。换言之，零售型 CBDC 作为大宗商品结算货币、投融资货币和交易货币的功能不会很突出，对储备货币地位不会有直接显著的促进作用。第二，境外用户因 KYC 审查，可能面临更严格的额度限制。境外用户如何获得零售型 CBDC，还会受制于可兑换要求。

批发型 CBDC 在跨境支付中的应用前景更大，更能支持大额交易，更不会影响其他国家的货币主权，或者造成货币替代问题，可以在保留代理银行模式的情况下（但不存在同业往来账户对流动性的占用），显著提高跨境支付效率。“批发型 CBDC+ 跨境支付”须满足 PvP 的要求。PvP 是跨境支付的基本要求，旨在提高结算效率，防止结算风险。PvP 本质上是一个风险管理机制，在批发型 CBDC 系统中体现为一个技术问题。如果两个国家的批发型 CBDC 使用了同一个区块链账本系统，那么智能合约可以高效地实施单账本 PvP。如果不同国家的批发型 CBDC 使用不同的区块链账本系统（这应该更为常见），跨账本的 PvP 本质上就是一个跨链问题。前文已指出，去中心化的 HTLC 有至今未解决的缺陷，中心化色彩更强的“走廊网络”更受关注，并构成了多边 CBDC 桥的基础。

多边 CBDC 桥概念来自香港金融管理局和泰国央行的联合测试，主要有四方面的好处。第一，不涉及跨链操作，容易通过智能合约实施 PvP。第二，能兼容不同的 CBDC 系统和设计。第三，缓解 CBDC 的境外流通对他国货币主权的影响。第四，可拓展性好，有网络效应。围绕“批发型 CBDC+PvP”可能出现新的国际金融基础设施和治理机制。2021 年 2 月，香港金融管理局、泰国央行、阿联酋央行及中国人民银行数字货币研究所宣布联合发起多边 CBDC 桥研究项目。该项目得到了 BIS 香港创新中心的支持。2021 年 9 月，澳大利亚央行、马来西亚央行、新加坡金融管理局和南非央行在 BIS 新加坡创新中心的支持下发起 Dunbar 项目，也是试验多边 CBDC 桥。

CBDC 应用于跨境支付应该遵循哪些原则？我们认为，应该遵循“己所不欲，勿施于人”的原则，具体体现在如下几方面。第一，应在尊重各国货币主权的前提下，致力于提高跨境支付效率，降低跨境支付成本。第二，不应成为强势货币侵蚀弱势货币的工具。第三,一国的 CBDC 可以向境外机构和个人开放，但主要服务境外用户在该国旅居时的金融需求，而非替代境外用户对本国货币的使用。为此，一国应对自己的 CBDC 实施 KYC 审查，明确境外用户开立数字货币钱包的程序和要求，并对境外用户持有和使用 CBDC 的数量实施比境内用户更严格的额度管理。

第四节　数字人民币

2021 年 7 月 16 日，中国人民银行发布《数字人民币白皮书》，系统介绍了 eCNY 的研发背景、定义和目标愿景、设计框架、对货币政策和金融稳定的影响以及工作进展。此前，eCNY 自 2020 年 4 月起在我国几个大中型城市开展内部封闭试点测试，这是我国货币和支付领域的一件大事，引起了很多讨论和研究。那么，什么是 eCNY？eCNY 采取什么设计方案？eCNY 对我国货币和支付领域将产生什么影响？本节将讨论这些问题。

一、eCNY 和支付现代化

我国研究和发展 eCNY 已有 8 年的历史，一些重要的时间节点如下。2014 年，在行长周小川的支持下，中国人民银行成立了法定数字货币研究小组。2017 年 1 月，中国人民银行正式成立数字货币研究所。2017 年 2 月，上海票据交易所基于区块链的数字票据交易平台测试成功，测试包含法定数字货币在金融交易中的应用，这属于典型的批发型 CBDC 应用。2020 年 4 月，eCNY 先行在深圳、苏州、雄安、成都及北京冬奥会场馆进行内部封闭试点测试。2020 年 10 月，《中华人民共和国中国人民银行法（修订草案征求意见稿）》规定人民币包括实物形式和数字形式。2020 年 11 月，上海、长沙、海南、青岛、大连、西安成为第二批试点城市。2021 年 2 月，中国人民银行数字货币研究所联合 SWIFT 成立合资公司，加入多边 CBDC 桥项目。2021 年 7 月，中国人民银行发布《数字人民币白皮书》。2022 年 2 月，试点城市的用户可以通过手机上的应用商店下载安装 eCNY 钱包。2022 年 4 月，天津、重庆、广州、福州和厦门等成为第三批试点城市。目前，eCNY 试点场景覆盖了生活缴费、餐饮服务、交通出行、购物消费、政务服务等领域，取得了显著的进展（见表 6–4）。

表 6–4　eCNY试点情况

	2020 年 8 月底	2021 年 6 月底	2021 年 10 月底	2021 年 12 月	2022 年 8 月
试点场景（万个）	0.67	132	—	808.51	—
个人钱包开立数（万个）	11	2 087	14 000	26 100	—
对公钱包开立数（万个）	1	351	1 000	—	—
累计交易笔数（万笔）	312	7 075	15 000	—	36 000
累计交易金额（亿元）	11	345	620	875.65	1 000.4

我国为什么如此重视 eCNY？这与我国的支付现代化目标有关。经济和金融活动伴随着参与者资产负债表的调整以及经济价值在其间的转移。其中，交易双方为最终完成交易而进行的、付款人对收款人的货币债权转移，就体现为支付。支付是数字经济和数字金融的入口，是线上信任关系的基础。从全球范围看，支付现代化与以下 9 方面经济与金融发展目标有紧密联系：改进批发支付系统；为零售用户提供快捷支付服务；提高跨境支付效率，降低跨境支付成本；适应数字经济发展需求，特别是无接触支付需求；在现金使用减少的情况下提供安全、低成本的支付工具；促进零售支付市场的公平竞争；促进金融普惠；保护用户数据隐私；有效实施反洗钱、反恐怖融资和反逃漏税等监管。当然，不同国家因国情不同，在这 9 方面的目标中侧重点会有所不同。eCNY 主要服务支付现代化中第 4 至第 9 个目标。

从《数字人民币白皮书》对货币经济学设计的介绍看，eCNY属于零售型CBDC，是人民币的数字形式，与实物人民币具有同等法律地位和经济价值，也不支付利息（M0定位）。eCNY是中国人民银行对公众的负债，以国家信用为支撑，基于作为指定运营机构的商业银行在中国人民银行的（超额）准备金发行（“100%准备金”）。eCNY的发行和回笼不影响中央银行货币发行总量。

eCNY采取中心化管理、双层运营。只有在资本和技术等方面实力较为雄厚的商业银行，才能作为指定运营机构，参与批发环节用存款准备金向中国人民银行兑换出eCNY。中国人民银行向指定运营机构发行eCNY并进行全生命周期管理，包括发行、注销、跨机构互联互通和钱包生态管理。指定运营机构向公众提供eCNY兑换服务，并与相关商业机构一起承担eCNY流通服务。其他商业银行和非银行支付机构不能直接与中国人民银行交易以兑换出eCNY。

用户持有和使用eCNY，需要基于指定运营机构提供的数字货币钱包。数字货币钱包是eCNY的载体和触达用户的媒介。因为eCNY是中国人民银行对用户的直接负债，用户钱包中的eCNY在指定运营机构的资产负债表之外。eCNY交易（包含跨指定运营机构的eCNY交易）均直接通过央行端进行价值转移，相当于中国人民银行通过eCNY向公众提供实时全额结算服务。这是eCNY“交易即结算”的基础，使eCNY价值转移可以不依赖银行账户，并具有很好的结算最终性。跨指定运营机构的eCNY交易除了涉及指定运营机构之间的对账以外，不会为清结算带来额外工作量。

数字货币钱包按照开立主体分为个人钱包和对公钱包，按照载体分为软钱包和硬钱包。用户可以在母钱包下开设若干子钱包，并通过子钱包实现限额支付、条件支付和个人隐私保护等功能。按照用户身份识别强度分为不同等级并对应不同的交易金额和钱包余额上限。首先，用户使用手机号，可以在不提供身份信息的情况下开立数字货币钱包。这是在默认情况下开立的最低权限的匿名钱包，以满足公众对小额匿名支付服务的需求。因此，没有银行账户的公众可以通过最低权限的钱包享受基础金融服务，短期来华的境外居民可在不开立中国内地银行账户的情况下开立这类钱包。其次，用户根据需要，通过绑定银行卡的方式，升级为高权限的实名钱包。用户提供的身份信息越多，钱包等级越高，交易和余额限额越高。eCNY 钱包见表 6–5。

表 6–5　eCNY钱包

数字货币钱包	是否可在网点开立	是否可在线开立	单笔交易上限（元）	每日累计交易上限（元）	钱包余额上限（元）
四类	否	是	2 000	5 000	10 000
三类	是	是	5 000	10 000	20 000
二类	是	是	20 000	20 000	500 000
一类	是	否	20 000	50 000	—

数据来源：数字人民币 App，2022 年 11 月 30 日数据。

eCNY 主要遵循以下监管框架。第一，《中华人民共和国中国人民银行法（修订草案征求意见稿）》规定人民币包括实物形式和数字形式。第二，eCNY 须遵守《中华人民共和国中国人民银行法》《中华人民共和国人民币管理条例》等与现钞管理相关的法律法规，以及大额现金管理。中国人民银行建立 eCNY 大数据分析和风险监测预警框架。第三，指定运营机构在中国人民银行的额度管理下，根据用户身份信息识别强度开立不同类型的数字货币钱包，进行 eCNY兑出兑回服务，并不向个人用户收取eCNY兑出兑回服务费。第四，负责兑换流通的指定运营机构和其他商业机构承担反洗钱义务，包括用户尽职调查、客户身份资料和交易记录保存、大额及可疑交易报告等，同时依法保护商业秘密、个人隐私及个人信息，不得泄露用户身份信息和交易记录。

二、eCNY 的广义账户体系

接下来，我们根据公开信息对 eCNY 的广义账户体系进行一个合理推测，再据此讨论 eCNY 的身份管理和隐私保护。

（一）对广义账户体系的推测

从《数字人民币白皮书》对技术设计的介绍看，eCNY 采取中心化管理，没有使用区块链，但借鉴了区块链的核心特征；eCNY 采用可变面额，以加密币串形式实现价值转移。从数字钱包的使用情况看，eCNY 体现为一个个独立的加密币串。加密币串首先与“充钱包”操作（用户用银行存款向指定运营机构兑换 eCNY）有关，每次兑换都会生成一个新的加密币串。其次与支付和“存银行”操作（用户向指定运营机构兑回 eCNY）有关，每次支付和“存银行”都会按生成时间从新向旧花费加密币串（“后进先出”）。如果最后花费的加密币串只被部分花费，那么就会生成一个对应找零金额的新的加密币串。因此，加密币串在生成和花费的特征上，类似于 UTXO。

从安全性上看，eCNY 使用数字证书体系、数字签名和安全加密存储等技术，实现不可重复花费、不可非法复制伪造、交易不可篡改及抗抵赖等特性。尽管 eCNY 在核心的发行系统上没有使用区块链的分布式账本技术，但 eCNY 加密币串本质上是 Token 模式。要理解广义账户体系与 Token 模式之间的关系，必须先理解 Token 模式与账户模式之间的区别。

Token 模式与账户模式是支付系统乃至金融基础设施的两种代

表性模式。它们在管理方式、交易、清结算和隐私保护等方面都有显著差异，本节聚焦于它们在身份管理上的差异。在 Token 模式中，仅当收款人确认待转移的价值是真实而非虚假时，支付才可能有效。而在账户模式中，针对付款人的身份管理是关键。商业银行和其他支付服务商等账户管理机构要核实：付款人是否具有其声称的身份？其是否为账户的所有者？此外，在 Token 模式下，用户资产可以体现为多个不同的 Token（eCNY 就是如此），特别是在使用 UTXO 形式时，而在账户模式下，用户在同一账户管理机构的资产一般被归总到一个账户中。

综合以上分析，我们对 eCNY 广义账户体系做出如下推测。第一，eCNY 加密币串本质上是 UTXO 形式的 Token，这是 eCNY 可控匿名的基础。在实际操作中，用户使用手机号，可以在不提供身份信息的情况下开立数字货币钱包。尽管我国手机号是实名制的，但相关身份信息由电信运营商管理，与中国人民银行之间存在信息隔离。因此，在默认情况下开立的是最低权限的匿名钱包，是可控匿名中“匿名”的体现。这类钱包中的 eCNY 是单纯的 Token，也就是《数字人民币白皮书》中的基于价值方式。Token 模式的开放性有助于 eCNY 满足金融普惠目标。

第二，用户根据需要，通过绑定银行卡的方式，升级为高权限的实名钱包。因为引入了身份管理要求，这对应着《数字人民币白皮书》中的基于账户和基于准账户方式。用户提供的身份信息越多，钱包等级越高，交易和余额限额越高。这是可控匿名中“可控”的体现。

第三，当 eCNY 加载智能合约时，商定自动支付交易的条件和将规则的权力下放给交易双方。这样，数字货币的可编程性就能以去中心化、自组织的方式来实施，能更好地支持业务模式创新以及与应用场景的融合。账户模式尽管在理论上也能支持可编程性（比如信用卡自动还款），但离不开账户管理机构的参与，中心化色彩明显。此外，在 Token 模式下，交易双方决定是否以及如何加载智能合约，这种分散而非集中、自愿而非强制的加载方式，是智能合约不影响货币功能的重要保障。

（二）eCNY 的身份管理和隐私保护

eCNY 采取了多层次的隐私保护机制，根据《数字人民币白皮书》自下而上梳理如下：

第一，最低权限的钱包是匿名的，以满足公众对小额匿名支付服务的需求；

第二，用户可以通过子钱包实现限额支付、条件支付和个人隐私保护等功能；

第三，负责兑换流通的指定运营机构和其他商业机构承担反洗钱义务，并依法保护商业秘密、个人隐私及个人信息，不得泄露用户身份信息和交易记录；

第四，使用哈希摘要替代交易敏感信息，利用哈希摘要的不可逆性实现不同指定运营机构之间的数据隔离；

第五，eCNY 体系收集的交易信息少于传统电子支付，并且除法律法规有明确规定外，不提供给第三方或其他政府部门，中国人民银行内部对 eCNY 相关信息设置“防火墙”，建立 eCNY 大数据分析和风险监测预警框架。

在上述五个层次的隐私保护机制中，第一层针对小额匿名支付，第二层针对用户与交易对手，第三层针对指定运营机构和其他商业机构，第四层针对不同的指定运营机构，第五层针对中国人民银行。其中，第三层和第五层涉及隐私保护与反洗钱、反恐怖融资等监管之间的平衡。

为更好地理解 eCNY 的身份管理和隐私保护，须比较非银行支付的身份管理和隐私保护。支付账户是支付机构在为客户办理网络支付业务时，为了记录预付交易资金余额、方便客户发起支付指令、反映客户交易明细信息而开立的电子账户。支付账户分为个人支付账户和单位支付账户，普通消费者的支付账户都属于个人支付账户，因此接下来重点关注个人支付账户。

个人支付账户细分为Ⅰ类、Ⅱ类和Ⅲ类，三种支付账户在余额付款功能、余额付款限额方面有区别，在开立时对用户身份的核实方式也不同。开立Ⅰ类支付账户时，支付机构只需要通过一个外部渠道验证客户身份即可。开立Ⅱ类、Ⅲ类支付账户时，支付机构既可以面对面审核客户身份，也可以采用非面对面方式核实客户身份。如果采用非面对面方式核实客户身份，Ⅱ类、Ⅲ类支付账户将分别需要通过三个、五个外部渠道验证客户身份。总的来说，支付账户是实名制的，需要结合一个或多个外部渠道进行身份管理，非银行支付机构要防止匿名、假名、冒名开立支付账户。

非银行支付的隐私保护责任主要由非银行支付机构承担，集中体现为《非银行支付机构条例（征求意见稿）》第三十四和三十五条，包括：不得收集与其提供的服务无关的用户信息；不得泄露、篡改、损毁用户信息；不得出售或非法向其他组织或者个人提供用户信息；不得将用户授权或者同意其将用户信息用于营销、对外提供等作为与用户建立业务关系的先决条件；用户有权要求非银行支付机构删除其个人信息或更正错误的信息；非银行支付机构与其关联公司在共享用户信息时，应当确保依法合规、风险可控，并经用户明示同意；非银行支付机构被认定为关键信息基础设施的，其在中国境内收集和产生的用户信息的储存、处理和分析应当在境内进行。

通过与eCNY五个层次的隐私保护机制相比较，可以看出：第一，非银行支付不可能支持小额匿名支付，目前公众在这方面的需求主要通过现金来满足；第二，用户使用非银行支付时，不可能将个人信息完全与商户隔离开；第三，非银行支付涉及的机构和环节更多，包括非银行支付机构、清算机构和银行等，隐私保护的难度更大；第四，目前不同的非银行支付机构之间不能互联互通，不需要对账，也就不存在数据隔离的需要；第五，非银行支付机构与其关联公司共享用户信息是一个普遍现象，而 eCNY 在数据隔离上有望做得更好。

需要说明的是，支付领域中的支付标记化技术，与用户隐私保护容易引起混淆。支付标记化指用特定的支付标记替代银行卡号和非银行支付机构支付账户等支付要素，并对标记的应用范围加以限定，降低在商户和受理机构侧发生银行账户和支付账户信息泄露的风险，减少交易欺诈，保障用户交易安全。支付标记与银行账户、支付账户之间有映射关系，这个映射关系由标记服务提供方通过支付标记化和去标记化两个过程来管理。支付标记化是数字支付的基础核心要素。比如，在移动支付中，用户使用 Token 号作为存储在手机等移动设备中的设备卡号，可以在线下 POS 机（电子付款机）、ATM（自动柜员机）等终端机上用移动设备做非接触式近场支付，也可以在手机客户端中直接发起远程支付。因此，支付标记化主要为保障账户信息不被泄露，目标是支付安全，而非用户隐私保护。

（三）对广义账户体系下身份管理和隐私保护的评论

在 eCNY 可控匿名中，先有匿名，再有可控；在广义账户体系中，先有基于价值的方式，再有基于账户和准账户的方式。

广义账户体系能较好地平衡反洗钱、反恐怖融资等监管与用户隐私保护。首先，广义账户体系收集的交易信息少于传统的基于账户体系的电子支付。其次，在数字货币、数字钱包和指定运营机构等层面，还可以引入配套的隐私保护机制，使用户可以在小额支付中不披露隐私信息，在一定程度上将个人信息与商户（或交易对手）隔离开，以及在跨机构互联互通的情况下实现不同指定运营机构之间的数据隔离。

在广义账户体系下，通过加载智能合约实现数字货币的可编程性，可以采取去中心化、自组织的方式。一方面支持数字货币支付业务模式创新以及数字货币与应用场景的融合；另一方面这种分散而非集中、自愿而非强制的加载方式，是智能合约不影响货币功能的重要保障。

总的来说，广义账户体系能支持灵活、分等级的身份管理机制，能支持多层次的隐私保护机制，能更好地兼容智能合约的可编程性。相比而言，在传统账户体系下，从实名制出发实现可控匿名的难度较大；涉及的机构和环节更多，隐私保护的难度更大；可编程性离不开账户管理机构的参与，中心化色彩明显。这体现了广义账户体系的优越性。

三、eCNY 对我国货币和支付系统的影响

eCNY 作为货币和支付领域的“新基建”，会在央行侧、商业银行侧和用户侧（含个人用户和企业用户）带来软硬件方面的大量升级、改造、维护和开发等工作。eCNY 将重构零售支付市场，影响零售支付市场格局、用户与支付服务机构（包括商业银行和非银行支付机构）之间的关系，以及用户数据管理等。

（一）eCNY 对货币系统的影响

第一，eCNY 对通货膨胀的影响基本中性。eCNY 的“100% 准备金”使 eCNY 发行和回笼不影响中央银行货币发行总量，不

会造成所谓的货币超发问题。

第二，eCNY 不会造成“数字化 QE（量化宽松）”。理论上，CBDC 为“全民发钱”式财政刺激提供了一个新渠道，但这属于财政政策范畴，与 QE 不是一个概念。QE 主要指中央银行通过非常规工具（主要是购买资产）扩张资产负债表。CBDC 如果像 eCNY 那样基于“100% 准备金”，发行和回笼就不会影响中央银行资产负债表的规模。换言之，QE 不一定要通过 CBDC，CBDC 也不必然导致 QE。

第三，eCNY 不会造成狭义银行。狭义银行的含义是，在银行的资产方，与存款相对应的完全是存款准备金或国债。比如，如果要求存款准备金率是 100%，就会实现狭义银行。在狭义银行中，银行如果放贷，就得使用股本金，在贷款业务上退化为无杠杆的贷款公司。在这种情况下，发放贷款不会派生存款，银行不参与货币创造，存款者也不会因贷款损失而遭遇风险。显然，包括 eCNY 在内的 CBDC 与狭义银行是不同层次的概念。CBDC 并不必然导致狭义银行。需要看到的是，eCNY 的“100% 准备金”与狭义银行意义下的“100% 存款准备金率”不是一回事。前者指 eCNY 发行有 100% 的准备金支撑，后者指银行存款准备金与存款之间的比率。

第四，eCNY 对银行有复杂影响，但不会显著冲击银行地位。首先，从货币投放渠道的角度看，理论上，eCNY 可以采取一元模式，即中国人民银行直接面对公众提供法定数字货币的发行、流通和维护服务。一元模式对银行的冲击会大得多。eCNY 采用“中央银行 - 指定运营机构”的双层运营模式，以尽可能减少对现有货币投放渠道和银行业务模式的影响。其次，从货币乘数和货币创造的角度看，eCNY 推出后，老百姓会把部分存款转成 eCNY。因为 eCNY 本质上是现金的数字形态，老百姓将存款转成 eCNY，对货币的影响与老百姓去银行提现类似。在其他条件不变的情况下，这会造成货币紧缩效应，但紧缩效应的规模不会很大，中国人民银行的货币政策完全可以弥补。还需看到的是，只要存款不发生显著萎缩，银行卡支付仍有很大市场，而且 eCNY 钱包没有消费信用功能。

（二）eCNY 对支付系统的影响

如前文所述，eCNY 是现金的“升级版”，具有支付即结算、支持双离线支付等类似现金的特征，以及可控匿名、可编程性、具备跨境使用的技术条件等超越现金的特征。eCNY 替代现金，既有助于降低现金设计、印制、调运、存取、鉴别、清分、回笼和销毁等相关成本，也可以发挥可控匿名、可追溯等特点抑制基于现金的违法违规活动。在现金使用率已下降的背景下，通过 eCNY 让公众持有中央银行货币，保证商业银行存款货币能等额兑换为中央银行货币，对经济金融平稳运行以及提高公众对人民币的信心非常重要。但现金服务仍是最基础、最根本的金融服务，现金的使用也是真正的“零门槛”，因此，中国人民银行将继续发行现金。

eCNY 和非银行支付都面向零售支付市场。数字货币钱包在用户体验上与非银行支付 App 相当。但非银行支付是一种支付工具，目前没有互联互通。而 eCNY 可以支付我国境内一切公共和私人债务，任何单位和个人在具备接收条件的情况下不得拒收。eCNY 的法偿特征，有助于打破零售支付壁垒和市场分割，避免市场扭曲。此外，eCNY 体系收集的交易信息少于非银行支付，并且除法律法规有明确规定外，不提供给第三方机构或其他政府部门。中国人民银行内部对 eCNY 相关信息设置“防火墙”。

非银行支付机构按规定不能提供数字货币钱包服务，只能通过关联的网络银行提供。因此，可以先通过非银行支付 App 发起支付，再通过网络银行的数字货币钱包进行 eCNY 支付。目前，支付宝 App 上已出现相关页面，但还没有开通相关功能。eCNY 的应用推广离不开非银行支付机构铺设的线上线下收单体系（如二维码）以及培养起的移动支付习惯。但 eCNY 在零售支付中的应用，会侵蚀非银行支付机构的市场份额。eCNY 还将限制与非银行支付机构关联的互联网平台在支付环节获取用户数据的能力。

第五节　非同质化代币

一、如何理解 NFT

（一）NFT 的技术属性

NFT 是在区块链中定义并流转的一类 Token。与区块链中的 FT 相比，每一枚 NFT 都是独特的、不可分拆的。但与 FT 一样，NFT 也是不可复制的，在区块链中的流转是透明和可追溯的，相关历史记录不可篡改。比如，在以太坊内，ERC-721 标准定义的 NFT 在智能合约内增加了唯一标识编号、所有者、指向元数据的 URI 等信息增强非同质化特征，使得不同编号的 NFT 之间不能对等互换。

（二）NFT 的经济属性

NFT 作为纯粹的 Token，本身没有经济属性，其经济属性来自外界赋予。理想情况下，NFT 发行方将数字资产或实物资产的权属赋予 NFT，并保证 NFT 持有者能够将 NFT 兑换为这些资产。这样，NFT 就代表这些资产，NFT 的流转就能代表资产的交易。

这本质上是一套资产登记和交易结算机制，基于区块链的 CBDC 也是类似逻辑。货币是同质化的（甲的一元钱和乙的一元钱是一样的），可以找零、分拆，因此适用同质化 Token。但大部分实物资产和很大一部分数字资产是非同质化的，更适用非同质化 Token，比如图片和艺术收藏品。但问题的复杂之处也正在于此。在基于区块链的 CBDC 中，Token 的法律地位、产权含义和价值内涵是非常清晰的，并通过一系列法律法规和监管措施来保障。比如，CBDC 由中央银行基于 100% 准备金发行，享有主权信用担保，具备与纸币相同的法律地位和价值。

然而，NFT 针对的数字资产和实物资产在产权登记和转让方面比纸币复杂得多，NFT 即使具备不可复制的类物理属性，也不一定构成数字资产和实物资产的所有权证书。在实践中，NFT 主要代表艺术品、音乐、游戏中的虚拟资产、交易卡牌、收藏品和域名等，这些资产一般都具有 IP 属性。目前 NFT 市场采取了重运营、轻技术的发展模式，并没有解决 IP 保护中的核心问题。这方面存在两种情况。

1. NFT 代表实物资产

一些 NFT 代表实物资产，比如实物艺术品。在新冠肺炎疫情的影响下以及 NFT 热潮中，传统艺术品市场的一些经纪商和拍卖行等纷纷使用 NFT，主要出自在线营销和展业的需要，也包括“蹭热点”的需要。但需看到的是，只靠 NFT 既不能解决实物艺术品的假冒问题，也不能从根本上改变实物艺术品的定价机制。

2. NFT 代表数字资产

一些 NFT 代表数字资产，也包括实物资产的数字复制品。数字资产确权难度较大，与 NFT 的结合存在的问题更多。在实际操作中，NFT 发行步骤（也被称为 NFT “铸造”）如下（见图 6-14）。

（1）存放数字版权对应的图片文件

数字版权对应的图片文件多用 JPG（联合图像专家组）格式。在多数情况下，图片文件存放在互联网上，有相应的网址。一些 NFT 项目鉴于互联网服务器可能丢失或删除图片文件，会选择将图片文件存放在分布式存储系统中。

（2）将图片文件映射成一串哈希指纹

哈希指纹用于完整性检验。哈希指纹是由 0 和 1 组成的固定长度的字符串，在肉眼看来形同乱码，占用的存储空间一般远小于原始的图片文件。在密码学技术的保障下，几乎不可能存在两个不同的图片文件具有相同哈希指纹的情况，因此哈希指纹可以有效地代表原始的图片文件。

（3）生成元数据

将图片文件的存放路径（比如网址）、内容描述、创作者签名和哈希指纹等构成元数据。

（4）从元数据到 NFT

NFT 涵盖的信息较多，对数据存储提出了较高的要求。但以太坊等支持智能合约的区块链系统存储成本很高，将 NFT 的元数据都存储在区块链上不现实，而又要追求这些元数据的可得性和永久性，以保护 NFT 的稀缺价值。目前主要有两种处理方式。一是利用除区块链以外的第三方存储基础设施来保存元数据，一般采用 IPFS、Arweave 等去中心化存储服务，并将指向存储地址的链接数字摘要保存到区块链上的 NFT 智能合约内。二是利用程序化生成技术构造能由代码直接生成内容的区块链原生 NFT，将占用存储空间较少的代码和参数上传到区块链。在提取该 NFT 内容时，借助外部编码和渲染程序可由代码和参数自动生成最终的结果。第二种方法避免了第三方风险，具有更可靠的数据可得性和永久性保证，但目前能够用程序化生成的内容涵盖范围较少，大部分 NFT 还是需要依赖第三方存储服务。

理想情况下，NFT 具备的非同质化特征能将某个具体的收藏品或游戏道具映射为区块链上一个用唯一 ID 标记的 Token，并将有关信息锁定在智能合约内。区块链保证该信息难以被篡改，并通过非对称加密对其认证及确权。因此，NFT 技术为虚拟商品容易被复制、产权难以溯源、二级市场版权收入的分配等问题提供了新的解题思路。

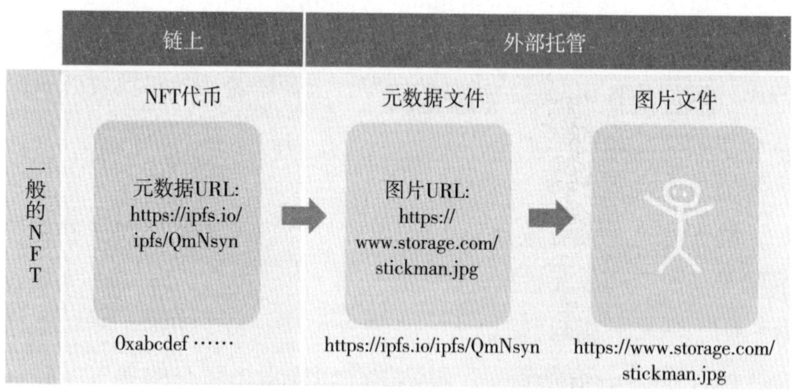

图6-14　NFT“铸造”过程

资料来源：The broken promises of NFT Art. 参见 https://jboogle.medium.com/the-broken-promises-of-nft-art-e5ee8a4b7412。

但实际上，在大多数此类应用中，NFT 只是不具备版权的数字复制品。简单指向元数据的 NFT 存在被复制、修改或删除的可能，不能有效防范剽窃、盗版等问题，而缺乏对 NFT 声明权属的清晰界定，造成 NFT 的价值来源很不明确。

鉴于 NFT 发行涉及非常复杂的技术细节，一般投资者在 NFT 热潮的裹挟下没有能力辨别 NFT 背后的产权含义，很多 NFT 发行方也有意混淆，再加上一些媒体推波助澜，造成 NFT 市场非常不规范的局面。国内外已经出现了多起 NFT 造成的数字版权纠纷。比如，2021 年 7 月 12 日，财新传媒发出反侵权公告，谴责有人在未经授权的情况下，将《财新周刊》的一张配图“铸造”成 NFT，并在境外 NFT 交易平台上售卖获利。

专题6-1　从Loot看NFT的铸造过程

Loot 是由 Dom Hofmann 发起的、靠社区推动的一个 NFT 项目。与常规 NFT 不同，Loot 体现了链上内容表达模式的创新 [从 JPG 到 TXT（文本格式）] 和程序化生成技术、社交随机性的应用。

每一枚 Loot 代表一组具有随机稀缺特性的冒险装备，装备中包含的 8 个物件分别对应冒险者的武器、头甲、胸甲，腰部、手部、脚部护具，以及项链、戒指。这串文字的存储和呈现方式并没有事先以一个文件作为载体存储于某个地方，而是一串能用来生成 SVG（可缩放矢量图形）文件的源代码，该代码用 BASE64 编码后与附加说明内容打包，并再次以 BASE64 编码形式记录在区块链上。事后任何人均可从链上获取原始编码信息、解码，并以决定性的路径生成矢量图（见图 6–15）。

上述操作体现了程序化生成。程序化生成技术将内容抽离出机器可读的信息，让机器做到内容复现甚至内容创造，并且内容生成过程是去中心化的。在这个过程中进一步引入社交随机性，就能够产生丰富的随机交互可能性，从而有可能实现不预设场景和机制、围绕 IP 自发涌现全新社交体验的目标。

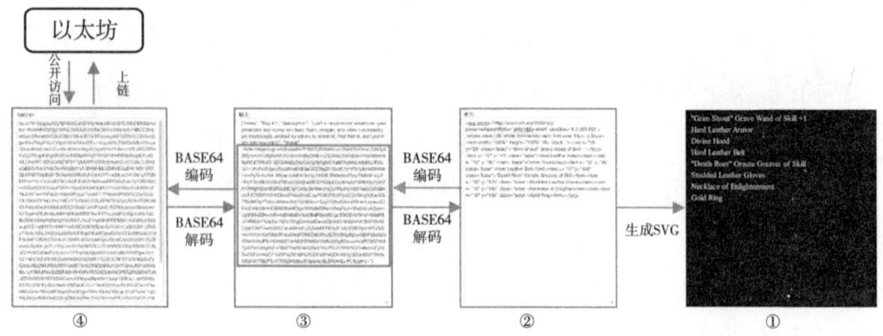

图6-15　Loot（#1）的SVG源代码上链及生成预览图过程

Loot 的总量设定为 8 000 枚，其中编号 1 至 7 777 的 Loot 可由任何人通过调用在以太坊上部署的智能合约认领"铸造"，并且发起人在推特上喊话后数小时内就被抢"铸"一空。剩余 223 枚只有合约部署者，也就是 Dom 本人才有权限认领。

（三）NFT 的可编程性

目前市场上大部分 NFT 是根据以太坊 ERC-721 或 ERC-1155 标准铸造的。这些 NFT 虽然具备了若干内禀属性，比如唯一 ID 标识、可验证、可审计、不可分割、便携性等，但尚未充分体现区块链系统在塑造 NFT 功能特性方面的潜力，在实现可编程性、互操作性、可交互性、可组合性等功能维度上还有很大的改进空间。

而可编程性可能在这几个特性中处于基石的地位，其他特性的发挥有赖于可编程性的实现程度。如果把具备可编程性的 NFT 抽象成一个函数，互操作性、可交互性、可组合性就类似于对函数进行传参、迭代、联立计算等数学操作。正如对函数的定义将影响这套模型的计算能力一样，对 NFT 可编程逻辑的定义也将影响 NFT

实例可实现的应用功能。

在本章前文"数字货币"讨论货币的可编程性时，区分了内生可编程性和外生可编程性。如果超越货币范畴，可编程价值可以进一步抽象为由价值载体和编程逻辑这两个组件构成。内生可编程性强调这两个组件不可分割地存储于同一个地方且存在内生关联，例如内嵌签名脚本的 UTXO、加载智能合约的数字资产。而传统账户系统提供的自动化金融程序属于外生可编程性，一般通过 API 关联两个孤立存储的组件实现一定的互操作。不管依托什么技术，可能还需要辅以经济、政治、声誉等层面的激励手段来获得"一致性保证"，确保技术模块按照可编程性的设计目标运转。

在上述对比之下，区块链系统实现可编程性的意义在于：

· 编程逻辑的去中心化。

· 业务方对接金融服务的非许可化。

· 业务逻辑的整合优化。

如图 6–16 所示，编程逻辑的去中心化可避免业务运营方的信用风险，由 App 演变为 DApp，保证产品和服务的可得性；同时非许可化的区块链环境也允许开发者自主创造编程逻辑，并无缝对接到区块链平台的开放金融服务，降低基础设施获取门槛和成本，有助于丰富业务内容和提高产品竞争性。这样不仅打破了靠 API 连接各类基础设施服务孤岛的状况，还能让区块链这一提供去中心化存储和计算的基础设施下沉，让开发者专注于 DApp 业务层的开发；而价值载体也不再局限于货币，可扩展为数字资产、数字身份、数字权限等对象，编程逻辑也可用于满足支付、金融、商业、社交等多方面需求，并有望将不同需求的编程逻辑进一步整合优化，消除中间的摩擦或壁垒，优化业务流程的用户体验。

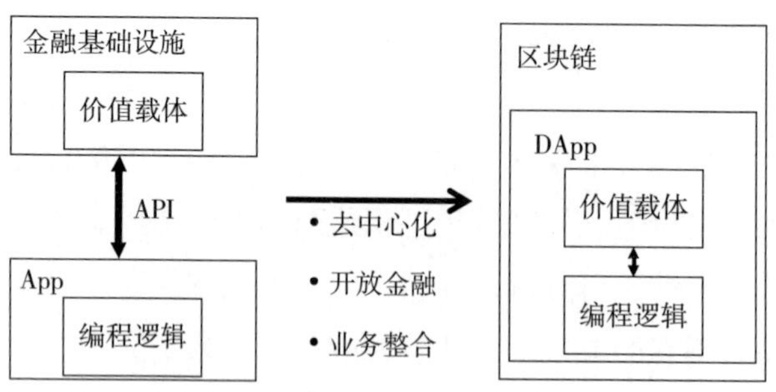

图6-16　可编程性的抽象表达及区块链系统实现可编程性的意义

在上述意义下，进一步探讨基于 NFT 的可编程性显得更有方向感。有别于基于同质化 Token 实现的简单转账、交易、借贷等功能，NFT 在应用理论上可以开始探索更加复杂的业务逻辑。NFT 具备的功能取决于账户模型和智能合约标准的定义。账户模型定义了价值载体的存储结构及其与编程逻辑的关联关系，而智能合约标准通过定义方法、构建函数来实现模块化的编程逻辑。可见，编程逻辑的迭代是发展 NFT 相关业务的一个重要方向。

二、在联盟链上发行的 NFT

NFT 在联盟链上发行，体现为联盟链上的 NFT。联盟链的用户有限且须事先审核，这种 NFT 在发行后的转让交易（二级市场）也会受到一定限制。我国的一些技术公司（比如蚂蚁集团下属蚂蚁链）和 IP 资源方合作发行的 NFT 属于这种情况。用户在购买这种 NFT 后一般将其作为数字藏品自己持有。比如，蚂蚁链 2021 年 8 月发行的数字藏品，要求用户在购买半年后才可以有条件地转赠自己购买的 NFT 数字藏品，赠予须为无偿的，并且受赠人必须持有较长时间（两年）才能再次进行转赠。这是为了反对 NFT 数字藏品的持有人、受赠人对 NFT 数字藏品进行炒作。

这种 NFT 有一定的实际需求作为支撑。比如，实物艺术品 NFT 反映了艺术品市场从小众高端市场向大众消费市场扩展的趋势，而具有稀缺性的付款码皮肤 NFT 符合新生代人群的艺术品位和社交习惯，向他们提供可在数字世界展示的艺术价值。围绕这种 NFT 的经济活动，基本属于商品贸易的范畴。政府需在舆论和价值观上予以适当引导，并维护正常的市场秩序。

万向区块链参与的“外滩虎年新春纪念数字烟花”项目属于在联盟链上发行的 NFT。该项目的合作方包括跨念未来艺术平台、721Land、公益组织无障碍艺途，以及多位国际知名艺术家。每一份虎年数字烟花藏品都基于万纳链技术，基于区块链上的数据难以篡改、全程可追溯等技术特点，以唯一序列号被永久储存在链上，作为唯一所有权凭证，不可篡改、拆分、复制，从而保障数字藏品的独特性，实现数字藏品确权。每件商品为数字藏品与实物珍藏卡组合，仅限年满 14 周岁的内地用户实名制购买。数字藏品及实物产品作品产权由发行方或原创者拥有，除另行取得知识产权拥有者书面同意外，用户不得将数字藏品及实物产品用于任何商业用途（见图 6–17）。

图6–17　“外滩虎年新春纪念数字烟花”NFT

资料来源：跨念未来艺术平台。

在联盟链上发行的 NFT 在数字经济中有很大前景，但因为仍处于市场发展早期，有不少标准性的问题有待解决：NFT 的技术标准（特别是 NFT“铸造”中如何防止侵权或包含有害信息）；NFT 的产权含义；NFT 涉及的产权保护；NFT 的估值机制；NFT 的发售和转赠平台；NFT 的用户界面（含数字货币钱包）；NFT 的展示空间和使用场景；不同 NFT 系统之间的互联互通。在我国境内发展 NFT，要坚持合规底线，不能金融化。

三、在公链上发行的 NFT

我国境外的 NFT 主要在公链上发行。这种 NFT 就像以比特币为代表的加密资产一样，具有全球范围的流动性。理论上，任意两个人，不管他们在地球上什么地方，都可以直接交易这种 NFT。境外已经出现了 NFT 的集中化交易平台，规模最大、影响最大的是美国的 OpenSea，它在 NFT 市场的地位类似于 Coinbase 等在加密资产市场的地位。

（一）代表性案例分析

2021 年 3 月 11 日，以 6 934 万美元在知名拍卖行佳士得成交的数码艺术品《每一天：前 5 000 天》让 NFT 概念迅速“出圈”。后文从 Beeple 在佳士得拍卖天价画作这一案例出发，介绍境外 NFT 市场中存在的一些经济活动特性。

2021 年 2 月 16 日，Beeple 通过 NFT 发行与交易平台 Makersplace 调用智能合约创建了一枚 NFT，通过设定总量为 1、发行量为 1 限定了该 NFT 只代表唯一一件收藏品，并且将存有收藏品相关信息元数据的路径以数字摘要的形式上传至区块链。而这幅 319MB（兆字节）的巨型拼贴作品实际上以 JPG 的格式保存在去中心化存储系统 IPFS 中，只将访问该作品的路径同样以数字摘要形式存储在元数据中。

2021 年 3 月 11 日，该作品在佳士得完成拍卖，这是佳士得第一次挂拍 NFT 作品，也是第一次接受以太币支付。根据佳士得官网信息，该平台向买家收取落锤价 14.5%~30.5% 的佣金，对卖家也会按比例收取一定手续费。表面上佳士得接受以太币支付，但对参与竞拍的买家设置了门槛，要求提前注册并只能采用经 Coinbase、Fidelity、Gemini、Paxos 旗下托管公司认证的地址进行以太币支付，以应对合规要求。

2021 年 3 月 13 日，Beeple 通过 Makersplace 平台调用智能合约将 NFT 转至买家的以太坊地址。

Makersplace 是支持收藏品 NFT 的发行及点对点交易的平台之一，Beeple 在该平台发行过 119 枚名为 MP-BEEPLE 的专属系列 NFT 并出售给 109 个买家。目前，有大量创作者和收藏者活跃在这种第三方平台支撑的 NFT 市场中，市场为他们提供围绕 NFT 的发行、赠送、一口价交易、英式或荷兰式拍卖等功能。相对而言，传统拍卖行只在一些高价值 NFT 的交易过程中发挥作用。

相比于以画廊经纪商和拍卖行为主的传统艺术品市场，这种服务于数字资产的点对点 NFT 市场为新冠肺炎疫情冲击下饱受下行压力的从业者带来了新希望，区块链能够赋予艺术品新的产权特征，帮助艺术品市场探索一些新的交易机制。

例如，在传统商业模式下，数字版权的收益由创作者、发行方、中介分摊，创作者最终能拿到的部分很少，并且往往只能在发行阶段一次性收取。OpenSea、SuperRare、Makersplace 等 NFT 发行和交易平台利用 NFT 智能合约简化了发行和二级市场交易环节（Beeple 发行其天价画作仅花费了 131 美元用来支付以太坊手续费，而且这是可以在技术层面降低的），以中介平台的方式运营，对买家收取 2.5%~15% 的服务费，使得大部分版权收入归创作者所有。而对于 NFT 的二级市场交易，大部分 NFT 点对点交易平台采用回扣机制为创作者带来额外收入。例如 Makersplace 对每一笔二级市场交易收取 12.5% 的手续费，将其中 10% 作为回扣支付给创作者。区块链的可追溯、防篡改、去中心化运行特性和 NFT 对版权的去中心化认证为这种回扣机制的自动化执行提供了可能。

除了对版权收入分配机制的改进，NFT 技术也延伸到了游戏领域。区块链游戏 Axie Infinity 推出的“边玩边赚”经济模式在不到一年内实现了 10 亿美元收入，并且让玩家有能力将自己在游戏中获得的 NFT 道具在二级市场变现，而游戏道具的交易市场对游戏开发者而言变得更加透明和可控，并且还能从中获得手续费收入。这种新经济模式为游戏行业树立了创新标杆，引领一大批游戏开发者构建各种结合 NFT 技术的游戏应用。

（二）风险分析

对于在公链上发行的 NFT，二级市场价格主要有三类驱动因素。第一，底层数字资产或实物资产的价值。但如前文所述，很多时候 NFT 背后的产权并不清楚。这种 NFT 本质上是买椟还珠故事的数字版本。根据韩非子的讲述，一个楚国人把珠子放在木盒子里，去了郑国。一个郑国人付钱后，觉得木盒子更好，就把珠子给退了。这个郑国人被嘲笑了两千多年。假设这个郑国人穿越到现在，就会说：这个稀缺的木盒子装过珠子，可以卖个高价。很多 NFT 无非是数字化包装的木盒子。第二，NFT 相比于其他形式的非同质化资产，流动性和交易效率更高，会有一定的流动性溢价。第三，投机驱动。很多投资者买入 NFT 时希望将来能以更高价格卖出，这本质上是把 NFT 当成加密资产在炒作。因为 NFT 交易既可以用法定货币结算，也可以用加密资产结算，所以驱动 NFT 热潮的流动性，既包括量化宽松下的法定货币流动性，也包括监管宽松下的加密资产流动性。

在公链上发行的NFT的以下特征使其成为一种非常好的投机品种。第一，概念新，想象空间大而模糊，对一般投资者很有吸引力。目前流行的很多加密艺术品NFT在创作上比较简单，整体呈现效果不具备太多美感和内涵。比如，以像素组成的NFT项目CryptoPunks很难让人将其与艺术品联系在一起，其他以猩猩、企鹅甚至石头作为图像的NFT项目也存在类似问题。但这些NFT项目都有大量支持者，其价值并不来自本身的使用价值或服务价值，而是来自预期的炒作收益。第二，与以比特币为代表的加密资产相比，NFT非标准化，公允价值难以确定，流动性较差，但为市场操纵带来了更大空间。操纵者可以预先以较低成本获得某些NFT，再用高价购买自己持有的NFT。在这种“左手倒右手”的交易中，操纵者实际付出的成本非常小，但可以吸引大量不明就里的“接盘侠”参与。NFT交易平台处于完全没有监管的状态，也为市场操纵提供了空间。第三，NFT让一些拥有IP资源和有社会影响力的人与机构很容易变现自己的IP资源和影响力。

商业篇

第七章

元宇宙的主要应用

本章主要讨论元宇宙未来在办公、城市、工业等企业服务领域，以及游戏、社交、电商等消费者领域的应用前景。

在办公方面，我们认为元宇宙将从生产、沟通、协作三个维度赋能办公行业。具体来看，第一，VR/AR 沉浸式工作体验能激发创造力，提高工作效率和沟通效果；第二，云计算解决异地沟通临场感问题，促使劳动力供给全球化；第三，实时翻译、键盘追踪等功能内嵌，使得办公智能化程度提升；第四，元宇宙办公推动新一代硬件和在线办公软件发展。但同时我们也注意到，元宇宙办公可能产生数据安全及人员流动快等问题。

在城市方面，元宇宙介入城市管理及城市服务。城市管理方面，隐私计算技术将从多个维度提升城市管理效率，虚拟空间中的城市应急管理有望提高城市决策能力；城市服务方面，AR/VR 将提升人与城市交互质量，数字人的引入将提升智慧城市服务水平。

在工业方面，元宇宙将推动企业生产流程的数字化、智能化和云化，最终实现工业数字孪生，给设计、生产、制造、物流等各个环节都带来变化。具体来讲，第一，通过利用 AR/VR 技术，打破生产协作的时空限制；第二，元宇宙以平台化形式，整合大算力突破仿真设计瓶颈，降低开发成本，提高研发和运营效率。此外，对于运营及集成环节，元宇宙使得工业产业链上下游的联系大大加强，管理协作更加高效。

在游戏方面，元宇宙相关技术的发展将助力平台化游戏进一步拓宽用户群体并扩大市场容量，游戏的概念将不断泛化。虚拟身份和数字资产的创建使得玩家通过数字资产与游戏深度黏合，助力游戏在用户留存上实现突破。云游戏的普及可能改变以发行商和渠道商为核心的价值分配模式。拥有精品内容的内容生产商，以及能够提供稳定云游戏接入服务的云服务商等的价值将进一步凸显。

在社交方面，在元宇宙中，线上“第二身份”的构建将使陌生人社交成为更为主流的社交方式。AR/VR 等设备技术则将为元宇宙社交实现具身传播的场景建构，助力社交体验的沉浸式和场景化。在更低创作门槛工具的支持下，更丰富的内容有望支撑创作者经济模式进一步发展，形成元宇宙社交平台经济体系。

在电商方面，元宇宙相关技术的应用深化或将进一步从“人—货—场”全面升级为电商行业。在用户层面，Z 世代及更年轻的人群将成为元宇宙电商的消费主力军，虚拟身份和虚拟人技术的发展将带动电商行业形成可以兼顾社交、娱乐、服务的私域闭环。在 NFT 等技术的支持下，商品将逐渐从实体拓展至虚拟。元宇宙将为电商提供更广泛的消费者触达渠道，通过 AR/VR/MR 等新技术带来视听、触觉等多感官交互的购物体验，实现“在线即在场”的沉浸感。此外，元宇宙电商去中心化趋势明显，品牌和商家将通过定制化内容更直接地触达消费者，进一步缩短消费者决策环节并提升营销行为效率，带动消费产业的进一步发展。

第一节　元宇宙如何成为下一代生产力工具

一、办公：元宇宙从生产、沟通、协作三个维度赋能办公行业

（一）从数字化时代到元宇宙时代，科技持续推动生产、沟通、协作效率提升

数字化时代，办公行业生产力、沟通、协作工具不断演进，持续带动生产效率及沟通协作效率的提升（见图 7-1）。

图7-1　办公行业发展历程

资料来源：华泰研究。

第一，生产效率方面，自 20 世纪 70 年代以来，以 Office（由微软公司开发的办公软件）为代表的数字化办公应用迅速普及，电子表格及电子文档替代纸质文件，显著提升了办公效率；随后，ERP（企业资源计划）将数字化整合到工作流程中，核心业务流程

精简，消除不必要的重复性工作，带来生产力的提升；2015 年以来，RPA（机器人流程自动化）等自动化办公工具兴起，部分职能工作被机器取代，自动化程度进一步提高。

第二，沟通效率方面，PC 互联网时代，电子邮件和即时通信工具成为企业主流通信方式，初步实现了基于 Web 的点对点式离线沟通；移动互联网时代，云视频会议和无缝共享促使沟通协作由非实时向实时转变，提高了人们快速响应新数据和信息的能力，保障了业务的持续性。

第三，协作效率方面，协同办公范围不断扩大，Teams/ 钉钉/ 企业微信等综合协作平台使得数据、会议、电子邮件和聊天一体化，团队联系更加密切。

我们认为，元宇宙时代，工作形态将发生转变，人们将能够随时随地进入办公室，在一个有“虚拟形象”的 3D 空间开展一天的工作（见图 7–2）。在此情境下，企业在生产、沟通、管理三个维度均有望实现进化。一是生产力：沉浸式的工作体验将带来工作效率及创造力的提升；二是沟通效率：元宇宙社区中的沟通有望接近现实世界面对面的沟通效果；三是管理模式：企业不再受地域约束，企业雇佣的员工将遍布世界各地，全球化协作促使其组织形态和管理方式变革。

（二）数字化时代：新冠肺炎疫情催化行业渗透率提升，数字化办公边界不断扩展

根据 Market Insights 测算，在新冠肺炎疫情推动下，2020 年全球智能办公市场规模达到 335 亿美元，全球智能办公人数达到 7.4 亿人（见图 7–3）。根据 CNNIC 数据，2020 年 12 月，我国远程办公用户规模达 3.46 亿（见图 7–4），较 2020 年 6 月增长 1.47 亿，占网民整体的 34.9%。后疫情时代，有越来越多的企业建立起科学

图7-2　元宇宙下的工作形态：生产、沟通、管理模式全面转变

资料来源：Wework，Com2uS，华泰研究。

完善的远程办公机制，企业微信服务用户数从2019年的6 000万增长到2020年12月的4亿，钉钉企业组织数量超过1 700万，在线办公使用率由2020年6月的21%提升至2021年6月的38%。

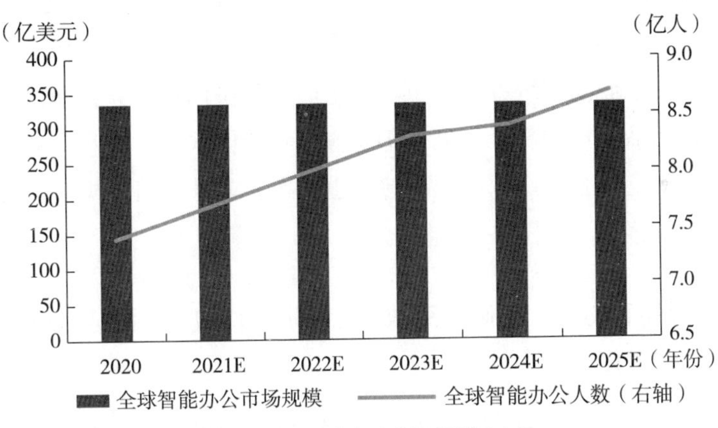

图7-3　全球智能办公市场规模及人数

资料来源：Market Insights，华泰研究。

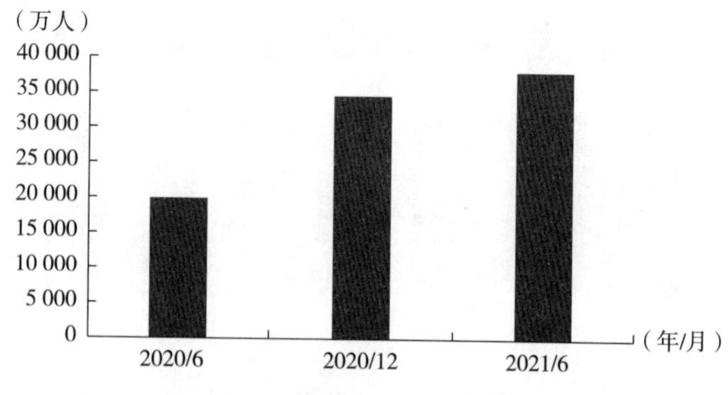

图7-4　我国在线办公用户规模

资料来源：CNNIC，华泰研究。

后疫情时代，数字化办公边界服务对象不断拓展，产品平台化趋势明显。一方面，据 CNNIC，截至 2020 年 12 月，视频或电话会议的使用率为 22.8%，在线文档协作编辑为 21.2%，在线任务管理或流程审批为 11.6%，企业云盘为 9.4%，在不同细分功能上用户使用率存在显著差异。随着阿里巴巴、腾讯等科技巨头入局及行业个性化需求增长，在线办公市场逐步向平台化方向发展，散落的"工具应用"将进一步被集成，更多垂直功能接入，实现生态互联。

另一方面，随着经济环境、供需关系和商业逻辑的变化，协同管理软件已脱离传统办公的范畴，走向业务协作和业务管理，服务对象开始从企业内部延伸到外部供应商和合作伙伴，一些头部协同软件不仅支撑企业内部门户构建，也支撑企业外部门户构建，触达供应链和客户（见图 7-5）。

（三）元宇宙时代：打破时空限制，实现工作效率、沟通效率、协作模式的进化

数字化办公市场按照服务对象和功能可细分为生产力工具、沟通工具及协作工具三类。一是生产力工具：辅助个人生产力和工作

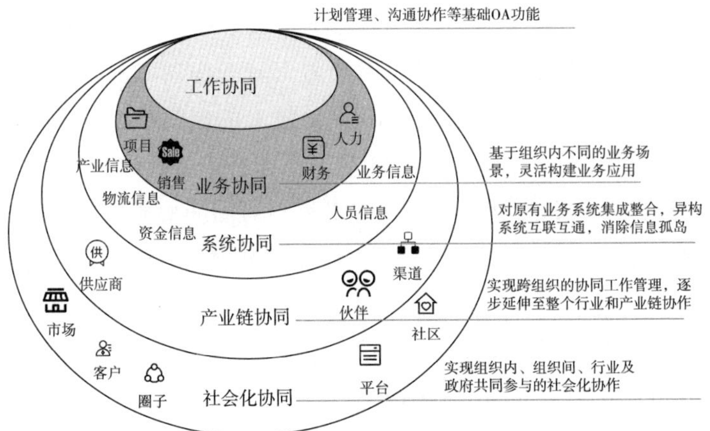

图7-5　协同软件的边界由组织内向组织外扩张

资料来源：致远互联，华泰研究。

效率提升的工具，如以 Office 为代表的办公套件、以 UiPath Robot 为代表的自动化办公产品等。二是沟通工具：辅助实现团队之间远程沟通的工具，如以 Outlook 为代表的企业邮件系统；以 Zoom、腾讯会议为代表的视频会议系统等。三是协作工具：辅助组织在线协作的工具，如以腾讯文档为代表的在线协作文档、以 Teams 为代表的在线协作系统等（见图 7–6）。

图7-6　数字化办公市场

资料来源：华泰研究。

我们认为，元宇宙时代，VR/AR、云计算、AI、区块链等底层技术的发展将驱动办公行业生产力工具、沟通工具、协作工具全面进化。具体而言，第一，VR/AR 技术的成熟一方面能够带给员工沉浸式的工作体验，激发创造力，提升工作效率；另一方面，VR 会议比视频会议更加贴近现实世界面对面的沟通效果，能显著提升沟通效率。第二，云计算 / 边缘计算等网络基础设施的发展提升了信息传输的速率及质量，实现了异地沟通的高实时性及高互动性，促进协作办公范围进一步扩大。第三，AI 等人工智能技术融入具体办公场景，使得办公智能化程度进一步提升。第四，区块链技术作为数字世界的信任基础，有望解决元宇宙时代数据安全及个人隐私保护等问题（见图 7–7）。

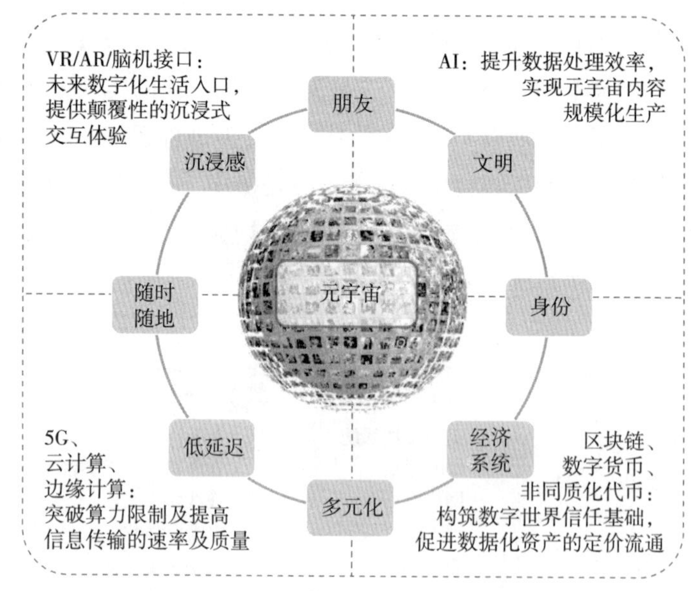

图7–7 元宇宙四大核心技术支撑：VR/AR、云计算、人工智能、区块链

资料来源：Roblox，Medium，Beamable，华泰研究。

1. VR/AR 沉浸式工作体验能激发创造力，提高工作效率和沟通效果

一方面，远程办公存在损害创造力、减弱团队凝聚力等问题，据腾讯的《混合办公安全白皮书》，在远程办公模式下，人们的人际交互活动更加单一，疏远关系网的互动频率低，这会导致创新的停滞和趋同思维，而元宇宙中的化身能让彼此感觉处在同一空间，提高凝聚力，增强疏远关系网的互动频率，这些优势都将显著改善目前远程工作中的痛点。另一方面，埃里克等学者在《虚拟内存的宫殿》（Virtual memory palaces）一文中的研究表明，由于人们的认知和记忆部分依赖于空间感，因此在虚拟现实空间中的练习比在屏幕前的练习效果更好，在虚拟现实空间中，人们的认知能力和工作效率有望进一步提升（见图 7-8）。

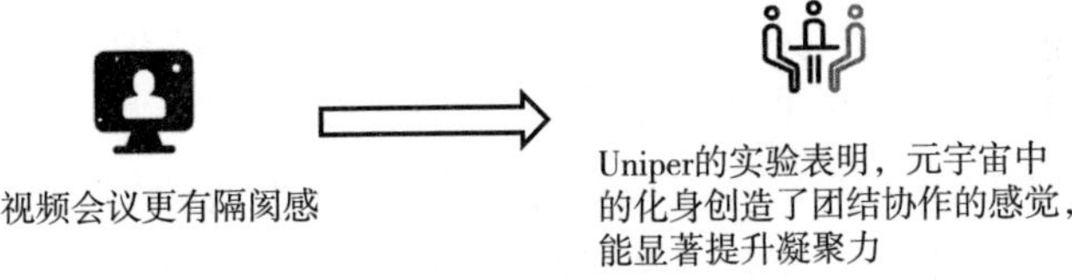
视频会议更有隔阂感
Uniper的实验表明，元宇宙中的化身创造了团结协作的感觉，能显著提升凝聚力

图7-8　元宇宙中的化身能增强互动，显著提升团队凝聚力

资料来源：DXC，华泰研究。

VR 会议替代视频会议，能够最大限度地缩小与面对面沟通之间的效果差距。在元宇宙办公世界中，3D 分身代替演讲者在会议中出现，并通过运动追踪技术实现分身与现实演讲者的动作同步，这种沉浸式的交流方式能够最大限度地接近现实中面对面的沟通效果。根据脸书发布的《视频及 VR 会议比较：沟通行为研究》，在视频会议中，对话回合少，话题转换更为正式，85% 的沟通因肢体语言的缺失而受到影响，同时，演讲者较少接收到听众的反馈；

而在采用化身的虚拟会议中，肢体语言的使用和听众频繁的反馈能显著提高沟通效果，对话回合明显增多，这种你来我往的讨论方式更贴近自然情形下的人类交流（见表 7–1）。

表 7–1　视频会议与VR会议沟通行为对比

	对话回合	话题转换	变焦疲劳	肢体语言运用	听众反馈
视频会议	少	正式	高	少	少
VR 会议	多	非正式	低	多	多

资料来源：脸书，华泰研究。

当前的元宇宙办公产品已经能够通过音频提示、手势追踪等方式营造沉浸式的沟通体验。例如，在微软的 Mesh for Teams 产品中，当演讲者说话时，将采用音频提示使脸生动起来，让化身拥有更具表现力的动画效果，营造临场感（见图 7–9）。而脸书的 Horizon Workrooms 支持头部和手势跟踪，在现实生活中用手所做的任何事情都将在数字世界中被跟踪和再现。比如，如果你转头看同事或房间内的白板，你的视野会随着你一起平移；如果你给另一位同事竖起大拇指，你的虚拟化身也会在会议室里竖起大拇指（见图 7–10）。

图7–9　微软Mesh for Teams采用音频提示提升表现力

资料来源：微软。

图7-10　Horizon Workrooms支持头部和手势跟踪

资料来源：脸书。

AR 等技术的发展为远程协作提供了更多的可能性，“协作”一词的范围从简单的数据、文件共享场景逐步渗透至需要直观的面对面共同动手的实操性场景。在实操性场景中，AR 远程协作可通过 AR 眼镜或者具备 AR 功能的手机等采集声音，通过无线网络传输到后台协助端，借助 AR 远程协作系统，实现由经验丰富的技术人员进行的面对面远程指导（见图 7-11）。当前，具有代表性的主流 AR 远程协作平台包括：Microsoft Dynamics 365、Atheer ARMP、Scope AR WorkLink Create 等。

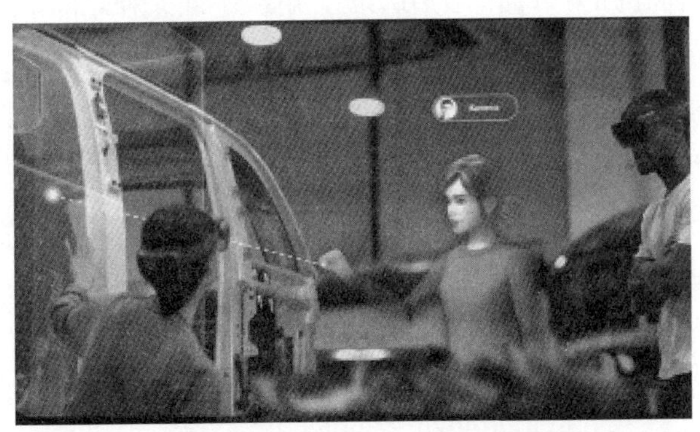

图7-11　Microsoft Dynamics 365实现AR远程协作

资料来源：微软。

2. 云计算解决异地沟通临场感问题，促使劳动力供给全球化

随着5G、云计算、边缘计算等网络基础设施不断发展，低时延、高速率、大带宽的网络以及对海量、高渲染画面的实时计算能力能够解决异地沟通临场感问题，使异地办公也能实现高实时性、高互动性，很大程度上还原真实的工作场景。在此基础上，企业可以打破地理限制，在全球范围内招聘员工、外包人员，丰富组织成员的协作方式，重构组织运转流程，从世界各地获得劳动力补给，这也将极大程度上改善当前世界范围内劳动力供需不匹配的问题，促使人口由城市中心向城市边缘迁徙。

3. AI提供实时翻译、键盘追踪等功能内嵌，办公智能化程度提升

成熟的AI技术是元宇宙办公实现的前提，VR会议中手势追踪、音频提示等功能的实现均依赖于人工智能技术对现实世界的识别和解析，因此，元宇宙办公天然就与AI技术紧密结合，并能够借助AI技术进一步实现工作及沟通效率的提升。例如，微软的系统实现了多人实时会议、线上方案共享，同时内嵌了实时翻译和转录文字等协作办公方面的实用功能，解决不同人种之间语言沟通的障碍（见图7–12）；脸书为了能让用户更方便地使用面前的实体键盘，在Horizon Workrooms中加入了键盘追踪功能，结合适用于Mac和Windows的全新Oculus Remote Desktop App，用户可以一键访问PC，还可以在会议期间做笔记，将文件带到虚拟现实，甚至可以选择与同事共享屏幕（见图7–13）。

4. 数据安全及人员流动问题面临挑战

在数据安全问题上，对于个人而言，沉浸式世界中的新技术将在一个人的步态、眼球运动、情绪等越来越细微的层面上收集个人

图7-12 微软Mesh for Teams提供实时翻译功能

资料来源：微软。

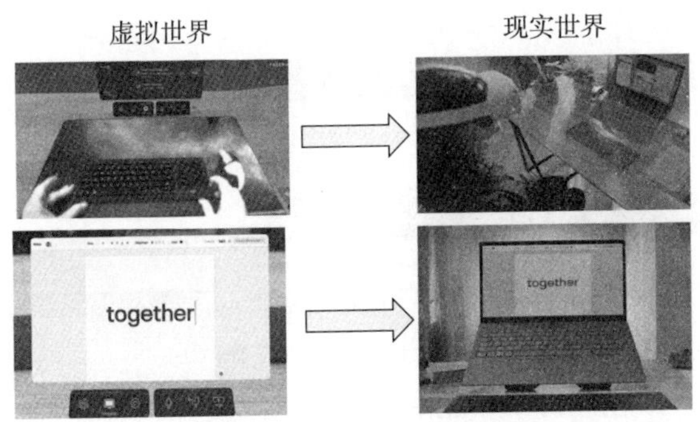

图7-13 脸书支持接入键盘，文件可在虚拟与现实之间共享

资料来源：脸书。

数据，这给现有的个人隐私保护带来了更大的压力（见图 7-14）。对于企业而言，核心数据和系统全部上云，如何在元宇宙底层资源不断更新和扩张的同时实现数据资源合规收集、储存和管理尚待探讨。区块链技术作为数字世界的信任基础，有望在未来为元宇宙中的数据安全及隐私保护提供有效的解决方案。在人员流动问题上，从传统集中式转入远程工作模式后，人们足不出户便可换工作，且在远程工作模式下企业凝聚力有所下降，这使得企业人员流失率有所提升，据麦肯锡统计，转入远程工作模式后中国的工作变更率增

加了 13%（见图 7–15）。

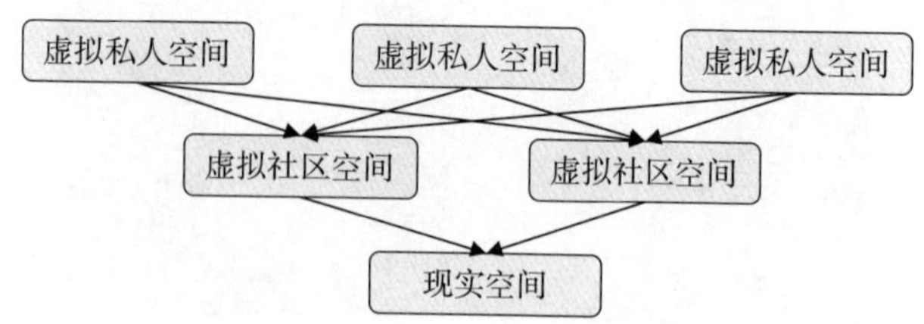

图7–14　数据安全问题亟待解决

资料来源：《元宇宙发展研究报告》，华泰研究。

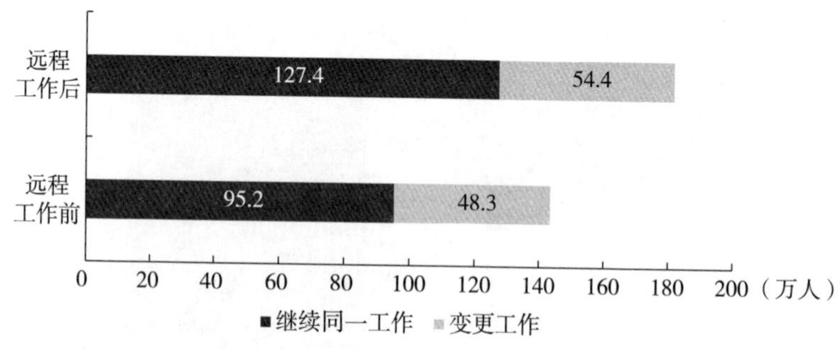

图7–15　远程工作模式下，企业人员流失率提高

资料来源：麦肯锡，华泰研究。

5. 元宇宙办公推动新一代硬件和在线办公软件发展

元宇宙的加入将自上而下地改变在线办公领域产业链及价值分配。终端硬件及软件 / 系统解决方案是在线办公市场产业链中两个最主要的环节，在元宇宙时代，两者都将迎来演进及变革。第一，终端硬件方面，互联网时代以 PC、平板、IP 视频电话、USB（通用串行总线）会议室摄像头等智能终端为主，思科、亿联、华为等企业通信终端龙头占据绝大部分市场份额；在元宇宙时代，终端硬件形态将向 VR/AR、脑机接口等新兴设备演进，“信息—眼—脑”的传输方式被简化为“信息—脑”两个环节。第二，软件 / 系统解

决方案领域，协同办公平台 / 云视频软件向元宇宙社区演进，元宇宙社区内沉浸式的社交体验有望提升疏远关系网的互动频率，相应地，协作办公的外延也将扩大，协作范围从企业内部业务线延伸至供应商、合作伙伴、客户，这就要求各个公司的元宇宙之间可以自由连接，不同元宇宙社区在软硬件兼容、平台转换上达成国际共识（见图 7–16）。

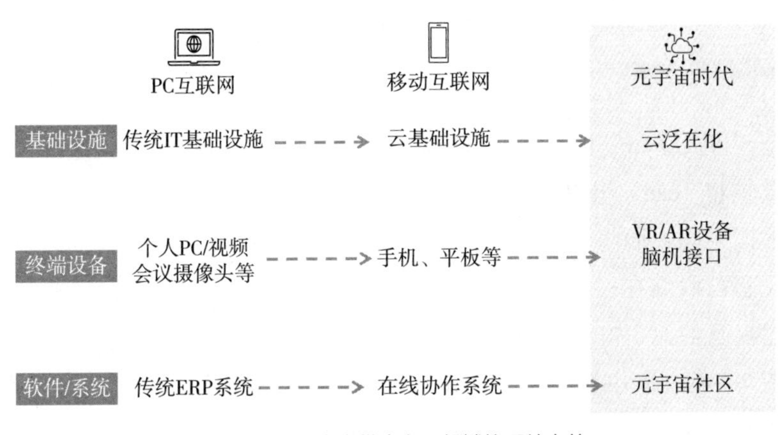

图7–16　元宇宙带来办公领域软硬件变革

资料来源：华泰研究。

目前，脸书、微软等巨头已开始在软硬件领域的演进方向上布局。在硬件领域，除人们熟知的 VR/AR 外，脸书、Valve、Neuralink 都入局了脑机接口（见图 7–17），Project Steno 方案可以分析瘫痪患者大脑皮质中负责语言的部分，并解码为完整的文字。未来，这项脑机接口技术可能用于光学 BCI、EMG 腕戴等非侵入式消费级产品，甚至作为 AR 眼镜的输入方式。

在软件 / 系统解决方案领域，微软和脸书两大巨头在元宇宙办公领域的布局思路略有不同。在元宇宙办公的定位上，微软致力于成为元宇宙联通之间的“黏合剂”。微软 CEO 纳德拉认为未来将

图7-17　脸书 Reality Labs中的脑机接口

资料来源：脸书。

是“多元宇宙”的格局，“联通性”成为不可忽视的价值创造部分。微软将 Teams 想象为元宇宙的原型，公司可以在其中建立自己的虚拟空间，而将 Mesh 视为提供基础“黏合剂”的角色，帮助多个元宇宙联结在一起，微软的 Mesh 允许公司使用 API，帮助公司构建自己的元宇宙，并在所有的这些数字世界中拥有持久的身份（见图 7–18）。脸书则强调各个元宇宙场景之间的联动。脸书将办公作为其元宇宙布局的八大场景之一，强调各个场景之间的联动，以 Horizon Home 为入口，扩展到办公应用 Horizon Workrooms、社交应用 Horizon World 及活动应用 Horizon Venues 等场景（见图 7–19）。

图7–18　微软已允许公司在Teams中建立自己的虚拟空间

资料来源：微软。

图7-19 脸书 Horizon中玩家可以通过传送门去往各个场景

资料来源：脸书。

二、城市：虚实共生社会对城市管理和服务提出新要求

（一）数字化时代：AI、5G、大数据等技术引领城市管理和服务进步

城市是人们生活和生产的重要载体。从城市雏形到数字化、智能化的进程中，大型城市数量在不断提升，而我国的城镇化率也从20 世纪 80 年代的 25% 左右提升到现在的 65%，政府在公共交通和公共安全上的支出持续增加，随着城市空间复杂度的提升，城市空间的管理方式和管理效率有精细化、模块化、场景化的趋势。互联网的崛起引导人们生活向线上转移，上网时间不断拉长。在城市的演变过程中，城市管理的需求根源来自对城市数据的充分挖掘和高效利用，最终使各部门在业务层面实现职能协同（见图 7–20）。

1. 城市复杂度增强，管理半径扩大，多维度管理成为趋势

监管内容：在城市整体形态方面的复杂程度增加，人物的多维度监管价值被不断放大。生活工作的多样性大大提升了城市物理空间构造的复杂程度，赋予了城市更多的定义和内涵，也催生出更多的数字应用场景（见图 7–21）。我们认为城市管理应分成三大阶段。

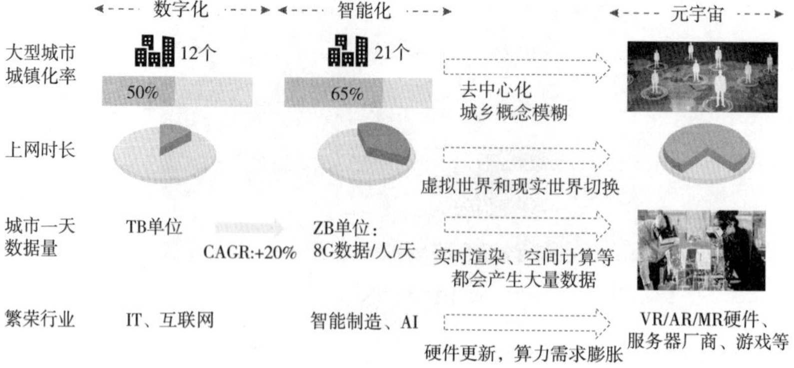

图7-20　城市在管理结构、公共监控技术、城市形态等多方面正发生变迁

资料来源：国家统计局，交通运输部，公安部，百度希壤，华泰研究。

第一阶段：线下阶段。城市管理的维度已经覆盖了现实世界的人流管理和车辆管理，例如智慧交通系统管理解决方案利用AI算法做到高精度违法判别，全路网视频监控，目前可做到自动取证，给出预测分析及辅助执行；智慧生活监控解决方案可以做到客群流量实时监控，自动预测客流高峰，精准排除违规行为和危险行为。

第二阶段：全连接阶段。随着5G通信、大数据等技术的深度应用，各类基础设施正在连接网络，城市管理的维度正在进一步扩张，将基础设施、环境等城市元素数字化并纳入线上管理的范畴，如智慧环境监测解决方案能实现实时监测并精准识别各类影响环境的违规行为。

第三阶段：互动阶段。更近一步地，城市基础设施将在数字世界形成数字孪生，居民在数字世界中将和城市基础设施的数字孪生形成互动，因此城市管理的范畴从传统的线下变为线上线下联动。如现有的智慧网络安全解决方案将针对网络各类违规内容进行分析和识别，对违规信息精准高效审核，而未来针对基础设施的网络安全问题将受到更多关注。

在多样化的场景中，数据的重要性凸显，日益庞大的算力需求成为城市发展的底层动力。管理半径扩大的趋势既考验技术的发展水平，也考验城市管理机制，跨部门、线上线下的合作将变得更加频繁，如何协调部门的管理半径，共享城市数据变得更加关键。

图7-21 城市管理维度从管人向管物延伸

资料来源：亮风台，艾瑞咨询，华泰研究。

监管主体：城市管理经历了技术驱动—政府主导—社会共建三个阶段的演变，更考验政府的统筹能力。随着城市化进程的加快，城市管理的方式也在发生变迁。过去在探索期，主要依靠大型技术公司通过 IT 技术集成解决城市运营垂直领域问题。步入 2010 年之后，政府侧重于基于城市发展需求整体规划部署，以此来提高城市运营管理质量。而目前，城市服务更倾向于政府引导，引导公民、企业参与城市建设，通过打通问、办、查、档四个步骤实现服务高效。同时在组织设计上，与传统城市管理模式相比，智能化城市更强调监管分离，将信息收集和监管评价职能分离，设立专业部门如市政管理委员会、环卫部门、民政部门等，以及行政部门如区政府、街道办事处、社区委员会等。这种推行主体演变的趋势更加强调了城市管理参与方的多样性，也更关注数据在各部门和各参与方之间流动的时效性和保密性（见图 7–22）。

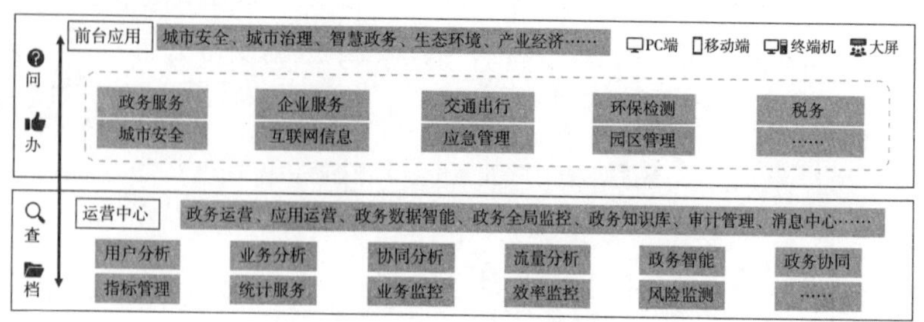

图7–22　政府管理架构

资料来源：艾瑞咨询，华泰研究。

2. 智能化便民服务提升效率

新冠肺炎疫情下政府服务提质增效的需求迫切，一卡通打破数据孤岛。我国政务数字化经历了四个阶段。一是“一门、一窗、一网”：“一门”指由入驻政务大厅统一受理，“一窗”指政务系统逐步统一门户，“一网”指网上办理开始兴起。二是全国全省一体化平台：政务实现全省通办、全国通办，采集到的电子证照实现全省共享、全国共享。三是业务流程优化改造：政务系统走向整合，政府致力于实现业务流程优化，减少材料，同步开始启动人脸认证、简易审、智能批、秒批等特色业务。四是主动式智能服务：开启以用户为中心的主动智能服务，政务更注重沉浸式和随时、随地、随需、随行的服务体验。我们看到，在新冠肺炎疫情的影响下，政府公共服务持续面临提质增效的挑战，政府利用大数据、云计算等技术在“一窗”集中办理、线上线下一网通办理方面实现了新的突破，而未来在层级、地域、系统、部门、业务之间的有效融合将成为城市服务趋势。

（二）元宇宙时代：隐私计算、VR/AR、数字人等推动城市管理和服务新变革

数字孪生是目前最贴近元宇宙城市的应用。在智能化城市的基础之上，城市管理者正在将数字孪生概念从原来的航天、工业领域引入城市建设中（见图 7–23）。数字孪生是整个城市的数字模型或实物资产的副本，它赋予现实城市一个具备 1∶1 映射的数字克隆体，以此实现全要素的数字化、虚拟化以及全状态的实时化和可视化。从城市管理的角度出发，整个城市的数字孪生可以有效地协助城市规划以及实物资产的运营和维护。

数字孪生在城市领域的应用强调对实体空间的精确复现；可对城市的物理空间发挥模拟、预测等作用。通常认为，元宇宙是在精准模拟物理空间运行的同时，创造数字空间中的原生体验，探索数字空间中特有的生活方式和社交形态，进而实现数字空间反向影响物理空间。通过对城市演进的探讨，我们认为城市系统未来的发展在思维方式上会从数字化走向智能化，进而从数字孪生走向元宇宙。在数字孪生的基础上，元宇宙强调了多元主体的互动效果，使得原有的虚拟平台不仅提供可视化能力，更实现了虚拟和现实的全面连接和高度协同。我们认为，在元宇宙思维下，市民可以通过多层次参与城市的虚实互动、交互反馈，帮助实现系统的完善和自适应优化。

元宇宙对城市的产业生态建设给出了终极指引，围绕元宇宙概念的城市建设进程有望加速。以数字孪生为基础的智能化城市已经初具雏形，并继续沿着演变思路在城市管理和服务上有较大突破。更进一步我们看到，游戏、影视、政府工作安排等方面已经开始对元宇宙城市提出畅想（见图 7–24）。

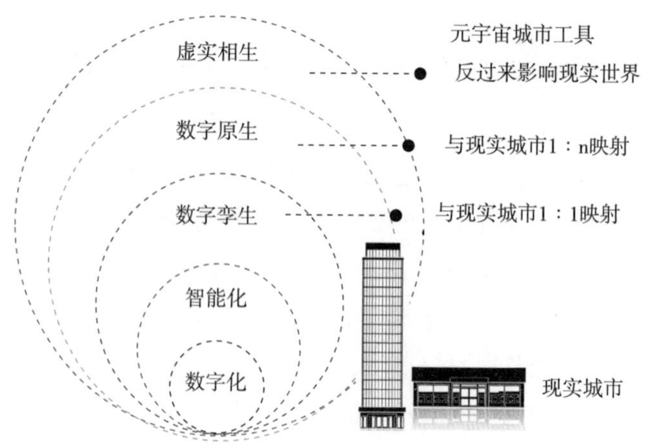

图7-23　元宇宙是城市建设的下一个方向

资料来源：华泰研究。

图7-24　《赛博朋克2077》城市堆叠

资料来源：《赛博朋克 2077》，华泰研究。

1. 隐私计算技术提升多维度城市管理效率

多模态数据的所有权、使用权和管理权分离一直是城市发展过程中的难题，而元宇宙作为超大数据集合体，不仅要保护用户数据的隐私，更需要考虑挖掘和体现用户的数据价值。我们认为，在区块链技术的基础上，隐私计算可以保证元宇宙世界里与用户相关的原始数据不被泄露、用户的隐私不被暴露。同时由于元宇宙需要获得更高的数据价值和虚拟空间体验，会将数据调用出来训练，并进行细颗粒度挖掘和实时同步，全范围的隐私计算技术将让数据在保持加密状态以及不泄露给使用方的前提下，实现计算合作。未来隐私计算将成为元宇宙时代城市管理的重要技术，不断提升跨世界中的城市数据管理的效率和安全性。

目前部分厂商正在探索将区块链与隐私计算相结合的技术路径。其中 PlatON 2.0 基于隐私计算网络搭建了一个去中心化的人工智能市场，以实现 AI 资产的共建共享和敏捷的智能应用开发，提供从 AI 算力、算法到 AI 能力及其生产、部署、集成的全流程产品和服务。根据《PlatON 2.0 白皮书》的规划，AI 开发人员可通过隐私计算协议连接 PlatON 的去中心化隐私计算网络，在保证数据隐私安全及合法合规的基础上，以较低的成本获取所需的资源（数据、算法和算力），用来训练 AI 模型并可发布到网络上，与其他 AI 服务或代理交互，逐渐构成自组织的、协作的人工智能网络（见图 7–25）。

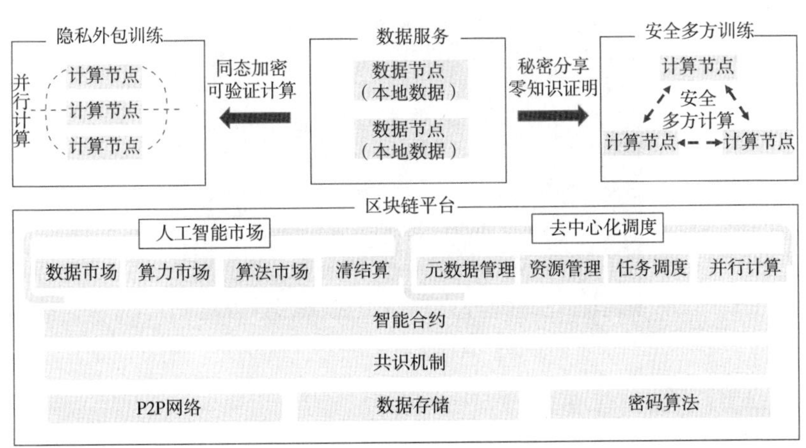

图7–25　PlatON 2.0隐私计算架构

资料来源：PlatON，华泰研究。

2. AR/VR 赋能应急管理

目前在应急管理方面的设想是利用 AR 智能眼镜、无人机 + 地面全景相机远程监测，实现地空一体化，从而实时回传现场的超高清视频将提供精准的灾情变化情况。灾情现场一线检测救援人员在系统前端通过 AR 智能眼镜、VR 摄像头采集声音、影像及数据，将现场高清视频实时传递给远程专家，让现场技术人员与全球任何角落的专家一起跨平台协作（见图 7-26）。

更进一步，由于现实世界实时映射的属性，城市反映的问题将全量映射到元宇宙中，而管理者可以在元宇宙中观察事件的动态，提前发现态势的变化，从而为现实世界的城市管理提供模拟决策，相比于目前城市事中监控事后追查，元宇宙的管理技术更侧重于事前。元宇宙世界的模拟应急事件也将更贴近于真实场景，参与主体有望更广泛。此外，我们也看到目前由于部门不同的权责划分，城市应急管理难以实现全局统筹，而在元宇宙的世界里，规划建议的效率提升将进一步显现。

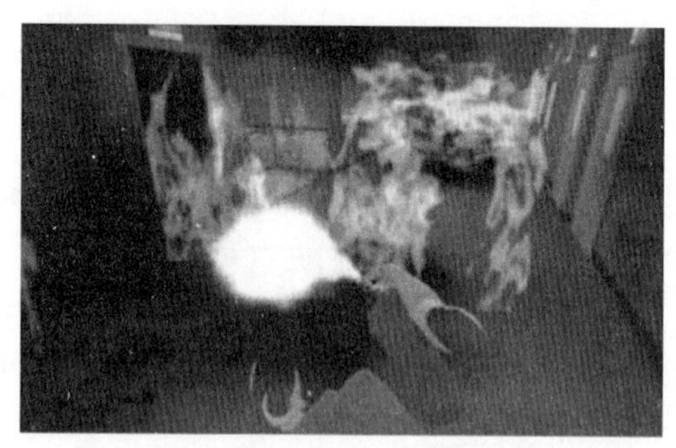

图7-26　在数字世界中的火灾模拟

资料来源：深圳华锐，华泰研究。

3. 数字人提升智慧城市服务水平

在英伟达 2021 年 GTC 大会上，我们看到数字人在外语对话、餐厅服务方面的雏形开始显现，而将数字人引入政务服务等场景，让数字人充当智能前台、智能顾问，可以将政务服务人员从重复性的咨询类业务中解放出来，从而优化整个业务流程，实现提效降本。第一，无柜台远程服务：远程支持社保 / 公积金 / 医保业务办理、政策咨询等线上服务，AI 客服 24 小时在岗。第二，高效化业务导办：强大的行业知识库，结合高效的人机互动方式，让每一个提问都能及时得到回答。第三，智能化员工培训：培训机器人主导的业务岗前培训、智能助理学习辅助、媲美真人的人机练习（见图 7–27）。

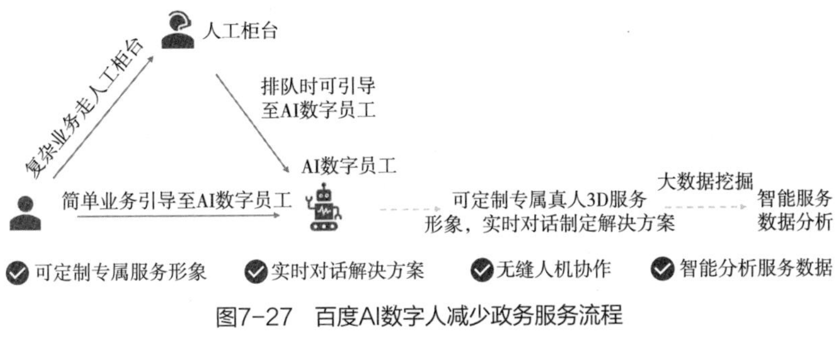

图7–27　百度AI数字人减少政务服务流程

资料来源：百度官网，华泰研究。

科大讯飞最新发布的虚拟人交互平台可以让政府工作人员等用户自己来定义喜欢的形象，包括声音、表情、动作和情感，让数字政府的建设更有亲和力，为老百姓提供更加生动温馨的服务。同时，科大讯飞推出 7×24 小时政务服务“不打烊”，实现服务事项快速搜索，办理渠道精准以及在线导航等服务，目前在长三角地区广泛应用，基本能实现对 258 个事项秒批秒办，平均审批时间从原来的两天缩短为 10 秒，平均办事环节从 3.6 个减少到 1 个。

（三）以政府为单位的元宇宙城市进程开启，关注城市内涵和边界的拓展

韩国首尔率先提出元宇宙城市五年规划，元宇宙生态系统构建有助于扩大对公共城市服务的范围。2021 年 11 月韩国首尔政府发布了《元宇宙首尔五年计划》，宣布从 2022 年起分三个阶段在经济、文化、旅游、教育等七大领域打造元宇宙行政服务生态，总投资计划达 39 亿韩元。在规划中，首尔的元宇宙生态主要分为三个阶段进行：引入（2022 年）、扩张（2023—2024 年）、定居（2025—2026 年）。第一阶段首尔将建立名为“元宇宙首尔”的高性能平台，并在经济、教育和旅游等领域提供服务，在 2021 年底前完成该平台的创建并向公众展示。未来首尔市政府还会将元宇宙平台应用扩展到市政管理的所有领域，以提高政府官员的工作效率。市民首先可以在智能手机上访问数字世界，最终可能会使用增强现实工具（见图 7-28）。

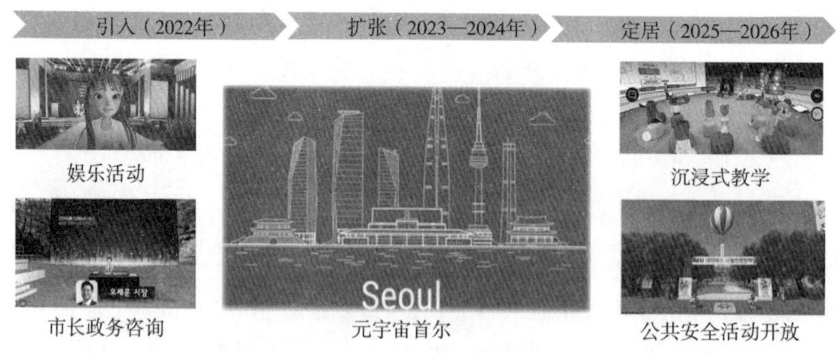

图7-28　韩国首尔《元宇宙首尔五年计划》

资料来源：韩国首尔政府官网，华泰研究。

虽然韩国首尔的元宇宙规划在短时间内实现还较为困难，离真正的元宇宙形态还缺乏技术支持，但是计划中的一些措施让我们对

元宇宙城市的构建有了较为清晰的方向。例如，一是在经济领域设立首尔金融科技实验室，帮助企业在元宇宙中吸引外国投资，虚拟人物将为外国投资者提供咨询及一站式服务；二是在教育领域设立首尔开放城市大学的虚拟校园，提供沉浸式内容；三是旅游观光方面可将新冠肺炎疫情下无法举办的活动作为3D沉浸式内容在元宇宙平台上运行。除了一般社交体验式构建，元宇宙城市的核心在于公共城市服务访问参与度的扩大。在公共服务方面，韩国政府提出，在首尔市政厅创立元宇宙版本的市长办公室，打通韩国政府与居民间的开放式沟通渠道。同时将利用虚拟现实、增强现实和扩展现实相结合的技术升级城市管理。

三、工业：数字孪生对工业流程的变革是投资主线

（一）工业软件的本质在于以数字化模型沉淀工业经验

工业软件的本质是以数字化模型或专业化软件工具沉淀工业经验。理解工业软件，不仅是从工业或者软件的单向角度去理解，而且应该从这两个要素相互影响的角度来理解。工业化先进程度决定了工业软件的先进程度，工业软件的先进程度决定了工业的效率。回顾数字化时代工业软件的发展过程，我们发现可以从软件和工业两个维度来总结数字化带来的变革。从软件维度来看，工业软件的商业模式迭代是以工业企业的需求迭代为基准进行的。从工业维度来看，产业链不同的价值分配和数字化需求决定了工业软件的作用。

从软件维度来看，工业软件在数字化时代的商业模式变化以需求为导向。随着工业企业不断使用工业软件，对经验累积的范围和形式不断提出更高的要求，工业软件厂商根据需求反馈进行快速迭代优化，是工业软件生存与发展的基本模式。从发展历史来看，工业软件最初是以工具软件的形式出现，只解决工业企业的单点需

求；工业企业的零散化需求被逐步解决后，又提出了多场景数字化的需求，由此发展出了系统化平台；随着单一企业的需求被解决，针对不同企业之间的供应链需求，发展出了云部署平台；随着工业企业终端硬件的多元化和零散化发展，工业软件又朝着工业互联网方向发展（见图 7–29）。

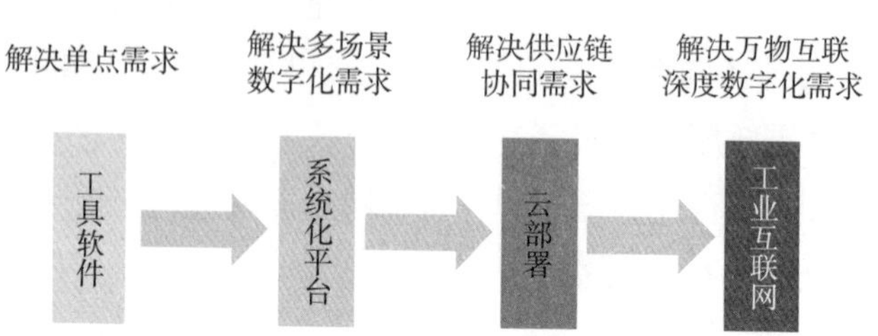

图7–29　工业软件在数字化时代的商业模式变化以需求为导向

资料来源：华泰研究。

从工业维度来看，产业链位置决定价值分配和数字化需求。工业企业产业链各个生产环节涉及的核心资源以及场景需求重点各不相同，进而产生了不同的价值分配和数字化需求的侧重，最终衍生出不同类型的工业软件（见图 7–30）。

第一，研发设计：研发及设计是生产制造的前置环节，对于工业企业的创新能力、知识产权、数据利用等能力提出较高要求。针对企业研发设计需求，工业软件发展出了 CAD（计算机辅助设计）、CAE（计算机辅助工程）、CAM（计算机辅助制造）、EDA（电子设计自动化）等产品。

第二，生产控制：工业企业的制造过程早期涉及原材料生产、原材料加工等生产环节，此时对工业企业的要求集中在资源获取、生产效率、固定资产成本等要素上。基于这些需求，陆续出现了 MES（制造执行系统）、DCS（分散控制系统）、PLC（可编程逻辑控制器）、SCADA（数据采集与监视控制系统）等工业软件产品。

第三，运营管理：工业企业的制造过程后期涉及产品组装以及成品加工等生产环节，此时劳动力成本、管理效率以及供应链的完整性对工业企业尤为重要，依此需求工业软件行业发展出了 ERP、CRM（客户关系管理）、WMS（仓库管理系统）、LMS（物流管理系统）等产品。

第四，协同集成：生产制造完成之后的工业流程一般包括物流、市场营销以及售后服务等，考验工业企业的渠道覆盖、价值挖掘以及文化影响力等。而针对工业企业的 OA、IM（即时通信）的协同集成类产品则很好地满足了下游企业的需求。

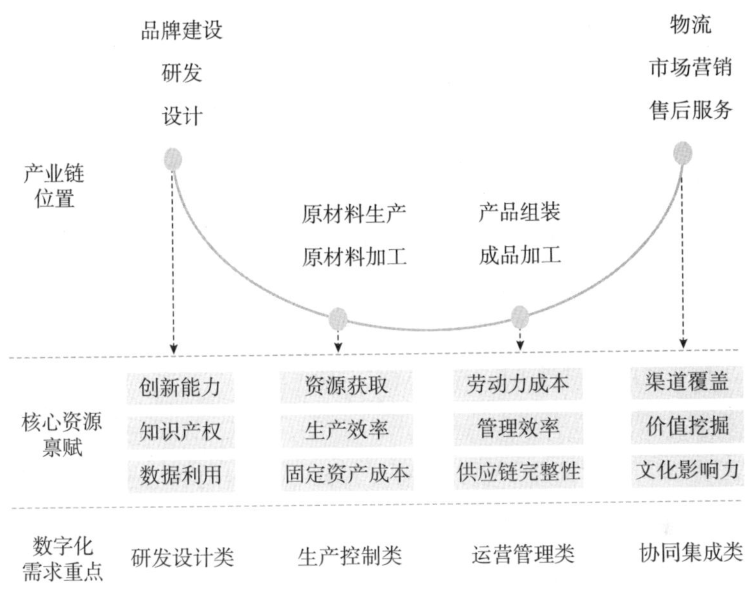

图7-30　产业链位置决定价值分配和数字化需求

资料来源：华泰研究。

（二）从数字化、智能化再到元宇宙，工业软件与工业流程共同演进

复盘工业软件发展历程，我们发现从数字化时代到智能化时代再到元宇宙，工业软件与工艺流程总是共同演进的。对标数字化、智能化带来的变革，我们认为元宇宙同样有望以沉浸式交互、大算力整合等代表性技术，带来产业变革与投资机会。

数字化时代的代表性技术以图形化和自动化为主，主要变革意义在于解放劳动力。工业数字化进程大致始于20世纪50—70年代，以图形化、自动化为代表性技术，将计算机设计、调度等能力首次带入工业生产领域，替代人工操作，在解放大量劳动力的同时提高生产效率。这一时期的典型代表，如20世纪50—60年代出现的CAD软件，以全新的图形化设计界面，提高了计算机辅助设计能力，替代传统手绘设计，使工程设计环节效率大大提升；又如20世纪60—70年代出现的PLC软件，通过基于微处理器的电气自动化控制，实现工业生产部分或全部流程的自动化控制。

以CAD软件为例，在CAD出现之前，一切机械、建筑设计都只能由工程师手绘完成（见图7–31），而CAD则通过图形化的交互界面，大大简化了设计过程，缩短了工程周期。根据洛克希德公司数据，利用数控机床生产C141飞机的1 500个零件，每条生产线的平均准备时间为60小时，而计算机制图软件可以节省超过10个小时的时间。随着20世纪70年代实体造型技术的不断完善，三维图样可以在NC中自动编程，CAD真正实现了从辅助绘图到助力生产。典型的CAD产品有CAD鼻祖Sketchpad（见图7–32）、全球CAD霸主Autodesk旗下的AutoCAD。

图7-31　传统工程图绘图方式

资料来源：Pinterest。

图7-32　TX 2平台上Sketchpad绘图

资料来源：Sketchpad: A Man-machine Graphical Communication system。

智能化时代的核心能力主要包括建模和仿真，通过软件重新定义生产流程。随着计算技术的不断发展，算力及其应用方式实现创新突破，仿真和建模技术开始进入工业生产领域，以数字化的仿真改造流程指导生产过程。这一时期的典型代表，如 20 世纪 70 年代前后出现的 CAE 产品，通过对工程和产品进行建模分析，从而在生产之前测试产品的可用性和可靠性，减少实物样机实验带来的资源浪费；又如 20 世纪 80 年代出现的 MES 产品，以计算机建模复刻工业生产流程，从而实现对工厂生产过程的控制和管理。

以 CAE 软件为例，在 CAE 出现之前，传统生产过程需要经过“产品设计—样件制造加工—实验测试—成品试产—量产—销售”的过程，而 CAE 软件的出现，通过计算机仿真分析，解放实验过程，以虚拟样机替代物理样机，将工程周期缩短为“产品设计—CAE 分析—成品试产—量产—销售”，节省了大量费用开支。以飞机制造过程为例，需要从结构力学、流体力学、电磁学等层面，对飞机进行鸟撞分析、多体动力学分析、机翼静力分析等，而 CAE 的出现则为这类分析提供了虚拟化实现方式，避免了实验建造真实飞机带来的资源浪费（见图 7–33）。典型的 CAE 产品如达索 SIMULIA、ANSYS Fluent、Altair HyperWorks 等。

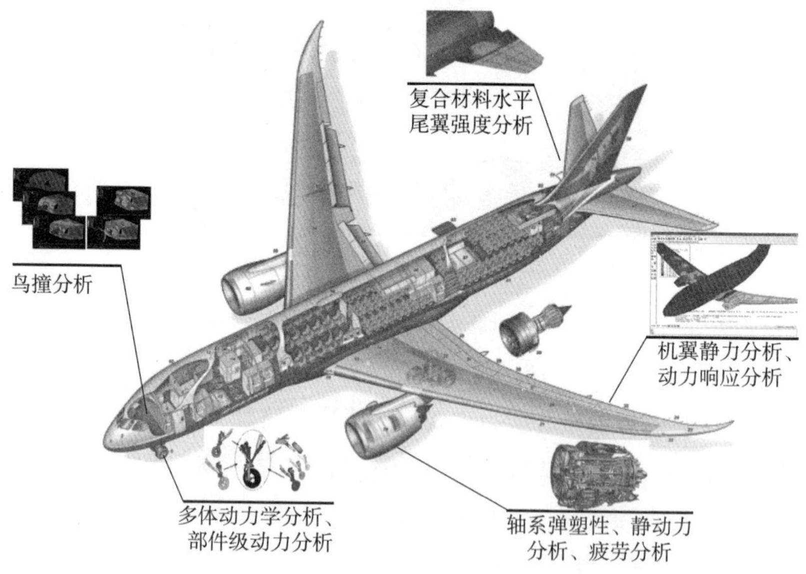

图7–33 CAE仿真分析改造生产流程

资料来源：CSDN，华泰研究。

以沉浸式交互、大算力、人工智能为代表的元宇宙技术，为工业领域带来了生产力升级。复盘数字化时代、智能化时代的工业生产变革，我们发现在新技术驱动下，工业软件与工业流程往往共同演进、相伴相生。而随着元宇宙在工业领域的渗透，以沉浸式交互、大算力整合为代表的元宇宙技术开始为工业生产领域带来新的变化。如 AR/VR 技术的出现，使工程专家能够远程指导生产过程；大算力的整合使仿真效率提升，元宇宙 AI 路测成为训练自动驾驶系统的新选择（见图 7-34）。

	数字化：图形化、自动化		智能化：建模能力、仿真能力		元宇宙：大算力、AI、沉浸式交互	
软件代表	CAD	PLC	CAE	MES	大算力	XR
典型产品	欧特克 AutoCAD	西门子 S7200	达索系统 SIMULIA	罗克韦尔 FactoryTalk Production Centre	英伟达 Omniverse	微软 Dynamics 365、HoloLens
变革方式	计算机替代人力		改造生产流程		生产力升级	

图7-34　从数字化、智能化再到元宇宙，工业软件与工业流程共同演进

资料来源：华泰研究。

（三）元宇宙时代：数字孪生技术成为颠覆传统工业流程的变革之本

1. AR/VR 技术加持，打破生产协作的时空限制

工业生产领域的办公协作在虚拟现实技术的加持下突破了物理空间的限制。随着元宇宙概念催生大量 VR/AR 技术落地，用户可以通过穿戴 VR 头盔等设备进入虚拟现实场景，实现沉浸式体验。当这一技术应用于工业场景时，现代工业生产过程有望打破时空限制，实现虚拟环节下的生产协作。

微软与 Saint-Gobain 公司共同打造远程培训解决方案。法国 Saint-Gobain 玻璃集团是可持续、高性能建筑材料的全球领导者，

其专业的玻璃产品依赖于一流的生产设备维护和深入的培训。借助微软的 Dynamics 365 远程辅助、HoloLens 等一系列软硬件技术，Saint-Gobain 集团实现了工程师远程查看、指导生产过程，对技术人员进行远程培训。2020 年 1 月，Saint-Gobain 公司的 IT 团队开始首次 POC（概念验证），并在旗下 5 家工厂实现成功部署。针对远程协作的痛点问题，混合现实解决方案有效节省成本。制造玻璃的专用设备需要专业技术人员进行维护，但具备专业知识的专家难以在任意地点随时开展指导，往往需要进行长途旅行，在耗费精力的同时还会产生高达数千欧元的国际旅行费用。此外，培训新员工涉及专业技能的转移问题，课堂培训和纸质手册难以帮助新员工了解工厂实际操作环境。针对这些痛点问题，Saint-Gobain 公司通过采购 Microsoft HoloLens（微软全息眼镜）和 Dynamics 365 远程辅助，得以在旗下 5 家工厂使用 HoloLens 来监控和改进由专门的维护技术人员定期检查的程序，进而培训操作人员，使每周为每条生产线节省大约一个小时，并节约了大量的专家旅行费用（见图 7–35）。

图7–35 Saint-Gobain+微软协同办公解决方案

资料来源：微软官网，华泰研究。

PTC与微软联手为豪顿打造沉浸式运维策略。豪顿集团成立于1854年，是一家专业生产大型工业风机、鼓风机、工艺气体压缩机和回转式热交换器的跨国企业。豪顿集团生产的设备往往用于下游客户的关键工业环节，任何故障停机都会对正常的生产过程造成重大的不利影响，但又难以实现对鼓风机等设备的实时运维监控。在PTC和微软的帮助下，豪顿开展数字化转型，借助PTC Vuforia Studio、微软全息眼镜等技术以混合现实的方式为客户设计更优的运维策略，大大减少意外停机带来的成本（见图7-36）。

图7-36 PTC+微软混合现实技术提供直观设备运维视图

资料来源：PTC官网。

混合现实技术提供直观设备运维视图，减少故障停机。借助Vuforia Studio，使用者可以利用其丰富的现有3D模型，整合IoT数据，提供高效的增强现实体验。在Vuforia Studio中创建的混合现实体验为豪顿的客户提供了增强的设备视图，包括可视化机器内部运行情况。豪顿提取Azure IoT云上运行的ThingWorx数据并将其叠加在物理产品上，使得设备操作员能够查看设备的运行状况和性能，从而改进日常操作。在这一过程中，混合现实带来的预见性维护警报、快速零件识别和容易理解的维修序列，提供了解决问题和让设备尽可能高效地运行所需的所有信息，从而可以防止故障出现和停机。

2. 整合大算力，突破仿真设计瓶颈

模拟仿真过程涉及大量的计算过程，存在算力瓶颈。传统的仿真设计过程往往需要使用 CAE 软件实现对现实世界的建模还原，并进行多物理场耦合，仿真过程极其复杂。仿真过程中涉及的物理场包括动力学场、化学场、静电场和磁场等，涉及的学科包括理论力学、结构力学、声学、热力学等。因此，仿真模拟需要计算机提供大算力支持，以确定更佳的设计参数，实现更好的仿真效果。从理论上来说，更大的算力支持往往意味着更加精确和真实的仿真结果。然而由于受制于个体算力瓶颈，企业较难以本地部署的方式进行 CAE 仿真设计，从而阻碍了仿真设计过程的顺利推进。

元宇宙以平台化方式整合大量低成本算力资源。以元宇宙领先企业英伟达为例，从 2018 年 Parker 问世至今的三四年间，英伟达将芯片算力提高了几百倍。据英伟达官网，Orin 芯片采用了 7nm（纳米）的生产工艺，可实现每秒 200TOPS（处理器运算能力单位）运算性能，相比上一代 Xavier 系统级芯片运算性能提升了 7 倍，而在运算性能提升巨大的情况下，Orin 的功耗仅为 45 瓦。通过将大量芯片算力资源进行整合，英伟达以 Xavier、Orin 等平台模式，为自动驾驶提供算力平台和仿真训练。

基于 Omniverse 的英伟达 DRIVE Sim 自动驾驶仿真技术替代真实路测，加速自动驾驶汽车上市。自动驾驶汽车需要经过各种情况下的大规模开发和测试才能部署。然而，在现实世界中行驶所需里程会耗费大量的时间和资金，同时还会遇到罕见或危险的情

况，这些都让自动驾驶汽车在实际道路上测试变得更加困难。英伟达 DRIVE Sim 能够通过可扩展的、物理属性准确的多样化仿真平台应对这些挑战。在 DRIVE Sim 的加持下，自动驾驶开发者可以提高生产力、效率并扩大测试范围，在充分缩短真实世界驾驶时间的同时，加快产品上市。DRIVE Sim 可在本地工作站上运行，或跨节点扩展到多个 GPU。DRIVE Constellation 大算力支撑仿真计算需求。在基于物理效果的数字世界中，从自动驾驶传感器集生成数据需要巨大的计算负载。英伟达 Omniverse 从构建之初就支持多 GPU，可支持自动驾驶汽车的大规模多传感器模拟。为实现大算力计算，英伟达 DRIVE Constellation 采用的两个服务器中，一个是 GPU 服务器，负责运行 DRIVE Sim 并从模拟环境中生成合成传感器数据；另一个是车辆服务器，包含目标车辆计算机，后者可像在现实世界中运行一样接收指令、做出响应。DRIVE Constellation 旨在利用数据中心大规模运行，通过在目标硬件上测试自动驾驶软件的定位精度和时间精度，加速自动驾驶汽车的开发和验证（见图 7-37）。

图7-37　英伟达DRIVE Sim自动驾驶仿真技术替代真实路测

资料来源：英伟达官网，华泰研究。

英伟达与宝马共建数字孪生虚拟工厂。英伟达 Omniverse

通过构建完整的虚拟环境整合算力，提升仿真规划设计效率。Omniverse 对整座工厂模型中的所有元素进行模拟，并将来自不同制造商的几种设计和规划工具的数据汇总在一起，最终在协作环境中生成物理级逼真的实时仿真；虚拟工厂通过规划工具集成了规划数据和应用程序，从而实现了无兼容性限制的实时协作，宝马全球数千名工程师依托 Revit、Catia 等软件以及云平台，在同一个 3D 虚拟环境中进行协作，从而可以在早期规划阶段最大化评估变化和调整，宝马依托英伟达 Omniverse 构建工厂端到端数字孪生，实现了生产网络中的 31 家工厂所有的全真模拟，将规划流程的效率提高了 30%（见图 7–38）。

图7–38　英伟达与宝马共建数字孪生虚拟工厂

资料来源：英伟达官网。

莫德纳与 Metagenomi 联合开发新一代体内基因编辑疗法。2021 年 11 月 mRNA（信使核糖核酸）疫苗新星莫德纳宣布与基因编辑公司 Metagenomi 合作，利用 Metagenomi 的新型基因编辑工具、莫德纳的 mRNA 平台以及 LNP（脂质纳米颗粒）递送技术，为患有严重遗传疾病的患者开发治疗方法。Metagenomi 公司名中的 Meta 是 Metaverse 的缩写，而 genomi 即 genome（基因组学）。Metagenomi 的基因编辑与开发系统的基本策略，是从大量宏基因组数据开始的，使用基于人工智能的云计算，在元宇宙的仿真环境下，从大自然中发现天然核酸酶，再改造生成基因编辑疗法。

Metagenomi 通过整合算力使基于自然基因组的基因编辑系统创新成为可能。目前的基因编辑都是基于已知的人体基因组学，样本量有限，而自然界微生物还有大量未知的基因组学亟须发掘。Metagenomi 基于元宇宙与基因编辑的叠加，为新型基因编辑系统挖掘世界自然环境方面的专业知识提供了支撑。其基因编辑系统的创新过程，是从大量宏基因组数据开始，在元宇宙的仿真环境下，通过应用算法筛选来自世界各地微生物的数千个基因组，发现并改造天然核酸酶，从而生成基因编辑疗法。此过程中初始样本涉及约 310 万亿碱基对，超过人类基因组的 34 000 倍，详细基因组结构超过 8.7 万亿碱基对。样本量的提升带来算力需求的剧增，而 Metagenomi 通过元宇宙整合算力使这一过程如今成为可能。

3. 加速工业软件云化

工业软件云化是数字孪生的前置条件，工业元宇宙有望加速软件云化进程。从全球工业软件的发展趋势来看，云化是其中的重要方向之一。而工业数字孪生将传统软件环境转化为虚拟现实环境，天然适合进行云化，且本地化部署方式往往难以满足数字孪生所需的算力要求，因此更加需要进行软件云化以适应场景需求。随着 Autodesk、PTC、ANSYS 等工业软件巨头纷纷入局工业元宇宙，头部玩家带来的示范效应将进一步加快工业软件云化进展（见图 7–39）。

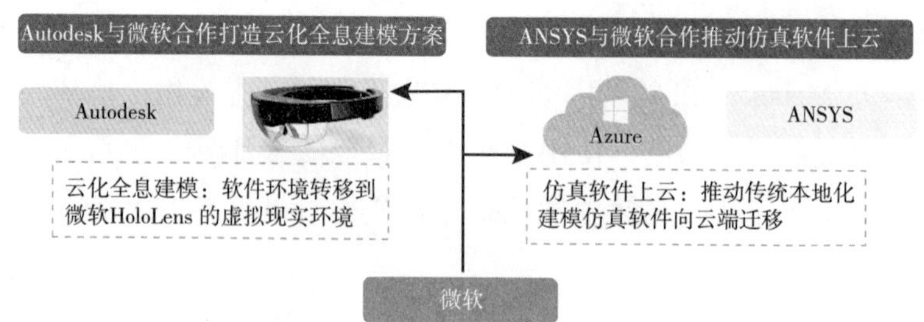

图7-39　工业软件云化是数字孪生前置条件，有望加速元宇宙建立

资料来源：工业互联网产业联盟，华泰研究。

第二节　元宇宙在游戏、社交和电商中的应用

一、游戏：最接近元宇宙的应用，在迭代发展中关注精品内容及平台

从街机到移动游戏，科技革新推动游戏形态随硬件平台迁移，游戏朝向大众化、移动化、精品化发展。1967 年，随着第一台电视游戏机“棕色盒子”的诞生，数字游戏正式进入大众视野。1972 年，世界第一款家用游戏机米罗华奥德赛诞生，标志着数字游戏发展进入了街机游戏和主机游戏的新时代。由于计算机硬件的发展，自 1997 年起主机游戏进入衰退期，在电脑上进行的端游开始逐渐兴起；到 2007 年，浏览器相关技术已相当成熟，网页游戏由此诞生；随着 3G 到 4G 的升级和智能手机等硬件的普及，手机游戏开发技术不断创新，使其渐渐接管了游戏市场（见图 7–40）。截至 2021 年，全球游戏市场规模达 1 758 亿美元，其中手游贡献 790 亿美元（见图 7–41），在全球 30 亿玩家中有 28 亿通过移动设备玩游戏。

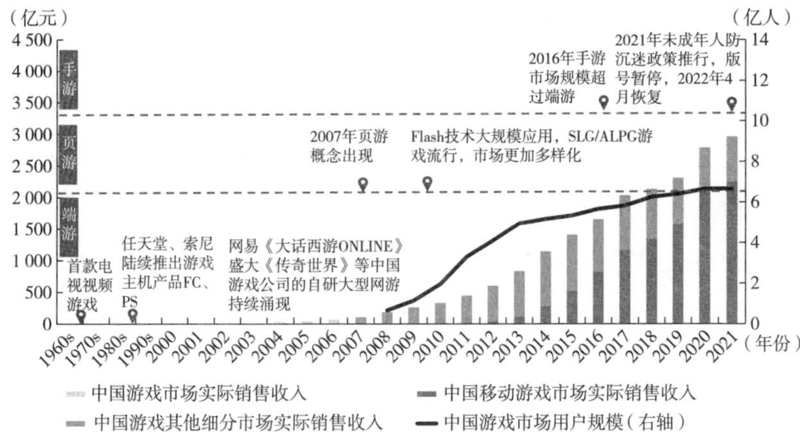

图7-40　游戏业态发展历程

资料来源：中国音数协游戏工委，华泰研究。

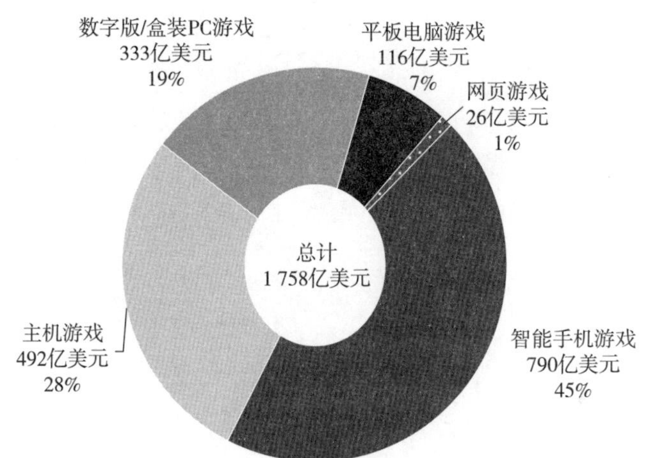

图7-41　2021年全球游戏细分市场收入规模

资料来源：Newzoo，华泰研究。

游戏有望成为承载元宇宙活动的基础平台。在显示技术、通信传输技术、交互技术等科技的驱动下，游戏的显示效果、交互体验、功能范围不断拓宽，影响范围也持续扩大。游戏产业围绕核心游戏已持续拓宽出竞赛、社区、IP 等更丰富的形式。在“游戏即平台”阶段，游戏发行商通过将游戏与非游戏相结合，在数字世界进行音乐会、时装秀、IP 联动和媒体联名等活动，为玩家带来全新的互动体验，同时触达不同受众，获得新的收入机会。同时玩家在游戏中对个人身份进行表达，通过社交活动或建立专属自己的游戏模式，将游戏看作平台，从而形成类似于元宇宙的体验（见图 7-42）。

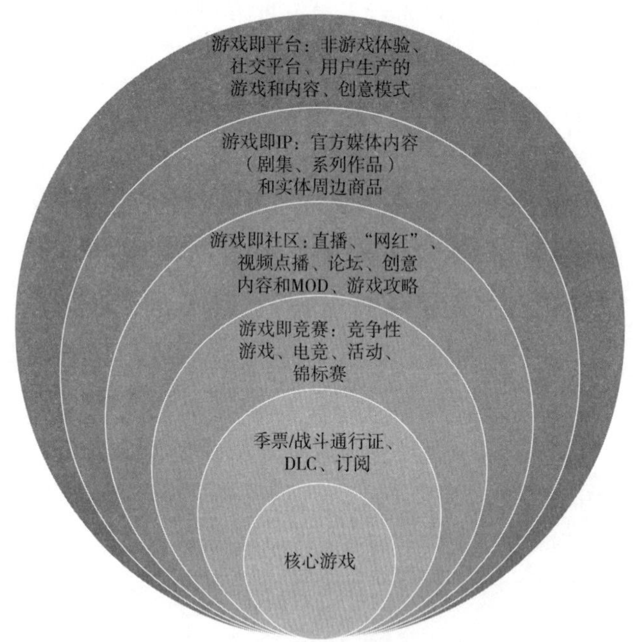

图7-42 游戏发展阶段

资料来源：Newzoo，伽马数据，华泰研究。

当前，游戏已具备元宇宙所拥有的虚拟身份、朋友、经济系统等特点，随着底层和 AR/VR 等设备技术的加速发展，游戏可能将是元宇宙的最早入口之一。游戏作为元宇宙的入口和载体，通常涉及其中的新社交方式、游戏世界与 IP 的融合、内容设计和技术的创新、NFT 的普及、游戏身份的定义等多个关键元素（见图 7–43）。

	现阶段游戏	元宇宙游戏
典型游戏设计	单人或多人竞技模式	常规游戏模式，叠加社交、创造和其他非游戏的参与方式
平均玩家	100~1 500	1 000+
受众	多人在线游戏；1~3个平台	无限多人在线游戏模式和作为非玩家的观众；所有平台
内容	核心开发者和/或玩家驱动	社区和AI驱动
商业模式	实体游戏、游戏内购买/游戏内广告、订阅、许可	多样化的流媒体，包括数字活动、"边玩边赚"、NFT、play-to-social（边玩边社交）、play-to-collect（边玩边收集）
发售模式	游戏即服务	游戏即平台
硬件/平台	移动端+更强大的PC/主机；AR/VR设备	多平台、混合现实和云原生技术
推广模式	基于社交媒体的数字广告和付费效果的广告、"网红"	"网红"优先（真人和虚拟）、IP驱动、NFT、原生广告和游戏内联动

图7–43　元宇宙游戏展望

资料来源：Newzoo，伽马数据，华泰研究。

从游戏设计方面看，除了标准的单人模式或多人模式外，在元宇宙游戏中，社交属性的突出将会创造游戏之外的共享体验；在内容侧，元宇宙游戏将通过社区创作的内容进行有效拓展，游戏社区可以借助低代码工具或在 AI 的辅助下实现 UGC；游戏变现的途径将不再局限于玩家付费和广告植入，元宇宙游戏作为虚拟世界和数字世界的载体，可以进行包括虚拟活动、NFT 在内的多种商业模式。

（一）元宇宙技术拓宽游戏用户群体

元宇宙相关技术的发展将助力平台化游戏进一步拓宽用户群体并扩大市场容量，游戏的概念将不断泛化。目前游戏行业已形成相对固定的受众群体，中国游戏用户增速从 2010 年的 70.4% 下降至 2020 年的 3.9%，传统广告和线下娱乐方式难以触达，但在移动游戏飞速发展的时代，各游戏通过持续更新和完善游戏世界，受众群体对新内容的接受度变高。元宇宙“游戏即平台”的发展方式，使非游戏行业及难以植入游戏的广告进入游戏世界，顺利触达游戏受众群体，在游戏玩家的高接受能力中，实现新的增长和商业化渠道。例如爱莉安娜·格兰德（Ariana Grande）在《堡垒之夜》虚拟音乐会上演唱的歌曲《会好的》（*Be Alright*）在音乐平台播放量增长 123%（见图 7–44）；设计装修模拟游戏《房屋设计》（*Design Home*）的玩家在游戏中通过虚拟模型购买实体商品。

图7–44　线下演唱会和《堡垒之夜》虚拟演唱会

资料来源：《堡垒之夜》，华泰研究。

部分游戏已具备元宇宙雏形，UGC 平台为元宇宙游戏奠定了强社交基础，沉浸式开放世界为游戏玩家带来了新体验。元宇宙是开放的、可编辑的世界，随着元宇宙相关技术的发展，与元宇宙相贴合的游戏产品创新种类将得到大量的丰富。《罗布乐思》作为兼容数字世界、休闲游戏及自建内容的在线游戏创作社区，用户通过其低代码开发平台的特性，利用游戏机创作个性化内容，在增强游戏归属感的同时，通过游戏的强社交属性实现用户的留存增长。依托于引擎技术的发展，与元宇宙高度相关的开放世界游戏的大地图借助于游戏引擎的烘焙、渲染等技术，配合 VR/AR 技术将为玩家呈现更自由、开放和真实的世界（见图 7–45）。

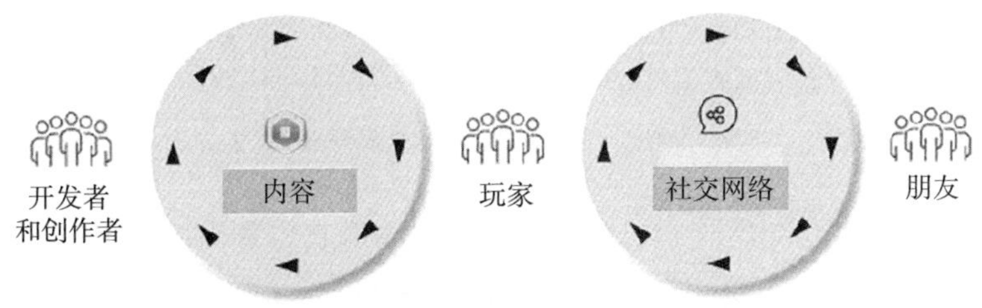

图7–45　在线游戏创作社区《罗布乐思》

资料来源：Roblox，华泰研究。

（二）虚拟身份和数字资产助力游戏提高用户黏性

我们认为虚拟身份和数字资产的创建使得玩家通过数字资产与游戏深度黏合，助力游戏在用户留存上实现突破。根据亚马逊工作室前战略主管马修·鲍尔，身份作为元宇宙的八大特征之一，可视为目前游戏中在线身份的进化版，通过虚拟形象等更具有创造力和真实感的方式代表玩家。在元宇宙游戏世界，游戏内的身份和自定义选项的重要性日益凸显，玩家将拥有永久性的数字身份和个性化的虚拟形象，通过虚拟身份在游戏中参加社会活动获得与之相匹配的数字资产或自定义资产，如虚拟土地、房屋、艺术品和宠物等，实现类似于真实世界的沉浸式体验。此外，虚拟身份的自我表达不只是个性化形象的不断拓展，随着新兴概念 SSI（自我主权身份）的兴起，人们将在数字世界中以与在现实世界中相同的自由和信任能力进行交互（见图 7-46）。

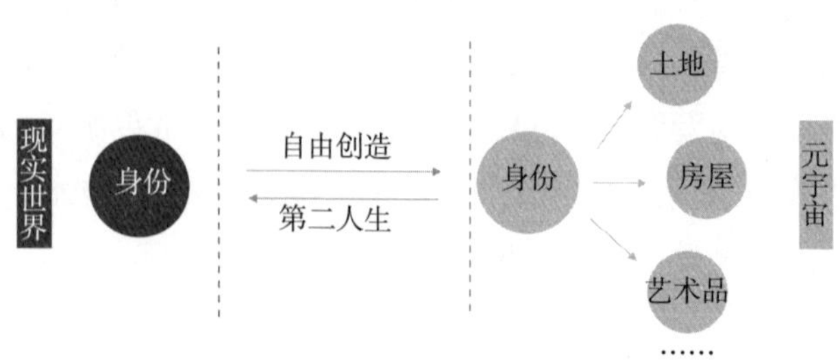

图7-46　现实世界与元宇宙身份的交互

例如，在 Roblox 中能够通过数字货币 Robux 进行数字世界中的劳动兑付及交易流通，并与现实世界中的真实货币进行固定汇率兑换。除标准化数字货币外，NFT 技术进一步支持元宇宙游戏商机的开发，玩家可在游戏外出售、交易非同质化代币或持久性数字物品，从而实现玩赚模式和收集模式的虚拟现实价值交换。

以越南游戏公司 Sky Mavis 研发的卡牌对战类游戏《阿蟹》（*Axie Infinity*）为例，玩家可在游戏内操控角色 Axie（数字宠物）进行 PvP/PvE 战斗与繁殖，对繁殖后的宠物进行交易以获得收入。与其他同类型游戏进行对比，其最大的特点有两个：其一，游戏内宠物角色 Axie、土地资产等均为 NFT 形式产品，是在区块链上具有唯一性的数字资产，且可以用虚拟货币进行交换；其二，基于 NFT 形式的游戏资产和以太坊区块链，游戏内构造了完备的闭环经济系统，即“在游戏内对战获得 SLP 币——使用 SLP 币养育并升级 Axie——出售 SLP 币、Axie 或其他来换取收入”的玩赚模式。根据 Token Terminal 数据，该游戏在 2021 年 7 月进入爆发期，8 月日收入创新高，日收入最高达到 1 755 万美元。

（三）价值链：云游戏有望改变以发行商和渠道商为核心的价值分配模式

云计算及相关技术的出现让游戏娱乐场景的更广泛覆盖成为可能。云游戏是基于云端技术与 5G 技术的发展形成的一种不同的游戏运行模式，游戏产品在云端服务器运行，并将渲染完毕后的游戏画面压缩，然后通过网络传送给用户，用户所使用的设备终端只需具有基本的视频解码能力和网络连接功能即可体验云游戏，云游戏和用户数据存储在服务器上，可以实现多端存档和数据共享，本地终端无须下载、安装游戏和存储用户数据，云游戏脱离终端限制，可以跨终端，实现在云端服务器运行游戏（见图 7–47）。

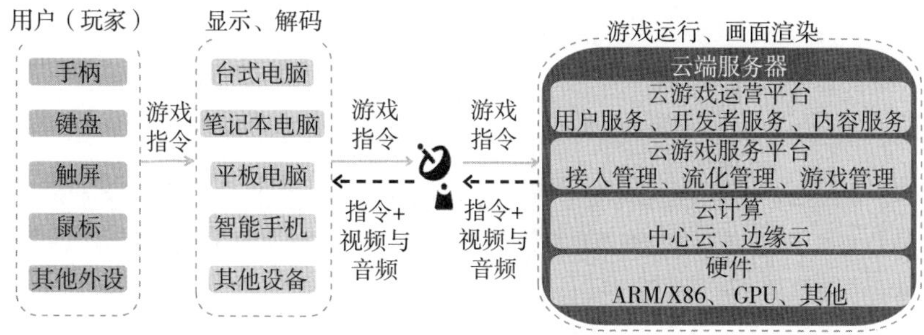

图7–47　云游戏运行示意

资料来源：头豹，中国信通院，华泰研究。

未来，在 5G、云计算等元宇宙核心技术的支持下，"游戏即平台"服务提供方式可能会进一步削弱发行商和渠道商的话语权，精品内容以及独特服务的价值将进一步凸显。在传统游戏行业模式中，广义的产业链环节主要包括研发、发行和分销渠道三方。行业收入主要来源于用户付费及广告植入，并由硬件应用商、研发商、发行商、渠道商及 IP 持有人进行收入分享。元宇宙时代，随着硬件平台的更迭，传统渠道商的话语权可能被削弱，全球科技巨头及互联网大厂正全面布局下一代软硬件平台生态，拥有更繁荣生态的元宇宙入口或将承接更多的流量迁移红利，产业地位及价值有望继续提升。同时，在去中心化及更强的通信传输技术的支持下，优质的内容及服务提供商也有望获得更强的话语权（见图 7–48）。

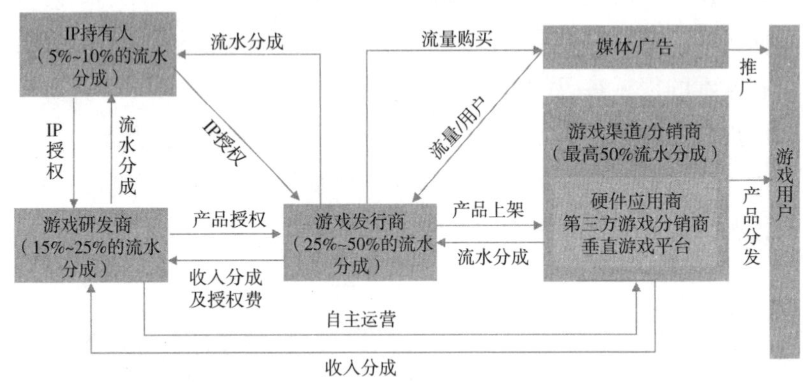

图7–48　传统游戏行业产业链

注：行业内游戏研发商收取费用通常如下。第一，不扣除若干成本及开支的流水的约定百分比（在游戏研发商持有 IP 的情况下通常为 20%~35%）；或扣除若干成本及开支后的流水的约定百分比（在游戏研发商持有 IP 的情况下通常为 30%~75%），这些成本及开支主要包括支付及分销渠道的佣金以及营销及推广开支（通常共占流水的 30%~55%）。第二，在若干情况下，额外的一次性授权费。

资料来源：弗若斯特沙利文，36 氪，华泰研究。

当下在中国云游戏产业链中，游戏研发商、云游戏服务器提供商、云游戏分发运营平台为其主要部分，游戏研发商作为云游戏的内容提供方；云游戏服务器提供商提供云游戏所需的云端渲染环境，利用云技术为云游戏平台提供一个稳定高速的云运行、云渲染环境；云游戏平台对游戏入口进行整合并将游戏进行分发，同时为用户提供用户入口和用户导入服务。在云游戏时代，云游戏即点即玩的特点使所有流量平台都有可能成为云游戏新的分发渠道，传统游戏平台将受到较大挑战（见图 7–49）。

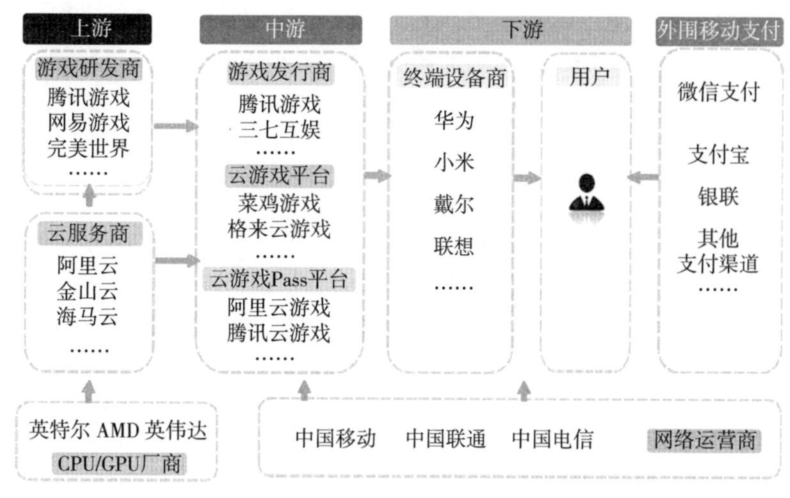

图7–49　中国云游戏产业链全景图

资料来源：中国信息通信研究院，5G 云游戏产业联盟，华泰研究。

网络运营商为云游戏提供底层技术支持，在产业链中的地位越发重要。时延是影响云游戏体验的关键因素之一，根据亚马逊云计算服务，网络传输形成的时延在总时延中的占比超过 70%，是当前云游戏时延的最主要部分。5G 技术的落实将实现网络带宽和网络传输能力质的飞跃，多接入边缘计算技术和网络切片技术将为云游戏提供即时性和提升大规模用户同时运行游戏时的体验。为使云游戏玩家能够通过 5G 技术进行流畅的游戏体验，2022 年 1 月电信运营商 AT&T（美国电话电报公司）作为 GeForce NOW 云游戏的 5G 技术创新合作伙伴，与英伟达签订独家协议，符合条件的用户均可获得 6 个月的 GeForce NOW 会员，在热门 PC 游戏商店体验近百款免费游戏，同时借助英伟达 RTX 和 AI 技术，通过逼真的图像为用户提供更好的沉浸式体验（见表 7–2）。

表 7–2　云游戏时延构成

输入时延占比	操作网络传输时延占比	云端游戏处理渲染时延占比	视频网络传输时延占比	解码时延占比
<6%	约 36%	<18%	36%	<6%

资料来源：2020 年全球云游戏产业大会，亚马逊云计算服务，华泰研究。

低分成或无分成分销渠道快速涌现，游戏研发发行一体化趋势日益突显。中国传统移动游戏市场分销商分为品牌手机硬件应用商和第三方应用商店，渠道分销商预计获得流水分成最高可达 50%。近年来，TapTap、哔哩哔哩等垂直分销渠道和游戏开发或发行商开始迅速占据渠道商份额，传统分销商被进一步削弱。根据弗若斯特沙利文公司，预计到 2025 年，自营分销渠道下载量占比将达到 39.9%。此外，越来越多的移动游戏开发商选择发行自主开发的游戏，2020 年中国自主发行的移动游戏流水占比超过第三方发行，达到 63.9%，预计到 2025 年实现 76.6% 的占比。未来，在元宇宙世界去中心化和硬件平台更迭的趋势下，游戏开发与发行将日益一体化。

（四）云游戏催生 VR/AR 技术落地

元宇宙概念催生大量 VR/AR 技术落地，用户可以通过穿戴 VR 头盔、AR 眼镜等设备进入虚拟现实场景中，实现沉浸式体验。根据 VR 陀螺，2021 年 AR/VR 头显总出货量预计达到 1 167 万台，较 2020 年增长 64.4%。同时，随着硬件的不断普及与玩家规模的提升，相关游戏内容同样在持续丰富，部分优质 VR 游戏上线后表现亮眼。例如《半衰期：爱莉克斯》（见图 7–50），该游戏是由 Valve 研制的 VR 独占重度 RPG，综合虚拟现实、FPS、解谜等多种游戏元素，高画面品质与强物理交互打造深度沉浸感，游戏上线仅一天即获得

10 654 份好评，好评率超过 95%。未来随着 VR/AR 等设备的进一步普及以及元宇宙进程的推进，优质游戏内容的价值有望进一步提升。

图7-50 《半衰期：爱莉克斯》

资料来源：Steam。

（五）元宇宙游戏世界金融监管和内容审核极具挑战

数字世界金融体系和监管问题有待完善。目前游戏中大部分的数字虚拟货币，更像是网络游戏中的游戏币，缺少国家信用的背书，且元宇宙经济系统天然存在交易快捷、匿名化和国际化特点，容易造成交易双方信用风险和隐蔽操纵风险。根据清华大学的《2020—2021 年元宇宙发展研究报告》，面对元宇宙全球化，如果元宇宙游戏世界无法实现金融体系及监管的完善，可能会导致现实世界和数字世界面临金融秩序的混乱，例如当元宇宙世界的虚拟货币相对于现实货币出现巨幅价值波动时，经济风险可能会从数字世界传导至现实世界。

元宇宙游戏世界内容和身份的审核极具挑战。目前元宇宙大规模的开发和操作技术还未成熟，但元宇宙作为发展的必经之路，未来其所涉及的相关法律法规和安全技术也必将出台或重塑，以适应这种独特的虚拟数字环境。在元宇宙游戏世界中，随着 UGC 的增长，UGC 空间中需要加入强大且全面的内容审核机制以保障元宇宙游戏社区空间的安全。玩家在元宇宙世界拥有“深度伪造”的虚拟身份，用户可能会面临虚拟信息、骚扰和身份盗窃等数字世界道德问题，虚拟身份也将涉及隐私问题，元宇宙庞大的数据追踪能力，可能无法完全保障用户的隐私安全。此外，知识产权和版权问题也需要跟随元宇宙的发展全面更新。“游戏即平台”和以 UGC 为核心的元宇宙游戏世界，由于涉及各个领域的大量 IP 的使用，将会使知识产权和版权保护更加复杂。

二、社交：元宇宙助力社交兴趣化场景化，内容 UGC/AIGC 化发展

（一）互联网的普及和社交需求驱动社交媒体向年轻化和内容化发展

互联网的普及和发展驱动对社交媒体需求的迭代。人类社会对社交的需求演变经历了从最基本的物质需求和生存需求到精神层面需求和信息需求。随着生产力的提高和物质生活的富足，人类开始走向充满想象力的世界，构建了更多具体的场景，社交需求转移至精神层面，背靠互联网的社交媒体由此诞生，1971 年世界上的第一封电子邮件拉开了社交网络发展的序幕（见图 7–51）。

萌芽阶段：拉开社交网络序幕	发展阶段：互联网传播效应逐渐显现	爆发阶段：Web2.0时代开启	刚需阶段：	娱乐化阶段：
· 1971年，世界上第一份电子邮件信息诞生 · 1980年，新闻组（Usenet）诞生 · 1991年，万维网诞生	· 1994年，第一个电子博客诞生 · 美国在线实时交流工具AIM和中国腾讯QQ先后上线	· 熟人社交转向弱关系社交 · 脸书、优兔、推特、瓦次普等社交软件上线	· 2010年后，Instagram、微信、KakaoTalk等社交平台相继问世 · 快手转型成为短视频软件 · 2016年抖音上线	· 5G商用 · 疫情加速抖音、快手等内容社交软件爆发 · Soul等元宇宙概念社交纷纷上线

图7–51 社交媒体发展过程

资料来源：ITU（国际电信联盟），We Are Social，Hootsuite，36 氪，华泰研究。

在 Web1.0 时代，伴随着第一个个人博客的诞生，互联网传播效应逐渐显现，社交媒体进入发展阶段，包括美国 AIM、中国 OICQ（后更名为 QQ）在内的多个即时通信软件上线。随着自我意识的觉醒和互联网技术的发展，人们在精神层面的需求进一步提升，同时 Web2.0 时代低成本的沟通环境使得互联网越发强调互动，社交媒体进入爆发阶段，社交网络逐渐从熟人社交转向弱关系社交。随着移动网络时代的不断深化，人们产生了更多对信息获取的需求，社交进入信息需求时代，2010 年后微信、KakaoTalk（韩国版微信）等社交平台相继问世，社交网络落地速度加快。随后，4G 的普及和流量资费的下降，降低了内容生产门槛，放大了人们对内容分享的需求，为兴趣社交打开了窗口，2015 年移动直播行业迎来大高潮，随后快手、抖音等短视频软件开始爆发。

根据维奥思社公司联合互随发布的《2021 年 10 月全球数字报告》，截至 2021 年 10 月，在全球 78.9 亿人口中，手机用户达 52.9 亿，互联网用户达 48.8 亿，互联网普及率达 61.8%。在全球新冠肺炎疫情的背景下，社交媒体用户快速增长，2021 年 10 月达到 45.5 亿，同比增长 9.9%，预计 2022 年将突破世界总人口的 60%。

社交娱乐属性逐渐扩大，新冠肺炎疫情催化视频社交普及度提高。相较于传统社交媒体，视频类社交能够为用户传递更为丰富的信息，例如衣着、表情等观感刺激，从而增强用户的沉浸式社交体验，带来强互动性。近年来，随着大量社交媒体的不断崛起与迭代，用户在社交泛化中逐渐对社交内容消费产生需求，GWI（全球网络指数）在 2020 年的调查显示，社交互动不再是纯粹意义上的“社交”活动，娱乐性成为社交媒体的主要驱动力，随时随地进行社交互动的机会，促使社交媒体平台以娱乐为中心发展。

在新冠肺炎疫情的背景下，行动受限导致人们通过线下获取信息的方式大幅减少，社交网络作为可以随时收集社会信息、参与公共讨论的场所，同时满足了人们的信息需求、表达需求和娱乐需求，具有强交互性能的短视频软件得到快速普及。2021 年 9 月，TikTok 宣布月活跃用户数突破 10 亿，仅用 5 年时间成了全球第 7 个拥有 10 亿用户的社交媒体平台。

Z 世代强烈的社交表达需求促使社交平台向年轻化发展。根据 GWI 报告，截至 2021 年 10 月，年龄在 16~64 岁的全球互联网用户平均每天花费在社交平台上的时间约为 2.5 小时，其中 16~24 岁的用户平均每天在社交平台上花费的时间达到近 3 小时。Z 世代生长于移动网络快速发展阶段，现代教育观念对自我表达和自我意识更加包容开放，同时即时通信和社交网络的快速发展为 Z 世代自我表达提供了平台，因此 Z 世代群体拥有强烈的社交表达需求。根据应用软件 Annie，Z 世代中全球移动互联网覆盖率已达到 98%。艾媒咨询数据显示，截至 2021 年上半年，中国移动社交平台用户中 Z 世代占比达到 32.9%，移动社交呈现年轻化趋势，预计到 2024 年，“95 后”用户对移动社交市场规模的贡献率将达 62.2%。

Z 世代社交边界感和兴趣导向的特点驱动陌生人社交进一步发展。即时通信软件的普及使熟人社交快速渗透到全体移动互联网用户，社交媒体随着移动互联网的普及和发展不断升级，由最初的社交网站向移动社交 App 转化，满足用户从熟人日常交流需求向陌生同好的各种垂直类社交需求的延伸。随着 Z 世代逐渐成为互联网主流用户，互联网原住民与生俱来的孤独感，在网络社群对熟人社会的挤压与日常生活的重组下，形成了 Z 世代对人际低欲望和边界感的独特社交需求。另外，Z 世代的社交通常建立在兴趣之上，使得起源于婚恋社交的陌生人社交不再局限于异性交友，根据 Soul 的《Z 世代社交报告》调查显示，Z 世代用户使用社交 App 的首要目的是希望找到兴趣爱好相同的人，并且 89% 的用户希望通过社交 App 扩大自己的交友圈（见表 7–3）。

表7-3　移动社交App三大类型

社交 App 类型	熟人社交	内容社交	陌生人社交
社交方式	即时通信，与熟人维持日常生活、工作、学习等社会关系	通过发布短视频、图文等内容作品，以内容为载体实现用户之间的相互了解	具有较强目的性，以结交异性和新朋友、结识同好为主
用户画像	大部分互联网用户的刚需产品，无明显用户特征	以年轻用户为主导	以年轻用户为主导
代表产品	脸书、QQ、微信	优兔（YouTube）、抖音、微博	Tinder、探探、陌陌、Soul

资料来源：华泰研究。

（二）虚拟身份推动陌生人社交

互联网的发展往往是伴随着用户的核心需求而逐步推进的，随着互联网社交媒体的迅速普及和Z世代强烈的社交需求的发展，社交将成为元宇宙的突破口之一。根据清华大学的《2020—2021年元宇宙发展研究报告》，元宇宙将是数字世界与现实世界在经济系统、社交系统和身份系统上的密切融合，元宇宙世界中的社交媒体将会是一个在社交场景中与现实平行、实时在线的数字世界。2021年初，社交软件Soul在行业内首先提出社交元宇宙概念，社交元宇宙将具有虚拟化身、社交资产、沉浸感、经济体系和包容性五大特征，用户可以凭借自己的虚拟化身，体验多样的沉浸式社交场景，在接近真实的共同体验中建立社交连接（见图7-52）。

社交元宇宙 = 虚拟化身 + 社交资产 + 沉浸感 + 经济体系 + 包容性

图7-52　社交元宇宙五大特征

资料来源：36氪，Soul，华泰研究。

元宇宙中所有的体验将围绕用户的虚拟身份展开，线上“第二身份”的构建将社交元宇宙推向陌生人社交模式。在 Meta 创始人扎克伯格的构想中，在元宇宙中，每个人都可以使用自己喜爱的虚拟形象，用户的一切活动将通过虚拟身份在虚拟空间内完成。在元宇宙中的虚拟身份具备一致性、代入感强等特点，一般依靠定制化的虚拟形象，形象皮肤、形象独有的特点都将让用户产生独特的沉浸感和社交性。虚拟形象可以根据用户的喜好进行变换，甚至由此诞生了“捏脸师”这一新职业，捏脸师通过设计具有新性格的头像，形成独特的元宇宙资产在数字世界进行贩卖。此外，虚拟身份极大地满足了 Z 世代对陌生人社交的需求，减少了盲目看脸的线上社交模式，从而形成了基于个人兴趣和三观的无压力社交体验（见图 7–53）。

图7–53　Soul用户在平台上创造、选择头像和身份进入平台

资料来源：Soul，华泰研究。

（三）沉浸感推动场景化社交

根据清华大学的《2020—2021 年元宇宙发展研究报告》，场景化社交是元宇宙的价值来源之一。相较于目前普及率较高的即时通信，场景化社交更追求体验，用户将在虚拟平台上共享时空，进行即时互动。日本社交网站巨头 GREE 公司认为，社交元宇宙并不只是数字世界，让用户感受到社交性的机制更为重要，例如其旗下子公司 REALITY 为进军元宇宙，将首先通过打造 8 个不同的虚拟

空间，融入个人房间、宠物等元素，从而实现元宇宙与日常生活场景的结合。社交元宇宙不仅仅是一个网络社交空间，而且是在构建一个社交生态，不同的社交生态则将由不同的社交场景进行支撑。

元宇宙社交多样化的玩法将充分激活社交场景，提升陌生人社交的积极性。例如Soul将游戏化社交体验作为其核心特征之一，通过脸基尼、3D捏脸、多样化的群聊派对房间、Soul狼人等游戏玩法让用户更加容易建立关系（见图7-54）。

构建社交生态：GREE旗下REALITY

游戏化社交激活社交场景：Soul

图7-54 社交场景化、游戏化

资料来源：36氪，AltspaceVR，Soul App，华泰研究。

5G赋能社交玩法的多样性，AR/VR等设备技术的发展为元宇宙社交实现具身传播的场景建构提供支持。互动是社交中最重要的元素，元宇宙通过3D、AR/VR等技术基础，为用户提供了表达自己的另一种工具，将真实世界与数字世界结合，可以让每个人看到不一样的自己和朋友，突破文字和传统社交方式，打破屏幕制造的社交空间隔阂，将不同地方的人连接到同一空间中，实现在场的沟通。例如社交VR产品AltspaceVR，用户在定制属于自己的角色后，可以选择进入或创建不同的活动场景进行闲逛、语音聊天、拍照、发表情等活动。此外，除AltspaceVR等基于陌生人社交概念建立的 VR 软件以外，Meta 则从熟人社交入局社交元宇宙产品，推出 VR 会议软件 Horizon Workrooms，为团队提供跨 VR、网页端的虚拟空间，帮助用户实现联系和协同工作（见图 7–55）。

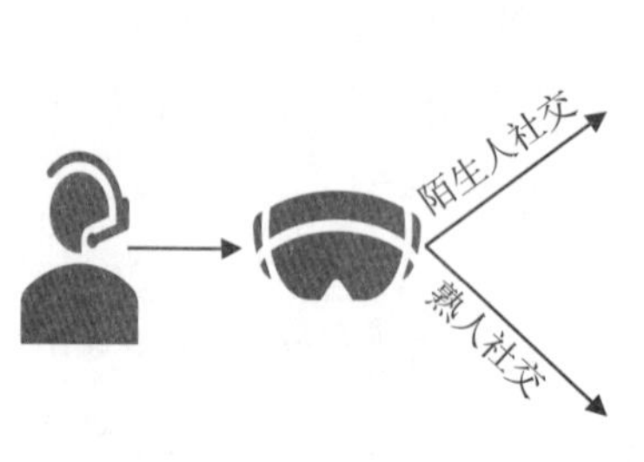

图7–55　AltspaceVR和Meta部分活动场景

资料来源：36 氪，AltspaceVR，Meta，华泰研究。

（四）虚拟身份和社交场景化加剧现实社会人际问题

社交元宇宙中对虚拟身份的强调，使陌生人社交成为未来元宇宙世界中社交模式的主要组成部分，而熟人社交碍于线上第二身份建构的缺失可能会在元宇宙市场中逐渐缩小份额。然而，相较于熟人社交，陌生人社交中隐藏着大量的不确定因素和安全隐患，例如隐私风险、用户骚扰、加剧现实社会社交恐惧、社交疏离等问题，而社交元宇宙中场景化带来的沉浸式体验可能进一步将问题放大，从而最终影响社会婚恋观、生育率、代际关系等人际问题。此外，社交场景荒芜是当前社交元宇宙面临的主要问题，然而想要建立与现实世界更为接近的虚拟环境将不可避免地牵扯场景应用上的版权问题，同时给算力和算法带来的压力将进一步增大。

社交元宇宙或将出现明显社交阶级分层和龙头企业垄断现象。根据清华大学的《2020—2021 年元宇宙发展研究报告》，时空具有稀缺性，随着元宇宙社交世界场景的不断丰富，不同的社交场景的门票将具有社交圈层的价值，从而造成元宇宙世界的阶级分化问题。此外，当前社交媒体行业马太效应严重，世界各国头部社交媒体公司均开始布局元宇宙社交产业链，例如字节跳动的 Pixsoul、百度希壤等。目前元宇宙概念还处于起步阶段，并未出现元宇宙社交龙头，但未来随着元宇宙技术的进一步发展，社交媒体垄断现象可能会再现（见图 7-56）。

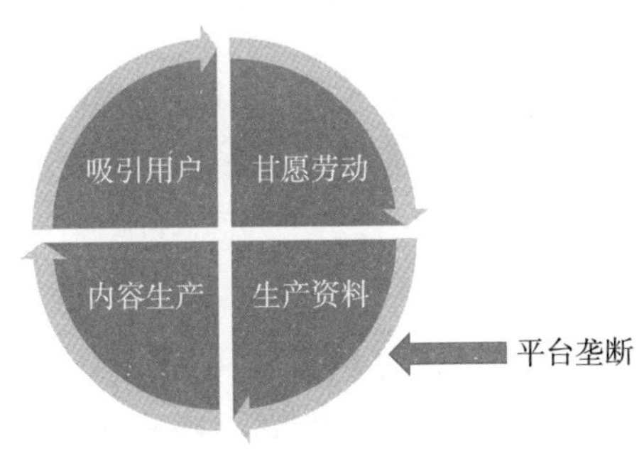

图7-56 元宇宙中的生产闭环

资料来源：清华大学新媒体研究中心，MetaMetrix，华泰研究。

（五）价值链：社交平台仍占主导地位，UGC/AIGC 放大内容生产方商业潜力

当前移动社交产业链主要以社交平台为核心，围绕用户情感联结和数据标签产生商业潜力。移动社交产业链主要由上游合作方、内容生产方、移动社交平台和用户四个环节组成，其中移动社交平台占据主导地位，价值的流动以移动社交平台获得收入为主。用户在选择平台时，主要取决于社会关系链，使用社交平台期间将产生大量行为和偏好标签数据，同时与社会关系链产生情感联结，形成社交关系的建立，对平台具有高度黏性。上游合作方涉及多个行业，

在与内容生产方和移动社交平台的合作模式上也有具体的细分差异，通过社交平台提供的数据标签针对不同用户实现精准投放。内容生产方包括PGC和UGC，生产方的影响力对内容的传播力度有较大加成作用，同时也会影响上游合作方的商业决策，通过提升内容的优质程度，可进一步增强用户的付费意愿（见图7–57）。

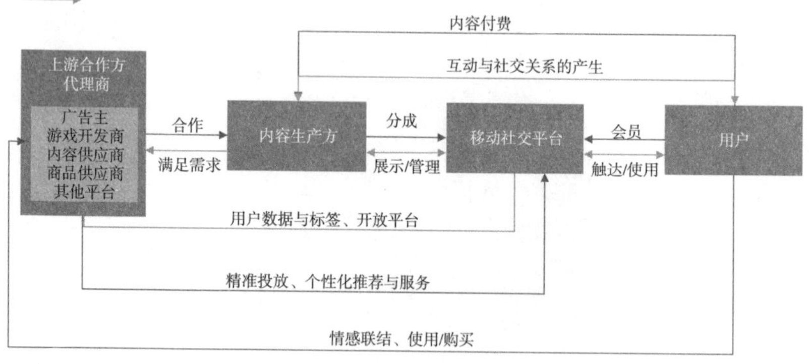

图7–57　移动社交产业价值链

资料来源：艾瑞咨询，华泰研究。

元宇宙助力社交平台商业变现加速。从长期来看，元宇宙的核心在于经济体系的形成，未来的元宇宙将不仅是用户获得更好的娱乐和体验的地方，同时也会成为创造价值、实现价值和分享价值的平台，而社交元宇宙作为其中一部分，也将催生不同的商业模式，从而进一步放大社交产业链的商业化价值。在社交元宇宙中，用户可以在社交空间中打造创作者经济模式，利用元宇宙强UGC属性，创造和扩大自己的虚拟空间，并通过创造和销售原创物品赚取收入。同时，元宇宙社交平台也将拥有自己的虚拟数字货币，从而形成专属的经济体系，例如Soul推出的Soul币，用户可以通过Soul币享受在数字世界装饰虚拟形象、增加用户之间匹配次数、赠送虚拟礼物等各种服务（见图 7-58）。

图7-58 Soul币充值界面

资料来源：Soul App，华泰研究。

社交元宇宙下平台或仍将保持主导地位。在移动社交软件中，用户通过文字聊天、视频、动态和互动游戏等方式进行相互了解。社交平台作为这些社交行为发生的社区，为用户提供社交场景，同时对社区中的用户进行运营和管理。随着社交平台的用户对社交需求维度的不断升级，用户的个人属性和特征等数据标签将越发复杂，数据的价值将进一步被放大，而用户在元宇宙世界无论是进行熟人社交还是陌生人社交的行为始终是基于平台提供的社交场景产生的，元宇宙社交平台作为用户数据的收集者和情感联结的维系者，将在产业链中始终占有主导地位（见图 7-59）。

UGC/AIGC 模式放大内容生产方的商业潜力，优质内容成为社交元宇宙的核心增值部分。社交产业产生价值的核心在于用户愿意花大量的时间在社交平台上得到情感等多方面的满足感，而好的内容将为社交提供充足的载体，成为用户留存的核心。元宇宙作为开放的可编辑世界，内容将由用户主导，且更加广泛不设限制，在降低内容门槛的同时为内容生产方和用户提供自由表达的空间。

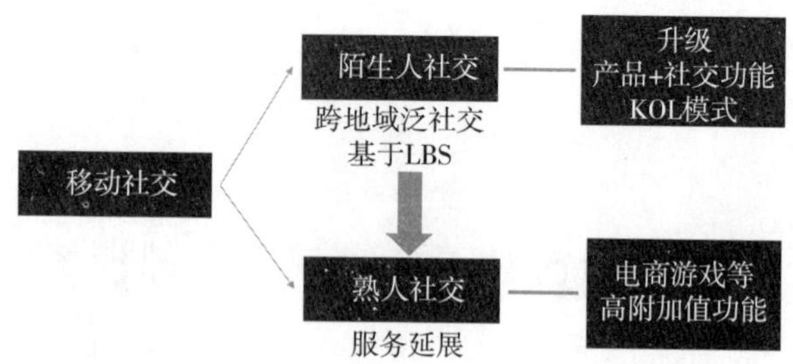

图7-59 移动社交软件中不同社交类型的商业模式

资料来源：艾媒咨询，华泰研究。

同时，随着AI技术的不断发展，AIGC未来将成为产业的主要生产力之一，其中核心技术目前包含图片生成、TTS（语音合成）、NLG（自然语言生成）、基于大模型和多模态融合的内容生成，以及渲染技术。AI将通过其丰富的知识图谱、自生成和涌现性的特征完善UGC模式下内容生产力可能不足的问题，提高内容生产效率，为内容生产提供多样性和更加动态且可交互的内容。此外，元宇宙世界低代码和自动化生成内容将会成为主要趋势之一，AIGC将为内容生成者节省大量的开发和内容生产成本。目前，AIGC正在不断渗透图像、视频、CG、虚拟人等多个领域，例如，中国中央电视台打造的“人工智能编辑部”就是通过AIGC重新定义新闻创作、加工、运营、推荐和审核。元宇宙社交行业产业链图谱见图7-60。

上游：合作方、代理商和内容生产方
中游：移动社交平台
下游：用户
基础设施

合作方 代理商 内容生产
内容社交 趣缘交友 直播社交 即时通信 声音社交 婚恋交友
AR/VR 通信 云计算

图7-60 元宇宙社交行业产业链图谱

资料来源：艾媒咨询，艾瑞咨询，华泰研究。

三、电商：元宇宙赋能“人—货—场”，迈向虚实交互的沉浸体验

（一）中国电商引领全球电商市场，从“货架电商”到“内容电商”

电商最早起源于英国发明家迈克尔·奥德里奇（Michael Aldrich）发明的电商交互系统，早期以 EDI（电子数据交换）为主要商业模式，进入 20 世纪 90 年代后，基于互联网的电子商务逐渐被开发，海外电商龙头企业亚马逊和易趣均于 1995 年成立，电商行业开始高速成长。21 世纪初，伴随着网络泡沫的出现，电子商务问题逐渐暴露，海外电商在经历了泡沫破裂期后稳步发展至今。

中国电商发展起步晚，但成长快速且竞争激烈，内容电商形式的出现打破了传统货架电商格局。中国最早的电子商务公司中国商品交易中心和中国化工网于 1997 年上线，是以垂直 B2B 电子商务为主的商业网站。随后在中国电商元年 1999 年，大量电商平台成立，货架电商进入“以货聚人”发展阶段。2003 年，电商巨头淘宝和京东相继成立，C2C（个人与个人之间的电子商务）成为主流模式，中国电商进入初期竞争阶段。2010 年，中国电商高速增长，电商市场逐渐由蓝海变为红海，进入稳定发展阶段，为寻求突破，传统货架电商开始通过“质”与“价”的优势吸引消费者。2018 年，随着社交电商拼多多的迅速崛起，短视频软件快手开始布局电商行业推出快手小店，中国电商出现新格局，内容电商时代由此开启，突破了中国长达 20 年的货架电商模式，电商行业过渡到“以人聚人”新模式（见图 7–61）。

电商平台消费者的思维决策易受快思维影响，内容电商崛起提高消费者决策效率。传统电商将商品货架从线下迁移至线上，依旧采用分类目录的方式陈列商品，货架模式并未发生本质上的改变。货架电商以超大规模化的商品供应为核心，通过渠道运营和商品营销触达有相关需求的消费者，消费者通过主动搜索比价的方式形成

"人找货"的主要消费模式。在货架电商阶段，大部分消费者的消费起点是理性的，由需求激发购买欲望；而在内容电商阶段，消费者的购买路径受到优惠信息、内容种草等因素的干扰，从而激发了"快思维"，即无意识且快速、思考较少、直觉决策的思维方式，进一步提高了消费者的决策效率。

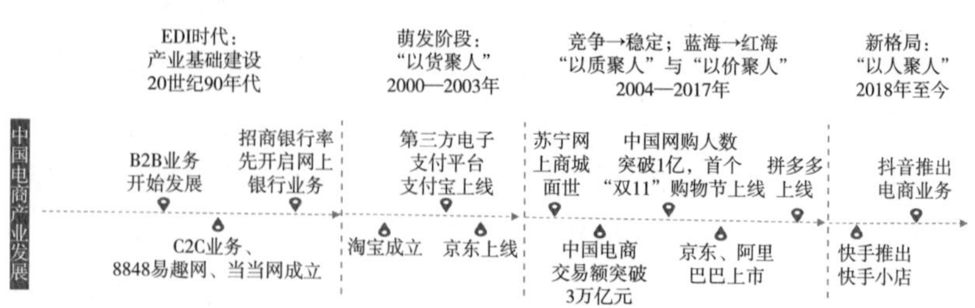

图7-61　中国电商行业发展

资料来源：EDIFACT，阿里巴巴，京东，苏宁，拼多多，快手，抖音，华泰研究。

内容电商挖掘用户的潜在需求，实现精准的人货匹配，提升用户购物体验。内容电商相较于货架电商，能够通过多种主观感受为用户提供更全面的商品信息，通过内容吸引消费者，满足用户潜在的购物需求。同时，基于内容电商平台的推荐技术，通过短视频、直播等形式将商品分发给消费者，实现"货找人"的发现式购物方式，从而提高人货匹配的精准度（见图 7–62）。

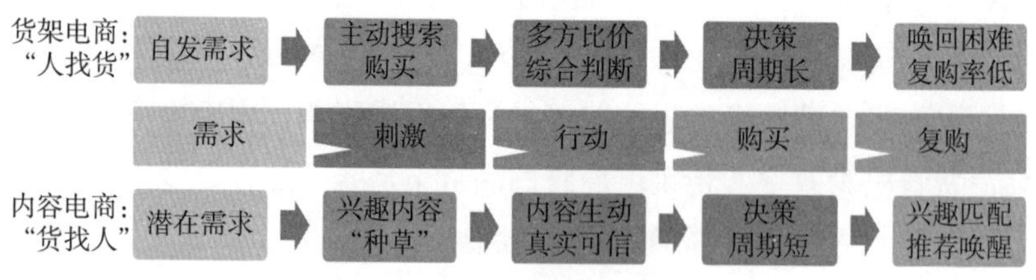

图7-62　货架电商和内容电商

资料来源：《2021 年抖音电商生态发展报告》，华泰研究。

（二）元宇宙重塑电商商业模式，实现虚实交融的沉浸式购物体验

通过数字世界和现实世界的“人—货—场”交融，实现电商行业元宇宙。电商作为互联网技术发展下衍生出的交易模式，随着元宇宙、Web3.0 概念的兴起，依附于互联网而存在的电商行业也将进入元宇宙发展阶段。从商业价值角度看，元宇宙意味着更大的用户规模、更长的在线使用时长和更高的投入，是基于现有模式，利用新技术、新理念创造出新的商业模式、新的客户和新的市场。根据电商龙头企业阿里巴巴对电商行业入局元宇宙的描述，电商可以从全息构建、全息仿真、虚实融合和虚实联动这四个层级对元宇宙进行布局，且每个层级都可以并行发展。这四个层级将主要围绕真实世界的地图、人和物在数字世界从构建展示到虚实相互影响的过程而展开，下沉至电商行业，即在数字世界中构建涵盖“人—货—场”的电商模型，并最终达到虚实联动目的的过程（见图 7–63）。

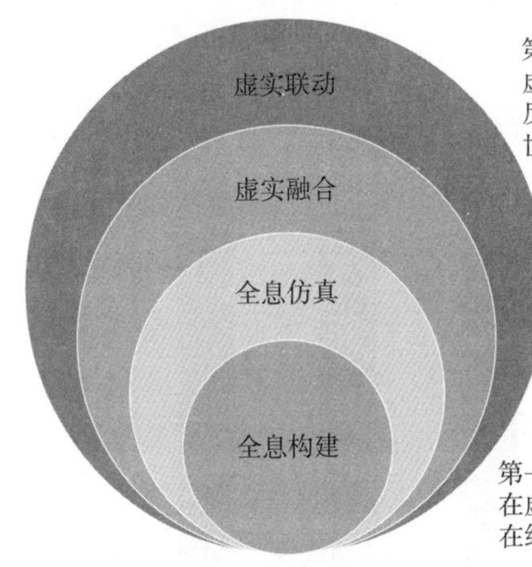

虚实联动
虚实融合
全息仿真
全息构建
第四层级：虚实联动
虚拟世界的行为可以在现实世界产生反馈，通过改变虚拟世界来改变真实世界
第三层级：虚实融合
虚拟世界的信息叠加到现实世界显示，技术本质是构建整个世界的高精度三维地图，并在这一地图上准确地实现定位、虚拟信息叠加等
第二层级：全息仿真
虚拟世界的人和物模拟现实世界的动态，让虚拟世界无限逼近真实世界
第一层级：全息构建
在虚拟世界构建地图、人和物的模型，并在终端硬件进行显示

图7–63　电商实现元宇宙的四个层级

资料来源：阿里巴巴，华泰研究。

（三）人：Z 世代成为消费主力军，虚拟人实现电商私域闭环

在传统零售行业中，“人”一般代指销售人员，而在电商时代，互联网的应用主体是 App 的用户，销售的概念被削弱，而随着直播电商、内容电商和社交电商的兴起，“人”的范围再次从用户扩展至带货主播、内容种草发布者等。

互联网代际更替，Z 世代或将成为元宇宙电商的消费主力军。从用户层面看，元宇宙时代的电商消费者将以 Z 世代为主，Z 世代被称为互联网原住民，成长于近十年移动互联网快速崛起的时代，较其他年龄阶层对元宇宙概念具有天然的接受能力。根据 QuestMobile 数据显示，截至 2020 年 11 月，中国 Z 世代在互联网上的活跃用户规模达到 3.25 亿，占全体移动网民的 28.1%；从全球来看，Z 世代人口达到 224.7 亿，占全球的 32.1%，是全球人口最多的代际，且当前 Z 世代已经开始大规模地成年，具备持续增长的消费能力，也将成为未来元宇宙电商最主要的增长动力（见图 7–64 与图 7–65）。

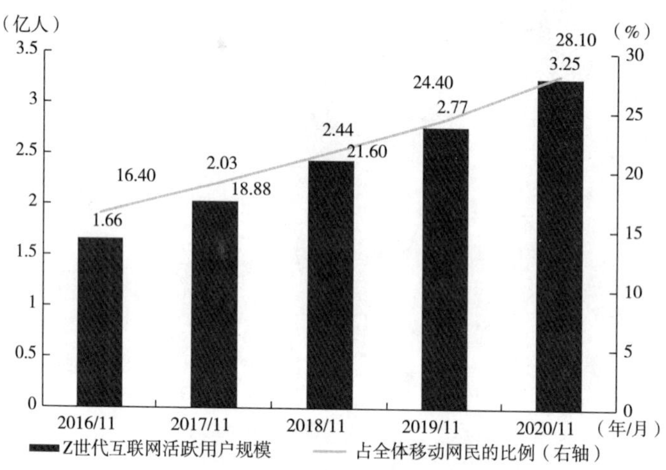

图7-64　中国Z世代移动互联网活跃用户规模

资料来源：QuestMobile，华泰研究。

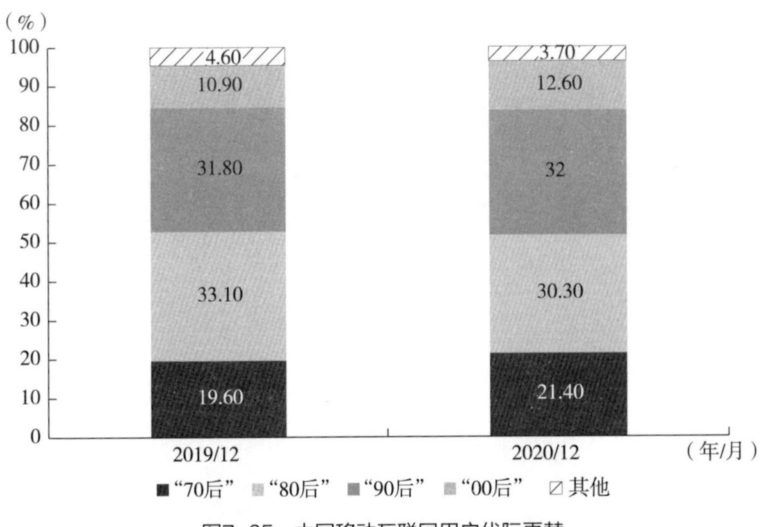

图7-65　中国移动互联网用户代际更替

资料来源：QuestMobile，华泰研究。

通过虚拟人技术实现元宇宙电商私域闭环。虚拟身份是元宇宙世界的八大特征之一，虚拟人作为通过多种技术结合，以身份或功能拟人的虚拟形象，伴随着AI、CG、动作捕捉等基础技术的发展，将成为元宇宙形态构成的关键环节之一被大量引入各行业。元宇宙对于电商最重要的作用之一就是能够以低成本创造虚拟IP，通过打造长期可控的IP虚拟人物，从而实现内容、产品和渠道的私域闭环。目前，虚拟人技术在电商行业主要被应用于直播带货和品牌代言。

相较于真人，虚拟人可以同时兼顾社交、娱乐、服务三重角色（见图7-66）。在社交方面，虚拟人可以通过24小时不间断直播，与用户产生高频率的交互，从而强化情感联结。例如新冠肺炎疫情期间，日本宜家与虚拟达人Imma达成合作，在优兔频道24小时直播展示Imma进入样板间的效果。在娱乐方面，虚拟人具有更多重的玩法，能为品牌和直播吸引更多的流量，以虚拟美妆博主柳夜熙为例，柳夜熙通过在抖音、B 站上发布剧情故事视频，在小红书发布静态妆容图片吸引了超 800 万的抖音粉丝和 60 万的小红书粉丝，同时引发各平台用户对其妆容的模仿。在服务方面，虚拟人可以通过 AI 等技术优势实现功能的附加，降低重复性工作的人力浪费，从而达到提质增效，同时虚拟人资产是可累积的，形象和内容可以反复使用和延展，为品牌的长期运营提供重要支点，例如 SK-Ⅱ 的虚拟代言人 Yumi 能够为用户提供美容建议和护肤专业知识。

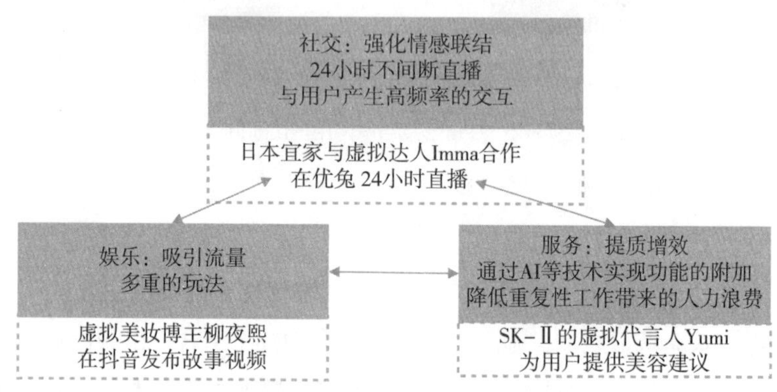

图7-66　虚拟人助力实现同时兼顾社交、娱乐、服务

资料来源：优兔，日本宜家，小红书，柳夜熙，36 氪，华泰研究。

（四）货：商品从实体拓展至虚拟

“货”是电商行业驱动增长的主要动力之一，传统电商一般通过商品的品质、齐全的品类，以及价格和物流的优势吸引消费者，而在元宇宙世界中，电商平台的“货”不再只是实体商品，也将拓展至虚拟商品，例如数字藏品。随着 NFT 概念的兴起，NFT 作为数字资产在区块链上的标识，具有唯一性，是不可被篡改和复制的，符合消费者对于收藏品独一无二的特征需求，从而被赋予数字藏品的属性。2021 年“双 11”期间，天猫推出数字藏品频道，通过虚拟人 AYAYI 展现实体商品的数字化再设计（见图 7–67），活动期间吸引了超过 2 万人参与外星人限量数字藏品抽签；宝洁、自然堂两个品牌的限量数字藏品抽签用户均超过 3 万人；在支付宝发放的 1 111 份天猫“双 11”限定数字藏品，两秒钟内就全部卖出。

图7–67 天猫“双11”首届元宇宙艺术展品牌宣传图

资料来源：天猫，华泰研究。

（五）场：实现“在线即在场”的沉浸式购物体验

元宇宙为电商行业提供更广泛的消费者触达渠道，实现“在线即在场”的沉浸式购物体验。相较于电商，线下购物的优势主要集中在观感体验上，消费者可以通过视觉、触摸、试穿、试用等方式感受商品，视频和直播电商就是基于消费者想要获得更多线上购物体验而迅速发展的。随着元宇宙对电商行业的赋能，将物质世界和数字世界相结合，未来线上购物可以突破部分物质世界屏障，通过 AR/VR/MR 等新技术实现视听甚至触觉等多感官交互的购物体验，而消费者的购买场景则可能是虚拟商场、数字展馆等。早在 2016 年，阿里巴巴推出的 Buy+ 购物计划利用 VR 技术，通过计算机图形系统和辅助传感器，生成可交互的 3D 虚拟购物环境，从而增强线上购物体验感（见图 7–68）。

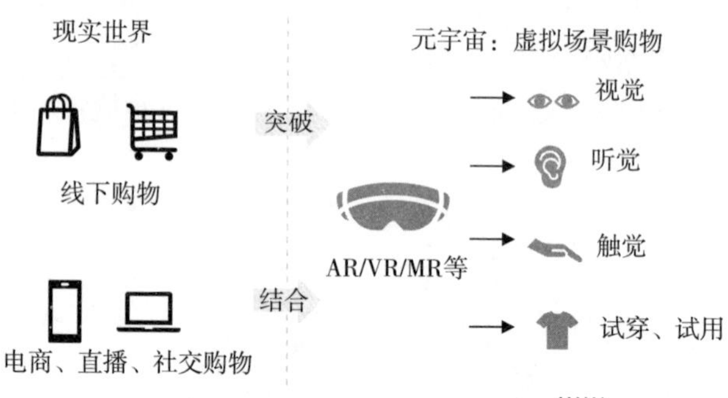

图7–68 “在线即在场”的虚拟购物体验

资料来源：阿里巴巴，华泰研究。

虽然涉及虚拟现实的元宇宙技术正在飞速发展，但未来元宇宙世界的虚拟场景购物依旧是基于互联网的线上购物，虽然能给用户带来“类线下购物”的体验，但无法完全还原线下购物的感受。

（六）价值链：元宇宙加剧电商去中心化趋势，内容生产方话语权加大

电商产业链本质是商品通过电商渠道触达消费者的过程。电商行业细分品类众多，但本质上均为商品通过电商平台渠道触达消费者的过程，产业链上游为提供商品的制造商和品牌商，中游为电商平台，下游为消费者，商品则通过物流仓储传递至产业链各个环节（见图 7–69）。随着社交媒体等内容生产方入局电商行业，传统的电商产业链环节被打破，品牌商向内容生产方进行内容定制，通过 KOL、内容输出等产品推荐、直播带货的方式，直接或间接在电商平台完成消费者触达。此外，近年来品牌商自销模式逐渐兴起，

通过建立和运营独立于电商平台之外的品牌专属电商 App 完成对消费者的直接触达，例如耐克、飒拉等快时尚品牌均有自己的购物 App。

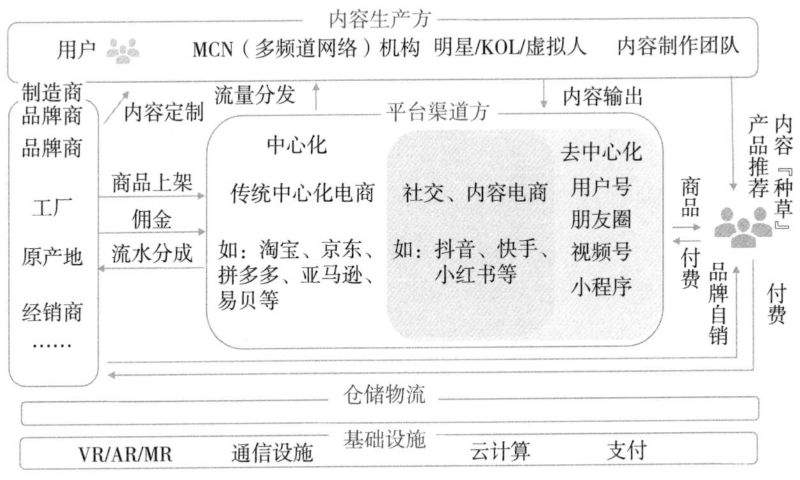

图7-69 电商产业链

资料来源：亿欧电商，艾瑞咨询，华泰研究。

元宇宙电商去中心化趋势明显，电商平台功能或将被进一步削弱。传统电商平台多为中心化平台，新兴的快手、抖音等直播电商平台通过第三方 SaaS 建立店铺，为商家和品牌提供对应的技术与运营，从而向去中心化靠拢，但在商家侧并未脱离中心化的本质。而元宇宙的核心之一在于去中心化，未来品牌或商家可能将进一步独立于电商平台，元宇宙中电商平台的核心作用可能将缩减至资源整合。

元宇宙或将助力电商行业形成以“人”为核心的商业模式，品牌内容方重新链接消费者。随着元宇宙对电商产业赋能，在“人—货—场”的商业模式中，“人”将超越“货”成为这一模式的关键点，虚拟人、虚拟场景的引入，均是为了给消费者带来更完美和愉悦的线上购物体验，在元宇宙阶段，电商平台需要通过更加精品化的内容和场景建设才能吸引更多的流量和消费者。在去中心化和以消费者为核心的趋势下，上游品牌和商家或将通过定制化内容直接触达消费者，缩短中间环节，实现品牌自销闭环。

第八章

元宇宙的经济系统

元宇宙将以分布式商业为主的经济形态呈现，个体与个体之间可以在没有中介的情况下进行沟通和交易。他们产生的价值由双方共享，不再有第三方从中获利，但同时他们也无法享受到中介机构带来的便利。分布式商业中的参与者需要自行寻找交易对手方、搜索和甄别信息，这是在没有信任环境时他们需要付出的成本。其中的点对点交易会体现网络效应，交易网络将随着参与者数量的上升而迅速扩大。最终分布式商业中的价值创造与规模将呈现为J曲线，即在达到一定规模后创造的净价值才为正值。相较而言，中心化商业中的买卖方都通过中介机构进行交易，中介机构会承担固定成本例如牌照资质和专业能力等，中心化商业也需要在达到一定规模后才能实现盈亏平衡。在超过一定规模后，分布式商业会显现更大的优势。

分布式商业由全体参与者共建，不存在中心化商业中公司的上下级结构。分布式商业能够体现利益相关者资本主义，因为在平等的关系下，只有利益相关者才会参与到分布式商业中。利益相关者资本主义以长期发展为目标，不仅关注经济的发展，还要考虑环境、社会和公司治理等方面。而目前主流的股东资本主义只关注公司股东的利益，企业的责任在于最大化利润，会出现短期的逐利行为，对利益相关者的关注不够。

实现利益相关者资本主义要求分布式商业由多角色参与运行，且这些参与者相互制约，按照一定的章程对事务进行决策。不同于公司制度下的管理，分布式商业在无需信任的环境中形成社区组织来实现各类应用场景。DAO 可以被视为分布式商业的治理机制，所有成员以平等的方式对组织进行自治，治理规则以智能合约的形式公开，防止被个体操纵。采用 DAO 的决策方式可以避免出现决策中心的单点故障，并且自下而上的决策更容易发现系统底层上的问题。

DAO 的特征包括成员的个人利益与集体利益一致，以及全体成员拥有最终的决策权，以机制避免决策者怀有作恶动机。DAO 在治理过程中也反映出一些问题，例如治理结果是否正确、公共决策的搭便车问题，以及治理能否真正实现去中心化。治理的过程意味着稀缺资源的分配，而这关系到生态中的利益格局，包括社区成员的个人利益和集体利益，也包括社区的短期利益和长期利益。因此在分布式商业的复杂体系中，利益格局复杂多变，DAO 的治理规则也会不断调整以应对外部环境的变化。无论如何，DAO 的治理机制需要实现权力的分立和制约，实现激励相容。

第一节　分布式商业

在元宇宙发展过程中，分布式商业的影响越来越大。世界趋于扁平化，人与人之间的联系趋向以随时、随地和随心的方式进行，一些中心化组织正在被自组织带来的变革性力量颠覆。比如，在新冠肺炎疫情之下，分布式的组织形式显现出高效的一面，实体经济领域中的共享经济模式也在加速发展。

对分布式商业的分析一般基于新制度经济学企业理论。分布式商业本质上是一种市场形态。如果一类交易通过市场机制的交易成本低于通过企业的交易成本，就会为分布式商业提供发展的土壤。交易成本的分析视角尽管深刻，但交易成本内涵丰富，难以支持精细化分析。因此，可以从整体商业价值与规模的关系角度，对分布式商业和中心化商业进行比较。

一、分布式商业与中心化商业的比较

我们先讨论关于分布式商业的一个简化例子，以引出与分布式商业有关的基本概念，再给出分布式商业的 J 曲线，最后通过与中心化商业的比较，来更好地理解分布式商业。

（一）关于分布式商业的一个简化例子

假设存在一类商品（比如苹果）和两个国家：A 国和 B 国。A 国的每个居民都是商品生产者，标记为 A1、A2……Am；B 国的每个居民都是商品消费者，标记为 B1、B2……Bn。

在分布式商业下，A 国任意一个居民都可以与 B 国任意一个居民直接交易。在这种情况下，可能的交易对手一共有 $m \times n$ 对，交易网络非常密集。但这种情况不会凭空发生。理想情况是，首先，每个商品生产者需要了解每个商品消费者的偏好和购买力，每个商品消费者也需要了解每个商品生产者所持商品的质量和价格；其次，商品生产者和商品消费者需要通过一套搜寻机制，找到最适合自己的交易对手；最后，匹配好商品生产者和商品消费者需要有一套机制保障交易履行，核心是商品交付和资金支付。

假设商品生产者 A1 和商品消费者 Bn 是一对交易对手，Bn 愿意为一单位商品支付的最高价格是 10 元，而 A1 愿意为一单位商品收取的最低供给价格是 6 元。两人经过谈判，将一单位商品的价格确定在 8 元。那么，这笔交易产生的消费者剩余是 2 元（=10–8），生产者剩余也是 2 元（=8–6），经济价值总共 4 元（= 消费者剩余 + 生产者剩余）。商品生产者和商品消费者的价格谈判，可以视为交易的撮合过程。

尽管分布式商品的交易网络非常密集，但不管是商品生产者还是商品消费者，在搜寻交易对手、交易撮合和交易履行中都面临不确定性。作为比较，接下来看中心化商业的做法。

假设 A 和 B 两国之间的贸易通过中介机构 I 进行。I 承诺从商品生产者手中按 7 元价格收购商品，并按 9 元价格出售给商品消费者。这样，商品生产者和商品消费者都只需信任 I，而无需了解对方或搜寻交易对手，交易撮合和交易履行也都只针对 I（可能的交易关系一共是 m+n 对），他们面临的不确定性将大为减少。但利益分配格局会发生较大变化，仍以 A1 和 Bn 为例说明。在中心化商业下，消费者剩余为 1 元（=10–9），生产者剩余也为 1 元（=7–6），中介机构赚取差价 2 元（=9–7），经济价值总共仍为 4 元（= 消费者剩余 + 生产者剩余 + 中介机构利润）。

中介机构的地位确立需要消耗成本，比如获取相关牌照资质，培养商品评估的专业能力，建立供应链和支付系统，以及在收购商品和出售商品之间的时间差中需要占用自由资金等。中介机构承担了收购商品后无法出售或亏本出售的风险，因此中介机构利润中有一部分是对这些成本和风险的补偿。当然，中介机构如果在贸易中处于垄断位置，还可以通过垄断租金来获取利润。

中心化商业如果有明确的盈利规模和可预期的现金流，是可以进行估值的。分布式商业本质上是提供方便参与者之间直接交易的市场网络，属于公共产品。公共产品尽管有经济价值，但无法按照商业原则进行估值。形象地说，在中心化商业中，经济价值在流转中会沉淀到一些中介机构，形成它们的利润；在分布式商业中，经济价值直接由参与者共享，当然参与者需要自行决策、自担风险。

上述简化例子尽管针对商品贸易，但相关逻辑对其他类型的分布式商业也成立。

（二）分布式商业的 J 曲线

在分布式商业中，参与者之间可以直接交易，这主要会产生两方面好处。第一，网络效应，可以用梅特卡夫定律来刻画，与参与者数量的平方成正比。第二，当参与者之间直接交易时，交易产生的价值由他们共享。而参与者通过中介机构交易时，他们必须将交易产生的部分价值让渡给中介机构。

参与者之间直接交易是有前提的。第一，参与者之间要有互信。诚信体系有多种表现形式。比如，基于法律法规和道德规则产生的信任；现实世界通过重复博弈产生的信任；区块链产生的信任，体现为“代码即法律”。第二，参与者要能找到合适的交易对手。这需要收集和分析信息，搜寻交易对手，以及撮合交易。第三，参与者需要保障交易履行。这三方面前提都需要消耗成本才能保障，而相关成本与参与者数量成正比。

如果用 N 表示分布式商业的规模（比如 N 表示参与者数量），那么分布式商业产生的经济价值 D 的计算公式为：

$$D=a\times N\times N-b\times N$$

其中，a 表示从网络效应向经济价值的转化率，不同网络的经济价值可能差异很大；b 表示建设诚信体系、收集和分析信息、搜寻交易对手、交易撮合以及交易履行等的成本率。分布式商业的价值创造与规模之间的关系见图 8–1，在本书中称为“J 曲线效应”。

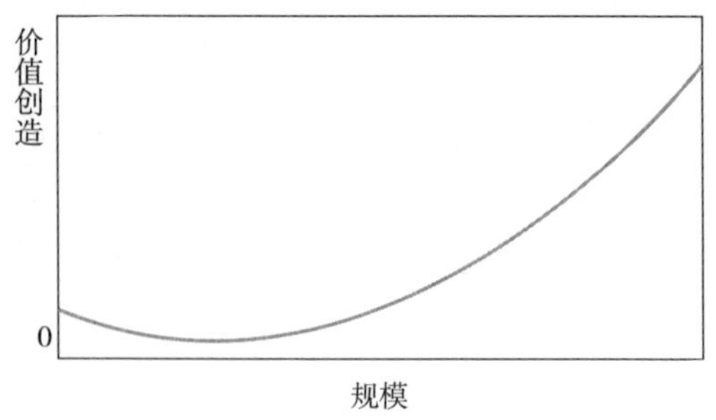

图8–1　分布式商业的J曲线

在规模不够大的时候，分布式商业的网络效应没有发挥出来，产生的经济价值低于建设成本，这体现为 J 曲线的前段。只有在规模超过一定水平（即盈亏平衡点）后，分布式商业的净价值创造才转正。

（三）分布式商业与中心化商业的比较

中心化商业需要投入固定成本，但由此获得的牌照资质、专业能力和基础设施等可以重复使用，能产生规模经济。同样用 N 表示中心化商业的规模，那么中心化商业产生的经济价值 C 的计算公式为：

$$C=e\times N-f$$

其中，e 刻画中心化商业的规模经济效率，f 刻画中心化商业的固定成本投入。中心化商业的价值创造与规模之间的关系见图 8–2。中心化商业也有盈亏平衡点。

中心化商业的规模经济效率参数 e 的内涵非常丰富。比如，在银行和保险领域，一元资本能支持好几元的资产规模（银行的杠杆率是 3%，意味着资产可以是资本的 33 倍多）；在场外衍生品交易中，名义风险敞口规模可以是抵押品的很多倍；期货的名义本金也可以是保证金的很多倍；通过轧差后净额结算，一定数量的流动性能支撑起几倍的交易规模。金融系统的杠杆率，基本都可以从这个角度理解，这体现了中心化商业在金融领域的优势：规模优势；风险分散效应；轧差后净额结算对流动性的节约；衍生品的杠杆效应。但中心化金融中介一旦遭遇风险，就可能对金融系统形成冲击，甚至对社会产生外溢影响。这种“单点失败”的风险，也正是中心化金融中介被严格监管的原因。

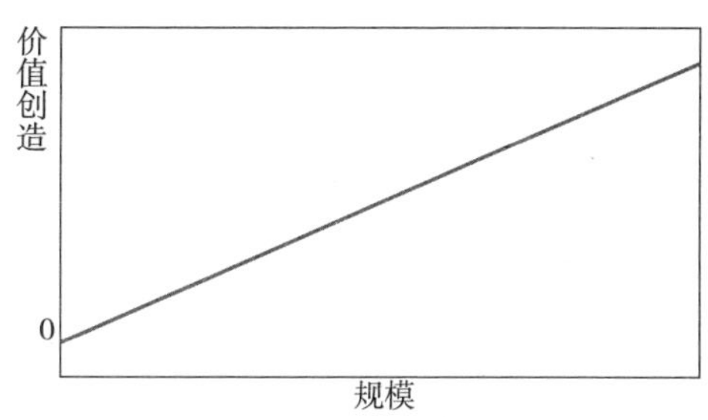

图8-2　中心化商业的价值创造

图 8-3 比较了分布式商业与中心化商业。单纯从价值创造看，中心化商业在相当大范围内优于分布式商业。分布式商业只有在超过一定规模（称为“关键规模”）后，才能体现出相对于中心化商业的优势。这是市场和企业之间边界问题的一个具体体现。

因此，要提高分布式商业的价值创造，一方面要提高网络效应向经济价值的转化率，另一方面要以较低的成本建设诚信体系、收集和分析信息、搜寻交易对手、交易撮合以及交易履行等。但归根结底，分布式商业必须将发展作为第一要务，尽快达到“关键规模”，才能证明其相对于中心化商业的合理性。

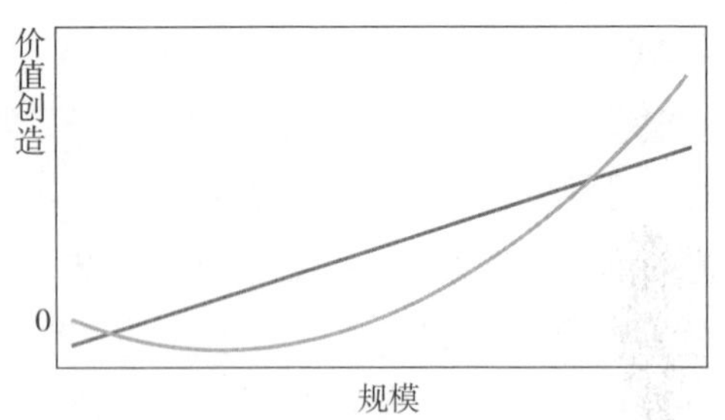

图8-3　分布式商业与中心化商业

二、分布式商业与利益相关者资本主义

（一）利益相关者资本主义简介

利益相关者资本主义是一个与目前主流的股东资本主义相对的概念。股东资本主义是指，企业经营的目标是最大化股东的利益。利益相关者资本主义则认为，企业经营的目标是最大化利益相关者的利益，以实现企业的长期健康发展。除了股东以外，利益相关者主要包括客户、供应商、员工和企业所在社区等。

在企业经营领域，利益相关者资本主义曾长期居于主导地位。20 世纪 70 年代，著名经济学家米尔顿·弗里德曼大力提倡股东利益至上思想，股东资本主义的影响逐渐扩大。他认为，企业管理层为股东工作，企业唯一的社会责任是在参与公开自由竞争并且不欺诈的前提下，使用自身资源以提升利润。弗里德曼的思想极大地影响了美国关于公司治理的法律。在这个时期及之后，针对企业管理层和员工的持股计划逐渐流行。高管股权激励被普遍认为是使高管与股东利益一致的好方法。1997 年，美国商业组织“商业圆桌会议”支持股东利益至上原则。

在实践中，股东资本主义主要体现出两个弊端。第一，助长企业的短期行为，上市企业的行为更是受季报驱动。第二，企业在追求股东利益最大化的过程中可能损害其他利益相关者的利益。比如，化工企业为提高利润而减少污水处理方面的投资，未经净化的污水在排出后破坏了周边环境。再如，一些并购基金在恶意收购和收购后的重组中，不太顾忌对被收购企业员工利益的影响。对这些弊端的纠正主要体现在三个方面。第一，政府引入环境保护和员工权益保护等方面立法，并加强监管。第二，企业加大社会责任方面的投入。第三，一些机构的投资者提倡责任投资，在投资过程中除财务回报以外，也将环境、社会和公司治理等因素纳入投资的评估决策中。

利益相关者资本主义正在回潮。2019 年，“商业圆桌会议”发布《公司宗旨宣言书》，提出应从利益相关者角度出发，不仅关注股东，也要同时关注客户、员工、供应商以及企业所在社区等对于企业业绩而言同样至关重要的因素。第一，为客户创造价值，要满足甚至超越客户的期望。第二，投资员工，包括提供公平的薪酬福利，通过培训和教育帮助员工培养新技能，并提倡多元和包容的文化，让员工感受到尊严和尊重。第三，以公平和合乎职业道德的方式与供应商合作。第四，支持企业所在社区，尊重社区居民，并采取可持续实践以保护环境。第五，为股东创造长期价值。

但与股东资本主义相比，利益相关者资本主义在实践中面临较大困难。第一，如何度量企业经营对利益相关者的利益的影响？在股东资本主义下，企业经营对股东的影响主要体现在财务报表利润以及股票价格上，这两个业绩指标都容易度量。而企业经营对客户、员工、供应商和企业所在社区等的影响则是多元化且较难量化的。利益相关者资本主义面临的首要问题是：企业消耗多少 ESG 资源并创造多少价值？这对企业的业绩报告提出了新要求。第二，管理上的复杂性。在股东资本主义下，企业管理层只需最大化股东利益。而在利益相关者资本主义下，企业管理层的目标是多重的，并且不同利益相关者的利益可能相互冲突。第三，如何通过有效执行机制确保可问责性？换言之，如何确保企业将ESG方面的考虑内化于战略、资源配置、风险管理、业绩评估和报告等工作中？如果不能克服这些困难，利益相关者资本主义将成为一个难以落地的理念。

（二）从利益相关者资本主义看分布式商业

在分布式商业中，不同参与者根据自身禀赋形成劳动分工，基于市场交换来互通有无以增进福利。分布式商业是开放的，不像企业那样有清晰的商业边界，也不像企业那样有股东。分布式商业由全体参与者共建、共享和共治，所有参与者都是利益相关者。因此，分布式商业非常好地体现了利益相关者资本主义。

可以对照软件开源社区理解分布式商业。在软件开源社区中，志愿者们基于共同爱好和目标聚在一起，并根据各自声誉和专长自发演化出社区秩序。一些被广泛认可的社区“意见领袖”会承担起社区领导角色，包括确定工作方向，牵头开发团队，并处理社区分歧。Linux、Python和R都是软件开源社区的成功案例。但软件开源社区有两点不足。第一，社区规则一般是非正式的，不能确保被有效执行，有时可能造成社区混乱甚至分裂。第二，没有经济激励，开发活动是无偿的、自愿的，很难脱离“业余贡献”色彩。一旦志愿者们的社区认同感下降，社区就很难避免衰落。

分布式商业主要引入两点改进。第一，引入经济激励，变无偿活动为有偿活动。第二，引入以经济规则和治理规则为核心的正式规则，并通过智能合约将一些规则“代码化”，以减少规则执行中的随意性。经济规则和治理规则的本质是分配分布式商业中的收益权和治理权。

分布式商业存在横向和纵向两类经济关系。首先，享受商品或服务的人要向这些商品或服务的提供者给予合理的经济补偿，特别是对分布式商业基础设施的建设者和运营者。这是不同分工群体之间的经济关系（横向经济关系）。其次，分布式商业要想可持续发展，就必须补偿早期参与者承担的风险，让他们能因分布式商业的发展而获益，这是跨期的经济关系（纵向经济关系）。在横向经济关系和纵向经济关系中，经济补偿不局限于点对点支付，还可以采取统筹收支、转移支付和隐性补偿等方式。

专题8-1 创作者经济

一、创新方向

创作者经济描绘的是一种让创作者在获取劳动所得及与用户互动过程中占有主导权的新市场机制。与创作者经济相对的原有模式是创作者依靠经纪商或网络媒体、科技公司提供的分发平台与用户对接。经纪商或分发平台利用其在推广创作作品和获取用户流量方面的优势，对作品资源和用户流量的分配方式和获益方式实际上拥有主控权，并通过插入一些算法推荐等广告业务为其带来更多收益，甚至让广告成为主营业务，以致并不需要关心创作者是否能获取忠实的付费粉丝。这在一定程度上会削弱创作者作品价值的有效传播能力，创作者的实际收益也因为中介机构寻租变少，大部分利润被中介机构获取。而由于平台同时掌握大量用户的隐私数据，个人隐私泄露问题已被摆到台面上，成为亟须关注和解决的问题。

在这样的背景下，互联网领域已有一些主打创作者经济概念的项目推出。例如，为创作者服务的众筹平台 Kickstarter，为内容创作者提供杜绝广告推送、一对多邮箱订阅博客内容以及内容创作者可带走订阅用户邮箱列表的写作平台 Substack。在 NFT 逐渐被大众了解后，结合 NFT 和社交代币的创作者经济成为一个新的探索方向。

（一）去中心化的激励机制降低获客成本

区块链内的 Token，不管是同质化的还是非同质化的，都具有两个最显著的特征：基于密码学的可验证性和基于共识机制的可审计性。Token 能将指定对象及对权属的声明保存在区块链上，并不需要依靠可信第三方进行转移流通，所以配以合适的激励机制就比较适合用来替代一些依赖中介机构的应用场景。

凯文·凯利的忠实粉丝指出，创作者实际上只需要依赖一小部分忠实的付费粉丝就可维持经营。在创作者经济模式中引入社交代币后，创作者可以通过向忠实粉丝发行社交代币的激励方式提高用户黏性，忠实粉丝在社交代币的经济激励下可能有动力主动帮助创作者推广其作品，形成共创模式，即将版权的一部分收益权分配到社区。于是有人提出点对点营销的概念，但推广作品的动力来自对作品的真实喜爱还是对新引入的社交代币增值的期望，这很难说清楚。

（二）市场透明度赋予创作者调控利基市场能力

在主流模式下，创作者的运营能力非常有限，由他们自己承担大部分工序不大现实。而互联网创作者经济模式下的平台偏向于一种 SaaS（软件即服务），为创作者提供生产运营过程中的必要工具，让创作者对自己作品的生产、销售、售后有主控权，从平台驱动版权变现模式过渡到创作者主导版权变现模式。但在互联网模式下很多信息对创作者而言是不透明的，当然有些平台会提供一些数据服务工具，帮助其调整自己的运营策略。

区块链为创作者提供了更前沿的开源基础设施和 BaaS（区块链即服务），且不论这类 BaaS 目前是否具备产品级性能，单从功能创新角度去观察，市场透明度可赋予创作者调控利基市场的能力。

从本质上讲，我们现在观察的是一个由小众用户支撑起来的利基市场，创作者的作品依靠独特性和创意价值触达并满足一小部分受众的需求。而创作者对这类长尾市场里的需求程度并不明确，往往很难为自己的作品确定合适的价格和数量，对一些在意收入的创作者来说，可能会发现很多利润反而被炒作的黄牛获取了。通过将作品的兑换权铸造成 NFT，创作者能比较方便地获取市场交易定价信息，并且能迅速识别他的潜在忠实客户，而这些过程不需要经过中介机构。

（三）创作作品作为社交入口且具有生命周期

试想某创作者创造了一个二次元形象，并发行了该形象的限量版数码艺术 NFT，忠实粉丝买入收藏，创作者不定期举办社区线下 Meetup（自发组织活动的社区），持有 NFT 可报名参加，NFT 就具备了门票功能；而再过几年这个形象变成了有名的 IP，与某游戏公司达成合作引入游戏，该 NFT 又具备了游戏准入权限和作为元宇宙里的虚拟人物形象的功能。上述场景描述有赖于 NFT 可编程性和便携性特征，目前还没有在已有落地案例中得到充分的展现。未来用户可能携带代表各种权益的 NFT 进入不同的场景，而开发者可能要考虑面向这些 NFT 开发服务设施、进行机制设计，而不是面向一个个孤立的应用场景开发。

二、现实障碍

然而，以上畅想在实践中无疑会碰到诸多障碍。虽然很多 NFT 已经在市场上流通了，但 NFT 本质上代表的权利和约束目前还很少有人能辨析明白。而这在讨论创作者经济应用模型的背景下尤为重要，因为创作者经济输送的核心价值就是那些利基市场里较为稀缺的创意文化价值，这个价值是属于精神世界的，不管有没有实体物质作为载体，都存在被剽窃、盗版的可能，而靠简单锚定某个元数据的NFT不能抵御这种攻击，存在被复制、修改、删除的可能，这成为它的一大弱点。

创作者保有对其原作品的版权或著作权。如果把创作品作为原创品的复制品进行传播，在创作者进行版权变现过程中，通过铸造NFT的形式流转给买方，那具体将什么权利转移给买方了呢？这在现有的大部分交易平台和拍卖市场中并没有明确。而这里涉及的权利和约束可以非常细化，例如NFT艺术品大部分是对原作品的复制品，这牵扯到发行方是否有复制权，而买家买到这一NFT后，一般用来展示或交易，那买家是否具有对艺术复制品的展示权、交易权以及是否限定在哪些场合展示、交易呢？这些权利约定不明确，就表明NFT的价值来源不明确，给市场带来潜在风险。展示权之类的权利声明似乎难以形成市场公允价格，而投机炒作预期收益则更加不适合作为一种估值来源。

如果把创作品视为文娱消费品输送给用户，即用户并不在意附属的权利，只在意满足当时的消费需求，比如听一场脱口秀，看一篇醍醐灌顶的解读，可能相比于在意接收到的内容是不是原创，很多用户更在意的是好不好笑、有没有道理，也不会去追问自己有什么权利。这就有可能导致出现柠檬市场效应，让高质量原创者被迫降低利润。在创作者作品的原创性产生纠纷时，维权取证和界定过程很难，通常需要引入第三方专业机构。这一点无法规范可能会阻碍通过创作者经济模式形成高质量文创社区的初衷。

另外，为了避免侵权纠纷、洗钱、恐怖主义融资、传播非法内容等方面的法律责任，OpenSea要求创作者和用户申请账户并按客户条款自觉履行相关法律义务，OpenSea保留对NFT作品进行直接销毁的权利。可见现在仍然须依靠一个中介平台来处理潜在的纠纷和法律冲突，而平台和账户体系的存在，意味着个人隐私如何保护问题依然是这种模式下的痛点。

对于第三点畅想，也有待底层技术和标准的迭代。

第二节　分布式自治组织

分布式自治的理念在大自然中就有体现，蚁群是最典型的代表。蚁群没有领导中心，每只工蚁通过彼此间的信息交流进行决策，完成觅食、搬家等决定。在这种模式下，团体不会因为管理者的离开而无法运转。与流行的自上而下的管理方式不同，DAO 让所有成员都参与到项目治理中，充分发挥成员的积极作用。分布式自治的规则由智能合约公开在区块链上，治理结果也可以通过智能合约执行，保证治理在无需信任的环境中进行。在一些应用场景中，DAO 的治理方式要优于目前主流的自上而下的、由上级指挥下级的治理模式，但不是所有的DAO都能成功地让组织走向正轨，依然要用辩证的眼光看 DAO 的发展。

一、什么是 DAO

DAO 的概念起源于 DAC（分布式自治企业），后者的目标是颠覆传统企业结构，让企业透明和扁平地运转。DAO 的含义不仅针对企业，任何去中心化形式的自治组织都可以被归为 DAO。去中心化的实现源于组织成员之间的平等关系和去信任化，相信其他成员不会做出损伤系统的决定。自治需要规则来约束，成员在治理规则达成共识后要严格遵守。

DAO 通过社区成员的自治来维持组织的运转与进化，参与治理能提高成员的活跃度，保障自己的权益并公平地享有收益，也有助于避免中心化管理可能带来的问题，例如决策制定者的意外离开和官僚主义等。这种组织形式也受到了监管方的关注。2021 年 7 月 1 日，美国怀俄明州正式施行 DAO 法案，此后 DAO 在该州的法律地位受到认可。DAO 法案中将 DAO 视为一种有限责任公司，需要符合《怀俄明州有限责任公司法》。在 DAO 治理中，需要明确成员的关系与成员的权责、DAO 活动的实施，以及变更智能合约的程序等。DAO 法案允许算法治理和人工治理并存，将智能合约归为组织性文件。在包括组织章程和经营协议的组织性文件中，智能合约具有最优先的效力。

从上面的描述可以看出，DAO 不能成为一个独立的项目，而是在项目社区中作为治理机制发挥作用。DAO 可以在分布式商业中发挥大脑的作用，引导分布式商业的发展。为了形成组织规范和降低信任成本，往往会将智能合约作为工具。在具体讨论 DAO 的问题之前要理解下面几个概念。

第一，DAO 需要建立在成员利益一致的基础上。DAO 通过全员决策的方式治理，需要参与者共享项目发展方面的目标，否则在具体问题上很难达成一致意见，甚至会有人故意作恶。为了保证 DAO 成员正向的决策意愿，需要将个人利益与项目整体利益绑定，损害项目整体利益行为的最终代价是损害自己的利益。

第二，DAO 治理的全体成员需要具有决策权。DAO 应该是全员参与的治理组织，对于发起的提案，采用全民公投的形式表决意见。另一种常见的治理参与者是委员会。因为大部分普通用户不具备专业技术和知识，他们可以选出代表负责治理。出于提高治理效率的考虑，治理的专业分工会在社区规模发展到一定程度后出现，不过全体成员仍然具有随时更改决策委员会成员的权利。

第三，DAO 治理存在正确性问题。群体决策是否要优于中心化决策，也就是通过 DAO 治理能否让项目选择正确的方向是个难以判断的问题。去中心化治理可以集中群体智慧，但中心化的领导也会在任务分配上更有头绪，对于不同项目的不同发展阶段，可能适合的路线不同。

第四，DAO 治理的搭便车问题。在实际治理中，只会有很少一部分人参与投票，然而所有人都能享受到治理带来的收益，这是 DAO 系统中的搭便车问题。不仅如此，参与治理的人反而会因为各种机制受到制约或蒙受损失。搭便车问题是一种社会心理导致的问题，没有解决的方法。通过奖励参与者可以鼓励治理行为，例如对投票的参与者发放奖励。

第五，DAO 治理的去中心化程度。DAO 治理的目标是实现去中心化，将管理权交给所有参与者。但在 DAO 治理中，常常有人试图操纵舆论，凭借自身的影响来实现个人的目的。治理权的分配也会影响 DAO 的去中心化程度，个人或小团体如果掌握了 DAO 中大部分的治理权，那么就有可能形成 DAO 治理中的决策中心。

二、DAO 的治理

（一）“稀缺资源配置—利益格局—规则”三角

“稀缺资源配置—利益格局—规则”三角的要点如下（见图 8-4）。

第一，与分布式商业有关的稀缺资源在一系列规则的约束下，由市场机制配置。有些规则采取代码形式并被自动执行，体现了“代码即法律”精神。有些规则采取非代码形式，比如监管要求和社区议事规则等。代码规则和非代码规则在很多场合根据各自优点搭配使用。

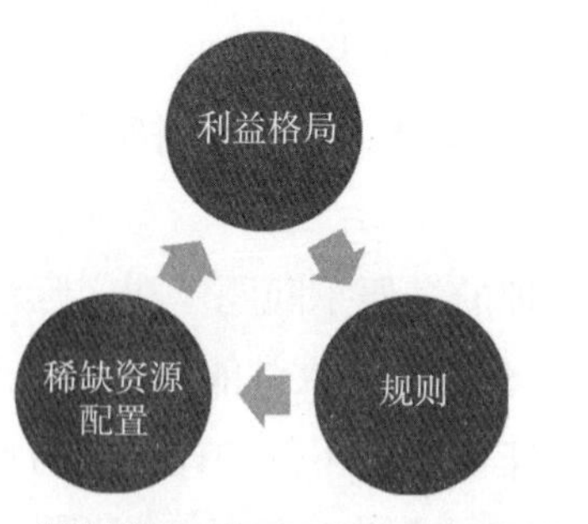

图8-4 “稀缺资源配置—利益格局—规则”三角

第二，对分布式商业的参与者来说，稀缺资源配置就意味着利益格局。利益有不同维度，包括社区利益和个人利益，也包括长期利益与短期利益。不同参与者的利益以及利益的不同维度之间可能一致，也可能相互冲突。因此，分布式商业会呈现复杂多变的利益格局。

第三，分布式商业的规则不可能一开始就是最优选择，也不可能在一成不变的情况下适应未来所有变化，所以规则的变化不可避免。但规则的轻微变化都可能显著影响稀缺资源配置并改变利益分配格局。规则调整不可能总是“帕累托改进”，肯定会同时出现受益者和受损者，受益者会支持规则调整，而受损者会反对。分布式商业由社区自治，不存在中央权威，如何协调不同利益的参与者，使他们对规则调整达成一致？

（二）规则和权力

在分布式自治组织中，规则和权力密不可分。权力指通过制定和调整、执行、监督规则并处理争端从而影响利益格局的能力。针对任何规则，都存在三个维度的权力，这三个维度体现了权力分立和制衡原则：制定和调整规则的权力；执行规则的权力，比如规则的代码实现、客户端开发和更新等；监督规则执行并处理争端的权力（见图 8-5）。从图 8-4 和图 8-5 可以看出权力的影响路径：“权力→规则→稀缺资源配置→利益格局”。

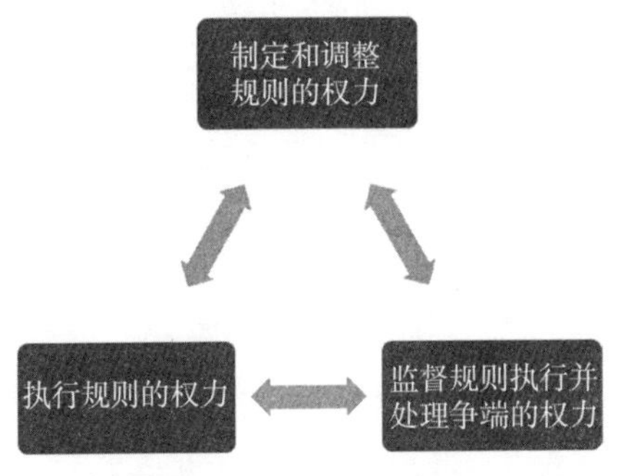

图8-5　权力的三个维度

每项权力都有三个关键属性。一是权力的所有者。二是权力的行使者，权力的行使者在很多场合也是所有者，但在有些场合是所有者的代理人。三是权力的行使方式，有链内行权和链外行权之分。

（三）权力分配原则

权力分配在任何政治场合和经济场合都是一个重要而微妙的问题。分布式自治组织中的权力分配应遵循三个原则。

原则一：权力分立和制衡。权力必须被有效制衡，否则容易被滥用。特别是，总会有某些参与者的权力小于其他参与者，而对任何规则调整总会有部分参与者持“少数派意见”。权力分配要保障这些小权力参与者和持“少数派意见”参与者的利益，否则他们会“用脚投票”，造成社区萎缩甚至分裂。

原则二：激励相容。分布式商业的参与者要同意并接受有利于社区利益和长期利益的规则调整，即使这些规则调整可能在短期损害他们的利益。只有这样，规则才是开放的、可升级的。

原则三：适度去中心化。一方面要避免人为地引入中央权威；另一方面要避免无政府主义，因为无政府主义可能使任何规则调整都无法进行。

监管篇

第九章

元宇宙的监管

正如本书第一章总结的那样，元宇宙是以信息基础设施、互操作系统、内容生产系统、价值结算系统作为底层建设构筑的数字生活空间，其核心是通过应用和身份联结现实居民，并由社会激励和治理规则维系人际关系和系统运转，反映了人类社会的数字化大迁徙。元宇宙的构成要素存在底层架构和内层核心之分，其底层架构包括信息基础设施、互操作系统、内容生产系统和价值结算系统；而内层核心则包括身份、应用、激励和治理。

基于这些基本构成要素，正在来临的元宇宙将改写世界和世界中的人，把人类引至一个高度自由、高度便捷的美好的数字化生活空间。然而，正如一枚硬币的两面，元宇宙在给人们提供美好想象的同时，人类也必将为此付出一定的成本或代价。网络暴力、隐私泄露等在移动互联网时代存在的顽疾，在元宇宙世界或将更加频繁上演，这些问题都在时刻警醒我们，元宇宙也不是全然美好的“乌托邦”，在搭建元宇宙底层架构的同时，也应重视其生态治理问题。本章从元宇宙的核心要素——虚拟身份（或者数字分身）出发，讨论元宇宙的治理难题和监管构架。

首先，主要结合英剧《黑镜》，探讨网络虚拟身份可能带来的元宇宙的伦理与道德问题。英剧《黑镜》通过戏剧化的手法，展现了元宇宙可能对人性造成的异化与破坏，以及随之而来的一系列社会伦理、道德与治理难题，例如元宇宙的道德伦理真空或让人性的恶在其中放大，虚拟身份和社交场景化或加剧现实社会中的人际问题。

其次，从法律监管层面讨论个人隐私保护问题，包括欧盟《数字服务法案》和《数字市场法案》，以及我国在数据安全保护方面的法律法规，主要有《中华人民共和国数据安全法》《网络安全审查办法（修订草案征求意见稿）》《中华人民共和国个人信息保护法》和《网络数据安全管理条例（征求意见稿）》等。

第一节　元宇宙的伦理问题

2021 年，元宇宙这一“人类未来数字生活愿景”正式站上想象力的风口，成为全球产业和资本瞩目的焦点，但就其具体概念和内涵而言，却仍处于探索阶段，不同的人有不同的解读。我们参照现实世界，结合从 Roblox、马修·鲍尔以及扎克伯格等对元宇宙的定义中总结出的共性特征，对其做如下解读：元宇宙是以信息基础设施、互操作系统、内容生产系统、价值结算系统作为底层构筑的数字生活空间，其核心是通过应用和身份联结现实居民，并由社会激励和治理规则维系人际关系和系统运转。

正在来临的元宇宙将改写世界和世界中的人，把人类引至一个高度自由、高度便捷的美好的数字化生活空间。然而，正如一枚硬币的两面，元宇宙的所有元素在给人们提供美好想象的同时，人类也必将为此付出一定的成本或代价。英剧《黑镜》探讨了元宇宙的部分构成要素可能对人性造成的异化与破坏，以及随之而来的一系列社会伦理、道德与治理难题，例如元宇宙的道德伦理真空或让人性的恶在其中放大，虚拟身份和社交场景化或加剧现实社会人际问题，以及个体隐私将在技术手段下无处遁形并将遭遇更大的暴露与安全风险等。这些问题都在时刻警示我们，元宇宙也不是全然美好的“乌托邦”，在找寻元宇宙领域投资机会的同时也应重视元宇宙的生态治理问题。

一、社交关系：元宇宙如果缺乏有效的伦理约束，可能会放大人性中恶的一面

人是社会性的动物，总是生活在一定的社会关系中，在传统媒体时代，人们以真实身份出现并和熟人进行互动，社会交往局限于一定的时间和空间内；在互联网（包括 PC 互联网和移动互联网）时代，社交开始摆脱真实身份和物理空间的约束，人们可以基于虚拟身份进入他人的空间，与陌生人实现随时随地的沟通交往，实现“缺席的在场”；而在元宇宙时代，技术的发展又给人们带来了新的“虚拟化”的可能，且这种虚拟化不仅仅是身份的虚拟性，更可以通过虚拟获得真实的感官体验以及真实的身体在场感（见图 9-1）。

在元宇宙社交时代，躲在虚拟身份背后的人们对自身行为约束的程度将弱于以往任何时代，在移动互联网时代已经初见端倪的网络暴力、隐私风险、用户骚扰或更频繁上演，加剧现实社会中的社交恐惧、社交疏离等问题。同时，元宇宙社交中场景化所带来的沉浸式体验可能会进一步放大问题，从而最终影响社会婚恋观、生育率、代际关系等，并引发一系列社会伦理问题。在英剧《黑镜》中，导演运用了大量的篇幅来探讨元宇宙背景下，技术和虚拟身份可能对人际交往和社会关系产生的异化，通过这些故事，我们或许

能对元宇宙社交的另一面有更具象的了解。

图9-1　社交模式变迁：从传统线下社交到元宇宙社交

资料来源：华泰研究。

虚拟身份是元宇宙道德伦理问题的根源。虚拟身份一般指现实世界的主体在元宇宙中创建的数字形象，例如在一些数字孪生的应用场景和VR游戏里，虚拟身份为用户提供了现实世界与数字世界进行可视化交互的界面。在另外一些强调隐私保护、去中心化的应用场景里，例如Web3.0、区块链游戏等，虚拟身份也可为DID、区块链地址等抽象的数字身份标识提供一个可视化形象来提升用户在数字世界内部的交互体验。虚拟身份是元宇宙的核心要素之一。

一般而言，身份系统包括三个要素：身份、身份证明和身份验证。与现实世界的身份相比，元宇宙的虚拟身份在身份系统的三个要素上均有很大区别。在我们生活的现实世界中，每个人从出生就拥有独一无二的身份特征，包括外貌、体重、年龄、肤色、指纹等，因劳动分工而出现的姓名也是区别不同个体身份的重要符号，这些内容共同构成了人的身份特征。伴随着由人构成的系统变得日益庞大，为了便于管理，中心化机构根据不同人的身份特征签发了唯一的身份证明，例如政府签发的身份证、护照等。在社会经济活动中，身份证明可以用于定责、纠纷追溯和信任保障等，身份证明实现了个体身份的确定性、可追溯性以及社会管理的有序性，而不断升级的各种物理介质证明和各类身份证明平台存档的系统信息，则为个体身份的验证提供了支撑。

然而，数字世界的身份概念则完全不同，在数字世界里，用户可以完全根据自己的喜好设置想象中的“身份”，包括姓名、性别、身高、体重等；甚至可以随时更改这些“身份特征”，确切地说，此时的身份不同于传统意义上的身份，因为它不具有唯一性和确定性（见图 9–2）。在身份证明上，数字世界也完全不同于现实世界。现实世界中所有人都拥有唯一的身份证明，换句话说，通过身份证明能够映射到具体的个体；但在数字世界中，身份证明和身份之间并不存在直接映射关系，不同用户可以根据“假想”身份特征（年龄、身高、姓名等）获取网站签发的身份证明，且无需与现实世界的身份特征保持一致。同时，在虚拟世界中，身份验证主要依赖于用户名和密码，能够输入正确的信息，就意味着身份验证通过，这大大降低了身份验证的准确性和有效性。

虚拟身份的不唯一性、不确定性，以及身份证明和身份之间的不可直接映射性，为元宇宙的参与者提供了身份掩饰便利，使社会生活中基于身份而进行的定责、纠纷追溯和信任保障等的难度大大增加，在社会压力的缺失下，人性中最原始隐秘的部分——恶的一面，在元宇宙中得以宣泄。在《黑镜》第三季《全网公敌》一集所描述的网络投票系统中，人们可以随意给别人贴上 #Death to（去死）# 的标签，而每周获得最多标签的人将因遭受黑客控制的机器蜜蜂的攻击而死。剧集所表达的对网络暴力问题的隐忧在如今看来似有夸大的成分，但若将目光投射至元宇宙这一高度自由、高度开放、高度包容的“类乌托邦”世界，则其严峻性或将不言而喻。

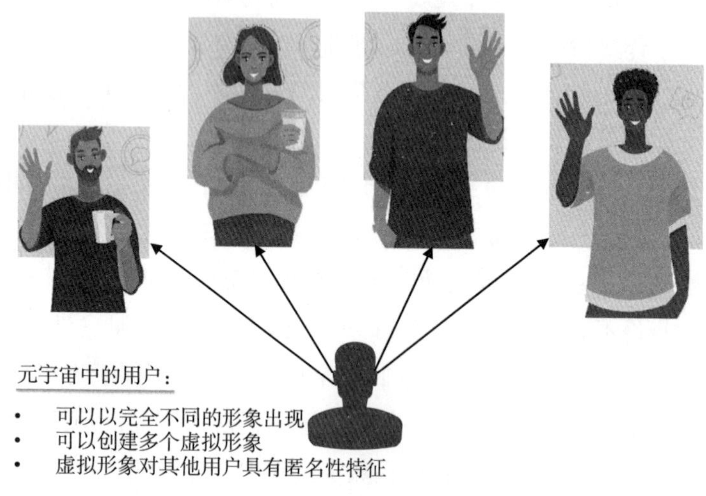

元宇宙中的用户：
• 可以以完全不同的形象出现
• 可以创建多个虚拟形象
• 虚拟形象对其他用户具有匿名性特征

图9-2　在元宇宙中，用户身份具有隐秘性和随意性

资料来源：华泰研究。

二、场景化带来的沉浸感或放大虚拟身份下的伦理道德问题

现实生活中的不完美始终客观存在，而数字世界能够为其提供补偿，虚构是人类文明的底层冲动。我们认为人的天性追求美好和完美，而在现实世界中，因受制于客观因素，这种需求难以得到满足；同时每个人只能存活一次，并不能验证哪一种人生是最优选择，绝对完美的概念从本质上看是个伪命题。基于客观条件的限制与现实世界的唯一性，人的生活本质上是不完美的，缺失与遗憾客

观存在。

在现实世界满足人类底层生理和安全需求的基础上，元宇宙则能够满足人类的高级需求，如情感和归属的和谐、内外认同的和谐、求知和审美的和谐、自我解放等。

然而，元宇宙能够为人类合理需求的实现提供空间，这同时也意味着，一些不被现实社会伦理和道德允许的非正当需求也能够在元宇宙中找到补偿。元宇宙能够满足人们对世界的任何想象追求，为人们制造种种在现实世界中难以获得的“奇遇”，在高度发达的元宇宙中，人们可以躲在虚拟身份的背后扮演他们在真实世界中无法扮演的角色，并以这个身份同元宇宙中的其他人交互交往。在伦理道德的“监督真空”下，人们可以毫无顾忌地做一些在现实生活中不敢做也不能做的事情，对自身约束的放松程度将高于以往任何时代。

而元宇宙场景化带来的沉浸式体验还可能进一步放大问题，从而最终影响社会婚恋观、生育率、代际关系等。张爱军、刘仕金在《政治权力视域下的元宇宙功能与优化》中认为，元宇宙的沉浸式体验会让人们忘却现实世界的残酷，长期沉迷于数字世界的放纵和愉悦体验，这会导致个体在数字世界中的认知和行为与现实世界脱节，带来明显的代际鸿沟与矛盾冲突。同时，与现实世界中的个人可能随时遭遇痛苦不幸相比，元宇宙的沉浸式体验为个人提供的是一种消除了痛苦可能性的精神快乐和精神满足，这种单向度的快乐体验会使现实社会的文化、艺术、信息等丧失吸引力，弱化人们对现实世界的兴趣。

正如《黑镜》第五季《引人注目的毒蛇》中展现的那样，现实世界中的好兄弟成为元宇宙中的异性恋人，并影响了其中一方在现实世界中的婚姻。剧集给我们展现了“监督真空”的元宇宙可能带来的伦理问题，这也警示元宇宙开发者在追求极致的体验感的同时也应该注意元宇宙社会伦理体系的构建。

三、部落化的元宇宙也将出现社会阶级

德国当代著名哲学家尤尔根·哈贝马斯在其著作《公共领域的结构转型》中指出，如今媒介已成为平台，平等而没有制约的交往模式使人们的交往碎片化，形成“圈地自萌”的小圈子；围绕议题自发形成的、没有边界而不受引导的讨论具有天然的离心力，使一些教条化的交往回路不断强化和自我封闭。元宇宙这一集成并融合现在与未来全部信息技术于一体的终极数字媒介，其出现将加速人们的交往碎片化，使各类小圈子以前所未有的速度形成并固化。

《元宇宙：人类存在状况的最新征候》（沈湘平）也指出，人是复数的存在物，以一定的共同活动方式存在是其宿命，这种以公共空间为代表的公共生活是现代社会极其重要的成果，然而元宇宙的来临将带来公共生活的部落化转型，加剧人类的分化。

一方面，在数字鸿沟（至今全世界仍有 37% 的人口未接入网络）的基础上，进入元宇宙不仅有自主意识的问题，更重要的是条件和能力的问题。无论是从国家发展程度还是个体专业、年龄等差异来看，都存在一种隐性的结构性偏见，主动进入者与被动卷入者、精英与大众、专家与外行将变成两个世界的人。另一方面，在进入元宇宙后，人们实际是凭借兴趣和共识创建社交场景和生活社区，构建数字人之间的公共生活，从而形成数字世界的无数部落，部落与部落之间则相对分离。

元宇宙时代的社交将具有部落化的特征，在进入元宇宙后，人们凭借兴趣和共识创建社交场景和生活社区，构建数字人之间的公共生活，从而形成数字世界的无数部落。此时，不同社交场景和部落的门票将具有社交圈层的价值，从而可能造成元宇宙社交世界的

阶级分化问题。这也意味着，为了获得更多社交场景的门票并实现社交阶级上迁，人们必须打造更好的虚拟形象，通过“数据化”的表演或扮演，获得高层级群体的认同。正如在游戏世界中，人们通过练级进阶，并向其他玩家展示自己的成果来获得游戏地位。然而风险在于，当这种表演和随之获得的精神满足被元宇宙放大后，人们便可能走向另外的极端，在努力追求元宇宙虚拟社群认同的过程中逐渐迷失自我。

正如《黑镜》第三季《急转直下》中的女主，为了获得更高的社交评分，而卖力地向身边每个人微笑、费尽心思讨好别人，最终失去真实的自我。

第二节　元宇宙的隐私保护问题

一、当科技成为人们挖掘“真相”的手段，隐私将无处遁形

实际上，早在“元宇宙”概念兴起之前，对“扩展现实”“沉浸式技术”涉及的隐私和数据安全发出的拷问已此起彼伏。用户信息数据作为支撑元宇宙持续运转的底层资源，是元宇宙一切活动的核心和关键，相较于移动互联网时代，元宇宙对用户数据的需求将更加庞大，其中发生的信息交互也更加频繁，从而对用户隐私保护带来更大挑战。在英剧《黑镜》中，导演已经向我们深刻展示了在元宇宙时代，高度发达的信息技术（如剧中的记忆颗粒等）将以何种方式侵犯个人隐私，而这种侵犯又会带来何等严重的后果。

对“真相”的极致追求或造成严重的隐私问题。在技术高度发达的元宇宙时代，科技成了人们获取“真相”的重要手段，随之而

来的是人们的隐私被轻而易举地监测甚至窃取。《黑镜》的多个故事对此进行了探讨，无论是《你的全部历史》中为了寻找真相，通过记忆颗粒挖掘妻子隐私，最终使家庭支离破碎的丈夫；还是《闭嘴跳舞吧》中因被摄像监控导致个人隐私泄露而遭受挟持，最终滑入犯罪陷阱的高中生；抑或《方舟天使》中望子成龙心切，通过纳米芯片时刻监控女儿隐私，最终酿成惨剧的母亲。这些剧集都深刻描述了一个"完全真实"的世界反而有可能对个人和家庭关系，以及青少年的成长造成负面影响。

根据 XRA 发布的 2020 年 AR/VR 市场调查报告，49% 的受访者认为隐私保护和数据安全是 AR/VR 内容的最大法律风险（见图 9-3）。

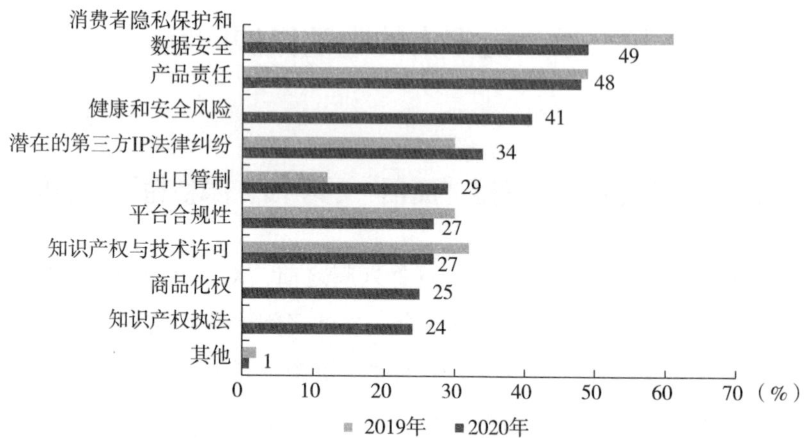

图9-3　2020年49%的受访者认为AR/VR的最大法律风险是隐私保护和数据安全

资料来源：Boost VC，Perkins Coie，XRA，华泰研究。

元宇宙时代的隐私保护机制需要负责任地建设。"互操作性、开放标准、隐私和安全要在元宇宙的第一天就建立起来"，扎克伯格在宣布脸书更名的视频演讲中（2021 年 10 月 29 日）将隐私安全和个人空间列入理想元宇宙的八大关键要素，并提到未来的元宇宙平台将设立隐私标准、家长控制措施，并对数据使用进行披露。元宇宙对个人隐私安全保护带来了深刻冲击，意味着如何合理收集、储存与管理这些数据资源，并进行合理授权和合规使用；以及如何避免用户信息窃取、滥用以及基于这些数据的网络犯罪等问题，将成为元宇宙建设的重大考验。

二、从欧盟《数字服务法案》和《数字市场法案》看隐私保护前沿

个人隐私问题并不是在元宇宙到来后才出现的。本书第二章详细介绍了 Web2.0 时代，平台用免费信息产品引流，用个人数据变现的商业模式。虽然技术能解决一部分个人隐私问题，但目前仍缺少一套尽善尽美的方法彻底瓦解中心化机构的利益关系，也无法从全局角度解决个人隐私问题，在这种情况下需要政府机构利用政策及法律法规来引导市场的改革和升级。欧盟在个人信息保护方面起到了引领作用。2022 年 10 月 4 日，欧盟通过《数字服务法案》；11 月 1 日，欧盟《数字市场法案》生效。这两部法案是欧盟继 2018 年实施 GDPR 之后，对数字经济的又一个重大监管举措，预计将影响所有在欧盟市场运营的科技企业，特别是中美两国企业。

欧盟委员会表示，在数据隐私保护上，这两部法案不是取代 GDPR 和 ePrivacy 指令，而是对它们形成了补充，特别是在涉及大科技公司的情况下。从这两部法案来看，欧盟在数据隐私保护上提出了一些新的概念和措施。鉴于欧盟在数据隐私保护立法上的全球领先地位，这两部法案将具有全球引领作用，因此需要特别关注。

（一）《数字服务法案》和《数字市场法案》简介

1.《数字服务法案》

《数字服务法案》是欧盟针对 2000 年实施的《电子商务指令》进行与时俱进升级的产物。监管对象包括所有类型的在线中介服务提供商，比如中介服务、保管服务和在线平台等，特别是“非常大的平台”。“非常大的平台”是指欧盟用户超过 4 500 万的平台，比如 Meta、谷歌、推特和抖音等。《数字服务法案》主要包括三方面内容。

第一，非法内容监管。《数字服务法案》与此前做法一样，允许平台在保管其他人和机构的数据时，如果不知道数据包含非法内容，就无需为这些非法内容承担责任。这一点在立法精神上类似于近期备受关注的美国《通信规范法案》第 230 条。第 230 条规定，互联网服务供应商无需为第三方用户的言行负法律责任，同时也保护了互联网服务供应商出于善意考虑，而对部分冒犯性的内容进行限制，或者赋予他人技术手段来限制冒犯性内容的行为。平台在收到举报后，需要删除平台上的侵权产品、仇恨言论和恐怖主义内容等。平台删除用户内容必须给出理由并允许用户申诉。“非常大的平台”还须就自己对非法内容的管控向监管机构提交详细报告。

第二，广告透明度。“非常大的平台”要确保用户知道自己看到的是广告，平台代表谁投放广告，并披露算法如何运作以及广告如何定向推送给用户。用户可以要求平台停止推送广告。研究者可获取关键平台数据，以分析平台如何运作以及线上风险如何演化。

第三，商业用户可追溯性。电商平台在商业用户上线前，需要获取用户的身份信息，以便对假货等违法产品进行追溯。《数字服务法案》规定，违反法案的科技企业将被处以最高相当于当年收入 6% 的罚款。

2.《数字市场法案》

《数字市场法案》针对大科技平台提出数字经济“守门人”概念，目的是防止大科技平台滥用市场力量，鼓励初创企业和中小企业进入数字经济领域，确保数字经济领域的开放性和可竞争性。

“守门人”的特征是提供“核心平台服务”，以连接商业用户和终端用户，并有显著的规模经济效应和网络效应。换言之，“守门人”为商业用户和终端用户组成的双边市场提供流量入口，可能成为规则制定者。而“核心平台服务”包括在线搜索引擎、在线中介服务、在线社交网络服务、视频分享平台、操作系统、人际通信服务、云计算服务和广告服务等。“核心平台服务”清单几乎涵盖目前全部主要的互联网商业模块。

“守门人”有两条标准。第一，过去 3 年，平均每年从欧盟市场获得的收入超过 65 亿欧元，或者在上一个财务年度中，平均市值达 650 亿欧元。第二，在上一个财务年度中，在欧盟的月活跃终端用户达 4 500 万，年活跃商业用户达 1 万。

《数字市场法案》对“守门人”引入两类要求。第一类是限制“守门人”的商业自由度，特别是在涉及商业用户时：

- “守门人”不得将从“核心平台服务”获取的个人数据，与从其他渠道获取的个人数据，或者来自第三方服务的个人数据整合起来；
- 在终端用户没有被征求意见或表示同意的情况下，“守门人”不得要求终端用户使用自己提供的其他服务以整合个人数据；
- “守门人”不得使用商业用户产生的数据与这些用户开展竞争（比如，亚马逊利用第三方卖家的销售数据决定自己在平台上销售什么商品）；
- “守门人”不得限制商业用户在“守门人”生态以外接触终

端用户，要允许商业用户使用其他竞争性平台接触终端用户（不能要求商业用户在竞争平台中“二选一”）；

· “守门人”不得要求商业用户通过“核心平台服务”展业时，使用或兼容“守门人”提供的身份识别服务；
· “守门人”要事先向监管机构报告在数字经济领域的兼并收购计划。

第二类是要求“守门人”向第三方商业用户和终端用户提供更高的开放性：

· “守门人”应允许用户安装和使用与“核心平台服务”兼容的第三方软件或应用商店，允许用户卸载智能手机上预装的应用；
· 限制“守门人”的“自我优先”行为，不得在自己平台上优先展示、推送自己的产品，在搜索排序中应遵循非歧视规则；
· 针对商业用户在“核心平台服务”上提供或产生的数据，“守门人”要为商业用户或经其授权的第三方机构提供免费、有效、高质量、连续和实时的使用渠道；
· 针对商业用户和终端用户在“核心平台服务”中提供或产生的数据，“守门人”要提供有效的可携带性；
· “守门人”允许第三方按同等条款兼容“核心平台服务”，不得通过将多款产品绑定来排除第三方竞争。

《数字市场法案》规定，“守门人”违规可以被处以最高相当于全球年收入 10% 的罚款；“守门人”在系统性违规时，可被要求重组或出售部分业务（单位、资产、知识产权或品牌）。

（二）《数字服务法案》和《数字市场法案》对数据隐私保护的影响

欧盟缺乏自己的大科技平台，但在监管上走在世界前列。欧盟制定《数字服务法案》和《数字市场法案》的一个主要目标是打造规则统一的欧盟数字经济市场，限制中美两国大科技平台在欧盟的扩张，以利于欧盟数字经济企业的发展。这两部法案体现了欧盟在数字经济监管方面的先进理念和科学方法论，核心是从事后处罚转向事前约束。比如，《数字服务法案》对互联网平台上非法内容的限制、对广告业务透明度的要求，以及对商业用户可追溯性的要求。《数字市场法案》则包括对"守门人"和"核心平台服务"的界定，对开放和公平竞争的平台生态的鼓励，以及对用户数据使用的规定。预计这些理念和方法会被其他国家和地区借鉴，正如《通用数据保护条例》在全球被普遍借鉴一样。

这两部法案在数据隐私保护和数据使用方面，既涉及商业用户，也涉及终端用户。根据欧盟委员会定义，这两类用户都既可以是自然人，也可以是法人。综合这两部法案来看，欧盟既限制平台企业对用户数据的使用，也更积极支持用户拥有对自己数据的主权。

1. 限制平台企业对用户数据使用的措施

（1）"守门人"不得基于"核心平台服务"整合个人数据

这实际上限制了"守门人"通过整合个人数据对用户进行完整画像。单从经济效率的角度看，对用户进行完整画像，有助于评估用户的收入水平、消费习惯、风险偏好、信用状况和社会关系等，对个性化搜索、精准广告推送、消费信贷和金融营销等活动的效率也具有提升作用。

但这也会放大"守门人"相对其他平台在个人数据上的优势，也会使"守门人"更有动力通过捆绑服务、强制安装应用等方式获取更多个人数据，并在用户没有明确授权的情况下，将来自甲服务的个人数据用于乙服务，进一步放大"守门人"的平台生态优势。

因此，这一措施实际上是通过牺牲经济效率来削弱“守门人”的竞争优势，并更好地保护用户权益。在具体实施上，这一措施会要求“守门人”在“核心平台服务”与其他服务、第三方服务之间建立个人数据的“防火墙”。比如，每个服务模块都有保护自己获取的个人数据的职责，并且不同服务模块使用不同的个人标识码，这样就使跨越服务模块的个人数据整合难以进行。

在经济学上，这一措施试图打破“守门人”的“DNA 环”。这是国际清算银行 2019 年年报针对大科技公司提出的概念，D 代表数据分析方法，N 代表网络外部性（网络效应），A 代表相互缠绕的业务，“DNA 环”这三个要素之间相互加强。

（2）“守门人”不得使用商业用户产生的数据与这些用户开展竞争

这一措施主要针对像亚马逊这样既有平台业务，也有自营业务的科技平台机构，体现了公平竞争精神。商业用户在“核心平台服务”上提供或产生的数据，能蕴含很多商业洞见，比如产品供需情况、定价策略和竞争策略等。在没有“核心平台服务”的情况下，这些数据属于商业用户的商业机密。但商业用户为通过“守门人”更好地触及终端用户，不得不将部分商业机密向“守门人”开放。如果“守门人”只是纯粹的平台业务，并且是保守的商业机构，这可能不会扭曲市场竞争。但很多“守门人”出于业务发展、商业竞争和质量控制等需要，不能严守平台定位，在通过平台业务获得商业洞见后开展自营业务，相当于“看场子的下场踢球”或“交易所开展自营交易”，这对贡献了内部数据的商业用户显然是不公平的。这一问题不仅存在于互联网平台，也存在于线下平台。比如，美国的最大连锁药店 CVS 在销售其他品牌的非处方药时，也推出了自己具有类似功能的药品，并且在货架上被摆放在同一位置。CVS 自主药因为工艺、品牌上的原因，售价也要便宜得多。

在对《数字市场法案》的讨论中，这一措施得到了最多的媒体关注，但如何实施仍是一个开放问题。一个可能选项是，“守门人”在自营业务和平台业务之间建立商业用户数据的“防火墙”。另一个可能选项是，“守门人”不得开展与商业用户有竞争关系的自营业务。当然，“守门人”如果已开展大量与商业用户有交叉的自营业务，可以将自营业务剥离成一个独立法人机构，并且不得触及“守门人”通过“核心平台服务”获得的商业用户数据。

2. 支持用户对自己数据的主权的措施

第一，广告透明度方面的要求，用户对自己看到的广告有知情权，有权拒绝推送。这一措施体现了用户的主权原则。用户如何配置自己的时间和注意力，属于用户自主决策范围，而不应被平台企业强加。这一措施给予用户在面对广告进行决策时有充分的知情权，特别是不能将广告误认为是中立、客观信息。

广告是目前相当大部分互联网平台的主要收入来源，广告收入是很多难以直接盈利的互联网业务的支撑（比如媒体报道）。广告的精准推送离不开对用户数据的使用，但对用户数据的使用很容易越过数据隐私保护的边界。从全球监管和行业趋势看，如何既能有力地保护数据隐私，又能有效地开展广告业务，已成为一个重大问题。欧盟《数字服务法案》也属于这方面的工作。

第二，针对商业用户在“核心平台服务”上提供或产生的数据，“守门人”要为商业用户或经其授权的第三方机构提供使用上的便利。这一措施在对《数字市场法案》的讨论中也得到了很多的媒体关注，其核心目标是消除“守门人”对商业用户数据的垄断。在一定意义上，这一措施相当于开放银行精神在数字市场中的应用。开放银行是指银行在客户允许的情况下将客户数据共享给第三方机构，以开发应用和服务，包括实时支付、帮客户更好地管理金融账户、市场营销和交叉销售机会等；银行与客户之间的关系在开放银行下将发生根本变化，从“拥有客户”变为“共享客户”。

相应地，在这一措施下，“守门人”与商业用户之间的关系也将重构。欧盟关于“免费、有效、高质量、连续和实时”的要求，将对“守门人”构成较大的合规压力。预计和开放银行一样，API也将成为“守门人”执行这一措施的基础工具。鉴于《数字市场法案》对“核心平台服务”范围的宽泛界定，这一措施将对互联网商业生态造成很大影响。

第三，商业用户和终端用户在“核心平台服务”中提供或产生的数据有可携带性。可携带性是《通用数据保护条例》引入的一项重要的数据权利，指个人数据主体有权向数据控制者索取本人数据并自主决定用途。《数字市场法案》的这一措施将可携带权从自然人拓展到法人，为商业用户和终端用户在不同平台之间切换提供了便利。

三、我国数据安全保护相关法律法规

我国在网络空间治理方面也逐渐完善，尤其在2021年实施了《中华人民共和国个人信息保护法》后，补全了我国在数据治理方面相关法律法规的空缺，实现了网络空间治理四位一体，即国家安全－网络安全－信息安全－数据安全（见表9–1）。

表9–1　我国数据保护相关法律法规汇总

法案名称	日期及状态	发布机构	主要内容
《中华人民共和国国家安全法》	2015年生效	全国人大	国家安全顶层设计，要求信息网络核心技术、关键信息基础设施、重要领域信息系统及数据安全可控

（续表）

法案名称	日期及状态	发布机构	主要内容
《中华人民共和国网络安全法》	2016 年 11 月生效	全国人大	网络安全和数据分级分类管理，数据存储和跨境安全
《中华人民共和国民法典》	2021 年 1 月生效	全国人大	明确了隐私、个人信息界定
《关键信息基础设施安全保护条例》	2021 年 4 月生效	国务院	对关键信息基础设施实施重点保护
《移动 App 个人信息保护管理暂行规定（征求意见稿）》	2021 年 4 月意见稿	四部委	确立全链条个人信息保护和责任划分，保护用户权益
《常见 App 必要个人信息范围规定》	2021 年 5 月试行	四部门	明确了 39 类常见 App 的必要个人信息范围，禁止不授权不给用
《中华人民共和国数据安全法》	2021 年 9 月生效	全国人大	数据处理活动与安全监管，要求数据分级分类保护，宣示国家数据主权
《网络安全审查办法（修订草案征求意见稿）》	2021 年 7 月意见稿	十二部委	新增防范数据跨境风险，尤其是相关市场主体国外上市的数据安全，掌握 100 万以上用户个人信息的网络平台运营者在赴国外上市前须审查
《汽车数据安全管理若干规定（试行）》	2021 年 8 月试行	五部委	汽车数据采集、存储、使用的规定
《中华人民共和国个人信息保护法》	2021 年 11 月生效	全国人大	明确“告知 – 同意”原则，规定个人信息处理者义务、大型网络平台义务、国家机关处理个人信息的规范、个人信息跨境流动等法律责任
《数据出境安全评估办法（征求意见稿）》	2021 年 10 月意见稿	网信办	对于《网络安全审查办法》中要审查数据，补充的赴境外上市公司数据的安全评估办法
《网络数据安全管理条例（征求意见稿）》	2021 年 11 月意见稿	网信办	网安法、个保法、数安法实施，对各种数据做出详细规定

资料来源：《财新周刊》2021 年第 46 期。

2021 年可以被称为我国数据安全产业的元年，从 4 月到 11 月发布的数据管理文件及意见稿多达 9 部。后文将对几部关键文件及意见稿进行分析。

（一）《中华人民共和国数据安全法》

《中华人民共和国数据安全法》（简称《数据安全法》）是我国首部专门规定数据安全的法律，颁布于 2021 年 6 月 10 日，于 2021 年 9 月 1 日正式生效。《数据安全法》对 2016 年颁布的《中华人民共和国网络安全法》就数据具体管理规定的缺失进行了补充。主要内容包含四方面：第一方面是将数据安全管理上升至国家安全范畴，监管包括对涉及国家安全数据的审查、境外数据对国家安全的侵犯和相关数据的境外传输；第二方面是建立重要数据和数据分级分类管理制度，数据级别界定分为概念表述和重要数据保护目录两种方法，具体目录还未给出；第三方面是完善数据出境风险管理，对涉及个人信息和重要数据的需要在境内存储，因业务需要必须出境的须经网信办协同相关部门对数据安全评估；第四方面是明确规定各方对数据安全的保护义务。

（二）《网络安全审查办法（修订草案征求意见稿）》

2021 年 6 月底到 7 月初，滴滴出行、BOSS 直聘、运满满及货车帮先后在境外上市。2021 年 7 月 10 日，十二部委联合发布《网络安全审查办法（修订草案征求意见稿）》（简称《征求意见稿》）并公开征求意见，《征求意见稿》对 2016 年颁布的《中华人民共和国网络安全法》审查制度扩容，首次将“数据处理者”纳入审查范围，要求掌握 100 万以上用户个人信息的网络平台运营者在赴国外上市前必须申报网络安全审查。《征求意见稿》对审查的对象、范围、重点、流程等做了规范说明。

（三）《中华人民共和国个人信息保护法》

《中华人民共和国个人信息保护法》（简称《个人信息保护法》）对于数据保护有显著的意义，不仅是国内首部针对个人信息保护的立法，更重要的是补全了国内数据保护的完整板块，形成了“网络－信息－数据”安全的格局。《个人信息保护法》于 2020 年 10 月发布一审稿草案，2021 年 8 月 20 日通过，11 月 1 日正式实施，共计 8 章 74 条。《个人信息保护法》围绕个人信息处理规则、跨境数据提供、个人权利界定、处理者义务、保护职责部门以及法律责任等不同角度确立了相应规则，并针对敏感个人信息和国家机关处理强调了特别规则。《个人信息保护法》的具体内容有四方面：第一方面是定义了个人信息和敏感个人信息的区别；第二方面是明确了处理个人信息应遵循的原则和规则，包括在对个人信息处理前，除特殊情况外其他情况均须取得个人同意，此外，在处理信息前应以显著的方式、清晰易懂的语言真实、准确且完整地向个人告知相关事项，并对敏感个人信息的处理制定特殊规则；第三方面是对个人信息处理者的义务提出要求，包括信息处理者须制定合规内部管控措施、定期进行合规审计、及时通报信息管理事件、进行个人信息保护评估等；第四方面是对个人信息的分类管理提出要求，但具体目录尚未给出。

（四）《网络数据安全管理条例（征求意见稿）》

无论是《数据安全法》还是《个人信息保护法》，都是从大方向提出数据管理要求，但企业在制定具体的落地方案时，仍会面临众多细节方面的疑惑。例如数据出境管理要求是否适用于中国香港地区？再如在数据分级过程中又该如何区分一般数据、重要数据和核心数据？基于这些问题，网信办又出台了《网络数据安全管理条例（征求意见稿)》，补充了前面法律条例中的一些内容（见表9–2）。

表9–2 《网络数据安全管理条例（征求意见稿）》补充内容

法律法规名称	补充内容
《数据安全法》	数据分为一般数据、重要数据和核心数据。“核心数据”沿用了《数据安全法》中的定义；《网络数据安全管理条例（征求意见稿）》对“重点数据”给出了明确定义，但将具体目录和分类分级制定权下放
《征求意见稿》	《网络数据安全管理条例（征求意见稿）》细化及补充了网络安全审查对象；增设大型互联网平台的义务
《个人信息保护法》	促进平台算法使用的透明度

资料来源：国家网信办，华泰研究。

第一，建立数据分类分级保护制度。《数据安全法》中就“核心数据”给出了具体定义，但没有给出“重点数据”的明确定义。《网络数据安全管理条例（征求意见稿）》中补充了“重点数据”的定义，是指一旦遭到篡改、破坏、泄露或者非法获取、非法利用，可能危害国家安全、公共利益的数据，共包括七类，如以在密码、生物、电子信息、人工智能等领域对国家安全、经济竞争实力有直接影响的科学技术成果数据为代表的出口管制数据；电信、能源、金融等重点行业和领域安全生产、运行的数据；国家基础设施、关键信息基础设施建设运行及其安全数据。由于不同行业、不同地区数据分类分级的具体规则和考虑因素差异较大，重要数据具体目录和具体分类分级保护制度的制定权限被下放。

第二，大型互联网平台“数据出境”监管。滴滴出行在纽交所上市给我国互联网平台的数据出境管理敲响了警钟，事发后，欲前往境外上市的互联网平台企业纷纷改变计划，转往中国香港寻求上市机会。但《征求意见稿》并没有界定境外是否包含中国香港，就此问题在《网络数据安全管理条例（征求意见稿）》中对网络审查对象进行补充，条例中明确指出数据安全审查不仅限于“数据出国”，也涵盖“数据出境”。对于在境外设立总部或运营中心、研发中心，也应当向国家网信部门和主管部门报告。

第三，平台算法约束。相较于《个人信息保护法》,《网络数据安全管理条例（征求意见稿）》在平台算法管理方面提出进一步要求，平台需要在用户个人单独同意情况下才能收集个人信息用于个性化推荐，用户能够一键关闭个性化推荐，并可自行调整推送参数，删除定向推送收集产生的个人信息。互联网平台公布的平台规则、隐私政策，规则和政策制定、修订要向社会征求意见，并接受监督。

总的来说,《征求意见稿》侧重于网络空间的综合治理,《数据安全法》作为数据领域的基础性法律主要围绕数据处理活动展开,《个人信息保护法》从自然人个人信息的角度出发，给个人信息予以规范保障，成为中国第一部专门规范个人信息保护的法律，对我国公民的个人信息权益保护以及各组织的数据隐私合规产生直接和深远影响。未来会有更多细化的规定制度基于这三部上位法提出，以满足司法和执法的需求，提高执法公信力。